汉译世界学术名著丛书

献给祖先的猪

〔美〕罗伊·A.拉帕波特 著

赵玉燕 译

商务印书馆

2019年·北京

汉译世界学术名著丛书
出 版 说 明

我馆历来重视移译世界各国学术名著。从 20 世纪 50 年代起，更致力于翻译出版马克思主义诞生以前的古典学术著作，同时适当介绍当代具有定评的各派代表作品。我们确信只有用人类创造的全部知识财富来丰富自己的头脑，才能够建成现代化的社会主义社会。这些书籍所蕴藏的思想财富和学术价值，为学人所熟悉，毋需赘述。这些译本过去以单行本印行，难见系统，汇编为丛书，才能相得益彰，蔚为大观，既便于研读查考，又利于文化积累。为此，我们从 1981 年着手分辑刊行，至 2016 年年底已先后分十五辑印行名著 650 种。现继续编印第十六辑、十七辑，到 2018 年年底出版至 750 种。今后在积累单本著作的基础上仍将陆续以名著版印行。希望海内外读书界、著译界给我们批评、建议，帮助我们把这套丛书出得更好。

商务印书馆编辑部

2018 年 4 月

从拉帕波特及其生态系统理论说起（代译序）

袁同凯

本书作者罗伊·拉帕波特（Roy Rappaport）生于 1926 年，是上个世纪最杰出的人类学家之一，曾于 1987—1989 年担任美国人类学会主席。《献给祖先的猪》是他的第一部，也是最重要的一部生态人类学著作，讲述了生活在新几内亚（New Guinea）腹地的僧巴珈马林人（Tsembaga Maring）的仪式与战争。该书于 1968 年出版后，在学界曾一度引起强烈反响，不仅为生态人类学确立了"系统论"的研究方法和研究模式，也奠定了其在人类学历史上里程碑式的重要地位，拉帕波特一跃成为了生态系统研究的泰斗级人物。1984 年该书再版，增加了后记等内容，即作者对此书评论的回应和对一些问题的见解，直至今日本书仍然是被引用率极高，影响巨大的人类学经典著作之一。

在拉帕波特之前，生态人类学就已作为人类学的一个重要分支存在（平锋 2010:236—238）。早在 20 世纪初期，许多人类学家就已经开始思考文化与环境之间的关系，提出了"文化区"的概念，将具有共同文化属性的群体划入同一地区之中，研究者们看到文化区与自然区有着紧密的联系，但文化区并不一定与自然区重合，他们不再将环境与文化之间的关系看作是简单的因果关系,而是转向了环境可能主义的立场。"文化区"概念的提出对早期生态人类学产生过重大影响,为生态人类学的独立发展开辟了道路。至20世纪50年代,以斯图尔德(J. H. Steward)的《文化变迁的理论》(*Theory of Cultural Change*)为标志,生态人类学作为一门学科迅速发展起来,斯图尔德作为克罗伯(A. L. Krober)的学生受到"可能主义"和"文化区"等观念的影响,将生态学的理论运用于人类学之中,试图找出不同文化发展的规律并概括文化发展中形成的各种混合文化的类型(黄育馥 2001:321)。但他并不赞成环境可能论者把环境对人类事务的影响看得过于消极被动,认为文化特征是在逐步适应当地环境的过程中形成的(Steward 1995:235—273),而文化中最易受环境影响的部分,即与自然界关系最直接的部分便是他所说的"文化核心"(Steward 1979:36—43)。实际上,斯图尔德的"文化核心"就是对生存和生产策略的研究,重点关注生产技术与人和环境之间的关系。其目的在于通过研究"文化核心"来考察人的经济生产体系是如何影响人的行为的,并进一步探讨人类社会是怎样按照生产生活的需求组织起来的,从而揭示出文化变迁的过程及其原因。

拉帕波特作为第一代受到斯图尔德影响的人类学家,他从人口、种群、经济、生计等方面论述了生态环境与文化仪式的相互影响,并在斯图尔德研究思路的基础上发展了生态人类学的研究,扩宽了其研究视野,推动了生态人类学学科的发展。可以说《献给祖先的猪》是前人研究成果之集大成,是对早期生态人类学成果的集中呈现,被视为早期文化生态学的典范之作。然而,拉帕波特并非只是不假思索地运用和继承前人的理论，而是在借鉴文化生态学说的同时，一方面指出了其中存在的不足并对其进行了完善；另一方面还克服了斯图尔德在理论和方法上存在的诸多局限性，而这些局限性在他后来发表的《生态学、文化与非文化》一文中（1968年与 Andrew P. Vayda 合作）都有所提及（Vayda & Rappaport 1968：476—497）。如斯图尔德提出的"文化核心"概念仅仅停留在技术层面，而未涉及仪式和意识形态与环境的相互作用，也未包括其他人群或其他生物。拉帕波特看到了斯图尔德这一学说存在的缺陷，将新几内亚人的仪式纳入研究范畴，并将猪的宰杀仪式作为重点考察对象，对其与生态环境的关系进行了深入细致的分析，通过调查发现，原来杀猪宴是一种使社会正常运转的重要仪式，是当地战争与休战交替循环的转折点。由于僧巴珈马林人善于饲养猪，但平时很少宰杀食用，存在猪数量过剩的问题。为解决这一问题，"马林人发展出一套大量屠杀过剩猪群的繁杂仪式循环。马林人长期处于战争与和平相互交替之中。每次战争结束，他们便宰杀所有的成年猪以祭祀祖先，并将大部分的猪肉分发给曾经助战的邻近地域群。（袁同凯 2008：53—58）"因此，"马林人的仪式行为是一种应对环境因素的可行性对策，在调节族群与群体、群体与环境之间的关系中扮演着重要角色。（Rappaport 1967：17—30）"通过对仪式的研究，拉帕波特还赋予了战争新的意义，在他看来，战争并不危及当地人们的生存，而是起到调节土地与人口比例的重要作用。实际上，拉帕波特将自己职业生涯中的大部分时间投入到对仪式的研究和理解上，想要搞清楚为何仪式受到生态环境的制约并以适应人类生活的形态存在，进而探究人类、仪式以及其相互适应的关系。

　　当然,拉帕波特的贡献不仅限于他对前人成果的继承和发展,还在于其在生态人类学方法论上所做出的成就。在斯图尔德那个年代,生态人类学尚未形成一套正式的原理和方法论,但由于拉帕波特在本书中对生态系统理论的成功运用,生态系统论的方法成为了生态人类学的重要研究方法之一。"生态系统论"(Ecosystem)最早是由英国生态学家坦斯利(A. G. Tansley)在 1935 年提出的,他将"自然中的群落"与环境视为一个整体,认为群落与周围的物理环境相互发展为一种动态的平衡。但"生态系统理论"提出之后,并未受到应有的关注。直至 1953 年,美国生态学家奥德姆(E. P. Odum)所著的《生态学基础》(*Fundamentls of Ecology*)一书出版后,"生态系统理论"才被学界广泛重视。奥德姆"将生物与非生物之间相互作用作为一个研究单位来看待,研究者可根据研究需要来界定生态系统的大小和范围。"随后,埃文斯(T. Evans)在科学(*Science*)杂志上发表了对该书的书评,进一步强调了生态系统理论的重要性(崔明昆 2012:54—58)。至此,生态系统学作为文化研究的新方法进入了学者们的视野,并逐步发展成为人类学的重要理论之一。

　　所谓"生态系统"是指"在一定空间中,所有生物与其环境之间,由于不断进行物质循环和能量流动过程而形成的统一整体"(平锋 2010:236—238);而所谓"生态系统论"其实就是将"人类及其环境看成一个整体,把人这一文化动物纳入到生物成分中而成为了生态系统中的一员,把生态系统中的人与其他各个组成部分物质循环和能量流动作为其重要的研究内容"(崔明昆 2012:54—

58)，这与人类学的整体观十分契合，受到了包括拉帕波特等诸多人类学家的青睐。最先将生态系统理论应用于人类学的人要算是格尔茨(C. Geertz)了。1963 年出版的《农业的内卷化》(*Agricultural Involution*)对生态人类学发展有着重要意义。格尔茨将生物圈中各事物之间相互关系的总和看作是一个系统，对印度尼西亚爪哇岛地区"生命物质"与"非生命物质"结合的情况进行了研究，从而进一步研究人群、生态、文化之间的关系。格尔茨观察到爪哇岛农业无法向外扩展、劳动力只能不断填充到有限的水稻生产中的过程，并且发现水稻种植能够稳定地维持边际劳动生产率后，他提出了"农业内卷化"的概念来概括这一过程(Geertz 1963：75—80)，揭示了农业生产在外部限制下不能发展成另一高级形式而不断内卷化的现象。生态系统理论为研究人与生态系统内部复杂的内在动力和运动机制提供了基础，为同时研究有人类参与的生态系统和无人类参与的生态系统提供了可能。

如果说格尔茨的研究还只是对"生态系统"方法的一次尝试，仅仅将其作为观点放在书中论述，那么，拉帕波特则已将这些观点付诸实践，将生态系统的方法运用得精彩纷呈。在本书中，拉帕波特用大量篇幅讨论了将僧巴珈村庄看作一个"生态系统"的合理性和可能性。他把刀耕火种的马林人活动区域看成"领地"，把领地内为了生计而奔波劳累的马林人看成"优势种"。这样，领地中的人再加上其他环境要素就构成了一个完整的生态系统，其"领地"的边界就是生态系统的边际(崔明昆 2012：54—58)。而边界又是由生态系统的能量交换来界定的。这一生态系统用拉帕波特自己的话来表述就是："特指为一个'地方部落'的僧巴珈部落，被看作是动物生态学家所指意义上的部落:由共享某些独特手段并藉此和与其共存的生物共同体中其他有生命及无生命组件保持一套共享营养关系的、聚集在一起的生物体所组成的一个单元。"拉帕波特不仅采集了当地物质能量的输入和输出,还客观详尽地记录和计算了生态系统中生物有机体之间、生物与非生物之间的能量交换和能动配置,对僧巴珈人的热量摄入、蛋白质消费、能量消耗、负载力、限制因素及人口、地理等方面的内容进行了细致的统计分析,将定量研究运用于生态人类学之中,"试图详细说明僧巴珈人的营养需求,满足该需求的方式以及这些方式对环境的影响",从而说明该系统的极限范围和承载能力。同时,拉帕波特将宰杀猪的仪式与生态环境的变化关联起来,考察生态系统的环境与仪式手段之间的关联性。拉帕波特认为,马林人每隔几年的这种周期性宰猪仪式有助于维持生态环境的稳定和族群之间的秩序,在此期间各种资源也得到了重新分配。

拉帕波特对僧巴珈马林人生态系统的分析取得了巨大成功,生态人类学这一学科也日臻成熟。《献给祖先的猪》出版后,在学界影响巨大,催生出一大批类似的民族志文本。拉帕波特这种将生态系统视为一个"单元"进行分析和定量统计的研究方法被广泛应用,关注生态的人类学家越来越多,生态人类学开始与诸如营养学、人口学、能量学、经济学、控制论等学科相结合,涌现出一批研究能量流动与均衡、可持续发展规律以及人口与资源关系等问题的学者,研究内容在很大程度上得到了延伸和拓展。如艾伦(R. Ellen)关于东印度尼西亚、文莱地区的土著以及森林砍伐后果的研究;内汀(R. M. Netting)关于尼日利亚乔斯(Jos)高原的克夫亚居民(Kofyar)的研究;莫兰(E. Moran)关于巴西亚马逊河流域的农业的研究;理查德-李(R. B. Lee)关于博茨瓦纳北部的昆申居民(Kung San)的研究;班尼特(J. W. Bennett)关于美国和加拿大中西部以及北部平原农业的研究;科塔克(P. C. Kottak)关于马达加斯加森林砍伐的社会背景的研究、巴西生态意识的出现的研究;奥拉乌(B. Orlove)关于秘鲁的安第斯山脉、东非、意大利的阿尔卑斯山脉以及澳大利亚原住民农业的研究;英格尔德(F. Ingold)关于芬兰的北极斯科特-萨米语居民(Skolt Sami)的畜牧业的研究等,都是继拉帕波特之后,继续关注人与环境相互关系的研究成果。拉帕波特和维达(A. P. Vayda)将这种人类学者进行的研究人与自然环境关系的领域定名为"生态人类学"(ecological anthropology)。实际上,后来维达更倾向于将之称为"人类生态学"(human ecology),并于1972年创办刊物《人类生态学》,大量刊发与生态人类学相关的论文。但由于拉帕波特在学界的话语权较大,"生态人类学"的提法仍然得到了普及,其学术影响力可见一斑。

对于中国学者来说,拉帕波特和他的生态系统论似乎离我们相对较远,人与自然的交互关系也从未真正成为中国人类学研究的主流。实际上,中国人类学发展之初就与生态人类学有着千丝万缕的联系,费孝通和张之毅对禄村进行的研究被看作是中国生态人类学的典范(哈里斯 1988:670)。费老曾经也写过一篇关于养猪的文章(费孝通 1942:23—24),大意是说费老想把楼下的猪赶走,因为猪容易招苍蝇,但当地人就是不干,因为对于农民来说,苍蝇象征丰收,而苍蝇多恰恰越有助于稻谷的收成。于是费老比较了猪、牛、羊后发现,猪产出最多但活动范围最小,用现在的话说就是"性价比"比较高,因此饲养猪最有优势。虽然费老这篇文章与拉帕波特对马林人"养猪"的研究并无关系,但其比较猪、牛、羊活动半径和产出比例的时候却是带有生态系统论的影子的。

我国真正意义上的生态人类学研究起步较晚,发端于20世纪80年代。改革开放初期,"大陆学者能够获得的国外的学术信息还十分有限,对于国外文化生态学和生态人类学的研究状况知之不多,研究的理论方法多半靠在田野中逐渐探索。(尹绍亭2012:55—59)"至80年代中后期,我国的生态人类学研究进入了"补课"的阶段,"主要侧重于对国外的相关理论的翻译和介绍工作,引进和译介的国外生态人类学经典著作包括:科兹洛夫的《民族生态学研究的主要问题》(1984)、美国学者内亭的《文化生态学与生态人类学》(1985)、绫部恒雄的《文化人类学的十五种理论》(1986)、田中二郎的《生态人类学——生态与人类文化的关系》(1988)、斯图尔德的《文化变迁的理论》(1989)、唐纳德·哈迪斯蒂的《生态人类学》(2002)等。"(祁进玉2009:47—52)时至今日,我们的"课"补得还远远不够,此次《献给祖先的猪》的译介,对于我们吸收生态系统论进入本土生态人类学研究无疑是至关重要的。

就国内而言,较早将"生态系统论"用于人类学研究的应该是云南大学的尹绍亭教授,他将刀耕火种看成是"一个有着独特的能量交换和物质循环的人类生态系统"加以研究,认为刀耕火种是"人类对热带、亚热带森林环境的一种适应方式"(尹绍亭2003:128),不仅提出了文化适应的理论,还创新了结构功能分析研究方法。尹绍亭教授对于"生态系统论"的成功运用获得了国外学者的关注,通过生态系统的研究方法架起了与国外同行沟通的桥梁。

随后，中央民族大学的杨圣敏、任国英、中国科学院昆明植物研究所的裴盛基、许建初、新疆师范大学的崔延虎、中山大学的麻国庆、吉首大学的杨庭硕、罗康隆、西南大学的田阡、中南民族大学的陈祥军、云南民族学院的高立士、贵州民族大学的杜薇等等诸多专家与学者，尝试将斯图尔德的"文化生态学"与格尔茨的"地方性知识"结合起来，讨论如何发掘和利用各民族的地方性生态智慧和生存技能来协调和改善人与环境之间的关系，为中国的生态人类学发展做出了重要贡献。如中央民族大学的杨圣敏教授多年来一直致力于对西部地区进行生态人类学研究，"曾经先后 20 余次赴新疆对维吾尔、塔吉克、塔塔尔、哈萨克等民族进行实地调查，走遍了天山南北的大漠、牧场和高原，做过 2 500 余户，包括 13 000 余人的入户访谈和调查，提出了维吾尔等民族的文化是一种干旱区文化的观点，并从历史和生态人类学的角度，探讨论证了这种文化的特点与新疆干旱的自然环境之间的关系。（祁进玉 2009：47—52）"新疆师范大学的崔延虎教授在阿勒泰山区的哈萨克族和乌梁海蒙古族中连续做了 9 个月的调查，其成果曾被编入剑桥大学社会人类学系卡洛琳-汉弗莱（C. Humphrey）教授等人主编的《内陆亚洲的生态和文化》（*Environment and Culture of Inner Asia*）一书中。客观地讲，中国作为一个发展中的生态大国，并不缺乏优秀的民族志资料，缺乏的可能是好的分析方法，因而中国生态人类学虽然已发展了几十年，但相较于国外的研究仍然有相当的差距。拉帕波特的研究，无论是在理论上还是方法上，甚至是在整理田野材料时的那种客观细致、事无巨细的态度上，都对我们有着十分重要的借鉴意义，但却一直未受到足够的关注和重视，相信随着本书中文版的出版，这一现状会得以改变。

目前，我国生态人类学的研究主要有云南大学、吉首大学、中央民族大学、新疆师范大学、内蒙古大学等几大阵营。其中云南大学是大陆最早开设生态人类学教学科研基地之一，该校人类学系于 1999 年开设生态人类学课程，并设立了民族生态学学位，陆续培养了一批硕士和博士研究生。吉首大学近年来也大力发展生态人类学学科建设，"2006 年，吉首大学实施'中国西部本土生态知识的发掘、整理、利用和推广'项目，联合西部数所大学和科研机构，在湖南、贵州、广西、重庆、四川、内蒙古、宁夏、青海 8 省区设立了 17 个田野点，进行了为期 3 年的调查研究，取得了一批重要成果。（尹绍亭 2012:55—59）"此外，新疆地域辽阔、民族众多，既有游牧文化又有农耕文化，为生态人类学研究提供了丰厚的土壤，一批新疆学者长期从事对于绿洲农耕和草原畜牧这两个新疆主要的生计系统和它们所依存的生态环境之间的互动关系的研究。近五年来，由于人们对生态环境保护的重视，生态人类学迎来了发展的新契机。2010 年，石河子大学建立了"绿洲生态人类学研究中心"；2011 年 8 月，内蒙古大学和贵州大学在呼和浩特市联合举办"'生态智慧：草原文明与山地文明的对话'学术研讨会"；2012 年，中国人类学民族学研究会生态人类学专业委员会成立；2013 年，《吉首大学学报（社会科学版）》和《广西民族大学学报（哲学社会科学版）》分别增设了"生态人类学"专栏；2009 年至 2015 年，为响应党的"十七大"提出的生态文明建设的号召，贵州省连续召开了 7 届"生态文明贵阳国际论坛"，该论坛是我国唯一以生态文明为主题的国家级、国际性高端峰会，生态人类学受到了前所未有的关注。

可以看出，我国生态人类学虽然起步较晚，但这既是挑战也是机遇，我们在广泛吸取国外理论成果的同时，也可以看到它们的不足，并去其糟粕、取其精华，从而在研究中不断地创新和完善。加之，我国近年来对生态文明建设的大力支持，生态人类学呈蓬勃发展的势头。但总体来看，我国生态人类学研究的发展还任重道远，还有很多东西要学，希望今后有更多像《献给祖先的猪》这样的经典著作被译介进来，也期望有更多具有本土特色的生态人类学研究可以走出国门，进入世界生态人类学研究之林。

生态人类学除了能为我们提供人类与特定环境问题相关的生态知识外，还可以从当地人的价值观、信仰体系、亲属结构、政治意识形态以及仪式传统等比较宽广的层面上寻找有利于环境保护、社会可持续发展的生活方式与人类行为，可以为我们理解当地文化与环境，发现地方文化的生态智慧、生态意义和生态价值，并从当地人自身的文化中寻找环境问题的原因和解决问题的途径（袁同凯 2008：53—58）。在环境遭到严重破坏的今天，面对严重的污染和雾霾，再读《献给祖先的猪》又有了更深的感触，人类学者应具备像拉帕波特这样的可持续发展的眼光，通过文化机制来调适人类与环境之间的关系。

总之，每个学科在一定的历史时期都会诞生像拉帕波特这样承上启下的杰出学者，他既是早期生态人类学的集大成，又为后来的研究者开辟了新的道路，而这本《献给祖先的猪》也被永久载入生态人类学的历史史册。本书不仅是一本对新几内亚人生态和仪式的权威研究，还是 20 世纪最后 25 年人类学领域中最有影响力且备受争议的作品。在《献给祖先的猪》第一版出版后，得到极大关注的同时也受到了一些批评和质疑。针对这些批评，拉帕波特在第二版中做出了回应。他强调，这些回应十分关键，因此将其扩充进了第二版中，更广泛、更深入地讨论了这些议题，加深读者对其所采用的方法的认识。

拉帕波特是一个心怀天下的人类学家，他期望的是一种"有担当的人类学"（engaged anthropology），他认为"人类的责任不仅要思考'这个世界'，还要'站在这个世界的角度'去思考（Hoey & Fricke 2006:38）。"但他并非是那种将自己的兴趣从一个理论框架转向另一个理论框架的学者，也没有着手进行一项新的民族志研究。实际上，拉帕波特在后来又重返过岑巴甲地区，但为了在后记中对生态系统理论及其方法等重要议题进行详尽的讨论，他未在新版中对其民族志的描述做出更新。然而，其实仅仅只是凭精彩的后记这一点，就足以成为《献给祖先的猪》（第二版）出版的最好理由。

参考文献

平锋：《西方生态人类学的发展过程与未来趋势》，《甘肃社会科学》2010 年第 4 期。

黄育馥：《20 世纪兴起的跨学科研究领域——文化生态学》，《国外社会科学》1999 年第 6 期。

袁同凯：《人类，文化与环境——生态人类学的视角》，《西北第二民族学院学报》（哲学社会科学版）2008 年第 5 期。

崔明昆：《生态人类学的系统论方法》，《中南民族大学学报》（人文社会科学版）2012 年第 4 期。

哈里斯：《文化人类学》，李培荣等译，东方出版社 1988 年版。

费孝通：《说养猪与吃肉》，《费孝通文集》第 3 卷，群言出版社 1999 年版。

尹绍亭：《中国大陆的民族生态研究（1960—2010 年）》，《思想战线》2012 年第

2 期。

祁进玉:《生态人类学研究:中国经验 30 年(1978—2008)》,《广西民族研究》
2009 年第 1 期。

尹绍亭:《人类生态学研究的历史与现状》,载中央民族大学民族学与社会学学
院中国少数民族研究中心编:《中国民族学纵横》,民族出版社 2003 年版。

Clifford Geertz, *Agricultural Involution: The Process of Ecological Change in Indonesia*, Berkeley and Los Angeles: University of California Press, 1963.

Hoey, B. and Tom Fricke, "Striving for Unity: A Conversation With Roy Rappaport." In *Retrospectives: Works and Lives of Michigan Anthropologists*, Ann Arbor, Mi: University of Michigan Library, 2006.

J. H. Steward, *Theory of Culture Change*. Urbana: University of Illinois Press, 1979.

Orlove, Benjamin, S. "Ecological Anthropology", Annual Review Anthropology. 1980(9).

Rappaport, R. A. "Ritual Regulation of Environmental Relations Among a New Guinea People", *Ethnology*, 1967(6).

Steward, J. *Theory of Culture Change*. Urbana. Illinois: University of Illinois Press, 1955.

Vayda, Andrew, P. and Roy, *Introduction to Cultural Anthropology*, A. Rappaport, "Ecology, Cultural and Non-cultural," in J. S. Clifton, ed., Boston, MA: Houghton-Mifflin, 1968.

献　　给

我的父母　我的妻子　我的孩子们

目　　录

序,1968

罗伊·拉帕波特对仪式在原始农耕部落中的功能研究,是新几内亚高地边缘民族志首批出版物之一。A. P. 埃尔金(A. P. Elkin)在 1961 年曾发表评论,提出了一些迫切需要研究的议题①。在高地边缘做田野调查期间,拉帕波特发现了埃尔金所描述的、澳大利亚新几内亚少数留存的"未开发"民族。不仅如此,正如埃尔金所预言,拉帕波特向我们所展示的那样,文化适应的形式在高地的核心地区和边缘地区多少有些不同。因此,该书有助于填补新几内亚民族志的重要空白领域。

但此书并不仅仅是为新几内亚专家而写就的。任何关注功能分析、人类生态和宗教研究的人都会对这本书感兴趣。在此,我将按顺序评议与拉帕波特此项研究有关的几个方面的某些问题。

人们以多种方式对社会科学中的功能分析法广为批判。在最普遍的批评意见中,有三点值得我们思考:(1)功能分析不足以解释文化特征和文化制度的出现或起源;(2)功能分析是单方面的、

---

① A. P. 埃尔金(A. P. Elkin),1961,"澳大利亚新几内亚与巴布亚迫切需要研究的一些议题"(Urgent research in Australian New Guinea and Papua),《迫切需要研究的人类学与民族学国际会议通告》(*Bulletin of the International Committee on Urgent Anthropological and Ethnological Research*),第 4 期,第 17—25 页。

几乎过分乐观地聚焦于现状中的效用、和谐、整合与一致性；(3)功能分析由于对关键术语和概念缺乏清晰的实证面向，因而无法客观验证研究者所提出的假设。

第一种批评源自这样一种认识，即不止一种文化特征或制度能发挥某一特定功能。由此推断，展示某些特定文化特质的功能并不能解释为什么它们——而非某些具有同样功能的替代物——应该被呈现，或在某一特定地点或时段中发展起来。

这一批评在逻辑上很合理。但是，如果分析的目标是展示事物如何运行而非解释为什么事物存在或它们是如何形成的（对拉帕波特而言就是如此），这一批评就不恰当了。在拉帕波特的研究中，马林人全部文化库藏中的某些仪式，被人们当作是给定的事项加以接受，问题在于展示这些仪式如何在多样的环境进程中，与土地使用、战争、食物分配以及与其他马林人的关系中展开运行。更确切地说，问题在于展示负反馈系统的运作，也就是，表明仪式如何在某些合适的或有利的状态中去保持某些变量或活动，尽管干扰活动总试图使这些变量与活动偏离那些状态。

选择这样一个问题是否有些"过分乐观"（panglossian）了呢？或者，之前所提到的有关功能分析的第二个批评与此并不相关？在将潘格罗斯博士（Dr. Pangloss）[1]的观点即在这个所有可能选择中的最美好世界里，一切都必然有其最佳安排归之于功能分析的粗糙版本中，该批评当然是不相关的，因为关注现存系统如何运作

---

[1]　伏尔泰（Voltaire）笔下《老实人》中的潘格罗斯博士（Dr. Pangloss），这位博士坚持认为，我们所生活的世界是所有可能选择中那个最好的世界。——译者

viii

这一点,并没有把分析者置于此命题——即没有其他系统能比它运行得更好——中。

尽管功能分析家确实一直是在寻求秩序、一致、平衡以及与此类似的东西而非它们的对立面,但其立足于启发法之上的程式却值得我们拥护。正如菲利普·莱斯(Philip Leis)所说的那样:"揭示那些看起来充斥着混乱或非理性的模式,哪怕只是被当作一种信念来追求,也确实是最具启发性、最令人激动的视角。"[①]我们或许可以设想,进化选择持续性地产生模式或秩序,减少无序状态。相应地,哪怕在诸如环境条件变化却没有新的模式与此适应从而产生许多失调现象的情况下,我们同样也能在其中发现更多的秩序。

ix

以上评论似乎足以捍卫一项对功能进行探索的课题,但问题仍在于:我们怎么才能知道自己已经找到了这些功能? 如果我们有关功能的假设涵括了没有清晰实证意义的关键术语,那么,之前所提到的第三个批评就是中肯的,我们所假设的功能就不能在实证上被证明有效,或者客观地被检验。功能主义的文献中就有很多这种经典陈述——例如,不同的仪式加强了群体认同或保持了社会结构的延续性或满足了传说中的需要,却从来没有以任何可操作的方式被阐释过。卡尔·亨佩尔(Carl Hempel)[②]和其他评

---

① 菲利普·E.莱斯(Philip E. Leis),1965,"尼日尔三角洲双胞胎杀婴现象的非功能性特点"(The nonfunctional attributes of twin infanticide in the Niger delts),《人类学季刊》(*Anthropology Quarterly*),第 38 期,第 97—111 页。

② 卡尔·亨佩尔(Carl Hempel),1959,"功能分析的逻辑"(The logic of functional analysis),见于《社会理论专题论文集》(*Symposium on Sociological Theory*),L. 克罗斯(L. Cross)编。

论者都令人信服地指出了这些构想的不足。

但是，这些不足并非功能分析法所固有的。例如，保尔·柯林斯（Paul Collins）曾指出，可行的程式是详细说明在操作上可界定的变量系统，而且假定这些变量可使一些特定变量维持在可测范围内。[①] 拉帕波特这项研究的部分旨趣就在于持续地尝试分离这些系统，运用系统变量的大量数据来证实有关它们运作的一些假想。在此，他展示了功能分析运用实证程序的一种方式。哪怕拉帕波特提供的数据不足以支撑坚实可靠的结论，其隐含之意也不在于不能运用数据来检验假设，而在于我们需要搜集更多数据。

按照指定程式来处理的系统是几套挑选出来的变量，而非传统功能分析法的"整个"社会、文化或社区，这一事实可能会招致缺乏完整性这一批评。对此我们很容易回应：仅需承认有些事物确实被忽视，同时坚持如果要着手分析，要有所裨益的话，就不得不如此，因为调查者永远不能有意图地处理他面临的所有无穷变量，因此必须在其中有所选择。但是，这里还有一个更进一步的答案，即当我们处理越来越多的系统，并探查它们彼此之间的联系时，分析也就能逐渐变得广泛全面。生物学家在分析反馈系统时，已经发现他们在刚开始时仅能分析简单成分，最终在庞大复杂的流程图中合并这些分析结果，而不削弱原始局部设计的有效性。[②] 人

[①] 保罗·柯林斯（Paul Collins），1965，在"人类、文化与动物"专题讨论会上的"功能分析"（Functional analyses），参见《人类、文化与动物》（*Man, Culture and Animals*），安东尼·利兹（Anthony Leeds）和安德鲁·P. 韦达（Andrew P. Vayda）编。

[②] H. 卡雷姆斯（H. Kalmus），1966，"控制阶层"（Control hierarchies），参见《生命系统中的调节与控制》（*Regulation and Control in Living Systems*），H. 卡雷姆斯编。

类学的反馈系统研究可能也同样如此,这对于拉帕波特已在使用的方法来说,是一种额外的鼓励。事实上,拉帕波特确实提及了马林人僧巴珈地方群落所卷入的各系统之间的连接。读者们会发现,拉帕波特系统地分析过的、而非他所忽略的许多事物,给自己留下了更为深刻的印象。

对于人类生态学家来说,该研究有趣的地方很大程度上在于它所报告的资料数据,也就是生产与消费所耗费的卡路里、蛋白质资源缺乏的管理、保持林地的技巧以及某个特定的非工业民族适应其环境的其他许多方面。但对于那些关注人类生态问题的人来说,该研究的趣味也在于该研究的方法论特点:在分析系统中包括了某些非文化的变量。尽管人们再三呼吁,要求将文化的、环境的、人类生物变量作为一个系统的组成部分,但大多数社会科学家对此却并不理会①。甚至于少数特别关注文化现象与非文化现象

① 有关这种呼吁的近期例子有:O. D. 邓肯(O. D. Duncan),1961,"从社会系统到生态系统"(From social system to ecosystem),《社会学探索》(*Sociological Inquiry*),第 31 期,第 140—149 页;克利福德·格尔兹(Clifford Geertz),1963,《农业内卷化:印度尼西亚的生态变化进程》(*Agricultural Involution: The Process of Ecological Change in Indonesia*),第一章,伯克利,加利福尼亚大学出版社;D. R. 斯托德达特(D. R. Stoadart),1965,"地理与生态学方法:作为地理原则与方法的生态系统"(Geography and the ecological approach: the ecosystem as a geographic principle and method),《地理》(*Geography*),第 50 期,第 242—251 页;安德鲁·P. 韦达,1965,"人类学家和生态问题"(Anthropologists and ecological problems),《人类、文化与动物》(*Man, Culture, and Animal*),安东尼·利兹与安德鲁·P. 韦达编,华盛顿 D. C.,美国科学促进协会(American Association for the Advancement of Science)第 78 期;以及 A. P. 韦达和 R. A. 拉帕波特,即将出版,"生态、文化与非文化"(Ecology, cultural and non-cultural),《文化人类学导论:人类科学的视野与方法论文集》(*Introduction to Cultural Anthropology: Essays in the Scope and Methods of the Science of Man*),詹姆斯·A. 克利夫顿(James A. Clifton)编。

xi   之关联的当代社会科学家,也普遍倾向于将文化变量和其他变量限定在不同系统中,之后讨论不同系统之间的相互影响。[1] 在许多社会科学家的案例中,各步骤看起来几乎是自动完成的,这与他们将非有机体、有机体以及社会文化现象看成分离的领域或不同层次的现象这一根深蒂固的习惯是相一致的。

以拉帕波特的研究为例证,替代性的步骤是将先前取决于展示或可验证的假想,转换为依据每个系统要素独立于其他系统要素之外运作的效果,至少是偶尔运作的效果,来将变量分派至不同系统中。换句话说,这种辨别系统的方法,建立在对于那些被看作是任一特定系统的各要素的特征或变量,怎样以某种方式、在某些时候互相影响的了解或者期望之上,而非它们与系统之外的特征或变量之间影响与被影响的了解或者期望之上。这一程式对我们深有启发,因为这正如拉帕波特这项研究所阐明的那样,它将关注点引向可调查的问题,考察不管是文化的还是非文化的不同特性或变量怎样、在什么时候、在多大程度上彼此影响。若把文化变量仅限于严格意义上的文化系统看作是一条公理,很显然我们就无法得到这种启发。

xii   最后,我必须指出,拉帕波特对系统分析中将某些仪式作为变

---

① 如,参见汤玛斯·G.哈丁(Thomas G. Harding),1960,"适应与稳定"(Adaptive and stability),《进化与文化》(*Evolution and Culture*),马歇尔·D.萨林斯(Marshall D. Sahlins)和埃尔曼·R.瑟维斯(Elman R. Service)编,安阿伯市,密歇根大学出版社;以及马歇尔·D.萨林斯,1964,"文化与环境:文化生态学研究"(Culture and environment:the study of cultural ecology),《人类学视域》(*Horizons of Anthropology*),索尔·塔克斯(Sol Tax)编,芝加哥,阿尔定出版社。

量的强调,使得这部作品与宗教研究相关。如拉帕波特所指出的,这个研究领域一直认为,仪式对于外部世界没有什么实际影响。通过说明马林人的仪式担当了挫败、回应那些扰乱人们与其环境之关系的因素这一角色,拉帕波特有力地挑战了这一主流观点,指出了宗教研究开拓新方法的路径。

安德鲁·P.韦达

纽约,1967年7月

前言，1968

我于 1962 年 10 月至 1963 年 12 月之间展开了作为此项研究之基础的田野工作，得到了哥伦比亚大学国家科学基金的赞助，并获得过国家卫生机构以奖学金形式颁发给博士候选人的资助。

哥伦比亚大学人类学系的安德鲁·P. 韦达教授是主要的调查者。除此以外，参与这一远征的人还有韦达教授的妻子雪莉·韦达（Cherry Vayda）、哥伦比亚大学人类学系的艾莉森·雅布隆卡（Allison Jablomko）和她的丈夫马雷克·雅布隆卡（Marek Jablonko）以及我的妻子安和我本人。有关马林人的研究在相关基金赞助下一直在持续进行，研究人员有加利福尼亚大学的地理学家威廉·克拉克（William Clarke）、夏威夷大学的约翰·斯特里特（John Street）以及于 1966 年第二次造访新几内亚的韦达夫妇，哥伦比亚大学人类学系的乔治达·比克（Georgeda Bick）。在此我对他们所提出的有关阐释解读的建议以及对这项研究所做的实际贡献深表感谢。

若列下所有在我田野调查之前、之中和之后给予了我帮助和鼓励的人，这张名单一定很长。在去田野调查地点途中，卫生部的 E. H. 希普斯利（E. H. Hipsley）、澳大利亚国立大学的罗斯·罗宾斯（Ross Robbins）以及当时任职于南太平洋委员会的雅克·巴罗

(Jacques Barrau)给我提了许多宝贵的忠告和建议。莱城森林植物标本系的主任约翰·沃默斯利(John Womersley)鉴定了所有的植物标本。莫尔兹比港(Port Moresby)的政府昆虫学家约瑟夫·圣-伊万尼(Joseph Szent-Ivany)帮我辨认了各类昆虫。佛罗里达大 xiv 学的土壤系主任休·波普诺(Hugh Popenoe)分析了实验室中那历经了一年旅程的土壤样本。在此，我不仅代表自己，也代表其他人，对这些专家们表示最衷心的感激之情。

我们在田野调查地的生活由于新几内亚托管地许多居民的友善而变得更为轻松愉快。马丹地区农业长官 R. 麦科马克(R. Mc-Cormac)尤为慷慨地为我们提供了人员、装备方面的帮助，协助我们解决了一些后勤问题。位于亚瓜(Yagaum)的路德会医院(Lutheran Mission Hospital)和位于马丹的政府医院(Government Hospital)的工作人员告诉了我们当地的流行病知识，还教会我们掌握了一些技巧如使用皮下注射器针头等。政府医院还为我们提供了医药用品。

对于辛拜(Simbai)的圣公会员工，我们不仅感激他们帮助监管、分配给养、分发信件给我们，还感谢他们热情接待我们的辛拜之行。我们还想向阿兰·约翰逊(Alan Johnson)和加文·卡特(Gavin Carter)这两位负责辛拜巡逻岗的官员在我们停留该地区时所给予的合作与热情表达诚挚的谢意。

在我们去往田野地点的访问中，有些人使我们开始注意之前没有关注过、或者没有确定其真正意义的一些现象。拜访道格拉斯·银(Douglas Yen)是我研究园艺学的一个转折点，拉尔夫·布尔默(Ralph Bulmer)试着帮助我区分了大量鸟类。

在该研究的写作阶段,哥伦比亚大学人类学系的许多教师和学生都耐心地听了我的讲述,提出许多宝贵的建议。我尤其感谢莫顿·弗里德(Morton Fried)、马文·哈里斯(Marvin Harris)、玛格丽特·米德(Margaret Mead)和安德鲁·P.韦达。

其他给予了我宝贵帮助与建议的人还有亚历山大·艾伦(Alexander Alland)、雅克·巴罗、伊丽莎白·布朗(Elizabeth Brown)、拉尔夫·布尔默、马歇尔·蔡尔兹(Marshall Childs)、威廉·克拉克、保尔·柯林斯(Paul Collins)、哈罗德·康克林(Harold Conklin)、格雷高里·德克斯特(Gregory Dexter)、佛瑞德·邓恩(Fred Dunn)、C. G.金(C. G. King)、W. V.麦克法兰(W. V. Macfarland)、M. J.梅吉特(M. J. Meggitt)、乔治·莫伦(George Morren)、欧内斯特·纳格尔(Ernest Nagel)、简·奥尔森(Jane Olson)、大卫·欧斯本(David Osborne)、约翰·萨宾(John Sabine)、马歇尔·萨林斯(Marshall Sahlins)、哈罗德·谢夫勒(Harold Scheffler)、约翰·斯特里特、马乔里·怀廷(Marjorie Whiting)和阿兰姆·延戈扬(Aram Yengoyan)。从柯林斯那里我获得了许多有关功能系统的概念,它们在本研究中的表述或清晰或含蓄。巴罗、克拉克、斯特里特和怀廷尤其慷慨地给予了我许多评论、帮助和建议。虽然我并没有完全接受它们,但对此举我深表感激。此研究的不足缺陷之处,须由我全责承担。

最后,我想对许多马林人和诺拉克朋友与资讯人表达我的谢意。

罗伊·A.拉帕波特

前言，1984

《献给祖先的猪》这一新版本附有大量后记，以处理第一版发行后所引发的大量讨论。对于那些往往是正确的批评，我经常满足地认为，著作有时候不是因为其成就，而正因为其错误、局限性以及它所激发的引人深思的争论才更有价值。但在回顾这些论战时，我深感于我们这门学科挥霍无度，觉得需要超出这本书来谈一些问题。我们一直在寻找新方法，却并没有吸取老方法所给予的经验教训。我想，我们倾向于要求太多的新"范式"，对它们期望太多，然后，也许是出于失望，也有可能出于对早期热衷者过分主张的敌对反应，在它们的可能性还没有被充分挖掘之前，我们就将其抛弃。我们倾向于用在我看来并不充分、甚至于错误的理由去摒弃这些新方法而非修改或纠正它们。因此，我们继续前行，却没有取得进步，没有从我们的经验、我们的知识和我们的错误中学到我们可以、或应该、或需要去学到的东西。我们许多批评的辩论性 xvi 质——简化、模仿、甚至于歪曲它所反对的，夸大其弱点，忽视其优点——让思想无法清晰。

在阅读那些我不敢苟同的《献给祖先的猪》的评论时，我意识到，若要更好地运用该书的优点和缺点，就必得出面澄清某些误解。而且，对本书的批评也提出了人类学理论与方法中需进一步讨论的某些更加重大的问题。我认为自己对《献给祖先的猪》第一版所负的责任还没有全部完成,因此读者们会发现这个新版本中有一个相当长的补充阐述——"后记,1984"。我的目的是想写一些并非完全是针对评论家们进行驳斥的东西,在此我要向基思·哈特(Keith Hart)、埃米利奥·莫兰(Emilio Moran)和阿兰姆·延戈扬表达我最深的谢意,感谢他们阅读了这一部分并提出了有价值的改进建议。感谢耶鲁大学出版社艾伦·格莱厄姆(Ellen Graham)和伊丽莎白·凯西(Elizabeth Casey)在本书出版过程中的无私付出。

R. A. R.

1983 年 10 月

密歇根,安阿伯

有关马林人拼写方法的注解

　　我们设想读者的主要兴趣不在于语言学，因此该项研究中所用的拼写方法不是音位学的，而是对马林人语言的"宽泛眷写"。我挑选了一些英语使用者熟悉的、同时在语音学上也很准确的表示特定声音的符号。马林人术语中使用的字母与英语一样，但有以下例外和局限：

a 　如 在 father 中

I 　如 在 miss 或 meet 中

e 　如 在 error 或 may 中

o 　如 在 bone 中

u 　如 在 Buddha 中

oe 如 在法语 oeuf 中

ü 　如 在德语 über 中

ñ 　如 在西班牙语 mañ ana

ŋ 　如 在 sing 中

ʧ 　如 在 church 中

r 　如 发音类似于西班牙语中的 r，发音时舌尖快速颤动。

首字母 b,d 和 g 有轻微的前鼻音化现象(^{m}b,^{n}d,$_{ŋ}$g)

虽然马林语使用者居住的地区不大，但当地群落在一些音素

和词汇使用上有些不同。这项研究中所涉及的发音和词语不必然
xviii 代表所有马林人语，而只代表我们居住于其中的人群——主要是
僧巴珈部落居民——的语言。

　　在结束田野调查的前几个月里，我的马林语水平才足以充当
民族志工具。田野调查的早期，我尤其依靠皮钦英语（pidgin，之
后的行文中我用"p. e."指代）。由于没有一个僧巴珈人能说这种
语言，因此我使用皮钦英语时需要口译员。我同时轮流聘请了两
名口译者，当我怀疑口译出现了模棱两可、谬误或误解的情况时，
我会将通过一个口译者所获得的信息与另一名口译者进行核对。

第一章 仪式、生态和系统

许多关于宗教行为的功能性研究都有一个分析目标,说明发 1 生于某种社会群体内的活动、进程或关系。查普尔(Chapple)和库恩(Coon)(1942:507)、涂尔干(Durkheim,1912)、克拉克曼(Gluckman,1952)、马林诺夫斯基(Malinowski,1948)以及拉德克利夫-布朗(Radcliffe-Brown,1952)的作品就属此种例证。

社会单元的范围经常没有明确限定。在一些研究中,它有时候指涉涂尔干所称的"教会"(church),也就是,"其成员对于神圣世界及神圣世界与世俗世界的关系持同样看法,且将共同理念转换成共同实践的社团"(Durkheim,1961:59)。然而,它往往是更小、更有界限的群体,为研究仪式角色与文化其他方面的关系提供背景。这些单元,由那些认为其集体福祉有赖于共同仪式展演而集聚在一起的个体组成,可以称之为"会众"(congregation)。在许多小规模社会,会众与地方人群有着共同的边界。有关僧巴珈人——这一群居住在新几内亚俾斯麦山脉中的游耕者——的这项研究案例就与此契合。

但是,这项研究与我们上面所提到的那些研究有所不同。它的主要关注点不在于仪式对于会众间的关系所起的作用,而在于仪式如何影响了会众与外在于会众的实体之间的关系。

马林人的仪式是指向人类事物中非实证性的(超自然的)力量 2

参与的惯例性活动。[①] 尽管关注仪式对于社会群体适应其环境方面可能起到的作用的作者们已经提出了许多看法，[②] 一些宗教学或者人类生态学的研究者却并没有对此问题引起重视。在解读那些看起来在经济上无效的实践时，有些作者认为仪式经常干扰了人们对环境的有效开发。[③] 其他人则默认会众与其环境的经验主义关系不被仪式展演行为所影响。

　　事实上，一个重要的宗教功能理论就建立在仪式与外在于会众的世界在实践上是相互独立的这一推断之上。这一理论认为，由于人类无法控制自身环境中对他们至关重要的许多活动与过程，人们体验到一种无助感。这种无助激起了人们的焦虑、恐惧和不安全感。举行仪式则能抑制人们的焦虑、驱逐其恐惧，并给人们提供一种安全感。乔治·霍曼斯（George Homans）的陈述极佳地总结了这一流派的思想：

　　　　仪式行为对于外在世界并不产生实际的效果——这就是

---

　　① 这一陈述仅仅是描述性的，并不意味着是马林人仪式的定义，通常此地仪式会少许多。

　　② 提出这一类建议的人有布朗和布鲁克菲尔德（Brown and Brookfield，1958，1963）、库克（Cook，1946）、弗思（Firth，1929，1950）、弗莱曼（Freeman，1955），伊兹科维兹（Izikowitz，1951），穆尔（Moore，1957），斯托特（Stott，1962），以及韦达，利兹和史密斯（Vayda，Leeds and Smith，1961）。这里所关注的是仪式，而非禁忌——其可能被描述为由超自然力掌控的对身体行为举止的禁律。然而，有必要提及的是，有部分作者已经注意到了禁忌在保护环境资源方面所起到的作用。并且哈里斯（Harris，1965）在他最近的一篇论文中，已经从印度的人类生态学视域，阐明了禁忌在反对牛肉消费方面所扮演的重要角色。

　　③ 比如，参见卢齐贝塔克（luzbetak，1952：113）有关新几内亚猪节中的浪费现象之讨论。

为什么把它们称之为"仪式"。但这一论述并不是说仪式没有任何功能。它的功能与外在于社会的世界无关,而与社会的内部构成有关。它给予社会成员信心,赶走了他们的恐惧,整饬了社会组织。(1941:172)

在此,我不打算提出论据来反对霍曼斯和其他学者归之于仪式的心理学或社会学功能。但我认为,在某些实例中,仪式行为 3 "确实对外在世界产生了实际影响"。在一些例子中,仪式的功能是与"外在于社会的世界"相关联的。在僧巴珈部落里,仪式不仅在象征上表明了会众与它的环境组成部分之间的关系,而且以可测量的经验性方式进入到这些关系中。

就民族的仪式活动能以可测的方式影响其环境要素作简略说明,若非细琐,那至少也昭之若揭。如果某人砍伐一棵树来举行仪式,环境肯定就被影响了。如果仪式要求人们在持续很久的奢侈宴会上将大量访问者款待好,人们就得栽种大量菜蔬,或杀戮比往常更多的野生动物,或采集特别多的野菜。所有这些都是影响环境的行为,不管你对环境采用何种定义。

但此处我们主要关注的,并非某一独立的仪式之要求所造成的这些显而易见的影响。我们的研究兴趣在于理解仪式如何调控会众与外在于它的各种实体之间的一些关键关系。在僧巴珈人以及新几内亚其他操马林语的群体中,仪式的影响如下:

1. 调节人群、生猪和园艺场之间的关系。这种调控直接保护人们免于使其饲养的生猪与之处于寄生或竞争状态,通过帮助维持大量原始森林带和在次生林带保证适当的耕作-休耕比例,间接保护环境。

　　2.调节生猪屠宰、猪肉分配和猪肉消费,提高猪肉在食物中的价值。

　　3.通过整体上提升非驯养动物对人群的价值,调节人们对它们的消费。

　　4.保护有袋类动物。

　　5.使人口在土地上重新散布,土地得以再次分配。

　　6.调节战争频率。

　　7.缓和群体内斗殴的猛烈程度。

　　8.促进当地群体间的货物与人员交流。

　　仪式在此被看作是规范了僧巴珈人与其环境组成成分间某些关系的一种机制,或者一套机制。"调节"或"调控"这一术语意味着一套系统;一套系统就是任何一套特定变量,其中某一变量值的变化会导致至少另外一项变量值的改变。调控机制就是保持系统中某变量或各变量的值在一定幅度内变化,从而保持系统持续存在的一套机制。

　　要强调的是,僧巴珈人或他们环境中的任何实际组成成分本身都不是变量。如哈根(Hagen,1962:506)所说的,"变量是实体的某个维度,而不是实体本身"。例如,僧巴珈人口数量,而不是僧巴珈人本身可被看作是一个变量。以英亩来计度的耕作面积可被当作一个变量,而园艺场本身却不能。

　　这项研究中所描绘的系统关系远不止于被调控,它们还是自我调控的。"自我调控"这一术语指涉某系统中某一变量值自身的改变促使界限进一步变化,或使数值回到先前水平。有时候被称为"反馈系统"的这一过程会包含一些专门机制,使某些变量值由于其他变量值的变化而产生变化。例如,我们可以把恒温器看作是系统中的机械调控机制,间歇散发出来的、源自可控来源的可测热量和周边物体的温度就是变量。我们认为,僧巴珈仪式——尤其是在仪式周期(ritual cycle)这一语境中——就好比是系统中的调控机制,或者是一套交织在一起的系统,这些变量如可耕地面积、休耕地的必要时限、人与猪总量的规模与构成、人与猪的营养要求、各种活动的能耗、灾难的频率都包含其中。此外,还有许多需要考虑的额外变量。依据实地测量,大多数变量都被赋值,尽管并非所有情况下都能如此进行。

正如柯林斯(1965:281)所指出的那样,"对于构成系统的……各变量的性质,功能分析法没有任何良方。"人们基于对所调查的现象里可能存在的关系提出假设,从而选择变量。反过来,变量的选择又源自分析者所把握的理论概念与研究旨趣。在这项研究中,我们就仪式在僧巴珈人与环境相调适过程中所扮演的角色提出一些假设,并依此选取变量。隐于这些假设之下的是一种信念:若把文化的某些方面看作是人类这一动物种类在其环境中维持自身的方式之一,我们当能获益更多。将文化看作是许多其他动物的行为,应该不存在概念理解上的困难。二十多年前社会学家霍利(Hawley)就指出:

　　. 文化无非是指涉(人类)种群在其生境中自我保存的一种方式。人类文化的要素部分因此原则上是和蜂酿蜜、鸟筑巢的本能和食肉类动物狩猎的习惯一致的。认为后者是本能而

前者不是,就等于回避问题的实质。生态学现在不太关注习惯
如何获致,而更关注其功能及它们所卷入的关系。(1944:404)

霍利的陈述对于文化人类学具有重要的方法论和理论意义,韦达
和我(待刊)对此有如下注解:

与(普通)生态学的用法相一致,从事生态研究的人类学
家可把重点放在人类种群、放在包括人类种群在内的生态系
统和生物群落中。将各单元放入生态学家的参照框架中去是
一个具有显著优势的步骤。人类种群作为一个单元,是与其
他单元相称的。它们相互作用构成食物网、生物群和生态系
统。人们从这些其他单元中所获得的能量和物质交换能够被
测量,用量化的术语进行描述。如果不把文化当作其中一个
单元,这种相称的优势就无法获得,因为与人类种群不一样,
文化不需要依靠捕食者喂养,被食物供给所限制,或因疾病而
变弱。

需要强调的是,将种群和生态系统作为分析单元,并不要求人
类学牺牲自己阐明文化现象的主要目标。相反,这一过程对该目
标的达成有重要贡献。种群可以定义为共有一些不同的方式,以
保持它们与包含自身在内的生态系统中其他构成成分之间的一套
物质关系的生物体之集合。人类种群的文化,如具有其他种群特
征的行为一样,至少在某些方面能被看作是种群为了存活而采用
的一种"独特手段"。生物学家 G. G. 辛普森(G. G. Simpson,

1962:106)认为,在普通生态学框架内研究文化现象能够为理解文化——"例如,就它的适应方面和随后与自然选择的互动"——提供独具一格的洞见。

此研究沿用霍利和辛普森的研究进路。僧巴珈部落在此被看作是生态系统中的一个生态群落,这个生态群落也包括在僧巴珈部落辖域范围之内其他有生命的生物体和无生命的物质。仪式作为此项研究的重点,可以被解读为僧巴珈群落处理与生态系统中的其他组成成分,以及其他占据了其辖域范围之外的当地人口群落的与众不同的手段之一部分。

也许我们应该清楚,仪式作为一种调控机制,其运行并不必然被僧巴珈人所理解。若用社会学的术语来表述,调控则是僧巴珈仪式的一项"潜功能"(Merton,1949:19页及以下诸页)。僧巴珈人自己认为这些非进行不可的仪式,事关人与各样神灵,其中绝大多数为与祖先亡灵之间的关系。在僧巴珈人看来,这项研究所关注的仪式是为了维持或改变他们与这些非经验性实体的关系。我们可以不参详僧巴珈人的观念来阐明僧巴珈人仪式的调控功能,[7] 然而,把当地人的观念看作是激发他们行为的机制之一部分,却也很合乎情理。因此,这项研究也包括了当地人对于仪式的诸多看法。而且,在我们对生态关系的描述中加入当地人观念,可以让我们探索有关意识形态的一些重要问题。比如,我们可以追问,遵循那些在经验上没有实际效用的理解而采取的行动,是否与行动者在其中发现自身所处的实际情境相适宜。

第二章　僧巴珈人

族群、居住地及其语言系属

僧巴珈人生活在澳属新几内亚马丹地区,总数约 200 人,操马林语。1960 年,一位巡逻的政府官员第一次对他们使用了"僧巴珈"这一称谓,因而该部落群体被如此称呼还为时不久。此前,"僧巴珈"仅被用来指称该部落群体的一个亚支,而群落整体并没有被命名。但自 1960 年以后,"僧巴珈"作为整个当地人群的称谓不仅珍藏于人口统计册和地图中,也被当地人自己使用。

僧巴珈人居住在南纬 5°,东经 145° 之间、辛拜山谷(Simbai Valley)南侧略大于三平方英里多的一片地域,南、北分别与俾斯麦(Bismarck)山脉、施拉德(Schrader)山脉相连。僧巴珈人这块小小的辖域内山峦众多,海拔从河边的 2 200 英尺上升到俾斯麦山脊顶部的 7 200 英尺,大部分区域森林茂密。海拔 5 000 英尺以上的大部分地带,其林木没有显示出任何被砍伐过的迹象;而在低海拔地区,次生林则十分普遍,尽管也有小范围原始森林留存以及少数草块间杂其中。

我们做田野调查时(1962 年 10 月至 1963 年 12 月),僧巴珈人还很少与欧洲人接触。1954 年,澳大利亚政府的第一支巡逻队进入这块地区,曾穿越僧巴珈人辖域,若干年之后才又有了第二次巡查。尽管澳大利亚政府于 1958 年对辛拜山谷的人们进行了招抚,但直到 1962 年政府才公开承认已经控管了该地区①。1959 年,澳大利亚政府任命了当地的鲁路艾(*luluai*,头人)和图土兹(*tultuz*,助理头人),1961 年又任命了第二位图土兹。不过,从 1963 年的情形来看,政府任命的这些头人所拥有的特权仅限于与政府打交道。头衔拥有者和一般民众都认为这些办事处很大程度上与其内务无涉。

　　在我们的田野调查期间,仅有两名僧巴珈男青年作为合同工离开了马林地区未归。② 尽管英国圣公会教会组织(Anglican mission)多年来与辛拜山谷的其他两个群体在此建立了传道所,僧巴珈人却并没有皈依,其宗教信仰和实践无明显的欧洲成分。在我们到来之前,没有哪个僧巴珈人会说皮钦英语,仅有少数几名年轻人曾经沿着崎岖小路到过政府巡逻站。1959 年设立的这个巡逻站位于辛拜河源头,距僧巴珈地区约 25 英里。

　　当然,两地的间接接触要早出许多。20 世纪 40 年代后期,第一批钢制品进入僧巴珈地区,至 20 世纪 50 年代早期,石制工具已经被完全替换掉。可能起源于欧洲的那些流行病,也远在白人进入之前就莅临此地。20 世纪 40 年代早期,曾有皮钦英语中称作

---

　　① 自 1963 年 12 月我们离开田野点后,据说在辛拜山谷和马林区域曾发生过一些小规模的、短期的武装冲突。

　　② 据悉,1964 年初有 15 名僧巴珈男子被招募为两年期合同工。

席克曼(sikman)的一场痢疾肆虐该地,造成大量人口死亡;有证据显示,几年以后该地还出现了麻疹。

船货崇拜也远在白人到达之前传至僧巴珈人中。20 世纪 40 年代初期,一些传闻从北方散播开来,预言大洪水和地震即将爆发,祖先们将要回归,大家将会获得大量前所未见的宝藏。尽管僧巴珈人遵从指示修建了专门的房屋等等,祖先们却并没有在洪水和地震中带着礼物归来。从那时起,不抱幻想的僧巴珈人对于货船崇拜的言论多少有些无动于衷。

12　　　总的来说,欧洲人和欧洲商品的到来,尤其是钢铁工具的传入以及政府对冲突的控制,使得僧巴珈地区发生了重大变化,但对于僧巴珈人适应他们的直接环境而言,其影响程度颇为有限。钢制工具和少数新的农作物品种,如玉米和不同种类的甘薯,毫无疑问影响了农业产量,但僧巴珈人依然是自给自足的园艺家,按照玉米被引进前仅有石器工具可用时所流行的那种模式来耕作园艺。

僧巴珈人仅是居住在辛拜山谷和吉米山谷中部、操马林语的二十多个相似的当地群落之一。这些群落的规模在百余人至九百来人不等,总共大约有七千多人操马林语(这门语言或者经常多少有些神秘的在语言地图上被称为 约达比-瓦塔里(Yoadabe-Wa-toare)语)。沃尔曼(Wurm,1964:79)把马林语归于东部新几内亚高地中央语系吉米亚支,而中央语系包括东部新几内亚高地(微观上的)语系的大部分语种。马林地区位于操中央语系者居住区的最北部,居住在其北边和西边的人们分别操卡兰语(Karam)和甘兹语(Gants),这两种语言与东部新几内亚高地语并没有多大关联。

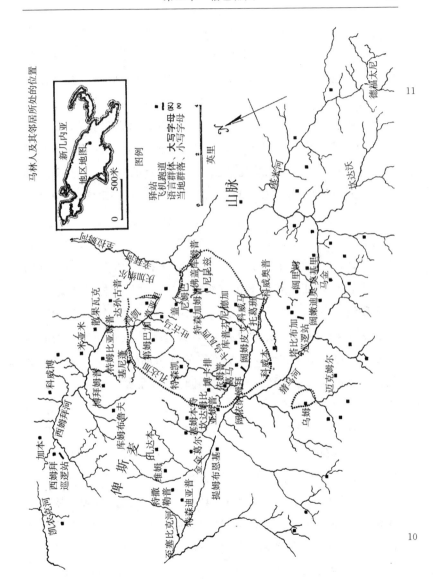

马林人及其邻居所处的位置

中央语系包括至少 14 种语言,总共有两万八千六百名使用者
(Wurm,1964:79)分别居住在东部、西部和南部高地的大部分地
域。这一地理分布表明,僧巴珈人和其他马林人的祖先是从南方
迁入现有居住地区的。马林人群体的北部及最东部大片的未开发
原始森林也佐证了这一点。此外,僧巴珈人沿惯例把 1962 年和
1963 年时进入中年的男子上溯了三代或四代的祖先,当作吉米河
谷中五个亚分支中四个分支的源起。僧巴珈的传统就如历史一样
不那么靠得住,但他们迁居目前居住地尚不久这一事实,既可被这
一反面证据即目前还缺乏明显迹象表明环境已恶化所佐证,也可
被正面证据即在其中开辟出园艺场的次生林里还有许多尺寸很大
13 的树木,以及许多年长资讯人的报告,认为在我做田野调查之前的
四十或五十年,低纬度地区也密布着广袤的原始森林所坐实。

   我们将在下一章详细讨论僧巴珈人的生计方式,在后续章节
分析这些生计活动与仪式的关系,以及僧巴珈人适应问题的其他
方面。但以下信息在此对我们可能颇有帮助:僧巴珈人和当地其
他说马林语的人都是休耕或轮耕的园艺家,在次生林中种植园艺。
他们食用的淀粉类主食包括芋芳、山药、薯蓣、木薯和香蕉等,同时
他们也喜欢食用大量其他作物,包括甘蔗、青菜以及露兜树(Pan-
danus conoideus,p. e. 麦日特)的果实。生猪饲养十分重要。狩
猎、诱捕、采集也是僧巴珈人生计方式的一部分;野猪、火鸡和鸟类
是人们狩猎的最重要猎获物,而有袋类动物则是经常掉入陷阱的
战利品。人们不仅采集菜蔬、尤其是可食的蕨类植物,也收集木
材、用于缝制衣服的动物和植物纤维,用作绳子的藤蔓以及用作染
料的树叶、果实和泥土。

   僧巴珈人的器具工艺十分简单。他们在园艺中使用的工具仅

有挖掘棒、钢斧和砍刀,狩猎时则使用弓与箭。这些器具与矛、斧头以及木质盾牌一起在战斗中充当武器。人们捕猎所用的陷阱包括撒网、挖迷惑野兽的坠物陷阱和凹坑。葫芦和竹筒被用作容器,后者也经常被用作炊具。除此之外再没有其他器具。人们直接在火上或在土灶中烧熟大多数食物。他们还用各种纤维编织出网袋、缠腰布、帽子和细绳围裙,用兰花秆茎精心编织出腰带和臂箍,并制作树皮衣服。在政府于 1956 年、1959 年分别在吉米山谷和辛拜山谷建立巡逻站之前,僧巴珈人通过熬煮矿泉水以获得食盐。早期他们翻过大山,用许多食盐去换取那些在吉米山谷中找到、塑型和打磨出来的石质斧刃。

僧巴珈的男人和女人分开居住。1962 至 1963 年间,接纳七岁至八岁以上男性的男人屋中,居住人数在 2—14 个。每一个已婚妇女及寡妇都有单独的房屋,与尚未出嫁的女儿、年幼的儿子和生猪同住。大多数烹饪都是在女人屋里完成的。尽管男人屋和女人屋的内部布局多少有些不同,但房屋的大小和建筑却相似。两者都使用轻质木材做屋架,用露兜树叶子盖屋顶和墙壁。男人屋的尺寸大致为 7 英尺×20 英尺至 10 英尺×35 英尺间,屋脊梁的高度在 4.5 英尺至 6 英尺间。女人屋的长与宽尺寸与男人屋相似,但平均要比男人屋稍矮。女人屋内部要隔出一部分来做猪舍,每个圈舍用栅栏隔开,都有通向外部的专门出口。 ¹⁴

人口统计学特征与体格

我将在下一章对僧巴珈人的生计手段和营养需求进行评估,

并尝试估算在僧巴珈辖域内能展开生计活动的最大人数。与僧巴珈人的生物学特征有密切关联的、稍后将要进行的其他计算还包括：(1)群体中的个体总数；(2)人口的年龄和性别构成；以及(3)个体身材的平均尺寸。在此我只能大致勾勒出僧巴珈人的人口统计学特征和个体发育状况。其他学者会在别处发表专门文章，讨论那些隐含因素。

人口规模

1962 年 10 月至 1963 年 12 月间，僧巴珈辖域内的当地人口总数在 196 人至 204 人之间浮动（在之后的计算中，我们将会使用较大的那个数值）。

相当多的证据显示，当地的人口数曾经远大于我们田野调查期间所统计的数字。首先，大约有 25 个僧巴珈人在 1963 年正以从姊妹居（sororilocally）、从妻居（uxorilocally）或从母居（matrilocally）的形式和当地其他人群居住在一起。在 1953 年僧巴珈人战败被迫流亡之前，这些人或者他们的父母都曾经居住在僧巴珈人的地盘上。至 1963 年，大部分僧巴珈人已重返家园，但这 25 人仍然滞留他处。除此而外，资讯人一致认为，早些时候当地的人口更多——当地宗谱证实了此点。尽管当地人承认有不少人死于战争，但他们还是把大部分人口的消亡归咎于疾病。对像僧巴珈这样的群体来说，早些年他们与外界的接触尤其危险，因为在以往的，特别是在战争被禁止之前的致死因素之外，他们又面临新的死因，尤其是疾病的威胁。

综合考虑目前居住在其他地方的僧巴珈人的数量、资讯人的共识以及宗谱对此所提供的支持,我认为,僧巴珈在 19 世纪 20 年代至 30 年代期间的人口数目,可能在 250 人到 300 人之间。

人口结构

表 1 列出了僧巴珈人口的年龄—性别构成。僧巴珈人口结构的一些特点,尤其是幼年阶段性别比的失衡以及 25 岁左右时男女性别比的变化,需要我们加以解读。

僧巴珈人乐于承认他们曾杀死过双胞胎中的一个或两个,却一致否认杀过女婴。他们自己指出女人在经济上十分重要,认为杀女婴的行为十分愚蠢。在估算的 5—10 岁年龄类别中所呈现出的通常男女比的逆转,证实了他们的这一声明。

在此我们不可能给出任何解释。因为所获数据并不充足,我们无法确定这种不一致来自于男、女两性的出生率不同,还是他们的存活率不同,抑或二者兼而有之。不过,我们有充分的数据表明,在僧巴珈人那里尤为突出的女性短缺问题,并非他们所独有。韦达所作的人口普查数据显示,操马林语的总人数中,有3 722 名男性,3 420 名女性,只有一个当地群落里的女性人口数超过了其男性人口数。这种不一致也并非操马林语者所独有,韦斯特·伊利安(West Irian)在托尔地区也发现该地存在男性过剩的现象。就僧巴珈人而言,年幼阶段的性别比失衡更为显著。奥斯特沃(Oosterwal,1961:37 及下页)把它归因于男婴的较高出生率。

表 1　僧巴珈群落的人口结构, 1963 年 11 月 (总人数 : 204)

大致年龄

男性114人　　　　　　女性90人

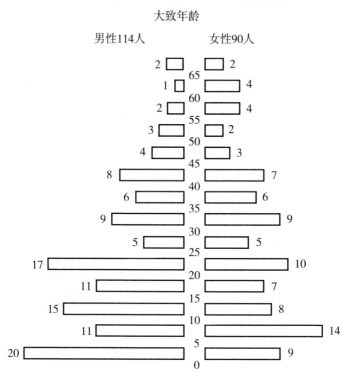

我们应该指出,尽管对于僧巴珈人来说,与女性相比,男性至少在战事中会遭受更重的伤亡,性别失衡因而仍然存在。僧巴珈人在大约 25 岁左右时男女性别比例的变化,很显然源于不同的伤亡率。

体格大小

僧巴珈人身材十分矮小。49 个成年女性的平均身高为 54.3 英寸,身高范围在 51.75 至 57.75 英寸之间,平均体重为 84.4 磅,

体重范围在 75 磅至 100 磅之间;59 个成年男性的平均体重为
102.6 磅,体重范围在 87 磅至 140 磅间。

　　由于很多青年男子将头发盘成硕大的发型,并用麦日特露兜 17
树(*Marita pandanus*)果实中萃取的油脂对之进行硬化,因而我
只能估计他们头骨顶部的位置。因此,成年男性平均身高为 58.1
英寸这一记录,仅能看作近似值,但 53.25 英寸和 62.5 英寸这两
个端值,却是通过测量将头发剪短了的男子得出的。至于僧巴珈
人的身高在多大程度上源自基因,多大程度上来自于营养不良、寄
生虫感染和其他病理学因素,还需要将来的研究来进一步确定。

人口分布和社会组织

　　尽管必需资源如可耕作的土地数量能满足辖域范围内所有僧
巴珈人的营养需求,但这并不必然暗含着每一个僧巴珈个体都能
获得足够所需。许多社会都因个体或群体获取资源的途径不同而
形成自己的特性。有些社会中这一过程与社会分层相伴随,而在
另一些社会,则是拥有土地的家世群体在人口统计学意义上出现
财富差异。因而,我们有必要对辖域内散居的僧巴珈人生计活动
中的社会手段做一描述。

　　只要涉及防御,僧巴珈人就构成了一个单一的领土单位,所有
僧巴珈人都可以在辖域的任何地方从事打猎、陷捕和采集活动。
对野生资源的获取权利是专属的。也就是说,其他本地群落的成
员不可以获取僧巴珈辖域内的野生资源。反之,僧巴珈人也没有
获取其他群落辖域内野生资源的权利。

尽管全体僧巴珈人都可在辖地内打猎与采集,但是该辖地又被分成许多"次领地",这些小块地域归属较少的人口统管。在这些小群体内的成员资格对于人们获取园艺土地尤为重要。

僧巴珈人被组织成五个推定的父系宗族(凯 *Kai*:根;或者宇凯 *yu kai*:男人之根),它们分别是梅凯(Meikai),托梅盖(Tomegai),僧巴珈(Tsembaga),昆比盖(Kwibigai)和卡姆伽盖(Kamunŋgagai)。1963 年,包括已婚妇女在内,每个宗族的居住人口数在 15 人至 78 人之间。这些宗族是声称具有共同祖先的最大单位,但仅有人数较少的昆比盖宗族(21 名成员)能够表明这种祖先谱系。这一宗族的全体成员都认为自己是 19 世纪后期迁入僧巴珈地区的一个移民的后代。

两个最小的宗族,托梅盖(15 个成员)和昆比盖并没有分裂,而其余三个最大的宗族,卡姆伽盖,僧巴珈和梅凯,又分裂成也被称作凯(*Kai*)或者宇凯(*yu kai*)的三个更小些的分支或亚族,成员人数在 7 至 15 人之间。这些亚族的男人们宣称他们有一个比共同氏族始祖更为晚近些的共同祖先,但所有的亚族都无法证明这种承袭。亚族也有其称呼,三个宗族之下的三个亚族名字都是相同的:温迪凯(*Wendekai*,温迪 *Wend*:最年长的),阿曼盖(*Amangai*,阿曼 *Amang*:中间的)和阿提盖(*Attigai*,阿提 *Ati*:最年轻的)。

理想情况下,氏族应该拥有次级辖地,因为与其他说马林语的人一样,僧巴珈人也将辖地与男系亲属联系在一起。然而,尽管僧巴珈人分成了五个氏族,其辖地的次级分配却只有三份。辖地的主要部分被分成相邻的、从山脊顶部一直延伸到辛拜河的三个条块:其中卡姆伽盖占有西边条块,梅凯占东边条块,僧巴珈、昆比盖和托梅盖共同占有中部条块。

此处通行的婚姻法则规定人们应遵循氏族外婚,但氏族外婚事实上与次级辖地联系更紧密。共同占有一块辖地的僧巴珈,昆比盖和托梅盖就反对彼此通婚。过去,梅凯氏族的亚族成员之间若通婚则需要签订契约。我认为,这些氏族内婚连同氏族的分裂以及可能的次级领地分离过程,和随后的扭转过程是同步发生的(稍后我将对此加以讨论)。

尽管三个次级辖地内的氏族似乎实行族外婚,然而作为一个整体而言,僧巴珈人却并非如此行事。事实上,从统计学意义来说,人们明显偏好与渊源更近的女人结婚。据 1963 年所作的统计来看,居住在僧巴珈辖地上的 50 个妻子和寡妇中就有 44% 源自僧巴珈,另有 22% 来自东边紧邻的图古曼(*Tuguma*)。余下的 34% 来自九个其他当地群落,大多数情况下,其辖地或在河对岸 [19] 或在山的另一侧。

对次级辖地的所有权可以通过仪式来表达。某些情形下,人们在辖域内栽种被称为"宇明闰槟"(yu miñ rumbim,宇明 yu miñ:男人的灵魂;闰槟 rumbim:朱蕉属金露梅 *Cordyline fruticosa* (L.), A. Chev.;紫叶朱蕉钛终多星 *Cordyline terminalis*, Kunth;p. e.:坦克特 *tanket*)的小树或者灌木,使次级辖地的所有权获得认可。次级辖地内每一个成年男性成员都参加手执闰槟并将其栽种入土这个仪式,象征他与该片土地的联系,以及他作为团队成员对这块土地的占有。

围绕闰槟展开的仪式为我们区分僧巴珈人与其相邻群落提供了一个附加标准。因为种植以及日后拔除闰槟的仪式,通常在同一天进行,参加者是僧巴珈这三个次级辖地内的群体——也仅有这三个群体才有资格参加。不仅如此,所有的僧巴珈人都得聚在一起参与随后的仪式。正是基于僧巴珈人在这样一些仪式上的协调一致,以及他们共同地、排外性地参与一些其他仪式,我们才能够把僧巴珈人当作单个群体看待,将之与其他人群区别开来。

次级辖地被再分成更小的地域,由公认的更小父系单元——不管是氏族还是亚族——所拥有。每个这样的群体都拥有一定数量分散在整个次级辖地不同高度范围的非连续地块。在可耕作区,这些地块又进一步被细分成通常不足一英亩、由单个男人所拥有的园艺场。

男性由于其氏族或者亚族的成员身份而拥有次级辖地群体耕地的所有财产。尽管男子个体可以通过父系继承或者开垦原始森林来获得特定园艺场的使用权,但人们随时都可对这种不公正进行调整。如果一个男人没有继承到多少土地,他只需向他亚族中继承了较多土地的人索要即可,这种永久所有权的转让貌似总能达成。因而,个人对园艺场的拥有等于是为他的亚族做管理员。与此相类似,亚族对一大块土地的拥有也可被看作是为整个氏族做管理员。如果某一亚族短缺土地,不仅其个体成员可以向那些继承了许多土地的亚族成员要求土地或者接受土地捐赠,而且其他亚族还可能赠予整片土地。

就这三个氏族的次级辖地群来说,三个氏族个体成员之间也很容易调整土地持有的不公。也就是说,就土地而言,这三个氏族彼此相关,就如同一个氏族下的不同亚族之间彼此相连。这三个氏族目前反对彼此通婚,但他们是,或者相信自己是当血缘内婚通行时——确凿的或他们自认为如此——通过上几代的女性联姻而产生关联的。也就是说,这三个氏族中,每个氏族的成员都认为对方是同家族的人,尽管其实际关联往往无法追踪。我们可以认为,由于其关系确定的原则是与其中一个氏族的父系关联,在法理上这一多元氏族的结构依然是三个男系亲属群体的聚合,但事实上,由于其组合的成员资格可以共享所有土地,我们可以把它们看作是一个联合的同族继嗣群。因此,我将把它们看作"同源丛"(cognatic cluster)。尽管马林语中没有特定语汇来表示我所定义的"同源丛"这一类结构,但人们对于作为独特单元存在着的特定同族丛在名义上还是有所认知的。所以,包括昆比盖、托梅盖和僧巴珈氏族在内的氏族丛被称为"僧巴珈-托梅盖"。

然而,尽管对土地的权利建立在男系亲属亦或同族关系上,在三个次级辖地群体中,土地持有的显著差异可以在一旦显露时就马上得到改善。我们可以认为,因为小群体不会受毗邻群体经历的影响,十分容易遭受突然的、重大的人口变动,因而僧巴珈人土地所有权的自在转让,对于由小群体组成的社会来说尤其具有优越性。这种转让不仅避免了社会和经济的不公,也保护了某些地区的环境,使之免于过度开发而另一些地区则欠开发。

不过,次级辖地上的群体本身很小,因而极容易受到人口波动的影响。但土地的赠予经常发生在不同的两个次级辖地群体成员之间。1961 年、1962 年、1963 年开辟的 381 个园艺场样本中,耕作另一个跨次级辖地群体的土地而自身不属于这个群体的园艺者有 94 个,占了总数的 24.7%。因此,园艺耕地的使用权并不专属于拥有这片土地的同一个男系宗属或血族群体的人。相反,男人们常常在他的男系宗属或血族群体没有土地权属的园艺场耕作。 21

僧巴珈人认可将三块不同土地的名头归属于三个分离的群体,但僧巴珈人的园艺场往往十分混杂。

我们或许应该指出,僧巴珈人的居住模式很大程度上取决于土地使用。若距离不远,一个男人通常可能会保持从父居模式,同时在僧巴珈其他次级辖地上的群体那里获得的土地上开垦园艺场。实际的居住模式可称之为"有规律颤动性的"(pulsating)。在仪式周期的某一个节点,人们高度集聚,所有的或几乎所有的房子都坐落于跳舞坪周边地域。然而,僧巴珈人的生计活动,尤其是喂养生猪,影响了人们的集结居住。大部分时间里,小丛集聚的房子或分散的家宅是该地遵从的居住规则。

由于辖地内所有男性成员都很容易获得园艺用地,我们可以合理地推测当地的人口密度。下一章我们将会对此详述。这一人口密度反映的是整个僧巴珈辖地的状态而非不同地区不同人口密度的数字平均数,换句话说,为了估计开发的强度,我们假设僧巴珈人在可利用辖地内的分布都是均衡的。

所有的僧巴珈人,也仅有他们,才能共享公地,几乎是排外性地取用其共同捍卫辖地上的所有资源。这一事实有着更深远的理论和方法意蕴。与相邻的群体相分离,僧巴珈人在与共栖在其辖地内的其他种类的群落进行的一系列物质交换中组建成了一个单元。他们构成了一个生态学意义上的群落,我将他们以及类似的单元称作"地方群落"①(local populations)。

---

① 我使用的该术语,其意义与韦达和库克(1964)所使用的有所不同。我所使用的地方群落(local population)对应于他们所使用的部族丛(clan cluster)。

　　然而,发生于相同次级辖地内的群体成员之间的土地转让,与 22
不同次级辖地群体内成员的土地转让,在性质与模式上有所不同。
在同一次级辖地群体不同亚族成员之间的土地转让中,有 28 宗或
者 85％ 是永久所有权的赠予,与之相对的是,不同次级辖地群体
成员之间的土地转让中,仅有 35％ 的是永久所有权的赠予,其余
部分则是男子对同族人或者妻子的父系亲属的用益权赠予。在
33 宗不同次级辖地群体成员之间的永久所有权转让中,26 宗或总
数的 79％ 由男人赠送给了父系亲属中女性的丈夫。当一桩婚姻
看起来会很持久时,这种姻亲的赠予就会发生。但在大多数情况
下,这种额外的赠予会伴随委托人终身。仅赋予了受赠人对特定耕
地的权利,而非赠予人所有土地的这种赠予,并不要求受赠人从妻
居,而这么做的人也很少。在大多数情况下,从妻子的同族亲属那
里获得的土地仅仅是他凭借父系原则所继承土地的一种补充,后
者通常一如既往地是他最为倚重的部分。然而,不管他是否需要
姻亲赠予的土地,出于妻子和姻亲所施加的压力,他还是会使用这
些土地。他的妻子可能希望在她族人的土地上开辟一些园艺场,
这样她就能经常回娘家。另一方面,女人的族人们会出于较少的
情感因素来鼓励她的丈夫拿走这些土地。事实上,在他们看来,赠
予姻亲的土地给他们提供了一个在家中女性结婚后,仍能保留她
们一部分劳动力的方式。赠给女子丈夫的土地,通常与她家人耕
作的土地毗邻,因此,女人们就可以较为方便地帮助未成家的兄弟
或鳏居的父亲侍弄园艺场,她们常常也是这么做的。

　　按照从妻子的族人那里接受赠地的多种考虑来看,尽管这些
土地已经转让了永久所有权,但在经历了一辈人之后往往又返回

到赠予人那里，这种现象并不让人诧异。驱使一个男人去耕作妻子出生群体所给予土地的那种压力，并不存在于他处理与母亲出生群体的关系中。但是，如果他的父亲从其姻亲那里接受的土地与他的住地不远，他可能会继续使用。因此，毗邻的次级辖地群体之间的姻亲土地转让可能会延续好几代。结果导致了相邻次级辖地群体成员所属的园艺场混杂错列。这种混杂在僧巴珈人中进一步加剧，尤其是居住在中央次级辖地的同宗和它西部的次级辖地卡姆伽盖宗族之间。事实上，这两个次级辖地正在融合。人们说，这两个群体的土地已经成了或正在变成一整块土地，许多年轻人声称自己不了解何处是辖地边界。年长者一致认同那些边界但一如既往地声称，边界已经不再像过去那样具有纷繁多样的意义。

　　我们注意到，卡姆伽盖和僧巴珈-托梅盖同族群之间的亲密关系在名义上是被认可的：这两个次级辖地上的群体经常被合起来称作"卡姆伽盖-僧巴珈"。尽管马林语中没有对应的词汇，我将把诸如卡姆伽盖-僧巴珈的结构称作"姻亲<u>丛</u>"结构，其中两个相邻次级辖地群体的土地由于姻亲之间转送而混杂一处。

　　与僧巴珈-托梅盖和卡姆伽盖边界的逐渐消除有关的一个饶有兴趣的发现是，在他们之间的土地转让案例中，有四桩新的土地永久权的转让不在现有的姻亲中发生，而是发生在上一代的姻亲联系也就是母系亲属联系中。该数目虽然不大，但我认为它代表了一种趋势，也阐明了群体形成的过程。虽然此处证据并不充分，但我们可以认为，在土地融合的持续过程中，家族丛和姻亲丛各据一端。通过相互通婚以及之后由于姻亲关系而产生的土地永久所有权的赠予，相邻群体的土地混杂一处。由于任一个男人或者他的亚族"兄弟"都不能和其母亲所出生的家族成员联姻,在下一代中会有部分群体不可通婚;但由于儿子们可能会保留母亲的兄弟们给予他们父亲的权利,仍然耕作那些离他们从父居的居所较近的地块,因而土地的混杂状态依然得以保持。所以,他们与自己母亲所出生的家族经常保持联系,由于母亲这边的联系而不断收到新的土地赠予。更多联姻使后代的母系亲属关系网络更为复杂,使两个群体的土地间杂现象更一步加深。人们谈论,这两个群体的次级辖地界限十分模糊,已经开始合二为一了。最终每个群体的成员都几乎可以和另一个群体的所有人都追溯到母系方面的联系。就获取土地的方式而言,母系亲属关系取代了婚姻,更受人们的青睐,内部通婚因而终止。姻亲丛(affinal cluster)成为一种母系亲属丛(cognatic cluster)。马林人的亲属语汇促进了这一进程。亲属的称谓从我辈层面是易诺魁制的,之后分叉融入上一辈,我辈的直接下一辈和之上第二辈属同一辈。因而我辈族外婚群体与群内婚称呼上的区别在两代之内就被除去了。姻亲的孩子彼此用专门的交表亲(cross-cousin)语汇称呼,交表亲的孩子彼此称呼兄弟姐妹,虽然他们可能会缔结婚姻。这一用法或许是对群体动力学的正式让步:分离的内部通婚群体成为一个联合的母系亲属群体(cognatic group)或母系亲属丛(cognatic cluster),而无须改变两个群体用来互指的亲属称谓。

　　光阴流逝,那种母系亲属丛可能会变成假定的父系血缘群体(agnatic descent groups)。由于次级辖地的宗族丛在功能上等同于次级辖地宗族,这种转变仅要求"契约"(charter)上的变化。并且,由于其亲属称谓模糊了两代以后的父系亲属和母系亲属,因而有利于此种转变。在僧巴珈人看来,领土权在观念上是与父系亲缘相关联的,意识形态上的一致性因而也要求这种转变。人们可能会先验性地期望,在搞不清楚实际关联时,就假定组成(母系亲属)丛的各个(氏族)单元存在着父系亲缘关系。不过,我们在僧巴珈人中所找到的母系亲属丛却并不支持这种期望。昆比盖和僧巴珈部族之间的联姻新近才有一次,因而大家都还记忆犹新。然而,从僧巴珈和托梅盖这两个共享次级辖地更久的部族来看,尽管特定的婚姻联系已经被淡忘,两个部族却仍然保持独立的父系认同。

25　　　迄今为止,我已经讨论了导致群体融合的土地合并。但这一过程有时会反向运动,处于三个次级辖地中最东边的梅凯群落所具有的传统就阐明了这一点。在我田野调查期间,这个群体有一个亚族采用外婚制。而在过去,当他们和其他四个群落作为僧巴珈地方群落杂处时,梅凯三个亚族之间相互通婚。据资讯人报道,当这个部族人口过于稠密,使用的土地比现在少时,一个亚族将房子迁走并开始在新的定居地周围集中以耕种园艺。最终,其土地得以分离。尽管仍认可共同的祖先,人们开始与其他两个亚族的人通婚。

分裂的过程之后似乎得以反转,我们可认为这一转向与人口压力减轻有关。部落内部开始通婚之后,梅凯既获得了额外的土地,同时也由于疾病、战争和外迁,人口大量减少。不管怎样,至1963年梅凯亚族的土地又混杂起来了。不过,在梅凯群落所经历过的人口压力减轻很久之后,还是有一桩部落内婚姻于20世纪50年代初期缔结。资讯人说,这桩婚事引起了人们极大的恐慌,之后部落内部就不再通婚了。这一陈述至少表明了人口学概率,因为过去与其他两个亚族通婚的阿提盖亚族,人口已经减少至七人了。

我们回过头来继续讨论分裂过程。任何一个僧巴珈人都记不起为何梅凯部落的阿提盖亚族往外迁居。在此我克制自己不去猜测土地离析的机制——若其确实发生——所受到的影响。我们能够确定的所有情况就是,目前单个部落下的亚族之间确实曾经有过通婚现象,而且之前有更多的人口曾聚居在更窄的地域内。

尽管我们不可能确定,但却有充分的理由相信,在目前所存的亚族之间相互通婚的至少部分时期里,梅凯的人口数曾经到达或者超过了他们土地的承载量(见 144 及以下诸页)。虽然,我缺乏自己以及现存资讯人所观察到的任何数据,但却至少暂时性地相信,资讯人所说的由于人口压力而导致亚族不婚转变为亚族通婚这一陈述,如果不能被看作是一种历史事实,至少也反映了系统的一种可能性。麦基特观察到西部高地的恩加人(*Enga*)也存在相似过程(Maggitt,1965:16),愈加坚定了我的这一信念。

我们可能会注意到,在这种关联中,尽管同一部族的不同亚族成员之间,以及不同部族或次级辖地群体成员之间的土地交换,可能会使人口在可用土地上均匀散布,却无法减轻土地的总体短缺。当接近或超过临界密度时,各个层面的土地拥有者将不再许可其土地被其他群体成员耕作。人们会越来越强调父子关系即此种情况下的父系亲缘关系这一首要原则作为占有土地的基础,麦基特曾经提出过这一点(1965:260 及以下诸页)。伴随有姻亲土地赠送的部族内婚姻就是这种联系策略之一。这种婚姻将家族父系亲属转化为姻亲(使用姻亲的而非父系的参照或称谓),姻亲间的土地转让,使得姻亲在指定园艺点更为有限的权利取代了接受者作为亚族土地赠予者父系亲属所享有的剩余权利,而将赠予者作为男系亲属的权利或完整或模糊不清地留在接受者的土地上。直到我离开田野地点之后,这种事后分析(post hoc)的阐释才进入我的脑际,但我没有足够的证据来支撑或者反驳它。

韦达和库克认为,考察新几内亚的社会组织"强调……过程而非试图构想出详尽的、适用于同一时段内我们所见的所有结构变体的社会类型学……可能更为有益"(Vayda and Cook,1964：802)。我们可以认为,在任一时间点上,僧巴珈本地群落的正式结构都或多或少是群落在可用土地上扩散的那个持续过程中的短暂结果。这涉及过去十多年来人们对大洋洲的人口压力与父系宗族之间关系的更为一般的讨论(比较 Brookfield and Brown,1963：170 及以下诸页;Goodenough,1955：80 及下页;Maggitt 1965：260 及以下诸页)。僧巴珈人的数据显示,当人口密度低,邻近群体的间隔有一定距离时,只有小部分园艺土地永久混杂,这只不过是由于凭借宗族成员资格而获得的土地离住地更方便而已,而其他土地却并非如此。随着人口达到中等密度至适度的高密度,邻近群体的距离减短时——这也是僧巴珈目前占上风的情形——土地间杂现象增多,因为地点方便的土地可能通过姻亲,之后通过母系亲属联系(cognatic connections)而获得。当土地变得间杂,之前界限清楚的社会群体融合时,在此进展中他们彼此不再婚配。当人口密度到达临界线时,人们强调作为获得土地权力基础的父子关系这一首要原则,园艺土地的混杂被抑制,社会群体可能分裂或分离,彼此开始相互通婚。这一解读似乎支持了麦基特有关新几内亚高地宗族关系与人口压力的论断，但同时调停了他和布鲁克菲尔德（Brookfield）与布朗（Brown）之间的一些不同观点。

整个马林地区连续分散居住着由许多宗族血统群体所组成的地区群落。僧巴珈部族的历史显示，战争在这五个父系血统群体成为一个独立单元并与其他群落相区分的过程中起了重要作用。人们说，大约在我进行田野调查的五十年之前，僧巴珈部族最西边卡姆伽盖部落的土地，与住在他们西边的昆达盖部落的土地间杂一处。在他们的记忆中，由于政府强加给他们一纸和平法令，一场诉讼由此发起。但在双方强夺一个女人时，一名昆达盖人被杀，战斗马上爆发。在这种邂逅中，严阵以待的双方通常都获得了其背后部落的支持。卡姆伽盖因此获得了它与之常通婚，园艺土地混杂一起的僧巴珈部落、托梅盖部落和昆比盖部落的支持，以及不那么常通婚的梅凯部落许多人的支持。紧挨梅凯东侧的蒂姆巴盖-伊姆亚盖（Dimbagai-Yimyagai）和旁边更远处的图谷曼地方部落也给予它支持。在这轮战争成功终止的日子里，梅凯部落和蒂姆巴盖-伊姆亚盖部落之间出了麻烦。在随后的战斗中，梅凯得到了昆比盖、僧巴珈、托梅盖和卡姆伽盖的支持，以及与蒂姆巴盖-伊姆亚盖有仇隙的图古曼部落的进一步合作，最终大获全胜。蒂姆巴盖-伊姆亚盖落败，被驱逐出自己的领土，其中一部分最终被梅凯兼并。我们有理由认为，梅凯和蒂姆巴盖-伊姆亚盖之间的战斗，至少是对人口压力的一种反应（见 144 及以下诸页），但不管理由为何，战争似乎确定了僧巴珈辖域的边界。作为一个单元的僧巴珈，凭其共同参与确定其辖地疆域的战斗而与其他群落区别开来。通过敌对状态成功中止后同步举办的闰槟仪式，先前独立的各单

28

元之间这种实际上（de facto）的联盟，变成了法律上（de jure）的结构。在之后的章节中，我们将会讨论这些仪式。

政治结构

我们之后要讨论的许多事件，取决于许多人的协调行动。因而在此我们有必要就僧巴珈人获取这种协调的方式做一简要描述。

僧巴珈人没有世袭或正式选举出来的头领，也没有任何命名的、明确的政治机关。这里也不存在某种如奥利弗（Olive，1955）所描绘的模式，即其中某些获得了"大人物"（big men）地位的个体，控制或强迫属下的活动，在馈赠宴（feast giving）中相互攀比。我们所能确定的是，马林人中有些男人被认为是宇麦外（yumai-wai，大人物，或重要人物），在公共事务中特别有影响力。不过，他们并不在馈赠宴中竞争，也不命令其他人顺从。这些人使他人顺从自己意愿的能力，取决于他的说服技巧，而不在于他独占了社会或政治结构中的某一特殊位置。事实上，任一亚族或部族都没有限制大人物的数量：僧巴珈人是真正的平等主义者，因为他们只要具有成为大人物的能力，就能当上大人物。不仅如此，一般而言，男人们也不会为了取悦大人物而或明或暗地放弃决定权。在作决策时，所有人都会发表自己的看法。若某人在乎所提出的某一解决方案，他可以尝试在人们达成统一行动之前率先垂范，从而鼓动其他人跟随。

如果权威（authority）这一术语指的是沟通网络中的点，由此流溢出的信息能煽动人们采取行动的话，那么我们可以说，在僧巴珈人那里,权威是轮换的。大人物或许是依据统计学来确定的:与其他人相比,大人物更经常地发起那些群体决意去做的行动进程。并非因为某人是大人物,因而他才经常参与决策;而恰恰因为他经常参与决策,所以成了大人物。不过,我们应清楚的是,大人物几乎没有什么义务去参与制定任何决策。他可能并经常让他人来做决定。大人物避免参与决策的动机,或许是出于对议题缺乏兴趣,无法形成任何观点,或许是想避开某个棘手问题。不过,人们对其保持沉默并不质疑。此缄默权的调用,若非太过频繁,并不会削弱大人物的地位。

能否成为大人物,取决于个体的性格特点。据说,大人物都爱"聊"(talk,čep)。他们会聊战争、女人、仪式与园艺之事,能清晰明白地表达自己对群体公共事务的观点并获得听者的钦佩。简而言之,他们是有魄力的聪明人,通常都有相当的体力以及过人的精力。

大人物往往会富有,会成为萨满并能拥有获取有关战斗的仪式知识。财富与秘传知识和能力主要是同一些品质——天资聪颖、精力充沛、意志坚定——的产物,这些品质也使得个体能经常成为一个决策人。虽然拥有财富和秘传知识常常能支撑大人物这一地位,但本身(per se)并不赋予其做决定的特权。而且,它也并不为个人提供可资运用、使得他人屈从于自我意志的独特强大工具,有如在某些社会所出现的情形那样:富人和穷人所拥有的财富数量有着巨大差异,或秘传知识的持有者拥有至高无上不可侵犯的尊严。哪怕是最受尊重的大人物,其"影响圈"也非常有限。随着结构距离增大,这类人影响其他人顺从自己意愿的能力也逐步减弱：在本人所在的亚族和所居住的男人屋中，他的影响力最大；在部族内其他亚族和其他人所居住的男人屋中，影响力次之；在当地群落其他部族的成员中，他的影响力变得更小（虽然可能仍有相当大的影响）。这类人的声誉通常还超出了他们所属的当地群落，但在其当地群落之外的直接影响仅限于姻亲、宗亲和非亲族的贸易伙伴。

僧巴珈人做决策的过程和该过程在其中发生的结构一样，没有固定形式。人们有时候被召集参会，共同讨论某个问题，但此种情况十分罕见。不仅如此，就我参加过的一些集会而言，人们也很少试图用任何正规方式使大家做出决定。一方面没有人会构思议题框架，以提案之类的方式让大家投票，而且投票这一观念本身也并不为人们所知晓。有人认为，人们实际上是避免在聚会上做出正式决定，因为拟具要点会容许人们做决定，导致持对立观点的双方交锋，而这类对峙又很难化解。集会仅仅是比往常更多一点的人在同一时间和地点聚集一处，讨论某些特定话题。这些聚会看起来有些奇特：一小群男人——每群或三或四或五人——或者站着、或者坐在地上相互交流。可能会有许多这样的群体在某个限定范围内出现。还会有为数不多的几个男人从此群体移向彼群体。不断会有人大声向所有集结的人群讲演。有些人会慢慢散去，另一些人会从旁边经过。最终每个人都渐渐离开。集会没有达成任何决议，也不发起任何行动，但人们之间交流很多。就大部分行动而言，人们通常不在集会上，而是在男人屋、路上和园艺场展开讨论。聚会使人们的情绪更迅速地具体化，但其目的却只局限于让人们达成共识，本身不在于让人们做出决定或挑起行动。

它的目的,在于比通常情况更快速地"使说法归一"(to make the talk one,达成协议)。当某人认为人们已经达成了共识,或事情已经得到了充分讨论后,他不会再发起更进一步的讨论,而是按照共识所提议的那样去率先行动:例如,将捕捉鳝鱼的篓子放入溪中某个传统地点,从而为启动凯阔或猪宴的最后阶段做准备;他开始搜集营建跳舞坪上的访客屋所需要的材料;或者亲自拜访另一个当地群落,通过同族人邀请大家来参加凯阔。

但某人由于误判了共识而开始试图调动群体行动却无人跟随的情况也时有发生。例如,一位名叫博盖(Borgai)的人在1963年8月底将他仪式使用的捕捉鳝鱼的篓子放进水中,但其他人却没有马上跟随。事实上,有些人直到10月份才投篓入水,到11月份这些鳝鱼最终得以使用时,博盖早些时候捕捉到的大部分鳝鱼都已经死掉了。然而,发起某一行动但没有人立马跟随的状况,并非人轻言微的年轻人所独有。为了成功地带动大家行动,哪怕是公认的大人物有时候也必须坚持不懈。1962年年底,人们议论纷纷,想在跳舞坪外围修建一栋房子来款待前来参加猪宴的人们。于是,某天清晨,政府指定的村长(鲁鲁艾,luluai)以及大家公认的宇麦外椰姆普(Yemp)大声嚷嚷,认为营建工作应该马上进行。然而竟然没有一个人跟随他行动。他没有被吓住,继续前往森林砍树干,为建筑物收集露兜树叶子。他独自干了三天活,向那些从他旁边经过的人怨恨地数落僧巴珈男人的卑微,数落他们仅有的喜好就是种地和交媾。第四天,或许是出于羞惭,或许是椰姆普已经激起了他们的公共责任,其他人最终参与了这项工作。

第三章　与直接环境的关系

上一章中我们已经提到,与邻近群体相分离的僧巴珈人,成为与邻近群体共享同一地域其他生物群落的物质交换体系中的一个单元,因而是生态学意义上的一个群落。在这一章中,我们将讨论僧巴珈辖域内的气候、生物区系以及人们与非人类共居者的物质关系。

环　　境

此处所描述的僧巴珈地域的气候状况与生物区系不会作为变量进入之后的分析中。尽管如此,我们却得对它们加以关注。例如,我们在这里讨论气候和降雨量,并不是因为这些数量本身会当作变量,而是它们呈现了可能影响僧巴珈生态系统中各种生物区系组成成分出现或缺席的环境。如某一特定植物的种植就受限于温度、降雨量、日射和土壤条件(Brookfield,1964:20 及以下诸页;Kroeber,1939)。有关气候、土壤和植被的信息因此构成了我们比较不同地区的重要经验基础。

气候

1962 年 12 月 1 日至 1963 年 11 月 30 日,僧巴珈地域内海拔

4 750 英尺高的地方记录下来的降雨量为 153.89 英寸。该地之前的任何记录,我们都无法得到。僧巴珈人在概念上清楚,不管是旱季还是雨季,每个月的降雨量都不少于 6.76 英寸。而且,据资讯人报道,人们认为一年中有三个月是旱季,而八月、九月和十月则非常湿润。

该地的雨通常下得轻柔,虽然少数情况下半小时内雨量可达到 100 点。最高的日降水量记录是 4.01 英寸,一年中有 43 天的日降水量超过 1 英寸。

此地下雨一般都在晚上。大多数情况下日照延长,虽然天空总会有些云彩。但在八月到十月间,雨总在白天下。日照延长的日子很少。蒸发受到阻碍,地面保持湿润。大雾,从技术层面来说即为云彩,十分普遍,在海拔 4 000 英尺高的地方尤为常见。虽然大雾最通常出现在下午四点和下午七点间,但有时雾也会整天出现。

一年中该地日照超过 243 天,253 天里会降雨。僧巴珈人的月降水量和吉米山谷中五年里的降水量统计概览都收录在附录 1 中。

此地温度的季节变化小。白天的温差变化是 7℉ 到 16℉。日最高温度通常为 75 度或略上,日最低温度在 60 来度。

一年到头该地都没有风力大到吹断小树枝的记录,尽管在私人交流中,克拉克提到自己在 1964 年曾在此遭遇过一场较强的大风。据资讯人报道,该地从来没有出现过强到毁坏房子、果树园或者园地的大风。

土地

用正交法测量,僧巴珈人辖域面积为 2 033 英亩,或 3.2 平方英里,其中 1 690 英亩,或大约 2.5 平方英里分布于辛拜山谷,其余 343 英亩土地分布在吉米山谷。按照正交测量面积来测算,人口密度大概是每平方英里 64 人。

僧巴珈辖地内地形崎岖,海拔由辛拜山谷的 2 200 英尺升至俾斯麦山脉的 7 200 英尺,至 5 000 英尺海拔处,斜率为 20°,之后地势更为陡峭地延至山顶。支脉几乎与山脉的走向成直角,频频出现的水道使地表样貌更为复杂。

这里的土壤似乎十分贫瘠,附录 2 对其具体信息有所归纳。

植被

成百上千甚至于成千上万个植物种类生长在僧巴珈人辖地边界所圈定的有限区域内。当地人对这些植物有非常详尽的称谓术语。他们通常按照类属命名分类大部分野生植物,而对其栽种的植物则在亚种层面有精细区分。

僧巴珈人辖地内这一丰富的植物区系分属于几个不同的植物群丛,僧巴珈人在称呼上对此有明显区分,这构成我们讨论的基础。这些群丛包括:

1. 葛利(*geni*):从来没有被砍伐过的森林

2. 崆垛(*konrdo*):没有树,或基本没有树的草地区域,主要生长着白茅(*Imperata cylindrica*)

3. 热果普(*Riŋop*):人们栽种的植物群丛,即正在产出的园艺场

4. 热果普外(*Riŋopwai*):次生林,其中又有两种亚型

(a)奇恰(*Kikia*):以草本种类为主的次生群丛

（b）杜克米（*dukmi*）：以木本种类为主的次生群丛

在此我们只讨论葛利和崆垛，在之后的僧巴珈人生存活动语境里，我们将会讨论热果普和热果普外。

葛利

在僧巴珈人位于辛拜河谷的 1 690 英亩领地中，用正交法测量，有 602 亩原始森林完整地分布在 5 000—5 400 英尺海拔高的山上。此外低海拔地区还残存 28 英亩原始林，僧巴珈人在吉米山谷持有的 343 英亩土地上长满了原始林或十分成熟的次生林。在僧巴珈地域内用正交测量法得出的整个 2 033 英亩土地中，有 973 亩，或者说 48％，覆盖着原始林或与原始林相似的次生林。

据我所知，尽管马林人的语言没有区分两种不同的原始森林群丛，但两者在地面结构上还是有区别的，这就是乔木林和苔藓林。

在海拔 2 000—5 000 英尺地带，仅有少量乔木林残余，而在大约 5 000 英尺至 6 000 英尺海拔的地方，乔木林却完全没有遭到破坏。它有三种明显的树木丛，有大量的附生植物、藤本植物、勒颈植物和小攀援植物。林中有两层稍低的植物丛，一层由灌木丛和小树组成，另一层由低矮的草本植物组成，森林的地面通常看上去十分空旷，地面能见度仅在零散地带小于 100 英尺。

在乔木林范围内，在其顶部和底部生长的植物大有区别，在 3 500 英尺到 4 500 英尺之间出现过渡。僧巴珈人将低地称作瓦拉（*wora*），而将之上的整个地区称作卡姆恩珈（Kamuŋga）。我把这里的植物构成记载在附录 3。这些信息足以说明卡姆恩珈和瓦拉的乔木林在所有结构性成分方面极端混杂。在海拔 5 000 英尺高

的一块 200'×17'条状地带,我们可以发现"A"层或者最高层包括
了九种有称谓的树木,"B"层有四种,"C"层有十种。附录 3 记录
了这块条状地区森林普查的详细情况。

　　乔木林最引人注目的是它的树木尺寸。"A"层树木的树冠预
计平均高度接近 125 英寸,偶尔也有个别植株,尤其是番樱桃属
(Eugenia)的诺南巴(nonomba)树,能够长到 150 英寸,甚至于长
得更高。这些树的树干经常无比魁伟,地面上 3 英寸处或树墩上
方树围达到 8 英寸的树木稀松平常,比比皆是。我们甚至还发现
了围长更大的树木。

　　由这样尺寸的树木组成的三层林,在世界上大多数海拔 5 000
至 6 000 英尺高的地区似乎都并不寻常(Richards,1964)。我们在
僧巴珈辖域这种高度的地方所观察到的森林,与山地林或山麓林
36　相比,在构成形态上更类似于低地林。此海拔的这一构造可看作
是山体效应(massenerhebung effect)的一个例子:相比于海岸地
区,内陆地区植物群落分布的海拔高度范围会上移。与山麓丘陵
相比,山脉内部的植物群落分布也有此种现象。理查兹(Rich-
ards,1964:347)认为,山体效应至少部分地阻挡了大风,但克拉克
在与我的私人通信中,认为云层样式所起的作用可能也很重要。

　　在六千英尺海拔以上分布的苔藓林,树木无论是在围长还是
在高度上都会小些。这一范围内的森林顶部通常距离地面 100 英
尺以下,树木分层现象不太明显。虽然零散地有高达 100 英尺甚
或更高的植株,其树冠却并没有连成未被阻断的遮棚。此处的草
本附生植物和爬藤植物也没有低地那么丰富,但附生青苔却长得
更为繁茂,完全覆盖了大多数树木的树干,厚度超过一英寸。我们

也可在附录 3 中找到苔藓林的构成信息。

崆垜

牢固的草地群落很显然覆盖了僧巴珈辖域的几个部分。其中仅有一块草地规模较大,海拔高度为 2 800 至 3 600 英尺,覆盖面积达 41 英亩。虽然有少量地面匍匐植物呈现,如大部分属沙罗科(Cyathea angiensis)的零散树蕨以及人们所种植的一种很大的、被称作"瓦桠"(waia)竹子的少量小植丛,崆垜(白茅科;p. e. : 库芳 kunai)仍占据压倒性的优势。最年长的僧巴珈资讯人认为,他们及其祖先都从未在这片地区耕种过,这里的过去如同现在一样,一直生长着库芳。

我之前曾提到过,我们有理由认为马林人居住于辛巴山谷是相当晚近的事情,或许仅在最近的两百年内才开始迁移。这一联想可能源自该地经常出土的石臼和石杵等考古学证据——如果这些证据不是人为的话(Robbins,1963)——证明了此处曾在更早时期就有人群活动。

我们很难想象是哪一种开发把乔木林中某些范围内的植被变 [37] 成库芳而其环边地区却保持原样。但毫无疑问,这一群落经常使用的火烧方式激励了这种草的生长,其根茎不会被火烧死,并能阻碍大部分其他植物生长。

动物区系

栖息于僧巴珈辖域内非驯养的动物种类繁多。胎盘哺乳类动物虽仅有野猪、蝙蝠和老鼠,但有名可唤的各有十种甚或更多。被人们命名的有袋类哺乳动物至少有 30 多种,还有至少 14 种人们叫得出名字的蛇。被命名的蜥蜴和青蛙也有很多种类,鸟类的品种亦十分丰富。僧巴珈人说在其辖域内至少有 84 种人们叫得出名字的鸟类存活。这包括食火鸟、好几类天堂鸟、许多种鹦鹉和丛林火鸡。大多数食肉动物都是鸟类,包括许多种类的猫头鹰,几种鹰隼以及至少一种大雕。溪流里漫游着鳝鱼和鲶鱼,尽管后者十分稀少。节足动物品类繁多,称谓语也十分详尽。

少数动物会威胁到人类的生存。这里的 14 种蛇中有 5 种蛇是有毒的,但据资讯人报道,只有那种叫作纳纳瓦(rarawa,无法明确)的蛇毒性很强,足以置人于死地。大家都记得,仅有一个人曾在好几年前被蛇咬死,一位老年妇女因此丧命。野猪和食火鸡也能致人重伤,甚至取人性命。野猪伤人也是常有的事情。但据资讯人报道,野猪和野的食火鸡都不会无缘无故伤人,只有在其被猎捕之时才会伤害人类。

与其他大动物相比,疟蚊给僧巴珈人的幸福带来了更大的危险。绝大多数僧巴珈人可能不时罹患较为温和的疟疾。至于肠道寄生虫,我们没有搜集到充分数据。除了僧巴珈的田野工作者外,仅有两人去实验室送检了粪便,在其中并没有发现寄生虫。

神灵

38

僧巴珈人认为神灵(纳瓦,*rawa*)是其环境中的重要组成部分。在这项研究中,我们之后会论及僧巴珈人为许多仪式的举办所给出的理由,这就牵涉到他们与神灵之间的关系。为便于了解这些仪式,我们有必要简短地介绍一下僧巴珈人所信奉的几类主要神灵。

人们认为,在瓦拉即辖域的低地部分住着一类被叫作纳瓦麦(*rawamai*)的神灵。麦(*mai*)这一术语在其他许多语境下出现,既阐明了其用途,也说明了僧巴珈人归因于这些神灵的角色。

从中长出根茎的芋芳球茎就是麦。有孩子的妇女是安波拉麦(*ambramai*),成年雌性动物也是麦。但该词语并不必然意味着女性特征,因为年老的男人们被称作宇麦(*yumai*)。在所有这些语境中,麦所具有的共同意蕴是指某些能长出其他东西来的事物。

低地神灵关切成长与生育。正是它们,在照看着人与猪的成长与增多,以及园艺和果园的生产能力。它们也关注栖居在覆盖着五千英尺海拔以上、未曾被人类驯服的乔木林以下地带的动物群。野猪是它们的,当人们射杀野猪时,必须对它们致以谢词。对这些神灵尤为重要的是鳝鱼,据说鳝鱼就是它们的猪。由于纳瓦麦关注辖域的下部分,它们也关注人体的下端——腹部、生殖器和大腿。生殖力以及腿部的力量都来源于它们,但同理,腹痛以及腹股沟的疼痛也拜它们所赐。

纳瓦麦又包含两种相关的神灵子类。首先就是那些被称作"阔帕曼央"(*koipamaŋgiaŋ*)的神灵。当我就此询问资讯者时,他们认为每个部族的阔帕曼央都不同,住在每个部族辖域内某条河中的开阔处。但是其他的语境则暗示着所有的僧巴珈人甚至所有的马林人都只有一个阔帕曼央。单个超自然实体具有不同表现形式,这一观念或许能调和这些不一致。

阔帕曼央从来就是非人类的,然而,在紧靠着阔帕曼央的残余原始森林带的"A"层树林里,居住着那些病死或因事故致死的僧巴珈人的精灵。它们被称作纳瓦土库曼卜(*rawa tukump*)。在其 39

他语境下,土库曼卜也用来指称长在如兰花纤维带和捆绑石斧的树皮这些物件上的真菌。这些神灵,"腐烂之神",被当作生者与阔帕曼央之间的中介。

人们认为,低地神灵很奇凌(kinim),该词的意思在很多语境下仅仅是"寒冷"之意。但在其他一些语境下,它也意味着湿润。甘蔗汁很奇凌,水具有这一特点,女人因其阴道分泌物也具有这一特性。僧巴珈人认为,寒冷和湿润两个条件一同导致了某些东西变得柔软、腐烂。而与坚硬和干燥相对,正是柔软和腐烂成为万物生长的必要条件。这一观点在某些重要仪式中得到了验证,之后我们将会对此展开讨论。僧巴珈人认为低地神灵暗示着有生命力的事物都必得遵从的生殖力、成长和腐烂这一循环圈,至此我们已经对它展开了充分讨论。

但在僧巴珈人看来,腐烂对生命而言是必须的,但同时也意味着死亡,低地精灵因而是危险的。腐烂之神,尤其是那些新近离世的亡灵,将散播一种仅被称作"土库曼卜"的超自然腐败,给那些碰见了它的人带去疾病与伤害。阔帕曼央自身尤其令人恐惧。本地源流的神灵仅有它具有杀戮大权。其他本地神灵会带来疾病,但只有阔帕曼央能带来死亡,虽然是另一位神灵的怨愤才会导致如此惩罚。总的来说,一方面是生育与成长,另一方面是通过腐烂而获致的死亡与消散,这两层意义与成为腐烂之神的人们和阔帕曼央相连。低地神灵看起来远不止掌管生育,毋宁说,它们还是掌管生命结束以及从死亡中升起这一循环的神灵。

在卡姆恩珈即辖域的上部分居住着一类被人们称作"纳瓦木吉"(rawa mugi,红精灵)的神灵。它们是战斗中阵亡的僧巴珈人变成的。僧巴珈人认为,它们因流血致死而得名。靠近山顶的苔藓林和乔木林的大部分地区都被看作是它们的居所。据说除非是为了举行某些仪式,它们还禁止人们在这块神圣的地域砍伐树木。不仅如此,栖息在卡姆恩珈葛利也就是五千英尺以上原始林中的被称作为玛(ma)的那类哺乳动物(有袋动物,可能还包括某些大老鼠)被人们看作是它们的猪。当人们诱捕或打猎有所收获时,必须向这些红精灵致谢。在高海拔的原始林中捕获到食火鸡或其他大鸟时,人们也得如此行事。

40

　　然而,除了掌管卡姆恩珈的狩猎和诱捕之外,红精灵与人们的日常生计活动关联不大。它们反倒更关切僧巴珈人与其他当地群落,尤其是在战争情境下的关系。正是通过红精灵,与战斗有关的仪式才能被祖先所接受,人们也主要是在向它们致辞。不仅如此,红精灵还强制人们在敌意对峙的沉寂时期遵守与敌人相处关系的一些禁忌。

　　相对那些奇凌或者"寒冷"的低地精灵,红精灵很熔班达(romba-nda),或"热辣"(hot)。正如用于低地精灵的奇凌一词表示湿润和柔软一样,有关红精灵的熔班达一词表示干燥和坚硬。寒冷、湿润和柔软意指生殖力,热辣、干燥和坚硬则暗示着力量。

　　僧巴珈人意识到,热与冷、力量与生殖,是彼此抵触和对立的两个原则,这些品质对于他们的生存与幸福来说都必不可少。某些活动因此必须在时空上与另一些活动隔离开来,某些物质或者人员必然不能与另一些物质或者人员接触。例如,那些掌握了安抚红精灵仪式知识的人被禁止吃蛇肉,因为这些爬行动物的"冷"会损害那些仪式的"热"。

与低地精灵进一步形成对比的是,红精灵牵涉到身体的上部,无关乎性的那些部分:胸腔、脑袋和手臂。红精灵的不悦会引起人们这些地方疼痛。

红精灵不是卡姆恩珈这个地方唯一超自然的居住者。僧巴珈辖域内最高点的石灰岩峭壁坎巴库(komba ku)上就住着名叫"昆凯兹安波拉"("kun kaze ambra")的一个女精灵,或一组精灵。育昆凯兹(Yur kun kaze)指涉能促发萨满般狂喜迷幻的技巧,包括抽食被念过咒语的本地烟草以及吟唱仪式歌曲。马林话中的育(Yur)指的就是烟草。昆凯兹一词语意晦涩,可能不是马林语。当一个萨满希望知道死者的意愿时,他往往就得向昆凯兹安波拉(安波拉,女人之意)询问。

在许多情境下,看起来似乎所有的僧巴珈人,甚至于所有操马林语的人中都只有一个昆凯兹安波拉,或者说"烟雾婆"(smoke woman)。然而,在另外一些情境中看起来又似乎有很多个:就如阔帕曼央一样,我们可以认为,当地人的观念甚或单一超自然实体具有多种个人表达,从而解决这一困扰。

当那据说从未有过人身的烟雾婆被当作女性看待时,这一观念看起来并没有负载任何生育含义。人们认为它对女人没有敌意或者危险,但在人们举行与它有关的仪式时,性交活动必须被暂时禁止。

尽管烟雾婆住在辖域的上半部,但与纳瓦木吉不一样的是,烟雾婆与任何高海拔地方的动物和植物都没有关联。它也不对人类解剖学的任何部分负责,尽管它与鼻子有所联系:正是通过鼻孔,烟雾婆进入萨满的身体。相反,它关注精灵之间以及精灵与僧巴珈人之间的关系。当人们举行仪式,准备从一个涉及低地精灵的

41

活动转入到另一场涉及红精灵的活动或反之而行时,就必须先和它取得联系。通过它,人们与神灵世界达到共识——认可,反对或建议延迟。简短地说,烟雾婆被看作生者与死者之间的连接。

仅有另一类精灵我们需要在此提及。这就是纳瓦土库曼卜纳盖(rawa tukump ragai)。它们是其他部族死去的人。与僧巴珈人自己的纳瓦土库曼卜不一样的是,纳瓦土库曼卜纳盖这个词语包括了那些在战斗中死去的,以及因病或者因意外事件而死去的其他部落的人。那些被杀死的敌人的精灵尤其危险,人们认为它们潜伏在辖域内,时时刻刻在等待机会复仇,给凶手群体的成员带来疾病与死亡。

生　计

42

为了给第一章中提到的一些变量赋予数值,在此我将探讨僧巴珈人的生计活动。对于实际生计过程的描述将另文展开,因而很大程度上此处并不涉及。

耕作

耕作被认为是一种行为复合体,一类动物群体繁殖并照料植物或动物的另一种类,后者转而又为前者提供有用物资。僧巴珈人的耕作包括园艺、造林以及动物饲养。

园艺

僧巴珈人依靠园林作物来满足其最大部分的营养需求。他们的园艺是变动性的。这是一套相互关联的活动,指向(1)在一块先前被另一种植物占主导地位的区域建立并保持所种植的、最普遍食用的植物间暂时的联系,以及(2)种植的植物间暂时的联系被与之相似的另一种植物联合所更替。

人们在 3 000 英尺至 5 000 英尺海拔高的次生林中开辟了大多数的园艺场。在我调查或普查了的于 1961 年、1962 年和 1963 年开辟的 381 块园地中,只有一块是在原始森林中开辟出来的。①

资讯人告诉我,有些马林人会在耕地上耕作两茬之后才抛荒这块耕地,而僧巴珈人只种一茬就辍耕。作物的生长期为十四个月至二十四个月甚至于更长时间,之后耕地就可以转化为次生林。人们在所谓的湿季后期(四月、五月和六月初)开辟主要园地。焚烧大多数在干季(六月至九月间)进行,之后人们马上在上面种植作物。该地没有历法,耕种活动的时序安排主要看天气,虽然人们也关注一些指示性植物的生长。

男人与女人共同开辟耕地。两者一同砍伐灌木丛。男人独自砍伐树木、截去树梢、作栅栏、在地上插原木做标记、导引和土壤挡板。男人或女人都会参与第一次焚烧这小块土地上的残弃物,但通常由女人负责第二次焚烧,清除掉第一次没有烧到的物件。种植作物的重任则大部分落在女人身上。男人们种植香蕉、甘蔗和曼阿普(maŋap,佛手瓜;p. e.:皮特皮特,*pit pit*)。女人们则种植块茎和青菜。如除草一样,大部分收割也是以女人为主来完成的,

---

① 有证据表明,靠近宽阔低洼原始林居住的其他操马林语的当地群落,他们在原始林中所开辟的园艺场往往占据的比例更高。

男人们仅偶尔提供帮助。

　　共同耕作园艺所结成的对子是部分重叠的。也就是说，一个女人，通常会在同一年里与不同的男人作伴一同耕作园艺。除自己的丈夫外，她还经常与自己的或者丈夫的未结婚兄弟或鳏居的父亲一同劳动。反之，男人可能与他的妻子共同劳作，也可能与他未结婚的姐妹或寡居的母亲一同耕种园艺。因而对于个体而言，在同一个季节里参与耕作多块土地是司空见惯的事情。当然，造成园艺这种人力安排模式的一个重要因素，就是某个具体部族或亚族的男女数目不均。

　　如果共同耕作园艺的搭档养了许多猪，人们在干季就会耕作两类园子。在低海拔地区，也就是 3 000 至 4 000 英尺的地方，人们种植当宛度克（*daŋ-wan duk*，芋芋-薯蓣园），而在 4 200 英尺到 5 200 英尺的高海拔地区，人们耕种波农盖度克（*bo-ñogai duk*，甘蔗-番薯园）。这两种园艺类型的本土名字就暗示了这些园艺场里所种植的最重要作物。有些番薯和甘蔗几乎全种在芋芋-薯蓣园中，反之亦如此。这些园林的组成差别主要是统计学意义上的，虽然有些低海拔地区的植物——尤其是某些薯蓣和木槿——在高海拔地区的番薯园完全阙如。

　　当生猪数量不多时，人们不为它们单独开辟番薯园。取而代之的是，在中等海拔范围内开辟混植园，与甘蔗-番薯园比较而言，其作物组成更类似于芋芋-薯蓣园。 44

　　在十一月至次年四月的较湿润季节，大部分人开辟额外的园地，种植大部分能在干季成熟的青菜。这些园艺场通常比较小块，有时候会被弃置抛荒。

表 2　僧巴珈的热果菁（在轮耕地种植的作物种类）

当地类别	识别、描述或标准属性	通用名	命名种数	起源或引进情况
1. 当苑(daŋ-wan)	"用于赠送的块茎"			从古至今都存在，但新品种出现。老品种消失。
当(daŋ)	芋芳(taros)	芋芳	27	
	芋属香芋(Colocasia esculenta)			
孔(kon)	千年芋(Xanthosoma sagittifolium)	孔芋(taro kong)	1	1957年从卡拉姆人那里传入
苑(wan)	薯蓣(Yam)	薯蓣	32	自古就有，但品种有变化
宛(wan)	参薯和野葛薯(Dioscorea alata and nummularia)			据说自古就有各类品种
曼(man)	薯蓣属黄独(D. bulbifera)	马米薯(mami yam)	4	自古就有
迪恩珈(dinga)	薯蓣属绞股蓝(D. pentaphylla)	薯蓣	1	自古就有
茹卡(ruka)	薯蓣属甘薯(D. esculenta)		1	自古就有
2. 农盖(nogai)	"给猪吃的块茎"			
农盖(nogai)	山芋(Ipomoea batatas)	番薯	24	自古就有，但品种有变化
巴乌恩迪(baundi)	甜种木薯(Manihot dulcis)	木薯	1	大约1920年从吉米山谷引入
3. 贝普(bep)	不在露兜果林种植的绿叶菜		5	据说各品种自古就有
森姆巴(ceŋmba)	孩儿草(Rungia klossi)			
纳姆普玛尼(rampmane)	鸭拓草属(Commelia sp.)		1	自古就有
茹姆比尼(gonebi)	芸苔属雪里蕻(Brassica juncea)		1	自古就有
茹姆巴(rumba)	葫芦属(Cucurbitaceae sp.)		1	自古就有
吉尼婆(kinipo)	水芹属羽胆子(? Oenanlhe javanica)	欧芹	1	自古就有
尼恩兑果肉比(niŋkgonebi)	? 水田芥(? Nasturium officinale)		1	1957年从吉米山谷传入
4. 孔巴森姆(Komba-ćem)	种植在露兜果林里的作物	豆瓣菜		
孔巴(komba)	阔椎形露兜树(Pandanus conioeus)	麦日特	34	自古就有，但品种在缓慢变化
森姆(ćem)	木槿蜀葵(Hibiscus manihot)	木槿	17	自古就有，但品种有变化
贝普(bep)				
5. 巴尔(bar)	木沙椤属(cyathea spp.)	欧	3	自古就有
6. 伊沃巴伊(yobai)	四棱豆属(psophocarpus ieiragonulobus)和扁豆属藤类	豌豆、豆类	4	四棱豆自古就有，扁豆在1935—1940从吉米山谷传入
	植物(Dolichos lablab)			
	香蕉(Musa sapientum)	香蕉	28	自古就有，但品种有变化

当地类别	识别,描述或标准属性	通用名	命名种数	起源或引进情况
7. 阔纳帕 (konapa)	玉米 (Zea mays)	玉米	2	1945—1950年从吉米山谷传入
8. 玛恩阿普 (maÑap)	佛手瓜 (Saccharum edule)	佛手瓜 (Pitpit)	16	自古就有,但品种有变化
9. 奎艾 (kwiai)	棕叶狗尾草 (Selaria palmaefolia)	新几内亚文竹	7	自古就有,但品种有变化
10. 匹卡 (Pika)	黄瓜	黄瓜	1	自古就有
匹卡 (Pika)	黄瓜 (Cucumis sativus)	黄瓜	1	自古就有
莫普 (mop)	黄瓜 (? Cucumis sativus)	黄瓜	1	自古就有
11. 伊拉 (ira)	南瓜 (Cucurbita pepo)	南瓜	1	1945—1950年从吉米山谷传入
12. 伊博纳 (yibona)	葫芦 (Cucurbilaceae? Lagaenaria sp.)	葫芦	1	?
13. 拉恩果 (rango)	生姜类艳山姜 (Zingiber c. p. Zerumbel)	生姜	1	自古就有
14. 博 (bo)	甘蔗 (Saccharum officinarum)	甘蔗	27	所有品种自古就有
15. 阿拉姆普 (aramp)	拌盐生吃的多汁植物		2	自古就有
库梅里克 (kumerik)	杜若属 (? Pollia sp.)		2	自古就有
吉恩吉恩麦 kinkinmai	半柱花属 (Hemigraphis sp.)			
16. 普恩特 (punt)	观赏类植物			
阿玛梅 (amame)	彩叶草 (Coleus seutellaroides)	绿色和黄色彩叶	1	自古就有
尼姆普 (nimp)	彩叶草 (Coleus seutellaroides)	紫色彩叶	1	自古就有
阔拉姆贝 (korambe)	凤仙花 (Impatiens platypeiia)		1	自古就有
17. 咖恩帕姆普 (kanpamp)	构树属 (? Broussonetia)	构树	1	自古就有
18. 派派 (pai pai)	番木瓜 (Carica papaya)	颇颇 (paw paw)	1	1940年前后从卡拉姆人处引入
19. 茹姆比姆 (rumbim)	朱蕉 (Cordyline frulicosa)	坦科特 (tanket)	10	所有品种自古就有
20. 宇 (yur)	烟草 (Nicotiana)	烟草	1	(?)1920年代从卡拉姆人处引入
总计	种类:36+		264+	

　　我在表 2 总结了作物目录的有关信息。第一列代表当地类别,第二列提供这些类别的翻译或者意义。有些场合下我适当地给出了英文术语或者拉丁二名法,但对于有些包罗更为广泛的种类(用罗马数字显示),我不可能做到这一点,因此在有些条目下作了注解。

　　当宛,翻译过来就是"芋艿–薯蓣",被指定为"用于赠送的块

47　茎"。当宛被算入仪式性的献祭食物中,而与之相对的是,农盖不具有这种特性。农盖只能给人与猪吃,因此被指定为"猪的块茎"。在 IV 类被称作孔巴森(kombačem)的作物可在割除和烧除植被后的临时性田地里发现,因而此处也将其包括进来。它们在露兜树果林那儿也被单独发现(见以下有关林业的讨论)。

　　有关各类作物的起源地以及引入时间这些信息,都取自资讯人的陈述。

　　我从 1963 年 1 月 25 日开始制作表格记载收获,在 1963 年的 2 月 16 日到 12 月 14 日期间,我记录了 30 多个园艺场的日收成数量。作物的收获安排见图 1。直到记录到第 24 周时,基于对几个园艺场的综合观察,我才可以根据这张表格,将作物的种植日期确定至某一周。但 24 周以后,作物的种植日期无法以同等的精确来确定,因为这张表格所记录的作物,其耕种发生在我进入田野之前。它们因此可能会有两周左右的误差。

　　我们还应该记住,不同纬度以及其他方面有所不同的园艺场中作物的生长速度是不一样的。这张表格大致表明了位于海拔 4 000 英尺左右的园艺场的收获进度。在海拔高的地区,作物成熟稍慢一些。

芋艿-薯蓣园的每英亩丰收产量以及甘蔗-番薯园的每英亩丰收产量分别在表 3 和表 4 标明。这些估算建立于我在田野调查中所编成的每日收获记录,对于我们估量养活僧巴珈人到底需要多少土地来说是一个关键性的储备知识。我单独提供了主要作物类别的重量,但从文献中得出的每一类别作物的卡路里数(见附录 8)都被指定,这样不同的作物之间以及不同地区不同种类作物的总量和总数目之间就有了一定程度的可通约性。

对于这些试图估算两种主要园艺场从第一次丰收到抛弃不用期间所产出的总产量数值,我们需要谨慎对待。因为田野调查的

图 1　僧巴珈园林作物的收获进度 48

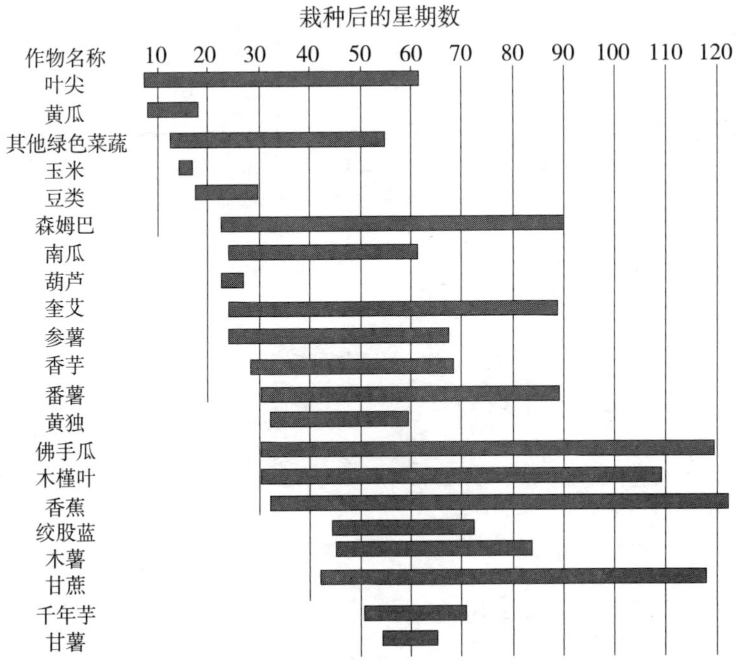
栽种后的星期数
作物名称
10 20 30 40 50 60 70 80 90 100 110 120
叶尖
黄瓜
其他绿色菜蔬
玉米
豆类
森姆巴
南瓜
葫芦
奎艾
参薯
香芋
番薯
黄独
佛手瓜
木槿叶
香蕉
绞股蓝
木薯
甘蔗
千年芋
甘薯

表 3 僧巴珈的芋芋－薯预园每英亩产量（单位：英磅）

农作物	产量磅数（0—23周）*，托尔排．提姆比开．3.89^b	产量磅数（24—26周），提姆比开．4.2	总磅数	未称重收获物提托尔排和提姆比开（%）	矫正后每英亩总磅数（0—66周）	产量磅数（67—120周）乌条·3.3	未称重收获物获取因子（%）	矫正后每英亩总磅数（67—120周）	每英亩总磅数（0—120周）	可食用部分（%）	每磅含卡路里数	每英亩卡路里总量
香芋	—	2349.9	2349.9	5	2467.4	306.0	—	306.0	2773.4	85	658	1551169
千年芋	—	971.2	971.2	5	1019.8	—	—	—	1019.8	80	658	536796
参薯和葛薯	2.14	806.9	828.3	5	869.7	81.0	—	81.0	950.7	85	486	576104
黄独°	—	188.9	188.9	5	198.3	18.0	—	18.0	216.3	85	486	
绞股蓝	—	159.3	159.3	5	167.3	4.0	—	4.0	171.3	85	486	
甘薯	—	53.6	53.6	5	56.3	—	—	—	56.3	85	486	
番薯	—	1356.3	1356.3	5	1421.1	390.0	—	390.0	1814.1	80	681	988345
木薯	—	546.2	546.2	5	573.6	2205	—	22.5	596.1	80	595	354680
孩儿草	34.00	165.8	199.8	2	203.8	42.0	—	42.0	245.8	95	136	31756
其他绿色菜蔬	178.00	97.5	275.5	2	281.0	16.5	—	16.5	297.5	95	218	61606
木槿叶	—	636.9	636.9	2	649.6	120.0	—	120.0	769.6	95	136	99430
豆英	33.00	3.3	36.3	—	36.3	—	—	—	36.3	95	440	15972
香蕉	—	534.9	534.9	20	641.9	822.0	20	986.4	1628.3	70	427	486685
玉米	236.30	—	236.3	5	248.1	—	—	248.1	248.1	29	463	33336
佛手瓜	—	459.8	459.8	2	468.9	26.6	—	26.6	495.5	40	104	20612
棕叶狗尾草	33.00	468.9	501.9	2	511.9	610.5	—	610.5	1122.4	17	65	12402
黄瓜	566.00	—	566.0	50	854.0	—	—	—	854.0	95	50	40565

农作物	产量磅数 (0—23周)[a]，托尔排·89[b]	产量磅数 (24—26周)，提姆比开 4.2	总磅数	未称重收获物提取因子(%)	矫正后每英亩总磅数 (0—66周)	产量磅数 (67—120周)乌桑·3.3	未称重收获物提取因子(%)	矫正后每英亩总磅数 (67—120周)	每英亩总磅数 (0—120周)	可食用部分 (%)	每磅含卡路里数	每英亩卡路里总量
南瓜	34.00	244.2	278.2	2	283.8	52.5	—	52.5	336.3	68	200	45740
葫芦	20.30	—	20.3	2	20.7	—	—	—	20.7	68	154	2171
甘蔗	—	644.3	644.3	200	1932.9	1986.0	20	2383.2	4316.1	30	263	340532
总计									17968.6			5197901

[a] 栽种后周数（例如，第二栏的条目表明的是栽种后 0—24 周的产量）

[b] 这些名字（如托尔排）是产量被称重的那个样本种植园的名称。种植园名称之后的那个数字（例如，3.89）是需要调整不同样本种植园产量以符合每英亩产量的因子。

[c] D. bulbifera，D. ＝ 薯蓣属

表4 僧巴珈的甘蔗-番薯园每英亩产量（单位：英磅）

农作物	产量磅数（0—23周）·托尔排和提姆比开·3.89b	产量磅数（24—26周）·提姆比开·4.2	总磅数（0—66周）	未称重收表（%）（0—66周）·托尔排和提姆比开	矫正后每英亩总磅数（0—66周）	产量磅数（67—120周）·乌东·3.3	未称重收表·获重因子（%）	矫正后每英亩总磅数（67—120周）	每英亩总磅数（0—120周）	可食用部分（%）	每磅含卡路里数	每英亩卡路里总量
香芋	—	—	445.2	5	467.5	13.2	—	13.2	480.7	85	658	268858
千年芋	—	—	769.6	5	808.1	16.5	—	16.5	824.6	80	658	434280
参薯和葛薯	—	59.5	59.5	5	62.9	—	—	—	62.9	85	486	
黄独c	—	38.8	38.8	5	40.7	1.6	—	1.6	42.3	85	486	86994
纹股蓝	—	70.3	70.3	5	73.8	—	—	—	73.8	85	486	
甘薯	—	—	—	—	—	—	—	—	—	85	—	
番薯	—	5055.0	5055.0	—	5307.7	477.7	—	477.7	5785.4	80	681	3151668
木薯	—	110.2	110.2	5	115.7	16.5	—	16.5	132.2	80	595	62475
孩儿草	17.0	53.5	70.5	2	71.9	12.4	—	12.4	94.3	95	136	12186
其他绿色菜蔬	84.0	37.8	126.8	2	129.2	—	—	—	129.2	95	218	26748
木槿叶	—	40.9	40.9	2	41.7	26.4	—	26.4	68.1	95	130	8799
豆荚	33.0	—	33.0	—	33.0	—	—	—	33.0	95	440	13816
香蕉	—	45.1	45.1	20	54.1	293.7	20	352.3	406.4	70	427	121482
玉米	236.3	—	236.3	5	248.1	316.0	—	316.0	248.1	29	463	33336
佛手瓜	—	405.3	405.3	2	413.4	316.0	—	316.0	729.4	40	104	30264
粽叶狗尾草	16.5	266.2	282.7	2	288.4	29.7	—	29.7	318.1	17	65	3510
黄瓜	566.0	—	566.0	50	854.0	—	—	—	854.0	95	50	40565

农作物	产量磅数(0—23周)ᵃ,托尔排,3.89ᵇ	产量磅数(24—26周)ᵃ,提姆比开,4.2	总磅数(0—66周),托尔排和提姆比开	未称重收获物提物因子(%)	矫正后每英亩总磅数(0—66周)	产量磅数(67—120周),乌奈,3.3	未称重收获物因子(%)	矫正后每英亩总磅数(67—120周)	每英亩总磅数(0—120周)	可食用部分(%)	每磅含卡路里数	每英亩卡路里总量
南瓜	17.0	106.0	123.0	2	125.4	—	—	—	125.4	68	200	16864
葫芦	10.0	—	10.0	2	10.2	—	—	—	10.2	68	154	1063
甘蔗	—	386.4	386.4	200	1759.2	1372.8	20	1647.2	3406.4	30	263	268686
总计									13824.5			4581594

ᵃ栽种后周数(例如,第二栏的条目表明的是栽种后0—24周的产量)

ᵇ这些名字(如托尔排)是产量被称重的样本种植园的名称,种植园名称之后的那个数字(例如,3.89)是需要调整不同样本种植园产量以符合每英亩产量的因子。

ᶜD. bulbifera,D.=薯蓣属

期限相对短于收获期,两种场合下所取的数值,代表三个不同时长园艺场的收成记录。

这些因素加之其他原因,使得数值可能出现百分之十左右的误差。我在附录 4 中略述了这些测量所使用的方法。

51　僧巴珈人的园艺英亩产量并不高。马萨和巴罗(Massal and Barrau,1956)提出了许多南太平洋所发现的其他种类农作物的产量估值。他们认为,用土堆覆盖的番薯在种植七个月之内或稍长些时间之后,每英亩能产生三百万到七百万卡路里。如果种植冲绳品种的番薯,亩产能高达八百万卡路里(第 25 页)。按照他们的说法,芋芋若进行过灌溉,在种植的一年之内亩产量可以达到八吨之高(第 8 页)。按照等同于僧巴珈人烧垦林地所使用的那些数值来进行计算,大约接近九百万卡路里。新几内亚高地还有更高的产出报道。布朗和布鲁克菲尔德(Brown and Brookfield,1959:26)报道的钦布人(Chimbu)在"长期休耕地"上种植的番薯"相当高产,显然比麦基估算的马埃恩加人(Mae Enga)番薯每亩四吨的产量要高"。

僧巴珈的产量没有这么高,但为了方便比较,我们应强调,在首次收获根茎作物之后的十二个月内,僧巴珈人收获的最大优势才得以体现。在种植后的 24—76 周(大致上)期间,僧巴珈人的芋芋-薯蓣园作物产值包含了总卡路里 5 197 900 的 85%。在同一时期内,甘蔗-番薯园的产出占总量的 90.7%。当然,我们应该注意,卡路里当然不是园艺场产出的全部。比如说,僧巴珈人的园艺场几乎肯定比钦布人和马埃恩加人的园艺场产出更多数量的植物蛋白。

表5 僧巴珈种植园每英亩的能量消费

劳作(依顺序)	能耗估值(千卡)	来源	芋艿-薯蓣种植园	甘蔗-番薯种植园
清理灌木丛	0.65卡/平方英尺	计时,H-K[a]	28314	28314
清理树丛	0.26卡/平方英尺	计时,H-K	11325	11325
筑栅栏	46.17卡/平方英尺	计时,H-K[b]	17082	17082
预燃杂草	0.1卡/平方英尺	计时,H-K,经矫正	4356	4356
第一次焚烧	0.008卡/平方英尺	计时,H-K	336	336
第二次焚烧	0.11卡/平方英尺	计时,H-K	4792	4792
布置土壤保持	0.168卡/平方英尺	计时,H-K	7238	7238
栽种	0.19卡/平方英尺	计时,H-K	16553	16553
第一次除草	0.69卡/平方英尺	计时,H-K	30056	30056
第二次除草	0.69卡/平方英尺	计时,H-K	30056	30056
第三次除草	0.69卡/平方英尺	计时,H-K	30056	30056
捆扎甘蔗	1.80—3.60卡/捆	计时,H-K[c]	4500	4500
维护混种地		(参见注释[d])	10000	5000
获取供应		获取供应(主要是绳索)的估算	8500	5000
收获番薯	5.9卡/磅	计时,H-K	10703	34132
收获芋头	1.1卡/磅	计时,H-K	4172	1436
收获木薯	3.0卡/磅	估算,H-K	1788	396
收获薯蓣	10.0卡/磅	估算,H-K	13930	1770
收获地表作物	1.0卡/磅	估算,H-K	10373	6434
步行去种植园	1.5卡/磅	H-K[e]	12000	9000
将作物带回家	6.56卡/磅	H-K[f]	59404	39360
总计			315534	287192

注:卡路里输出与回报比为:芋艿-薯蓣园,16.5∶1;甘蔗-番薯园,15.9∶1;算上背负收获物与走路减少80%。芋艿-薯蓣园为20.1∶1;甘蔗-番薯园:18.4∶1。

[a]希普斯利和柯克(Hipsley and Kirk),1965。

[b]估计每英亩有栅栏370英尺。

[c]估计每英亩有500捆,第一次捆系的耗能为1.8卡/捆;第二次和第三次捆系耗能3.6卡/捆。

[d]修复栅栏、修薯蓣房、支撑作物等的耗能估算。

[e]限20分钟走路下山,去甘蔗-番薯园300次,去芋艿-薯蓣园400次。

[f]承重25公斤上坡30分钟,从芋艿-薯蓣园返回300次,从甘蔗-番薯园返回200次。

我也试图估算出种植每英亩芋艿-薯蓣园和甘蔗-番薯园所消耗的能量。这一估算与此项研究中之后进行的,尤其是关于生猪存栏期与仪式周期的时间选择的计算,有密切关系。它还为我们评价僧巴珈人的生计过程及将他们与其他地区的人们进行比较增添了额外的一个维度。估算的结果见表5,在附录5中我对得出这些数值所采用的方法进行了讨论。

我们很难推算出不同园艺场的休耕期时长。僧巴珈人不习惯用年度来测算,在大多数情况下我们有必要去参考那些只是有个大致时间的事件,来推算出前次种植的日期。

休耕期的长短在许多因素的基础上随地点而变化。这包括当地的土壤状况及是否与住地往来方便,但最重要的因素还是海拔高度。在 3500 英尺到 4200 英尺海拔高度的地方,两次耕作的完整周期在某些情况下短至十年,尽管看起来平均在 15 年左右。海拔更高的地方,休耕期大致在 20 年至 45 年之间变动,平均 25 年左右。由于缺少更为精确的估算,15 年和 25 年这两个数值将被代入之后的计算中。

对休耕期适度性的估量凸显了标准问题。我们不能把经历了长途旅行后被送往实验室的土壤样本当作判断的基础。这些土壤样本仅仅表明,为了避免土壤耗竭,休耕期很有必要。在评估僧巴珈人休耕期的充分性时,有许多因素被考虑在内,总结如下:

1. 我们观察到园艺场的有些种植活动具有保护功能。比如说,僧巴珈人会选择性地除草。人们在种植作物后的第五至第八周开始除草,将叶状杂草拔去,却留下次生树的幼苗。这不仅避免了园艺耕作之后此处长满草,因而减少了产生杂草偏途顶极群落

(grassy disclimax)的危险,它还在作物生长期提供了比大多数作物的根更深入土壤底层的深树根。这些根系能挽留住一些营养素,否则它们就可能由于淋融而丢失。这些生长在园艺中的树木还为裸露的土壤提供了保护,使其免于热带倾盆大雨的冲刷,而且,它们还能诱导园艺者在土壤结构或容量还没有被极度破坏时放弃这块园地。人们抛弃园艺场,不在于作物已经完全收获完毕,而在于正在生长的树木使得收获剩余的作物根茎更为困难。

给大树截去树梢的举动也保护了作物种植期裸露的土壤。许多截去了树梢的较大树木顶着树叶边缘,其中部分树木存活下来。它们的根系也能比作物的根系更好地攫取部分渗漏入更深层的土壤营养。

将生猪赶入弃置不用的园艺场一小段时间(两周或者四周)也有助于此块土地恢复。生猪拱翻土地,毁掉上次除草过后长出来的杂草和一些会与已经长大的树苗争夺根系与阳光的小幼苗。生 54 猪产出的肥料也可以被计算在内,但可能被它们从该地掠走的有机物质所抵消。

2.次生林不同生长阶段的植物组成也被我们当作休耕期是否足够的指标加以考虑。白茅根是僧巴珈辖域内人为顶级群落区域(disclimax area)的主要草种,但它在几乎所有的园艺点很少甚至于阙如,这表明,园艺点抛荒后偏向稳定的草群落十分罕见。另一方面,我们对 20 至 25 年次生林进行统计时发现,记录下来的树种有 54％也能在原始林中发现,这表明次生林并没有与原始林发生严重偏离。附录 6 概括了次生林的植物组成信息。

3.园艺作物收取之后次生林的结构也被考虑在内。大多数情况下森林在这块地点的上方搭构了密不透风的树冠层,树木都很粗大。在大多数地点,许多树木半径超过 18 英寸,平均高度在 30 英尺以上。而我们所见到的草本种属大部分不高于 2 英尺。

4.我们虽然不能直接运用其他地区的信息,但至少它们暗示了僧巴珈人休耕期限的适度性。牛顿(Newton,1960:83)汇报了非洲轮作种植的实验性工作,认为园艺场弃用后 5 年之内固定的营养总数达到 18 年中的一半,叶子的生长速度也很快。他指出,森林表面垃圾的堆积在 8 到 12 年里达到高峰,热带地区由于高温、潮湿以及昆虫众多,土壤恢复的分解作用和矿化作用也很快。毫无疑问,在不同地区以及不同条件下,情况会有所不同,然而,如果僧巴珈的各种条件与牛顿所报道的实验产生的各种条件完全相似的话,我们应该说,僧巴珈人的休耕期已经十分充足了。

考虑到以上各种因素,我们认为僧巴珈人的休耕期是适度的,甚至于有可能比必要的期限还稍长了些。但在后面的计算中,我们还是使用 15 年和 25 年这两个数值。

造林

僧巴珈人的造林是这样的一系列相关活动:在之前被其他植物群落控制的地方种植并保持拥有可食用物质的永久树群。僧巴珈人在其辖域内种植了多种树木。我们可在附录 8 中看到更为重要的树种清单。在此我们只关注两类果园的树木:安比姆树(ambiam,买麻藤属;p. e. :图丽普,*tulip*)和孔巴树(露兜树,p. e. :麦日特)。

种植于 4 000 英尺以下果园中的安比姆树,最重要的是提供给人们可食的绿色叶片。僧巴珈人知道它的果实也可食用，但通常很少如此消费。对于僧巴珈人来说，这种树对于他们的日常饮食并不像它对其他马林人群体那么重要，这至少可部分归结于他们近期的军事失败。1953 年，僧巴珈人战败后被驱逐出自己的领地，获胜的昆达盖人砍伐了这里的大多数安比姆树。然而幸运的是，僧巴珈人在其日常饮食中还有许多其他更爱吃的一些青菜，因而人们重新种植的安比姆树并不多。

昆达盖人也砍掉了许多僧巴珈人种的麦日特树，人们在 1957 年返回家园后开始大量种植，有的人甚至在地上种了 700 棵麦日特树。与有许多替代品的安比姆树不一样的是，麦日特树无法替代。这种树结许多光亮的红色或黄色果子，可以榨出富含植物脂肪的果汁。我做田野期间，这些树大多数都还没有挂果，因为僧巴珈辖域内种植的树要五年才能结子。

麦日特果园的土地总量、单位面积的产量或者种植与收获的能耗，我都没有进行测量。但是，这些果园所占的土地总量很小，可能在十五英亩以下，并且大多数分布在 3000 英尺海拔以下的地区。人们也在海拔较高的地方，通常是那些不适于烧垦的水沟和山涧处种植麦日特树。植株密度是每英亩 300 至 400 棵。

因为草本覆盖物不需要从耕植地移除，也不需要扎篱笆，因而人们种植和收获麦日特树所耗费的劳动量并不大。收获时，人们只需用一条长棍子将果实敲下即可。其种植和收获都是男人的工作。 56

虽然我们没有估算麦日特的每亩产出，但它对于僧巴珈人的日常饮食意义重大，这在消费记录中能够得到反映（见附录 9）。

动物饲养

僧巴珈人饲养四种动物：猪、狗、鸡和食火鸡（在我田野调查期间，狗被再次引入该地）。僧巴珈人以前养的狗在几年前的一场呼吸系统传染病中死光了。之前大家养狗主要在于它们能帮助人们狩猎，更早的时候人们养狗是为了得到它们的牙齿。在40至70年之前，当贝壳还没有被带入该地区时，狗和有袋类动物的门齿充当着新娘价格（bride price）与其他交易中的珍贵物品。不仅如此，有些马林人还吃狗肉。也有些人出于禁忌不能吃狗肉。而这种禁忌，不仅适用于特定的祭祀群，也延及这些血亲群体的姻亲。五个僧巴珈部族中就有两个得遵守这一禁忌，不许吃狗肉。

有些马林群体会养殖大量食火鸡，但僧巴珈人并不如此。在我田野调查的大部分期间，僧巴珈人仅养了一只完全长成了的食火鸡。食火鸡是不能被关养繁殖的。所有驯服的鸟类，都被人们当作鸡捕捉起来，一俟捕捉到食火鸡幼雏，僧巴珈人通常就会把它们卖给住在吉米山谷的人，后者转而将它们卖给住在瓦基鸿沟（Wahgi Divide）那边的人。在那里，食火鸡是新娘价格中非常重要的一项物品。食火鸡不仅为马林人群体提供鸡肉，还供给他们在战斗中作为头饰佩戴的羽毛。和平计划实施后，食火鸡的羽毛不再像过去那么有价值了。人们饲养鸡的数量不多，几乎也不怎么关心。它们中有许多会被老鼠咬死，长成了的鸡也会被老鹰和其他食肉鸟类叼走。

迄今为止，就其对人们日常饮食的贡献以及人们为了喂养它们而付出的努力而言，猪是此地最重要的家畜。此外，正如美拉尼

西亚其他民族的仪式一样,僧巴珈人的仪式也与猪紧密相关。大
多数仪式场合都以杀猪和吃猪肉为标志。不仅如此,能终止五至 57
二十年仪式周期的、经年之久的猪节凯阔(*Kaiko*),其时间周期的
选择以及何时举办,都取决于猪群的规模、组成和生长速度。因此,
我们有必要更加详细地讨论一下生猪在僧巴珈人生活中的位置。

当僧巴珈人于 1962 年 6 月开始举办凯阔时,他们拥有 169 口
生猪,但当 1962 年 11 月猪节结束时,猪群规模减少至 60 条仔猪,
15 条成年猪。所有剩存下来的成年猪也马上要杀掉,因此猪群实
际减少到 60 条仔猪。而且,如果不是我在场的话,这个数值还会
更小。我给人们所提供的财富(我用盐和珠子来换取食物,用先令
支付那些为我运送供给的年轻人等等)都被他们用来购买一批若
没有这笔收入就可能买不到的仔猪身上。若我不在场,可能到凯
阔结束时,生猪的头数会达到最低点,至多不会超过 40 条仔猪。

生猪的平均大小在凯阔开始之前和之后也有很大不同。1962
年 6 月以前,生猪的平均活重大约是 120 磅至 150 磅,凯阔过后存
活下来的生猪平均活重大约是 60 磅到 70 磅。若我们忽略存活下
来的成年生猪,则节前和节后猪群的活重差距有 5.6 倍之大。若
我们忽略 1963 年 11 月因为我的存在而购置来的 20 条仔猪,这
个差距就更大了。这一调整之后,节前与节后生猪活重比达到
了 8.4∶1。

除了为主人们提供肉食,猪对僧巴珈人的身体健康和生计至
少还有两个贡献。我们已经提到,被关在废弃园艺场的生猪不仅
能利用人类无法高效收获的块茎作物,还踩除园地里的杂草,打薄
了树木构成从而有利于园中次生林的成长。吉米山谷的马林人群

体有时候会在同一块地上火耕两次,当第一茬作物快收完时,人们将生猪关入园中。这些猪用嘴拱土觅食,不仅清除了杂草和小树苗,也使土壤变得松软,让人们再次种第二茬作物的任务变得更为容易些。此时,生猪被一些马林人当作耕种机器来使用。

生猪吃垃圾与人类排泄物,为僧巴珈人的生计做出了进一步的贡献。它们不仅帮助维护了住地的干净,也将废物转化为其主人可以利用的物质。

小猪崽被人们当作宠物来看待。一旦断奶,小猪崽马上开始每天陪着女主人去园艺场。刚开始,女主人会背着它,在它长得再大一点时,它的前腿就会被套上一条脚绳牵着走,但脚绳不久就会被除去,小猪很快就会像狗一样跟随着女主人。

小猪崽得到了人们许多慈爱的关注——人们爱抚它、和它说话、给它喂食精选出来的小份食物。小猪崽在八个月大到一岁大之前,与人类共享女人屋中的起居空间,之后才被放入畜栏中。哪怕在那时,它的住地仍没有和主人分开,因为畜栏是在屋子里的,仅有一条围栏将之与起居空间隔开。透过围栏,生猪可以插入猪嘴刮擦或进食。

当小猪崽长到四个月或五个月大时,人们认为它已经大到能照料自己了,可以不再跟随女主人去园艺场。取而代之的是,小猪崽每天早上都会被放出去,进入次生林和森林中去用嘴拱土觅食,黄昏时归家,吃食由废料和主要为番薯的一些次等块茎组成的每日口粮。

这份配给量很大,但可能并不是一只成年猪摄取量的最大部分。在每日的巡回晃荡中,生猪觅到了它所需的大部分食物。然而,这份配给的分量,至少足以引诱大多数猪每天黄昏回家,从而继续附属于女主人的家户。也就是说,每日口粮的分量足以使大多数,但并非全部,生猪在面临许多变成野猪的机会时,继续被人类驯养。

这一联系事实上也暗示了,对于猪来说,废料和番薯构成的口粮固然对它十分重要,但它回家的理由或许并不仅在于此。亨德里克斯、米切尔与范弗莱克(Hendrix,Mitchell and Van Vlack, 1966)关于马的研究曾表明,在马驹生命的最初时期,人类对待它的某些方式,尤其是宠爱与安抚,能够改变它与其母亲的关系,使它与人类驯化者联系更紧密。例如,接受过温柔的人类触摸的马驹不会像没有被这么对待过的马驹那样紧随其母,而是与之保持相当的距离。它们会变成异乎寻常的容易驾驭、反应积极迅速的配鞍马匹。

以亨德里克斯为首的这几个研究者提出,马驹驯化期中的一个重要因素是,相对母马而言,人类训练者能给予马驹更强的触觉刺激(因为人类训练者有双手),或许因此马驹会对人类产生一种与同类同等强度甚至于更强的依恋。注意到这一点十分重要。相类似的,劳伦斯·K.弗兰克(Lawrence K. Frank,1957)观察到,触觉联系对于人类婴儿的心智发育和社会化来说极端重要,其他资料显示这一观察也同样适用于其他物种的幼雏(参见 Jay,1963:119;Frank,1957:201)。我们可以推断,马林人的猪在幼崽阶段获得的爱抚和触摸是导致它们终身被驯养的一个附加因素。人类的这种触摸传递并产生了积极效果,它与日粮一道,势必将猪放置进一个人类占支配地位的社会群体中。因此,当我们说,猪通过其早期社会化而成了马林人家庭中的一员时，这并非是在开玩笑。

少量生猪容易被驯养。因为番薯这些块茎是在收获人类口粮时从地里挖出来的，因而用次等番薯（每个番薯的重量在四盎司以下）喂食一到两只猪，只需人们付出少量的额外劳动。但当生猪数量增大时，在为人类之需而进行的收获活动中顺带获得的这些次品就不够用了。此时人们就很有必要专门去为猪进行收割——也就是，为猪工作，并将可能适用于人类消耗的食物送给猪吃。

我在这里记载了托梅盖部族四户家庭三个多月里每日给猪的配给量（这些猪的大小尺寸等信息记载在表 6 中）。为了编制托梅

表 6　托梅盖部落成员所养生猪花名册，1962—1963 年

生猪名	猪的大小(1963.3)	获取日期	获取时大小	死亡月份(1963)	存活尺寸(1963.11)	备注
安咖尼（Aŋgane）	5				11 月	
哥吉（Gerki）	5				11 月	
帕若（Parau）	4				11 月	
孔博姆（Kombom）	5				11 月	
特隆（Tereŋ）	5				11 月	有两只居住地的猪；有50%的时间待在河岸
吉家（Kikia）	4				11 月	
阔森外（KočWai）	3				11 月	
堂布姆（Tambuŋ）	2				11 月	
卓凯（Jokai）	2				11 月	
柏（Bai）	2			3		准备不久之后杀掉
吉（Gi）	2			3		准备不久之后杀掉
格利森（Grič）	1			3		
元恩珈（Yuaneŋa）	1			3		
无名（Nameless）		八月	1	2		
普林姆（Prim）		七月	1	九月		意外死亡

　　＊ 猪的大小：(1)瓦姆巴纳克（wamba ñak，"软孩儿"），低于 40 磅；(2)瓦姆巴安森（wamba anč，"硬孩儿"，40—80 磅）；(3)巴卡（baka，"短"，80—120 磅）；(4)字恩朵伊（yundoi，"大"，120—160磅）；(5)字恩朵麦（yundoimai，"很大"，160—200 磅）

盖人的收获与消费数值,生猪的消费数值延及至另五个月,其中人口数与生猪数是个常量。

这 13 口至 15 口生猪所耗费的番薯和木薯比 16 个人使用的分量更多。在 1963 年 3 月 11 日至 1963 年 11 月 8 日,人们收获入屋 9 944 磅番薯,其中生猪就吃掉了 5 554 磅即总量的 53.7%。在人们带回家的 1 349 磅木薯中,猪就吃掉了 1 106 磅,占总数的 82.0%。四个家庭在这段时间里带回家的块茎作物总量达到 18 574磅。放置一旁用来喂猪的有 6 674 磅,占总量的 35.9%。附加计算表明,人们带回家的块茎作物有更高比例最终进了猪的肚子。根据我的观察(这与已经出版的有关根茎作物的可食部分与损耗数值相符合),11 900 磅给人食用的总口粮中有 15%,或 1 785磅,会被浪费掉。也就是说,它们没有被人吃掉。如果剥离的这些废料有一半被猪吃掉,猪的配给量就达到了人们带回家的根茎作物总数的 40.7%。人们消耗掉其中的 54.4%,4.9%被浪费掉(被烧掉以烹煮食物等)。

我们不可能给大小不同的生猪之食物配给称重。在此,我们运用实验条件下欧洲不同大小的猪所给予的配给量(联合国粮食与农业组织农业研究♯44：47)作为基础数值,2 号类型的猪,其配给量大约是 1 号类型猪的两倍,而 3 号类型、4 号类型和 5 号类型的猪所需的配给量,可达到三倍之多。这种可能低估了给养口粮的粗略计算告诉我们,成年猪与幼猪每天需要留出 2.6 磅块茎以作食用。如果加上人类配给量块茎部分的废料,成年猪每日口粮接近三磅,我们不应该忘记,它们还能吃到其他东西,从它们的男主人和女主人那里获得一些其他类型的废物和少量食物。

　　为了给生猪提供这样一个配给量,人们所付出的代价十分昂贵。从托梅盖耕作土地多少的对比变化,我们可以看出养猪有多么费事。1962 年,托梅盖人喂了 14 口平均重量为 100 磅到 130 磅的生猪,而 1963 年,村民们正期待着将猪群减少到平均重量为 85 磅到 110 磅的 3 口生猪。这些数字在表 7 里有所概括。

表 7　　托梅盖园艺场总面积(平方英尺)

园艺类型	1962	1963
芋艿-薯蓣园或混合园	98859	126100
甘蔗-番薯园	111375	8225
总数	210234	134325

　　随着猪群数量减少了 11 只,人们的耕作土地面积马上减少了 75 909 平方英尺,或者说减少了 36.1％。由于变化主要发生在番薯园,而不是芋艿-薯蓣园(来参加猪节的客人需要这里的产出供养),我们有理由认为,园艺面积减少的原因在于人们喂养的生猪数量减少了。为了给 11 口成年猪和小猪供应补给,人们开垦了 1.65 英亩土地。在此我们应该提及,每口猪需要 0.15 英亩耕作土地落在这一值域内,在后一章中,这一数字会被代入计算中,以得出每人耕作的英亩数。

　　此处的另一个计算也十分有趣。之前我们得出的数字表明,耕作76 000平方英尺的番薯园大约要消耗 495 000 卡路里的能量。猪群减少,估算减少的活重至多为 1 600 磅。估计这一总数在加工后能产出鲜肉 800 磅,或活重的 50％。按每磅猪肉含 1 318 卡路里来计算(联合国粮食与农业组织营养研究♯11:1954),这可以转换成 1 054 400 卡路里。瘦猪的蛋白质含量按照

10.9％,脂肪含量按照 27％来计算,十口猪能产出 87 磅蛋白质,216 磅脂肪。

在此我们没有必要指出,养猪所耗费的收支能量比不到1000000∶500000,或 2∶1。从能量效率来看,这个比例已经小得可怜。由于大多数生猪得喂养两年甚至更长时间才能宰杀,实际比值甚至于更低。该值几乎不会高于 1∶1,可能甚至还没有那么高。也就是说,很可能人们所得的猪肉回报还抵不上他们为喂养它们而耗费掉的精力。此外,养猪的能量消耗还不止于为其饲养食物这些活动:走失了的猪必须花工夫去找,猪所造成的房屋和栅栏损毁必须修补。猪闯入正在生长的园子造成的作物破坏也应该看作是人类群落的能量损失,因而,也是养猪的代价之一。

我们饶有兴趣地注意到,具有僧巴珈养猪业特点的能量比没有西里奥诺人(Sirono)狩猎业的能量比那么讨人喜欢,后者据哈里斯(Harris,未发表的文章)的估计大致是 1.4∶1,但可能接近2.5∶1。哪怕这个数字也并非十分有利,可能别处的人类群落无法在其最为倚重的能量获取活动中以这种能量比生存。除了生计活动之外,其他活动和基础新陈代谢,以及那些不工作的依赖者如孩子、老人、病人和伤者他们的各项活动和基础代谢,都必须依靠获取的能量来支撑。或许,这只不过是一个猜想而已,但我认为,几乎没有几项人类主要以获得能量为目的而运用的技术会展现出远低于 10∶1 的能量比。不那么有利的能量比将仅能勉强维持群落的生存需求而已。

但我们不能假定,攫取能量的活动是人们唯一必要的生计活动。人类有机体的存活与健康既依靠卡路里的供应,也有赖于矿物质、维他命和蛋白质的补给。有时候,生产这些营养的活动与攫取能量的活动是一致的。比如说,谷类的生产与收割活动经常能同时满足能量和蛋白质的需求。但情况并不必然如此,因而我们有充足的理由来怀疑根茎作物的生产与收获。此节的目的,不在于讨论僧巴珈人的作物大体足够满足人类所需的能量与蛋白质需求。不过,重要的是我们得在此强调,尽管能量交易的具体细节能阐明生态关系或经济关系的某些方面,局限于能量摄入与输出考量的解释,在有些情况下并不管用。我们仅会对如僧巴珈人的生猪喂养,导致所得的能量回报稍微少于实际投入能量的这种长期艰苦过程大感困惑。事实上,我们可能总想去构建一些理论,而在程式的所有优势中,仅有经验上难以验证的品质如"神秘的价值"或衍生自显而易见的浪费之举的威望(Linton,1955:98)包含在这些理论里。另一方面,如果我们拓宽思考的框架,不仅考虑到能量的输入与输出,也考虑到能量输入与物质输出之间的交易,我们就能更清楚地理解僧巴珈人饲养生猪这类活动。僧巴珈人投入精力所得的回报,是获得极为重要的营养物,而非把它当作主要的能量源来看待。

根据僧巴珈人饲养生猪所需的食物和能量以及猪肉的能量产出,最近由韦达、利兹和史密斯(1961)提出的有关美拉尼西亚养猪的假说是否适用于僧巴珈人还值得检验。这些作者认为,饲养生猪可能使美拉尼西亚人在不断调节适应由于坏天气而不得不变更可获得的食物方面,扮演着重要角色。

美拉尼西亚群落适应这种不可预知的变化的一种方法

是,在没有被恶劣天气明显干扰的年成里,种植比种植者能消耗的或者所需要的量更多的作物。如果气候好的话,种植多出需要量许多的作物是一种确保气候变化的条件下……也有足量食物可吃的方式。那么,如果人口群落的规模受限于最小产量的次数,正常年成里的剩余蔬菜就能用来喂养牲畜……。在正常年成和作物最大产量的年头里用剩余的蔬菜喂猪,照奥利弗就所罗门群岛文化的解释(Oliver,1955:470)来说,就是"把钱存入银行(banking)",这一术语看起来非常贴切,因为生猪事实上就是有蹄子的食物后备队……。在收获最小产量的年成里,当园艺场的产出被完全用来支撑当地人口群落时,人们可以试图把猪卖掉,或者仪式性地把猪送到远方有更好供应的社区,再不然就把猪放到这些地方代养。如果这些企图都以不成功告终,这些猪就必须得靠自己搜寻粮草来维持生存……。此外,在最小产出的年头里,成年猪在大多数情况下不仅得自己存活下去,还是人类的重要食物来源。〔1961:第70页,第71页〕

　　此处概述的机制貌似不适用于僧巴珈人。按照资讯人的说法,天气坏到使作物歉收的情况似乎从未发生过。事实上,他们说无论怎样都不可能发生这种事情。多年居住在此这一事实并不能让人们作出有关作物歉收出现或者不出现的权威论断来,但这个例子中我们没有理由怀疑资讯人的声明。他们指出,僧巴珈人和他们的邻居在耕种时碰到的最严重障碍就是,"干季"(6—9月份)中在大多数园地被烧垦后天上降下的雨水太多。这个时期内,天降大雨会使人们进行烧垦工作更加困难,但不会减少耕作面积,对产量也没有什么影响。我的田野观察也证实了资讯人的陈述。1963年的7月、8月和9月,不合时令的大雨下个不停。但我没有察觉任何迹象,表明不利天气导致人们少耕了原本计划的土地。比如说,没有人放弃烧垦已经清除了树木和灌木的园艺场。人们仅是更为勤奋地工作,比在天气干爽的情况下更加卖力地烧垦土地。资讯人认为,相比而言,1962年7月、8月和9月的雨下得更猛。在辛拜山谷,非常湿的"干季"看来并不罕见。

尽管天气状况造成的作物歉收并没有发生,但由于战斗而带来的破坏有可能导致食物短缺。但资讯人也否认了这一点,一致认为哪怕是在交火时期,园艺劳作也能在不断的停火间歇中完成。

韦达、利兹和史密斯提出的机制不适用于僧巴珈人还有另一层理由。这个机制假设,恒等规模的人口群落调试的用于耕作的土地数量,每年都几乎会是一个常数。"正常年景"里,这一数量土地上的产出会超过人口所需,剩余部分会被人们用来喂养可被看作是"剩余蔬菜储藏室"的生猪(1961:71)。但我们已经注意到,僧巴珈人每年耕作的土地数量都不一样。每年投入生产的土地数量多少取决于人口和生猪群落的规模大小。生猪群落增大时,耕作的土地数目也增加。不仅那些为人开垦种植的园艺场的收获剩余被人们用来喂养生猪,人们还为生猪开辟耕作面积。

但僧巴珈人的个案也不能从总体上驳斥韦达、利兹和史密斯的假说。他们较突出的观点即美拉尼西亚人的养猪并不是浪费的,相反,"生猪对于美拉尼西亚人口的生存管理而言是极端重要的"(1961:69)还是得到了支持。尽管他们更为详细的陈述并不适合僧巴珈个案，但他们对于处于变化多端气候下的美拉尼西亚人的养猪和耕作以及饮食摄取量所作的量化观察，还是值得人们去检验。不用说，在不同的生态背景下，养猪这一类的实践活动会在实践者与其环境的适应中扮演不同角色。若有人发现韦达、利兹和史密斯所提出的机制，十分符合那些饱受气候灾难之苦的地区的状况，这并不让人感到奇怪。

然而，虑及我们以上关于蛋白质和能量攫取的讨论，我们在此必须就韦达、利兹和史密斯陈述中"生猪作为剩余蔬菜储藏室"这一点作些许评论。人们用其吃剩的植物性食物来饲养生猪这一纯粹事实，使这些猪在某种意义上成了剩余蔬菜的储藏室。但是，这一特点说明，不管这是否是作者们的意图，喂给猪的口粮是超出了饲养者直接生理需求的那部分物质，它们只不过存储在猪身上以备他日之需而已。它暗示着，从猪那里重新获得的东西，是同一种或者等同于早些时候喂给它们的东西。事实上，从猪身上重新获得的物质在质量和数量上都迥异于之前喂食给他们的物质，正是这些差别，凸显了猪在其主人日常饮食中所占位置的重要意义。

喂给猪的口粮主要是以番薯和块茎形式存在的碳水化合物。它们是能量的最重要来源。但是，动物不擅于存储能量，它们消耗的能量大部分都用在新陈代谢和活动上，因而从美拉尼西亚人养的猪肉那里重新取回的卡路里数量不可能超过猪口粮中所含卡路里的五分之一。

我们应该还记得，就从业者所要支出的卡路里而言，生猪饲养十分昂贵。就如在僧巴珈人那里一样，养猪还要求人们为其专门辟园耕作，耕作面积超过维持当地人口群落所需。在运用火耕技术的地方,这需要人们缩短休耕期,可能会使土壤结构或构成发生变化。这些变化可能会不利于作物产量。用银行术语来类比,即"服务费用"大于"储蓄账单"。

鉴于猪作为能量储藏库的短处以及喂猪在能量消耗与土地方面的高消耗,有人可能会问,如果存储能量以备危机时期使用,是那些养猪人想要获得的主要利益的话,生猪饲养是否还合适?其言下之意是,很多情况下若人们放弃养猪,在好收成的年景里任由多余的块茎烂在地里,而物资短缺的年头里则自己吃掉那些尽管不受欢迎却可以被食用的次等块茎,他们可以过得更好。可以这么认为,只有在哪怕是次等块茎也得不到的处境下,猪肉的紧急能量供应才能抵得上人们为养猪所付出的极高代价,然而,哪怕是在这种情况下,只把生猪当作饥荒食物,其效用也是很可疑的。美拉尼西亚群落也不太可能正好手头生猪充足,可以在新的根茎作物成熟前一直把猪肉当作碳水化合物的替代品。举个例子来说,在凯阔开始时,僧巴珈人的猪群可能有 13 000 磅猪肉,而平均每个人每天至少需要 1 000—14 000 卡路里来维持身体最低限度的活动,如果只靠猪肉来给僧巴珈这样大小的群落提供口粮,那么两三个月之内,猪肉就会用尽。当然,人们不可能找不到其他的食物,但对于规模上类似僧巴珈人的群体来讲,也不可能在困难时期还能有如此大量的猪肉供应。这个数量反映的是猪群的最大规模,而通常猪群会小些。

尽管生猪可当作能量储藏室这一优点令人怀疑,但生猪确实为它们的主人提供了明显的营养回报。猪饲料的组成,就僧巴珈个案来说主要是番薯和木薯。它们和猪肉在性质上的不同,使得这一点显而易见。一口瘦猪可食部分按重量计算有 10.9％的蛋白质,27％的脂肪(联合国粮食与农业组织营养研究,FAO Nutritional Study♯11:1954)。番薯的可食部分按重量计算有 0.9％—1.7％的蛋白质和 0.3％的脂肪(Massal and Barrau,1956)。木薯含 0.7％—1.2％的蛋白质和 0.3％的脂肪(Massal and Barrau)。番薯的氨基酸比率也相当不错,而木薯的氨基酸含量非常低,人体若要新陈代谢掉木薯所含的有限蛋白质,还需佐以别的食物,那些食物正好富含木薯所缺的特殊蛋白质。因而一端是木薯和番薯,另一端是猪肉,它们所含蛋白质含量的这种差异甚至比数值所显示的更大。块茎农作物和猪肉脂肪含量的差别比高达 89:1。因此,与其把养猪业看作储藏蔬菜的手段,还不如将其视为把碳水化合物转化为优质蛋白质的方式。

　　在之后的章节里,我们将讨论猪肉消费在危机时期所起的作用。此处我们只需指明,优质蛋白的现成供应对于僧巴珈人健康来说非常重要,对于其他美拉尼西亚人来说无疑也是如此。如同韦达、利兹和史密斯所指出的那样,美拉尼西亚人的猪不能被看作是奢侈品。它们是非常昂贵的一项必需品。僧巴珈人喂养生猪的时长让人印象深刻,但对于以块茎产物为生的园艺民族来说,这或许并没有什么特别之处。

　　光就照料生猪需要完成的大量工作而言,如韦达、利兹和史密斯所说的,养大量生猪可能是好事做过了头反成坏事的行为。由喂养生猪而产生的清洁工作和园艺耕作也是如此。少量几只猪足以保持居住区干净,也足以抑制遗弃园艺场的杂草和多余树苗生长。另一方面,较大的猪群则可能令人烦恼——生猪越多,它们侵入正在产出的园艺场的可能性越大,与之伴随的是,它们不仅损害了作物和幼次生林,还侵害了犯错生猪的主人与被损坏园艺场主人之间的关系。不仅如此,虽然将少量生猪放进刚遗弃的园艺场一小段时间,让生猪除掉那些可能会与已确定的幼苗竞争的小树苗,将有利于休耕期树木组成部分的发育,但将大量生猪长期放置于一个废弃的园子则是有害的。许多与已经确定的幼苗有一定距离,能够长大以填充树冠层空隙的小树苗会被不断清除掉,由此导致生长迅速、包括库芳在内的喜阳草类大片蔓延。当其共占主导地位时,这些草会形成相当稳定的偏途顶极群落(disclimax),其地下茎的地下结构使不管是树木还是草本的其他种类难于立足。

在僧巴珈人的住地周边,我们可以观察到在小块面积上集中大量生猪的后果。我们提到过,过去僧巴珈人的居住模式大多数时候是以部族或亚部族的居住单元"有规律跳动的"(pulsating)。不仅人们,或许更重要的是他们养的猪,都分散居住在乡村。但自从经历了三年流亡,并于 1957 年重返故土之后,出于对敌人的恐惧,僧巴珈人将所有的房子建在一个核心居住地中,1963 年时他们依然居住于此。因而,有 200 人而不是通常的 20—40 人六年来一直生活在宽约 200 英尺到 400 英尺间,长约 2 000 英尺的一片地域里。每天,大约有占总数一半的猪会一路四处翻拱着,经过紧挨定居地西边的、名叫普瓦(Pra)和杰克依(Gerki)的两块地。它们是人们在 1957 年开辟出来的,在那之前这里生长着一片次生林,地面上的残株证实了资讯人的说法。但六年过后,树木仅稀散分布。由于生猪不断地拱出不可或缺的树苗,树冠层无法形成。库芳似乎成了这里最重要的地被植物。

　　通常该地不允许发展这种生猪的集中放牧。由此看来，之前人们定居地的扩散程度，是与他们饲养的猪群规模直接相关联的。猪节期间以及猪节刚结束的时候，人们的集结程度最高。但当猪群扩大后，人们会搬走，安顿到小村里去。在生猪数量更大时，甚至于这些小村也会分裂成零散的农场。

　　当然，生猪之外的一些其他因素也促进了人们的这种分散居住。僧巴珈人和其他马林人可能因罹患疾病而搬家。在他们看来，疾病往往是土地被污染了的结果，始作俑者要不就是超自然的土库曼卜——神灵所散播的腐败，要不就是昆姆（kum）——由巫术送来的一种类似的地区传染病。然而，生猪所得的病也被人们以同样的方式来解释，可能如人得病一样，经常成为人们搬家的一个理由。

　　生猪引起的争端也会导致人们搬迁到与大家分隔的地点去居住。这些争端经常与生猪闯入园艺场有关。居住地的分隔加大了自己的猪与其他人的园地、其他人的猪与自己的园地之间的距离，因而减少了它们对园地和社会关系进行破坏的可能性。在解释他们定居地的位置时，有些僧巴珈人很明确地说出了这一点。通常会导致房屋地点分散的搬家行动，也出于减少住房与园地之间距离的要求——这一点我们已经提到过，并说明了它在能量消耗方面的意义。随着猪群扩大，缩短住房到园地之间的距离，这种必要性变得日益紧迫，因为人们必须把给猪吃的食物以及给人吃的食物从园子里搬回家。

　　居住地的"去核化"（denucleation）过程缓和了生猪在有限面积里大量集中的状况，也毫无疑问使不同的小居住群体成员之间减少了社会互动。此外，分散的居住模式使得群体在公开交火时期更有可能面临敌人的攻击。简言之，僧巴珈人为他们的猪不仅付出了土地、食物和精力，还减少了社交的机会，更容易受到袭击。

僧巴珈人的某些育种实践抑制了猪群的快速繁殖。所有的公猪都会在三个月大小时被阉割掉。僧巴珈人认为，这一做法能使猪长得更大，更温顺。这显然也导致了他们驯养的母猪得依靠野公猪受孕。由于大部分母猪都住在海拔 4 000 英尺的地方而野公猪更倾向于待在 3 000 英尺以下的地方，猪的交配肯定并不经常发生。在我田野工作期间，潜在的 100 次受胎中（母猪一年能产两窝猪崽）仅产出 14 窝猪崽。①

71　　　　母猪通常会在森林里产崽，有时候猪崽会迷路。迷路了的猪崽若存活下来，有些会处于野生状态，若如此，它们可能后来会给驯养的母猪配种，或者通过狩猎被重新领回，但大多数迷路的猪崽可能都死掉了。

找到了回家之路的猪崽死亡率也很高。14 窝猪崽中仅有 32 个后代在我田野调查结束时还活着。如果不把 1963 年 12 月初出生的、在我田野调查快结束时两周之后仍活着的七口同窝仔猪计算在内的话，平均只有两口幼崽活过了婴儿期。

———————————————

①　我认为这个数值相当低，不能把它当作较长时期里僧巴珈人的猪的出生率。在我看来，猪的出生率和居住地的核心化程度呈反比。野猪会避开人口密集的地区，而家猪大多数时候都不会到太远的野外去晃荡。除此以外，1963 年家畜的走动还受到了僧巴珈人居住地的限制，许多河流将僧巴珈辖域分开，而生猪无法跨越这些河流。居住地越分散，野公猪和驯养的母猪相见的机会越多。

狩猎和采集

僧巴珈人利用了辖域内所能发现的所有生物群落中能获得的种类繁多的野生资源。附录 8 记录了上百种这类野生资源的用处与栖息生长地，但这张名单还远不够完整。

人们并不特别倚重某种资源。尽管我没有汇编人们使用这些材料的数据，但很显然人们相当依赖这些野生资源。对人们特别重要的资源有柴火、猎物以及建筑材料。原始林和次生林之下的土地不应当仅被看作是在人们需要时能用于生产的储备，或休耕时期不能提供产出的土地。这些土地构成重要的资源区域有其自身的因素。加大用于耕作的土地数量，不仅会缩短休耕期，或加速那些陡峭的、被原始森林覆盖的高地的侵蚀作用，从而破坏环境，还会减少僧巴珈人能够获取到的野生物数量。

饮食

对于我们之后将要进行的计算来说，我们很有必要估算僧巴珈人的饮食摄取量。此项研究的目的之一，就是展示仪式如何在辖域承载力范围内保持了僧巴珈人的营养需求，以及他们所饲养的生猪的营养需求。为此，我们有必要计算一下总体的营养需求。在承载力最大范围内，该定量由人均每年投入耕作的英亩数来表达。不过，该数值并不表明，人均日摄入量可达到 1 500 或 2 500 或 3 000 卡路里。因而，实际摄入量的估算，需确定构成总体的个体被供养的层次，而这是仅量化投入耕作的英亩数所无法做到的。不仅如此，人们的实际摄入量，估算下来可能会与我们预计的需求量不一致,因而我们可以作出判断:该群落到底处于富足状态还是仅维持在生存水平。

除了补充计算承载力之外,我们对摄入量的估量也将成为另一计算——养猪业能获致的能量值——的重要基础。而这后一种估算,对于我们阐明仪式的平衡作用来说相当重要。在文本中,我们还将描述仪式与禁忌是怎样使人们所能得到的有限动物蛋白得到最佳利用的。

日常饮食的构成

表8按照食物成分的重量百分比罗列了僧巴珈人日常饮食的构成,以及其他新几内亚群体可资比较的相关信息。

布桑马人(*Busama*)、卡亚皮人(*Kaiapit*)、派特普人(*Patep*)和卡瓦泰里人(*Kavataria*)的资料收集自人们在1947年所进行的新几内亚食物调查。这一调查十分广泛,不可能允许调查者对任一地点的消费情况进行长期观察,并有可能漏记了这些社区人们日常饮食中的某些物质。因而,对于人们会认为僧巴珈人饮食的范围要广泛得多这一印象,可能在一定程度上会有所误导。但值得我们注意的是,比其他群体相比,僧巴珈人似乎更不依赖任何淀粉类主食。不仅如此,他们的日常饮食中似乎有更大一部分是由非淀粉类的食物组成的。就重量而言,僧巴珈人日常饮食中的三分之一强,约34.9%由叶子、根茎和除香蕉之外的水果组成。甘蔗(之后在僧巴珈人摄入量的计算中会将它包括进来)不在以上比较之列。这是因为甘蔗在有些群落被食用却没有被报道。如果在

表 8　僧巴珈人与其他新几内亚群落的饮食构成（按食物重量百分比计算）　73

	布桑 马人	卡亚 皮人	派特 普人	卡瓦泰 里人	钦布人	僧巴 珈人
芋芴（Taro）	65.0	7.3	45.9	8.6	—	25.8
薯蓣（Yam）	1.4	9.5	0.2	55.2	5.0	9.3
木薯（Manioc）	—	2.0	0.2	1.4		1.2
番薯（Sweet potato）	—	25.7	37.6	14.0	77.0	21.0
西米（Sago）	6.8	0.28	—	—	—	—
香蕉（Banana）	1.1	31.6	0.4	5.5		7.8
果实与根茎（Fruits and stems）	6.1	—	2.6	2.3	13.0	17.3
叶子（Leaves）	14.0	9.2	8.0	—	2.5	9.9
椰子（Coconut）	2.2	9.5	—	2.8		—
麦日特露兜树（Marita pandanus）	—	—	?	—	?	4.2
谷物（Grain）	0.36	—	3.0	—	1.5	—
混合菜蔬（Misc. veg）		3.4	1.8	1.4		2.5
动物（Animal）	2.9	1.7	0.2	9.7	1.0	1.0

　　来源：布桑马人、卡亚皮人、派特普人和卡瓦泰里人的资料来自希普斯利和克雷蒙兹，1947。钦布人的信息来自文卡塔查拉姆，1962。

　　注释：布桑马是休恩湾上的一个海边村庄。卡亚皮在马克哈姆河以东六英里，大概在莱城西北约 60 英里处，海拔约为 1 000 英尺。派特普距布昂河河口约 25 英里远，海拔为 3 550 英尺。卡瓦泰里是特罗布里恩岛上基拉维纳的一个海边村庄。钦布处在海拔为 5 000—7 000 英尺的中央山脉上。

此将其包含进来的话，淀粉类主食之外的食物比例将达到 50％。与僧巴珈人进行比较的另外五个群体中，非淀粉类主食所占的百分比在 15.3％至 25.7％之间。与其他群体对比更为强烈的是，僧巴珈人的日常饮食中包括了可观数量的麦日特露兜树，按照希普斯利和柯克（Hipsley ＆ Kirk，1965：38）的说法，其可食部分脂肪含量为 14.0％。我们将在之后讨论僧巴珈人种类多样的日常饮食对其营养方面所造成的影响。

僧巴珈人的摄取量

立足于僧巴珈人摄取食物的质量和营养价值，我们将对他们的日常饮食作出评估。植物类食物和动物类食物将被分别讨论。

植物类食物

就重量而言,水果和蔬菜通常大致构成了僧巴珈人日常饮食的99%。从1963年2月14日至12月14日之间,我每天都分门别类地将托梅盖村四户人家收割回家带至灶台的所有菜蔬称重。3月11日到11月8日期间,生猪数量和人口数目都相对稳定,这段时间我所获得的数字因而成为摄取量估算的基础。在附录9中,我详细介绍了自己所采用的方法。

表9概括了不同年龄和性别类别的个体所需要的卡路里、蛋白质和钙日摄取量的估算值,同时我将它们与新几内亚食物调查(Langley,1974:134;Venkatachalam,1962:10)和FAO/WHO(世界食物问题♯5,1964:6)的推荐规范进行了比较。

与这些推荐规范的比较,我们发现各类别的人都摄取到了充足的卡路里,但年轻群组的钙摄取量还不太够。对3—5岁和5—10岁组的孩子而言,这种可能的钙不足相对较轻,而三岁以下的婴儿可能遇到的钙摄入不足将由母乳部分或完全补足,因为母亲们通常给孩子喂乳至两岁甚至于更久。

在讨论蛋白质摄取量时,我们必须考虑蛋白质的质量。食物的"生物学价值",也就是它们在维持生命和促进成长方面被利用的程度不一样。这就是组成蛋白质的各种氨基酸得以体现其各部分的作用之所在:有些氨基酸必须在其他氨基酸的作用下才能被利用,而有些氨基酸若过量的话,则会抑制其他氨基酸的利用(FAO♯16:1957:23)。

通常，动物性来源的蛋白质是"完全的"，也就是说，它们包含了可观数量的、组织成长与修复所必需的所有氨基酸。而植物类蛋白的情形却并非如此。木薯的蛋白质含量，几乎和其他根茎类植物所含的蛋白质一样多，但某种基本氨基酸的含量却特别低，因而它本身作为蛋白质来源而言，并不具备多大价值。

不过，并非每种特定食物都必须得包含所有的基本氨基酸。总的需求量可能得自一同摄入的各种食物所含的蛋白质（阿尔巴内塞和奥托（Albanese & Orto），1964：143 及下页）。因此，僧巴珈人所享用食物的多样性，不仅使他们免于其他新几内亚人肯定得承受的味觉单调之苦，还提高了其总摄入量的利用率。例如，番薯的氨基酸含量很高，但其利用率却受限于过低的蛋氨酸和胱氨酸比例（Peters，1958：40）。芋芳是极佳的蛋氨酸来源，但它所含的异亮氨酸却极低，而番薯则富含此种物质（Peters，1958：35）。由于它们经常在同一顿饮食中被摄入体内，因而两者的共存提高了彼此的价值。对于僧巴珈人所食用的许多其他蔬菜所含的氨基酸，人们并没有对它们进行分析。但是，由于我们有充分理由假定僧巴珈人每日摄取的不同食物中的蛋白质能在一定程度上互相补足，因而我们仍然可以认为，尽管他们日常饮食所摄取的总体蛋白质的生物学价值（阿尔巴内塞和奥托，1964：140 及下页）或许仍然较低，却高于若饮食由更少种类的食物组成的那种情况。

然而，这里还存在着一个更深层的问题。我们可能注意到，成人的蛋白质摄入量符号新几内亚食物调查的推荐标准，但年轻组类成员的蛋白质摄入量却并没有达到要求。这是日常饮食以根茎作物为主食的人们的特点。仅为了从根茎中获取足够的蛋白质，

75

表 9　与 FAO/WHO 和新几内亚食物标准相比较的僧巴珈日常饮食中菜蔬部分的营养价值

| 消费者 | | | | 卡路里 | | 蛋白质 | | | | 钙 | |
类别	人数	平均重量（公斤）	人均营养单位	推荐日摄入量（兰利校正版）a	估算的实际日摄入量	推荐日摄入量（兰利校正版）	推荐日摄入量（FAO/WHO校正版）b	估算的日摄入量c 最小值	最大值	推荐日摄入量（兰利校正版）（毫克）	估算的日摄入量（毫克）
成年男子	6	43.0	25.0	2130	2575	32	37	43.2	58.2	640	1525
成年女子	4	38.0	21.0	1735	2163	32	33	36.3	48.9	640	1281
青春期女孩	1	27.3	20.5	1540	2112	56	27	32.5	47.3	750	1250
5—10岁儿童	2	18.6	13.0	1157	1334	44—53	21	22.5	30.3	890	793
3—5岁儿童	2	13.0	12.0	1000	1236	42	15	20.7	28.0	840	732
0—3岁幼儿	1	7.7	8.5	800	875	33	10	14.7	19.8	940	519
人均					2015						

a 兰利，1947：第134页。推荐量是为那些比僧巴珈人更高大的人制定的。文卡塔拉姆（1962：10）曾经将它直接应用于饮食人。后者成年男性的平均体重是118磅。根据僧巴珈人和饮食中人不同的平均体重，我对此作了修正。

b FAO，世界粮食问题，#5，1964。修正了植物蛋白的生物价。取自每个菜蔬饮食中的70（整体上可能是100）。

c 在此标明最小摄取量与最大摄取量，是因为不同权威赋予不同菜蔬的蛋白质含量范围不一样。不同权威主体以及他们所赋予的数值详见于附录9中。

就要求人们摄入更大量的块茎,而这不是孩子们能轻易做到的。一个 5 岁到 10 岁之间的孩子获取所需的卡路里可能只需要吃两磅块茎作物,但要获取所建议的蛋白质限额,他得吃下去这个数量的两倍到四倍。这种严重的不一致与根茎作物在饮食中的构成程度成正比。比如,有报道说根茎作物占了钦布人的饮食总摄取量的 82%,而 5 岁至 10 岁的儿童每日摄取的蛋白质仅有 12.8 克(文卡塔查拉姆,1962:10)。这大约是估算的僧巴珈人摄取量的一半,而他们的卡路里摄入量则没有显示出这种不一致。

僧巴珈人日常饮食的比较优势在于淀粉类主食只占 65%。而且,由于僧巴珈人能获得如木槿叶之类富含蛋白的绿叶蔬菜,他们仅需从根茎植物中摄取 40% 的蛋白质(见附录 8)。僧巴珈儿童面临的问题没有钦布儿童那么严重,但他们仍难以用一种足够简洁方便、易于摄取的方式来获得足够的蛋白质。动物类蛋白对于他们而言尤为宝贵,不仅在于它包含更充足的蛋白质,还因为它更为浓缩。

我们应牢记于心的是,这个样本仅包括五个孩子和一个成人,将食物样本的总重量分派给不同年龄与性别类别个体的方法可能会导致一些误差。相比将标准推荐量与估算摄取量进行比较而言,对孩子们的营养状况进行临床诊断,能让我们更清楚地知道他们的饮食中是否含有足够蛋白质。我们不可能安排这种临床诊断,不过,值得一提的是,许多孩子的头发很软,发色暗淡——这通常是蛋白摄取量低或不足的迹象,还有几个孩子的腮腺稍微有些肿大。不过,没有孩子罹患夸希奥科病(kwashiorkor[①])或严重消

---

① 即恶性营养不良,是一种因食物中蛋白质严重缺乏引起的综合征,少儿常见,尤其是在非洲和亚洲地区。——译者

瘦,也没有孩子看起来特别迟钝呆滞。极有可能孩子的成长受到
了阻滞,然而我们没有充分数据对此进行评估。与美国孩子相比,
僧巴珈儿童看起来比实际年龄小。对一个成年人的平均身高低于
五英尺的人口群落的孩子们而言,这可以理解,由此我们有理由认
为,僧巴珈人个子矮小,至少部分是由于儿童以及我们之后要讨论
的青少年摄入蛋白低所造成的。饶有意味的是,占据了一大片原
始森林边缘地域的马林群体富盖-科拉马人(Fungai-Korama),体
重大于僧巴珈人,个子也高于僧巴珈人(比克 Bick,个人通信)。
他们长得大个些,可能是由于日常饮食中能吃到更多的猎物,但我
们没有定量数据来验证这一推测。

　　看起来,僧巴珈儿童并没有因蛋白质摄入不足而产生更严重
的病症如明显的夸希奥科病,这表明,兰利的推荐量有些不切实际
的高。兰利自己也提醒大家要小心运用这些数据,指出它们仅取
自在高加索人中的实验性工作,除此之外还有“宽泛的安全边际”
(wide margin of safety)(1947:106)。她对身材差异作了修正,也
是基于对“新几内亚土著的生活模式与活动强度”的观察,而非在
“能呈现美拉尼西亚人新陈代谢全景的生理学研究”基础之上。

78　(1947:106)

　　近期研究表明,相当少的蛋白质供应实际上对孩子来说可能
已经足够,表9的第八栏标出了联合国粮食与农业组织和世界卫
生组织(FAO/WHO)联合专家组对蛋白质需求量的规定(世界食
物问题♯5,1964:6)。僧巴珈孩子严重病理学的低发生率表明,世
界粮食与农业组织和世界卫生组织的规定可能比兰利的推荐更符
合生理学事实。但前者的限额没有明确包含宽泛的“安全边缘

带"，此地存在病理学案例这一事实也表明，僧巴珈人获得了低水平的氮平衡。据此看来，僧巴珈人消耗有限可获得的动物蛋白的那些情境，有相当重大的意义。

动物类食物

僧巴珈人能获取到很多种类的家养和野生动物类食物。我们已经提及，僧巴珈人驯养的动物有猪、食火鸡和鸡。非驯养的动物除野猪和火鸡之外，还包括有袋动物、老鼠、蛇、蜥蜴、鳗鱼、鲇鱼、青蛙、鸟类、鸟蛋、蝙蝠、幼虫、昆虫和蜘蛛。要提及的是，僧巴珈人不是——并且激烈地坚持认为他们的祖先也从来就不是——食人族。

我没有记录下任何僧巴珈人对野生动物的摄入量，因为大部分这种消费，尤其是较小动物的消费，都是在房屋之外进行的。尽管如此，对于人口中某些类别的人——已婚妇女以及青春期前的孩子们而言——老鼠、青蛙、未离巢的雏鸟以及昆虫这些小东西构成了他们日常饮食的一部分。但它的量很小，或许只贡献了一克或二克的日蛋白摄入量。鳗鱼、蛇以及有袋动物这些大动物，尽管不经常食用，但对人们每年的饮食可能贡献更大。野猪——1963年人们就曾猎杀过六口——在所有其他的野生动物类食物中，对人们这一年的饮食贡献最大。僧巴珈人并不经常能捕获到野生的食火鸡。1963年，人们既没有射杀到也没有诱捕到任何野生的食火鸡。对于其他马林人的饮食而言，这些鸟可能更加重要。

动物类食物在人群中的分布是不均衡的。不能吃某些食物的禁忌烦扰着各类不同的人。恪守最广泛禁忌的人是班普昆达宇

(*bamp kunda yu*,战斗法师),那些主持与战争有关仪式的人。参与战争的其他男人所要遵守的饮食禁忌相对不那么广泛。这两类群体不能吃很多种类的有袋类动物,所有的蛇、鳗鱼、鲶鱼、蜥蜴和青蛙也都在禁忌之列。禁止这些人吃有袋类动物,其意识形态基础我们并不是很清楚。不过,需要提及的是,所有被禁止食用的动物种类,都栖息在海拔很高的原始森林中,与红精灵相关,而这些需遵守此种禁忌的人又与红精灵有特殊联系。他们不能吃爬虫类、两栖类和鱼,是因为它们的"寒冷"被认为会与仪式知识和仪式体验的"火热"相抵触。除了这些超自然所规定的禁忌之外,男人们也会避免以某些动物为食物。战斗魔法师之外的任何男人都可以吃老鼠,但没有哪个男人会这么做。它们被认为是只适合妇女和孩子吃的小东西。同样的理由也适用于小鸟、蝙蝠和大多数昆虫。

青少年期的男孩得遵守多少有些不同的一套禁忌与回避制度。许多禁忌的意识形态基础在于避免这些食物对被称作曼卜库(*mamp ku*)的厚重发型——一旦其第二性征出现,男孩子们被允许留曼卜库——所造成的影响。例如,人们认为,如果他们吃了长着稀松毛发的有袋类动物,他们的头发就会变得稀稀拉拉。如果他们吃了野猪,头发上就会长满虱子,就像野猪的毛发一样。

对青少年期女孩和处于生育期但尚未生育的女人们的饮食约束,要比青少年期男孩要遵守的那些饮食约束更多。然而,这些禁忌确实与两种最重要的野生动物类食物有关。人们认为,吃野猪肉会给她们带来虱子,而吃老鼠肉会将一种坏味道传到阴户,使她们不受男人们的欢迎。

　　孩子们和生过孩子的女人们这类人群不受任何饮食禁忌约束。因此，当一个男人或处于青春期的男孩杀死了一条蛇、蜥蜴、小鸟、老鼠或者有袋类动物时，他会将此猎物交给一个女人或者 80 孩子。

　　简单地说，这些禁忌的运行，可将大多数辅助性的动物蛋白来源指向两类更需要它们的人：妇女和孩子。对于个体发育中需要最少蛋白质的成年男性这一类别的剥夺，将有利于妇女和儿童，对整个群落而言是有益的。另一方面，对青春期男女这种利于妇女和儿童的剥夺，却并没有什么明显益处。因为处于青春期的个体正在快速成长和发展，因而蛋白质需求量会比较大。我们观察到，青少年期蛋白摄入量过低的其他可能后果（尤其是精神迟钝，在僧巴珈青少年男女中没有发现这一点）很显然是有害的，但生长抑制和性发育延迟这两种后果（希普斯利和柯克，Hipsley & Kirk，1965：14）却不见得有什么不好。长高额外一到两英寸，体重增加额外几磅并没有什么好，而女孩子月经初潮退后一两年，对群落整体而言，甚至是有利的。不管如何，这一时期蛋白质的匮乏，可能会压抑个体生长，但为了母亲和孩子们获取更充足的蛋白质，这个代价并不算高。

　　与其他马林人不同，僧巴珈人几乎不喂养食火鸡，养的鸡也不多，猪成了驯养动物中最重要的食物来源。在我田野调查期间，该地正在举办猪节，各种仪式和典礼的特殊要求掩盖了往常的猪肉消费模式。因此，尽管我可以从资讯人那里收集到有关非节日年岁的猪肉消费情况，但却无法获取到定量的资料。

　　首先应提到的是，男人们需要遵守的宗教禁令并不限于野生动物类食物。在仪式周期的大部分时间里,他们不能食用任何与其他当地群落节庆有关的猪肉。但是,女人、孩子和青少年男女却能吃这种猪肉,因而成为这些礼物完全的营养受益人。

猪肉分配上的个人喜好也在营养获取上扮演重要角色。男人们分到了他们最渴望部分的较大份额,那就是猪肉较肥的部分,猪腹肉最受他们青睐。另一方面,女人、孩子和青少年男女分到了大多数瘦肉。简言之,女人和孩子们的蛋白质摄入在家养猪肉的消费上受益于偏好以及禁忌。

人们在非仪式情境下很少吃猪肉。当然,生猪有时候会发病死亡。发病致死的生猪若在被发现之前没有腐烂的话,就会被人们吃掉。有些生猪死于箭伤,因为猪经常会闯入园中,被园子的主人射死。1963 年,僧巴珈人养的猪中没有任何一口为此原因丧命,据资讯人报道,这是因为有一条水流湍急、险峻且筑有堤坝的小溪将几乎所有的园艺场与居住地分开了。但有消息说,临近的图古曼群落在这一年里有六口生猪被射杀。生猪被杀死后,人们情绪激昂;被杀掉的那口猪的主人,可能会试图去杀死园艺场主人、他的妻子或者他养的一条猪。如果争端被和平解决,两个事主的同族亲属们会分到一些猪肉,并可能再把这些猪肉分给其他人。被杀死的那口猪的主人应修理他的猪闯入园艺场时弄坏的栅栏,而园艺场主人应赔偿对方一条小猪,代替那条被杀死的猪。据资讯人说,这口猪长成后,人们会杀掉它,而猪肉则由发生过争执的两方均分。

在非节庆年成里,只有在履行仪式义务时,或与不幸和突发事件有关的仪式语境下,猪才会被他们的主人故意杀掉。

　　要求人们屠杀生猪的那些非节日场合，大部分与婚姻有关。①
在与婚姻本身、孩子们的出生、婚姻配偶的一方或他们的孩子死亡
有关的情境中，人们得不断付给姻亲一些贵重物品。这一给付几
乎总是伴随着猪肉的赠予，但人们并没有经常按照规定的义务马　82
上执行。那些与孩子出生有关的物品赠送，经常被推迟到下一个
猪节。这种延后现象，甚至于在婚姻给付中也会经常发生。

　　在不是猪节的那些年岁中，不幸和突发事件提出的要求很可
能会让僧巴珈人屠宰并消费最大数量的生猪。（并非所有的马林
人都如此行事。彻丽·韦达在与我的私人通信中报告说，在非猪
节的年岁里，生活在吉米山谷的马林群体卡瓦西人会在姻亲给付
（affinal prestation）中杀掉更多生猪。②）最常发生的、需要人们杀
猪的不幸是生病与受伤。不过，在我田野工作期间，因为僧巴珈人

------

　　①　年轻人间或杀猪，将猪肉（有些猪肉用盐腌过）献给年纪大的人，希望从他们那
里获得一些重要的魔法程序（magical procedures）的知识。这种交易很少发生。有些
人从不这样做，而更多其他人一生中只一两次进入这种状态。

　　②　资料虽然并不充分，但我认为，这种区别只是不同园艺实践的结果。克拉克的
观察（1966:350）表明，相比僧巴珈人，番薯对库瓦西人来说更加重要。这可部分归结
于库瓦西人耕作的园地海拔更高（达到并超过六千英尺）以及库瓦西人辖域内土壤结
构的变化。他们在其辖域内居住的时间比僧巴珈人在其辖域内居住的时间更久。无
论如何，库瓦西人的园艺场休耕期更短，整体上这里的土地已经有了明显的退化迹象：
大约 20% 的辖域覆盖着长势稳定的短草（克拉克，1966:350 及以下诸页）。

　　与僧巴珈人相比，库瓦西人似乎养了更多的猪（没有做统计调查），生猪对人们的
生活更为重要，可能与番薯对人们的生活具有更大的意义有关。当我询问一名资讯人
为什么僧巴珈人养的猪比库瓦西人少时，他回答说，实际上这是因为僧巴珈人的土壤
更软，更适合芋芋和薯蓣生长。库瓦西人的土地硬一些，更适合种番薯。由于库瓦西
人必须种更多番薯，因而他们饲养了更多生猪，也更经常地吃猪肉。这里我们能看到
园艺实践的长期延续性。在最近进入的地区，人们更加注重芋芋和番薯种植。随着人
们持续在此地居住，土壤结构产生变化，导致人们对番薯和养猪业更加重视。若想看
到对这些可能演替的绝佳讨论，请参看克拉克的专著（1966）。

正在过猪节，他们并没有在受伤后马上杀猪或在生病期间杀猪。相反，他们向祖先承诺，将在凯阔结束之后给它们送猪，反正到那时他们无论怎样也会打算把猪杀掉的。然而，所有的资讯人一致赞同，来自其他当地群落的信息也表明，在非猪节的年头里，若有人受伤，或在某人对较为和缓的治疗法（巫术程序，magical procedures）没有反应的生病期间，人们马上就会杀猪祭祀。如果某人疾病经久不愈，许多猪就会因此而被杀掉。

与生病和受伤一样，死亡这一情境也要求人们屠杀生猪。如83 果死去的人是已婚妇女，相比于其他类人群的死亡，人们可能会宰杀更多生猪。曾有例子报道说，因为没有其他女人能够照料生猪，男人们宰掉了他们死去的妻子所喂养的所有牲畜。如疾病的情形一样，1963 年，僧巴珈人也没有在人死时杀猪。他们仅作出承诺，在猪节结束后奉献牲畜。

与战斗有关的仪式也要求人们屠宰生猪。宰杀生猪的数量与战斗延续时间和激烈程度直接相关。我们将在下一章中对此展开更加详细的讨论。

规定什么时候应该杀猪的这些场合，同时也指定了谁有享用猪肉的权利。为战争的实际进行所举行的仪式中杀戮掉的猪，只有那些参与战斗的人才能享用。当猪因为有人生病、受伤或死亡而被杀时，如果受害人还活着的话，猪肝就只能给受害人吃。资讯人告诉我，如果用于祭祀的猪是受害者或其父系亲属所饲养的话，余下的猪肉就只能由父系亲属吃掉。若受害者是一个已婚女人，那么她丈夫的父系亲属也可以一起来吃剩余的猪肉。人们认为，如果祖先神灵（或其中的一个）造成了这一苦难，祭品就是献给它们以使其平息的。若受害者因为受到了敌对精灵、术士（库姆宇，*kum yu*）或巫师（阔姆普，*koimp*）的攻击而受难，这些祭品就是让祖先精灵变得更加强大以帮助受害者康复（如果是身体上半部疼痛，人们就将祭品献给红精灵；如果是身体下半部有病痛，人们就将祭品献给腐烂精灵）。资讯人说，此种情形下若将献给精灵们的猪肉分给非同族亲属，接受祭品的精灵就会被激怒，它们要么拒绝帮助受害者，要么继续使他受难直至死去，它们还会使那些非同族亲属的猪肉享用者患病。尽管有这种种陈述，我与曾在1966年返回到马林地区的彻丽·韦达和乔治德·比克进行私人通信的结果表明，定居的非同族亲属也可能收到一些献祭用的猪肉。而且，有时候是同族亲属或姻亲为生病或受伤的受害人捐献出一口猪来作为祭品，这种情形下会有更多但仍然有所限制的人来分享猪肉。[①] 84（在其后的猪节中人们应该回报非同族亲属的这种捐献，或者以其他的方式对之进行酬谢。我所知道的一个例子就是，有个人在病好之后将他几块园地的永久所有权转给了非同族亲属的生猪捐助者。）

总而言之，不幸或突发事件情况下宰杀的生猪显然由那些事件的受害者或参与者，或与他们接近的人来享用。饶有意思的是，相比之下，人们倾向于将因不幸或突发事件之外缘由而宰杀的生猪分给更多人。比如说，由婚礼或孩子出生而支付的猪肉就不局

---

① 在田野调查期间，我没有理解灾祸语境下猪肉消费的全部意义，因此没有收集保证它顺利进行的详细信息。乔治德·比克和彻丽·韦达将基于他们1966年和1967年就这一主题所作的研究在别处发表论文，详细讨论猪祭的语境定义和猪肉分配事宜。

限于接受礼物的异族通婚群体成员享用，一部分猪肉一定会被再分给共居者与姻亲。人们也广泛分发意外致死或自然原因死亡的猪的肉。应提到的是，野猪肉也不限于杀猪者的男系亲属群体享用。事实上，人们倾向于将这些猪肉尽可能分广泛些。至少参与狩猎的人都能分享到杀猪者所分配的猪肉。如果野猪很大的话，其他人也能分到一份。1963 年，在僧巴珈人杀死两条最大的野猪时，每个僧巴珈人就都分到了一份猪肉。

在不举行猪节的年岁里，大多数猪肉消费可能都在不幸或意外情况下发生，而猪肉的分配也受到限制，这是关乎生理学利益的一件事情。我们可以合理地假设，不幸与意外情况能导致亲身体验者产生"应激反应"（stress reaction），一种直接来自机体所面临的意外情况或对其应答而产生的复杂生理变化。在生病与受伤情况下，这一点很明显。不过，处于愤怒或恐惧中的人（Houssay，1955：1096）或持续焦虑的人（国家研究委员会 NRC♯1100，1963：53）会产生应激反应，这种情况也很常见。

应激反应的一个方面就是"负氮平衡"（Negative nitrogen balance）（霍赛，1955：440），也就是，氮在身体中的净损耗。如果压力期不是过长，对于之前保持着高水平氮平衡的肌体来说，情形并不那么糟糕。在穆尔看来（Moore，1959：439），负氮平衡将不会，举例来说，影响一个平常营养良好的病人的伤口愈合。

然而，在承受压力之前处于低水平氮平衡的那些肌体就会面临困难。早在 1919 年就有一项实验证明，在伤口愈合方面，低蛋白质摄入量的动物比高蛋白质饮食的动物要慢（拉奇和约翰斯顿（Large & Johnston），1948：352）。在最近的一次讨论中，穆尔也注意到动物与手术病人由于营养不良和营养充足而导致的疗效差别，认为："用异变（labilization）理论或易位（translocation）理论解释这一现象引起了我们的兴趣……营养充足的动物有更多可用于异变或易位的身体蛋白质（从不受损的组织到破坏了的结构）"（1959：102）。津特尔（Zintel，1964：1043）也指出："血液蛋白不足容易诱发伤口愈合不良或坏死，延迟骨折的愈合，以及贫血，胃肠口功能丧失，心肺功能不畅，减少对传染病的抵抗力。"伦德和莱文森（Lund & Levinson）建议，应给手术受创的个体"剧增"蛋白质摄取量（1948：350）。埃尔曼（Elman，1951：85，100）也持同样的观点。对于受创之前营养良好的人，更近些的作者们不一定建议给予这种处理。但津特尔（1964：1043 及以下诸页）强调，如果手术病人存在或会显露出此种状况，则有必要缓解蛋白质摄取不足的问题。

由于蛋白质营养不足而处于不利境况的不只是外伤患者。热病中"营养不良的热病病人会陷入负氮平衡中，这是最不希望见到的情况，因为它容易诱发血液蛋白不足和贫血，干扰肌体的合成代谢防御机制，延缓了恢复期"（Burton，1959：230）。因此，会给发热病人比日常需求稍多一些的蛋白质供给量（Burton，1959：231）。

蛋白质摄入量有可能不仅影响患病或受伤有机体的术后，还影响有机体对某些疾病的易感性。虽然这一主题并不广为人知，伯格（Berg，1948：309 及以下诸页）却认为，"无数偶然的观察表明，蛋白质有可能在免疫力方面发挥着重要作用"，并将其与它们能产生抗体以及在细胞吞噬作用中可能起到的作用相联系。若优质蛋白能在相当短的时期内被摄入，有机体的蛋白质衰竭状态就能够显著改善,指出这一点非常重要。伯格(1948:311)提出,实验证明,"在使用抗原刺激之前,用优质蛋白仅喂食两天,就可使抗体出现可检测到的增长;仅在七天之内,就可使[之前衰竭动物的]能力接近[之前"饮食充分"]控制组动物的能力"。在更近的讨论中,阿克塞尔罗德(Axelrod,1964:654)认为"特定的饮食不足对于实验动物发展获致免疫力所造成的不利影响已被充分证明。特别是,对氨基酸的需求……被人们认识到。"不过,他警告说,"动物实验的意义……必须批判性地评估,"并评论说,"人体的营养状况与获致免疫力之间的关系尚无法确定"(1964:655)。两位朱克在讨论营养和未受感染的动物对感染的抵抗力之间的关系时,对蛋白质所扮演的角色作了相似的观察报告:"现有数据在很大程度上不是决定性的,或者是不确定的"(Zuker & Zuker,1964:643)。

　　那么,看起来,负氮平衡表示疾病和损伤,而负氮平衡对于蛋白质衰竭的有机体来说则预示着危险。不过,负氮平衡所造成的后果能够通过迅速摄取大量蛋白质来加以弥补。短时期内食用优质蛋白,或许——尽管我们对此更不确定——还能显著提高未受感染的肌体抵抗感染的能力。我认为,考虑到僧巴珈人从蔬菜和野生动物中所摄取的蛋白质,已经足以让他们维持压力阈如情形下的低水平氮平衡,那么在不幸与意外情况下举行的献祭,则是他们使用稀少而且代价高昂的生猪的有效方式。人们将优质蛋白提供给已经受了损伤或者患病的个体,让它能成功地补偿个体因受伤而直接遭受的体内氮损失,帮助他们产生足够的抗体来抵抗感染。受害者附近的那些人也获得了蛋白质,这不仅能补偿他们由于焦虑而损失的氮，也能让他们的身体做好准备，更好地去抵御可能马上会到来的伤害或感染，打个比方来说，如果受害者罹患的是感染性疾病，或者是在必须持续下去的战斗中受了伤。

总的来说，虽然僧巴珈人日常饮食中的蛋白质含量可能足以支持他们的日常活动，但在压力状态下则可能不够充足。与意外情况和不幸关联的杀猪以及分食猪肉，为那些有此需要的人提供了必需的生理性增援。因此，猪肉对于僧巴珈人日常饮食的重要意义，远大于实际消耗的数量所表明的意义。无疑，这个论断对于将来对动物祭品展开人类学分析是有意义的，并且，应当在一切可能情况下进行合理的生理测试，否则，这一提法就只不过仍是一种假设而已。不过，我们有充足的理由相信，对于群体保持高水平活动下的适度健康饮食而言，僧巴珈人所遵循的有关猪肉消费的仪式规范，对此做出了重要贡献。

该系统的极限范围

在此我们试图详细说明僧巴珈人的营养需求、满足该需求的方式以及这些方式对环境的影响。现在我将计算僧巴珈辖域的承载能力，也就是，该辖域在不限定的时长内，以之前我们所描述的方式，对单个僧巴珈人的摄取量不造成任何改变且环境不因此衰竭的情况下，所能养活的猪与人的最大数量。必须对此进行估值之后，我们才能检视仪式周期在规范僧巴珈人与其直接的或辖域内非人类组成部分环境的关系中所扮演的角色。

我们应该强调，此处显示的承载力数值，并不必然构成僧巴珈辖域内所能存活的人数的近似值。承载力估算，按照人类学对这一术语的用法①，并不必然提供此种信息。相反，它们是某一特定区域在不引起环境退化的情况下能供养的有机体数目的近似值。事实上，种群会受限于且经常受限于在此承载力意义上变得重要的环境因素。受密度制约（density-dependent）的传染病和捕食者可资援引为例。我们还应牢记，利比希最小因子定律（Liebig's law of the minimum）②和谢尔福德耐受性定律（Shelford's law of tolerance）③在生态因子数量不足时会促使环境恶化。承载力数值表明的是，仅在低种群水平下不超过由其他因子所决定的范围，以及种群受限于总体食物供应——即它所利用区域的可用生物质能的产出的情况下，某一物种在指定区域能够存活的数量。

　　我们不可能说清楚，僧巴珈群落的可能极限是由其辖域的产出来设定的，还是由其他因素来设定的。不过，估量承载力能使我

---

　　①　动物生态学中，承载力这一术语有时候是按照另一种稍有不同的意义来使用的：指某一地区内能存活的某一特殊动物的最大数值（Andrewartha，1961：154）。这一数值是一个实际上限定了种群大小的过程函数。这些因子并不必然包括环境恶化。

　　②　利比希研究各种环境生态因子对植物生长的影响，发现作物的产量并非经常受到大量需要的、同时在自然环境中储藏丰富的物质（如二氧化碳和水）的限制，而是受到一些虽然需要量很小，但在土壤中非常稀少的微量物质的限制。因此，他提出"植物的生长取决于处在最小量的必需物质"。也就是说，一种生物必须有不可缺少的物质提供其生长和繁殖，这些基本的必需物质随种类和不同情况而异。当植物所能利用的量紧密地接近所需的最低量时，就对其生长和繁殖起限制作用，成为限制因子。——译者

　　③　美国生态学家 V. E. 谢尔福德于 1913 年提出耐受性定律。该定律认为，生物对其生存环境的适应有一个生态学最小量和最大量的界限，生物只有处在这两个限度范围之间生物才能生存，这个最小到最大的限度称为生物的耐受性范围。生物对环境的适应存在耐性限度的法则称为耐受性定律。具体可定义为：任何一种环境因子对每一种生物都有一个耐受性范围，范围有最大限度和最小限度，一种生物的机能在最适点或接近最适点时发生作用，趋向这两端时就减弱，然后被抑制。——译者

们对僧巴珈生态系统中各变量对该系统具有破坏性时所处的水平进行粗略估计。

关于承载力的困难

由承载力计算所获得的有利条件，不应使我们对隐藏在简单概念之下的概念以及方法方面的困难视而不见。我在附录10讨论了僧巴珈数据中遇到的一些问题，但在此关注一些更为普遍的问题也是极有益处的。

1. 环境退化这一观念表明了概念以及方法论两方面的问题。如果环境退化理解为生产力（可通过测量某一特定地区在特定时间内所产生的生物质能数量来获得）的降低或生态系统组织（复杂性和有序性）的减少，那么，以栽培植物为基础的群落取代顶级群落（climax community）①，则可能代表环境退化。栽培群落大多数情况下在结构上都比它们所取代的顶级群落简单，我们也有充分的理由相信它们的生产力通常比较低（Allee et al.，1949：第478页各处，507；Odum，1959：76）。气候的或土壤的顶级群落代表着群落对非生物栖息地的最佳适应。只有改变非生物栖息地（例如，通过灌溉或应用肥料），人类为主导的群落才可能在生产力上超过它们。

此外，栽培群落几乎毫无例外地没有顶级群落稳定。顶级群

---

① 顶级群落是指经过一系列演替，最后所产生的保持相对稳定的、能自我维持的、成熟的生物群落。其物种组成和数量比例相对稳定，群落结构复杂，层次较多，各物种都占据不同空间，能最充分最有效地利用周围的资源，一般与当地的气候条件相适应，能反映气候条件的特点。——译者

落和它的栖息地一起组成了一个自我调节的系统。就其本身而论,它能持续很久,除非遭遇气候变化、大灾难或受到某些有机体如农民或使其枯萎的寄生生物的干预。另一方面,栽培群落本身不是一个自我调节的系统。它包含的许多植物种类可能没有自我繁殖的能力,需要竞争对手如野草和次生树的保护。这些竞争对手经常能——甚至于能比它们更好地——适应园艺场和田地的局部条件,或该地区的一般情况。栽培群落的维持像任何群落一样,依靠其主导物种恒定地起作用。但比起主导雨林的"A"层树来,人类担任这种角色所具有的可靠性更低。尽管如此,不管耕作从绝对意义上说是否使环境退化,我们必须记住,从新石器时代开始,人类从根本上就不是顶级群落联盟中的一员。相反,人类主要在自己占主导地位的、高度修正过的生态系统下繁盛。他并不直接关心,该种生态系统的生产力比起那些被取代的气候顶级群落来会更低。但它为人类提供的可用生物质能总量却会高出许多。

　　栽培生态系统的不稳定性更直接地与人类相关。一方面,导致该地区独有气候和土壤顶级得以再次确定的生态演替有可能会出现。虽然从绝对意义上来说,这不能看作是退化,但这一过程至少是暂时地会导致可耕种的土地变少,大量的劳动也有可能必须消耗到恢复这些耕地上去。另一方面,有可能存在更进一步地完全退化,导致"偏途顶级群落(disclimax)"①出现,比如之前新几内

---

　　①　到达真正顶极前一阶段的其他群落长期继续生长所形成的状态,被称为偏途顶极群落。偏途顶极群落主要是由于开垦、耕种、烧荒、放牧等人类和家畜的破坏作用的结果,许多山麓草原、水田、旱田等都是偏途顶极群落的典型例子。——译者

亚森林和园艺场繁盛的许多地方出现了许多人为草地。虽然这种草地上开辟的园艺点产量更高,但只有在使用了耗费很多劳力的那些专门技术时,才能有如此收获。

鉴于这些考虑,我们在讨论人类群体的环境时,应该区别"绝对退化"和"以人类为中心的退化"。后一术语指的是降低每单位面积或劳动投入或两者对人类有用的生物质能生产力的任何进程。换用略有不同的术语来表达,它指涉对依赖特定某组资源并配备获取这些资源的特定方法、适合人口群落生存的最理想状况的背离。

在之前讨论僧巴珈人休耕期的充分性时,我们已触及了僧巴珈辖域是否存在普遍的绝对退化或以人类为中心的退化这一问题。有迹象表明,除了高度局域化的一些地方外,其辖域内尚不曾出现任何一种退化。这一判断将被用来计算不存在退化情形下的承载力,不过我们得重申,该判断缺乏可资演示的证据。正如斯特里特(Street,1965)在最近发表的一篇论文中所强调的那样,在许多情况下我们几乎不可能对环境退化,尤其是土壤结构与内容进行评估:"土地退化是一个累积的过程,短期进程十分轻微,以至于 91
有可能被测量上的谬误超过。"

2. 当我们对依靠火耕园艺为生的人口进行承载力估算时,相关问题涉及休耕期的长短。人们不习惯于细心跟随一年四季的变迁踪迹,会采用移动的园艺耕作方式,因而每个地点的休耕期会长短不一。虽然结果不一定精确,我们还是有必要通过复杂的方式来计算出休耕期。而且,哪怕计算是精确的,实际的休耕期也可能会长于或短于必需的时间,因而将它们应用于承载力的计算,可能也会导致不准确。

3. 包括随后的数据在内的承载力估算值,不仅假定种植的作物清单没有变化,也设定这些作物的种植比例是一个常数。但正如斯特里特所指出的那样,栽种混合作物、不断变化园艺场的人们(僧巴珈人也不例外)总是乐于接受新作物以及老作物的新品种。就新品种的引入或所耕种的作物比例变化会引起单位面积产量变化而言,假定作物不变和耕种的作物比例为恒定值,会使承载力的估算值偏离真实值。

4. 承载力估算把供给一个人口群落所需的食物所需耕作的土地面积当作一个变量。这一变量的取值通常来自我们所研究人口群落的实践。我们已经指出,单是耕地面积数目并不能表明它所供养人口的营养水平或者这一水平是否适当。根据以上人口群落的摄取量以及这一摄取量的适当性,我们得出这一数值。然而,与此相关的问题依然存在。除了极少数情况外,当地人口群落一般由归属于不同性别与年龄类别的个体所组成,个体的营养需求各个不一。而承载力推算建立在每一年龄-性别类别的个体所占比例都恒定不变的基础之上。这一假定成为之后计算的基础,但毫无疑问,它在一定程度上并不符合实际情况。在所有的人类群落,尤其是生活在初级条件下的小群体中,不同类别个体的比例,是不断变化着的。

僧巴珈辖域的承载量

为了将承载量的概念应用于人类群落,学者们提出了许多公式。艾伦(Allen,1949:74)、布鲁克菲尔德与布朗(Brookfield &

Brown,1963:108 及下页)、卡尼塞罗(Carneiro,1960:230—231)、弗里曼(Freeman,1955:133)和莱夫勒(Loeffler,1960:41)曾经撰文,专门讨论在计算那些采取变化耕作方式的群体的承载量时,内在于其中的一些问题。他们考虑到的变量包括投入耕作的土地数量、收获期的持续时间、休耕期的长短以及可耕地的总面积。布鲁克菲尔德进一步将园艺土地分为各种类型,将放牧地也考虑在内。

人们提出的公式通常都比较简单。这里我们运用卡尼塞罗提出的公式,具体如下:

$$P = \frac{\frac{T}{R+Y} \times Y}{A}$$

其中:

P＝能养活的人口数。

T＝可耕地总量。

R＝休耕年数。

Y＝作物生长年限。

A＝能够提供"平均个体"每年从所耕作植物中通常摄取的食物量所要求的耕作面积数。

通过应用这一公式以及附录10中所列出的辅助性程序,我们可以得出一些承载量数值。

变量 T 也就是可耕地总量由两个数值组成:(1)在我做田野调查时,处于耕作状态或次生林状态的土地以及(2)被看作是可耕地,但其上却长着乔木林的土地。由于后一部分土地最近几年没有被开垦,并且是野生资源的重要来源,也由于这些地区海拔高,经常被云层覆盖,毫无疑问人们在这些土地上耕作,只能获得少量产出,因而较为明智的做法是将它们分开。

　　由于生猪的营养需求量要大于人类的需求,在估算土地的人口承载量时,生猪口数应被考虑在内。估算因此由生猪在最大规模和最小规模时的人口承载力组成。我们假定1963年"猪节"后的生猪存活量是生猪的最小规模。那时均重为60磅到75磅的生猪数和人口数的比例为0.29∶1。我们假定1962年"猪节"开始时僧巴珈人所拥有的生猪数量为生猪的最大规模。均重为120到150磅的生猪数与人口数的比例为0.83∶1。

　　因为所有1962年开辟的僧巴珈园艺场我都用罗盘和链条测量过,生猪种群在最大规模时土地的人口承载力我只计算了一次。但是,僧巴珈人1963年开辟的园艺场只有部分被测量,因而我们有必要计算变量A,即人均耕种的土地数。在这一计算中,我们使用了三种方法。使用变量A的极值计算出的结果反映在猪群最小规模时的人口承载力范围中。不过,在此应该注意的是,变量A的三次计算中有两次仅有4%的差异,而第三次计算结果与之前的计算结果相差27%。运用变量A的异常值使猪处于最小规模时的人口承载力数值偏小,为290人。由于附录10中讨论过的原因,这一数值肯定没有那个高一点的数值那么值得信赖。

　　在将人口的规模与组成当作一个常数的情况下,我们也计算了生猪的承载量。为此我们使用了两种方法,在应用其中的一种方法时,我又一次将两个极值代入变量A进行计算。用变量A的异常值计算出来的142条生猪这个较低数值被认为没有那个较高的数值——(120—150磅大小的)240条生猪那么可信。表10概括了各种估算值的结果。

表 10　僧巴珈辖域的人类种群与生猪种群承载力估算　　　

	次生林	乔木林	总数
人类种群（在生猪种群最小规模时）	290—397	44—60	334—457
人类种群（在生猪种群最大规模时）	251	38	284
平均人类种群承载量	271—324	42—49	313—373
生猪种群（将人类种群看作常数时）	142—240	62	204—302

我需要对这张图表中的一些数字稍微作出一些解释。应该再次申明的是，若猪群的规模从来不被允许超过最小值，290 人这一数值可能太低了。另一方面，397 人这一数值对于次生林的土地所能供养的人数来说，可能又太高。使用变量 A 的中间值进行计算，得出承载力为 383 人。将这三次的计算进行平均，得出 356 人这一数值。

在此应该强调，生猪规模最小时的人口承载力表示在生猪（60—75 磅大小）与人之比从不超过 0.24：1 的情况下估算僧巴珈辖域所能养活的人数。与此相似，在生猪规模最大时的人口承载力，是假设生猪（120—150 磅大小）与人之比始终保持在 0.83：1 的状况下，尝试着测算能持续生存下去的人口数。事实上，生猪口数变动不居，实际的人口承载力处在依照生猪的极值数所算出的数值之间。实际承载量会在此范围内的何处，取决于猪群的统计学变化，而它本身又依赖于包括人口变化在内的诸多因素，这使得精确计算变得不可能。我们在此能做的，只能取最大生猪规模情况下和最小生猪规模情况下所计算出来的承载量的平均值。它们代表的是平均承载力。

我们必须对生猪承载力的数值做相似解读。这些数值代表着，在人口的构成和规模不变的情况下，我们对僧巴珈辖域能持续养殖的 120 磅至 150 磅大小的生猪数目进行计算的一种尝试。由于生猪群落的规模是变动的，毫无疑问，多年下来生猪数目会大幅超过此数值而不造成环境的退化。因此，虽然僧巴珈的生猪群落 1962 年里超出了我们计算出的承载力的一个数值，但考虑到数据的准确性，这并不意味着生猪头数超过了该地域的生猪容量。

如果此处呈现的计算大概也还近似准确的话，僧巴珈辖域在 1962 年和 1963 年里还没有达到其承载量。但在过去的某个时间段里，情形可能并非如此。在上一章节中，我们提到在我进入田野调查之前的 30 年到 40 年里，该地一度拥有的人口数为 250—300 人，那时候僧巴珈人的土地很少。正是在这一时期，僧巴珈人赶走了之前紧邻其东边居住的狄姆巴盖-伊姆亚盖人，吞并了大约 135 公亩可耕地（表面积）。

或许正是园艺和养猪的不同实践方式补偿了早期的更多人口，但与此相关的信息零碎且难以量化。人们确实说到了之前人们认为足够猪节使用的生猪头数会少一些。虑及使用石制工具耕作园艺所需要的劳动量，这并不令人惊讶。人们还说他们之前能吃到更多香蕉，这可能是在铁制工具进入该地之前，更小一些的园艺土地生产时期更长，能够产三季甚至四季香蕉，它们对人们日常饮食的贡献比起 1962 年至 1963 年期间的贡献，要大许多。不过，这些信息相互矛盾，并不很清晰。

或许会有人问，为什么人们不在人口密度很高时，把额外的那些原始林开发成耕地。若使用这些土地，就能极大地提高僧巴珈辖域能供养的人口数。在大部分这些地区，开辟园艺点在仪式上是被禁止的,但这一事实无法充分解释这些原始林——至少在相当晚近的这段时期内——为何不被使用。因此,可能还存在其他一些因素。

首先,吉米山谷的土地相距甚远且易受敌人侵袭。所有的资讯人都一致同意后一因素,说他们的祖先曾经在那里开垦过园林,但自从与昆达盖部落交恶以来,人们就避免再去那里耕作了。但即使是没有这种不和,从其他可耕地辛辛苦苦地走三四个小时之后对这些土地定期耕作,也不可能是一件多么富于吸引力的事情。

第二,它们是边际土地(marginal lands)。由于高海拔的园艺场产出低,需要的休耕期长,僧巴珈人从这些土地上能获取的收益达不到他们从正在耕作的最好土地上所获取到的40%。没有铁制工具的帮助去清理原始林的土地,肯定也是极度费力的一种劳作,人们可能宁可少吃些,少喂些猪,以从女居或姊妹居的方式居住或耕作,或利用邻居们的土地,而不是下大力气来开垦这种贫瘠的土地。

第三,我们应牢记于心的是,这些原始林地区是动物食物、纤维、建筑材料和其他种种的重要来源。我们没有充足的数据来估算,若除去现在的植被,它所造成的这些物事匮乏会如何地不利于僧巴珈人的生活。不过,情况肯定是这样的:尽管我们在此估算的承载力以家养驯化和耕作的食物为基础,其他的物品对于人口群落的生存和福祉来说也必不可少。

系统与生态系统

在讨论僧巴珈人及其环境时,我们把僧巴珈人看作是一个受限于公认地域范围生态系统里的一个生态群落。我的目的是描绘并且在可能时给这个系统里的各要素赋值，而非分析它的运行。

以上将该现象的各维度指定为系统中的变量不仅有利于表明它们之间的关系，它还使我们可能大致具体说明系统——也就是指定的变量之间的一系列独有的动态关系——在其中能持续存在的那些边界。

首先，我们将认定系统的参数。这由系统内影响了各变量却又独立于它们而产生变化的境况抽象而来。这里出现的系统参数包括了诸如地形、海拔高度、温度、降雨量和日照量等要素。

一个体系内某些变量的存在亦或阙如，不能用体系中的其他变量来解释。然而，有时候这些变量的存在或阙如可以用系统中的参数来解释。布鲁克菲尔德（1964）关于新几内亚高地的日照量、甘薯种植和人口密度的讨论就是用系统参数来解释的近例。克鲁伯（1939）关于玉米的讨论是另一个例子。当然，在比较研究中，对参数的说明尤为重要。僧巴珈人与其直接环境之间产生关联的方式无须援引降雨量、温度或者海拔高度就足以充分说明。这也适用于钦布人的状况。不过，当我们将僧巴珈人和钦布人的生计手段、饮食和营养状况进行比较时，我们应该注意到一些重要的不同之处。这大部分是由系统参数造成的：例如，对某些植物的耐受范围，特别是那些富含蛋白质的绿叶蔬菜，可能会将它们排除在钦布人的作物清单之外，因此它们显然不会存在于钦布人的日常饮食中。

将现象里的各个维度看作系统中的变量，除了方便我们标出受限制的条件或参数外，还使我们有可能发现这些变量的"系统破坏"水平。

　　计算承载力的公式可以被看作是它们所包含的变量之间关系的扼要表述,但它们并没有说明各变量数值间的调整机制。承载力的数值表明了若系统持续运行时,各变量需保持的值域范围,但没有指出数值在这些范围内是如何保持的。在这一章的描述中,我们已经提到了有助于保持具有"可行性幅度"变量的一些过程和 98
机制。例如,我们提到了园艺场上人们为了休耕期那段时间而有选择性的除草所造成的影响。后一章节中,我们将讨论使其它变量不达到系统破坏水平的例行手段。

第四章 与其他地方群体的关系

正如僧巴珈人与其直接环境中的非人要素构成了部分关系网络一样，他们也参与到了与其类似的、居住在其辖域之外的其他当地群体的关系之中。

其他群体的地理位置

在居住于辛拜山谷的马林人群体中，僧巴珈人的群落规模和辖域面积都处于中流。辖域之小与相对而言的人口之多，使得相邻群体的住地与生计活动都十分接近。紧邻其东边居住的图古曼当地群落的某一部族所修建的房子，距离僧巴珈人的房子不超过半英里。毗邻僧巴珈西边而居的当地群体昆达盖人的住地，只相隔 1 英里和 1.5 英里。东边和西边都以发端于靠近俾斯麦山脉顶部、流向辛拜河的一些河道为界。

僧巴珈人把图古曼人，包括他们自己在内，称作"阿曼因朵克"（*amaŋ yindok*，"内部的"或"中间"人），意思是他们与图古曼人组成了居住在被敌对群体所包围的连续领地上的一个友好群体。图古曼的东边住着与其久有宿怨的卡纳普-卡尔（*Kanump-Kaur*）人，而僧巴珈人与其西边的邻居昆达盖人在 1962 年前的 40 或 50

年里打了四次仗。

这种敌友的空间布局似乎在马林人中非常典型。在韦达看来，几乎每一个马林当地群体至少都在一侧边界上有一个敌对的群落存在，并且对手几乎都处于山谷的同一侧。在辛拜山谷和吉米山谷底部被主要河流隔断的两个群落之间，有时候也会有不和，但这种不和很少，也不会持续多久。而根据韦达的说法，被山脊分开的两个群体之间根本就不存在任何敌意①。毫无疑问，这和贸易路线通常贯穿了崎岖的陆地有关。一个群体自身辖域内不能提供或不能充分供应的商品，一般可以从跨河而居或住在山脊那边另一山谷里的人那里获得。

这或许也和男人们很难去那些被主要的山峰或者河流与其住地隔开的地方开垦土地有关。因为住处的海拔高度中等，男人们走路去河对岸或另一个山谷的土地要花很长时间，不可避免要翻爬几千英尺。而且，一年中有好几个时间段中主要的河流好几天或好几个星期都无法通行。人们只有更换住地才可能方便地使用这么遥远的土地，在其上定期种植块根农作物。对于大部分人来说，哪怕缺少土地，这种可选方案也不太具有吸引力。

那么，被山脊或河流隔开的群体间通常关系十分友好就并不令人惊讶了。这些群体相互提供对方所需要的或渴求的商品，因而他们的关系是互利的，同时他们不具竞争性，因为对方的土地对于彼此来说都没有太大的用处。

①　这里的敌意指在战争中作为主要参战者（见 117 页）反对彼此的群体之间的关系。

反之，在山谷中的同侧比邻而居的群体，通常处于敌对状态也就不足为奇了。这种毗邻群体不依靠对方来获取商品。他们也不像那些其辖域被山脊或者河流阻隔的群体那样因为物质交换关系而连接于一处。此外，他们的接近增加了相互发生摩擦的可能性。例如，被大山或河流分隔的两个群体所驯养的生猪，完全不可能破坏对方的种植园，但在山谷同一侧相邻居住的两个群体之间，这种101 事情则司空见惯。

也有如下的情形存在：相邻群体的一些种植园很可能靠近某个男人的住地和他自己的一些园子。如果某个群体土地短缺，其成员可能会指望位置更为便利的相邻群体的土地，而非被山川或河流隔开了的群体的土地。

因此，与隔着崎岖不平地面而居的群体关系形成对照的是，同一山侧相邻辖域的群体在土地方面存在竞争，也没有通过交换彼此可能缺少的物品而结成的互惠关系。

友好关系

群体之间的友好关系与女人及商品交换有关并受此约束，因此我们从婚姻与贸易两方面来对此展开讨论。

婚姻

有关马林人婚姻的细节，我将在别处细陈，在此做一简要概括，就已能满足本研究的目的。之前我们已经提到过，僧巴珈人更青睐于娶僧巴珈本地出生的女孩，在实践中也表现出了这种偏好。

1962—1963 年中,包括寡妇在内的 50 个已婚妇女中就有 22 个是出生于僧巴珈的。

这一娶亲偏好的原因我已经提起过。一个男人将接受来自妻方父系亲属赠送的土地权。然而,仅在土地临近的情况下,该土地才可能被有效利用。反之,僧巴珈人说,与其他等价的东西相比较,他们宁可把土地送给嫁在当地的姐妹和女儿,这样哪怕是在她结婚以后,该女子也还能在一定程度上参与未婚的兄弟或鳏居的父亲一起种植园艺。此外,妇女和寡妇希望至少有一个女儿嫁得近,这样才能保证需要妇女来完成的葬礼事宜能够顺利进行。

在我田野调查期间,有 41 名在僧巴珈这里出生的已婚妇女。除了 22 名嫁给名僧巴珈男人之外,还有 7 位嫁给了图古曼人,其他的 12 个妇女要不就嫁到了吉米山谷,要不就是嫁到了辛拜河的北边。

僧巴珈人这样的群体规模不可能完全满足人们娶本地女人这一偏好。哪怕是加上人口规模达到了 225 人的图古曼部落,人口总量仍然使人们不太容易普及当地内婚。这种人口规模的群体面临着适婚男女数目不平衡的问题,特别是男女人数会受不同死亡率,以及或许有所不同的出生率的支配。①

---

① 　非本地婚姻中,大部分娶的是其他操马林语群体的成员。但在 1963 年居住在僧巴珈的活着的妻子和寡妇中,有 4 个来自附近操卡拉姆语的群体(Karam-speaking groups)。反之,在尚活着的、出生于僧巴珈妇女中,有两名嫁给了卡拉姆男人,另一名嫁给了盖恩耶(Gainj)男人。由于 1963 年 11 月以前,没有僧巴珈妇女嫁给操奈阿克(Narak)语的人,可见吉米山谷的马林人与奈阿克人并不经常通婚。可能近亲关系而非语言联系是群体间婚姻的决定因素。A. P. 韦达于 1963 年和 1966 年做了泛-马林人的人口普查,他对采集到的婚姻数据的分析有可能将这一问题解决。

　　虽然单一当地群落出身的男女联姻能给彼此以及他们的出生群体带来某些有利条件,但不同当地群体之间的联姻所赐予的,则是另外一些益处。首先,跨越山河结成的婚姻加强了贸易关系。而也许对群体福祉更重要的是,人们能从姻亲纽带中吸收同盟伙伴。因此,尽管僧巴珈人可能仅因为人口统计学原因需要从其他群落获得女人,这一行为所导致的地区间纽带却加强了他们在贸易中获得商品、在战争中获得支持的能力。

　　人们在主要的当地群体中张罗大部分婚姻。有些情况下,会存在即时的直接交换:两名妇女会在同一天被交换。更通常的情况是延后的直接交换,某个男人会在娶亲时向他妻子的同族兄弟承诺,作为报答,在将来某些时候他会将某个现在年龄尚幼还不能结婚的指定姐妹送给他们做妻子。少数女人会在我们称之为跨代的延后直接交换的情境下嫁出。习俗上规定,孙女应嫁给祖母出生群体中的族人。这实际上是一种被指定的次级父系舅表婚(彼此称为“兄弟”或“姐妹”的男人与女人之间的婚姻)。事实上,这种婚姻合约极少发生。间接交换是最普遍的。新娘的家人把从她丈夫那里获得的财富,作为从别处获得的女人的支付金。女人有时候也被当作某些服务如复仇性杀人的补偿,以及理赔赎罪金而被给付出去。在之后的仪式和战争语境下,我们将对此展开讨论。

　　哪怕是在新娘被当作赔偿金或某项服务的回报情况下,新郎及其家族也必须对新娘所在的群体进行给付。然而,在大多数情况下,在新娘嫁给新郎时,给付通常没有发生,或者仅付了少部分。人们说,大量的给付通常在新郎和新娘收获共同种植的第一茬园艺作物时才进行。但给付通常会拖延得更久,有时候会拖到新郎群体那边举行第二个猪节的时候才完成。对于女人及她所生的孩子，终其一生直至他们死亡，都要有进一步的给付。但第一次的婚礼给付数目最大，可能包括三十来件值钱的物事，以及一整条煮熟的猪。在姻亲给付中，生猪从来不包括在内。

值钱的物事，或"宝物"，组成了被称作玛恩果伊（*muŋgoi*）的一个类别，传统上包括梅恩若（*meŋr*，贝壳：金嘴，绿海螺以及小梭螺贝壳链环），卡巴恩安（*Kabaŋan*，羽毛：最重要的是天堂鸟、鹦鹉和雄鹰的羽毛），玛瓦克（*ma wak*）和玛安（*ma an*）（动物毛皮，主要用作头环，以及用来装饰腰布的松散的动物毛发），岑那恩（*čenaŋ*，切割工具：钢斧头和割灌刀；在钢制工具到来之前，石质斧头①仅被当作玛恩果伊）以及米那（*miña*，泥巴颜料）。澳币（库，*ku*：石头，包括库门（*ku meŋ*），即石片和库乌恩特（*ku wunt*）即石叶）、布料（*ālap*）和贸易用的珠子（*budz*）最近也被并入了玛恩果伊这一类中。

1963 年，辛拜山谷中最显著的姻亲给付是金嘴贝壳、绿海螺

104

---

① 劳动用的斧头很沉，通常刀刃短，用于清除场地，种植园艺和作战。另一方面，婚礼用的斧刃很长，有时候极薄。我拥有的一把新娘斧头有 10 英寸长但厚度不及 0.3 英寸。这么细的刀刃不适于种植园艺、砍伐树木或作战，它偶尔会在舞蹈中被人们拿在手上挥舞，并经常被算在新娘的价格中或给姻亲的其他报偿。两种斧头类型的区别在专门术语方面就有体现：新娘斧头被称作安波拉婆卡岑那恩（*ambra poka čenaŋ*，女人的支付斧头），而各种劳动用的斧头根据其主要用途来设计（例如，*ap čenaŋ*，砍树斧）。事实上，新娘斧头不是与劳动用斧截然不同的，它们构成了一个连续体的一端，另一端是笨重的劳动用斧。中间形式既可以算作是新娘的财富，也可以用作劳动工具。

虽然有许多种石头可用来制作斧头，但黑色的玄武岩刀刃达恩特（*daŋunt*）最为常见。格玛（Gema）这种浅绿色、灰白色或者白色石头的刀刃也很常见（Chappell 1966）。

贝壳和钢制斧头。小梭螺贝壳链环已经过时,但仍包含在其中,此外还有珠子、割灌刀、一些动物毛皮,偶尔还会有一些染料。在1963年的猪节结束时,19 例姻亲给付中仅有两例包括了少量金钱。鸟羽在吉米山谷中,尤其是在相邻的那阿克人(Narak people)那里,是姻亲给付中的重要部分(E. A. 库克,私人交流),但辛拜山谷却并非如此。

尽管大多数婚姻都是新娘和新郎原生家庭中的男性成员协议的结果,女孩在这件事情上的愿望却受到了高度重视。不仅如此,我们绝不可认为,准新娘在她的未来受到了安排时必然会处于被动状态。我经常听到有报道说,拒绝嫁给其兄长或父亲指定的男人、或已经被嫁出去了的女孩子逃跑了。而且,在没有事前征得父系男性亲属同意的情况下,女孩子私奔到某个男人那里去的情形也并不鲜见。在 55 个健在的已婚女人和寡妇这一样本中,有 14 个或者说 28% 的人没有征得男性亲属的首肯,就下嫁给了她们的丈夫。这一数字仅代表那些成了持久婚姻的私奔,自然不能反映这一现象的频繁度,而那自然是高出许多的,因为婚姻在孩子出生之前总是更脆弱。在 1963 年时拥有两个妻子的一个图古曼男人报道说,他之前娶过七个其他女人,其中只有一个已经死去。剩下的六个,有些被他送回了娘家,其余的则任由她们自行其是。对于一个男人而言,曾有这么多的结合对象似乎已经接近极值了,但也有其他男人报道自己曾有过好几次短命婚姻。

女孩子不仅在婚姻的最终决定权方面拥有相当大的特权,还在选择配偶过程中的早期阶段具有很大的选择权。求爱通常由女人主动发起,年轻男子试图使他们自己富于魅力,因此能够被女孩邀请,从而发起求爱攻势。在这一过程中凯阔仪式扮演了重要角色,我们将在下一章中对此展开讨论。

贸易

105

通过与其他当地群落以及近几年与欧洲人进行的交换,各种各样的商品进入了僧巴珈人的生活。尽管团体交换许多物品,但在我田野调查期间,最重要的物品是长着天堂羽毛的鸟、斧头、砍灌刀、欧洲食盐、贝壳、毛皮和猪。在欧洲人和欧洲商品到来之前,本地盐来自居住在辛拜山谷的、包括僧巴珈人在内的人们对盐泉水的加工制造,而吉米山谷的两个当地群落所生产的石斧也十分重要。

1962—1963 年间,生猪在群体贸易中的重要性由于我的在场而被夸大了。在此期间,僧巴珈人从其他当地群落购买了 31 口仔猪(人们几乎从不买卖三个月或四个月以上的生猪)。不过,大部分生猪都是人们用我和他们交换食品所用的盐、脸彩或珠子,或者男人们为我搬运给养或设备换取的先令换来的。若我不在场,很难说人们能买回一半数量的生猪。1962 年 6 月猪节开始前的 169 口生猪群中,有 56 口出生于别处,但其中也仅有 22 条猪,或 13％的生猪是从别的地方买来的。其余的 34 口生猪由它们的主人在经历了紧随 1953 年年底或 1954 年年初军事溃败后的流放之后,带回僧巴珈。换句话来说,猪节开始之前僧巴珈人的生猪中,有87％的生猪出生于其主人的辖域。

在与欧洲人接触前,僧巴珈人从北边的群落那里获得羽毛和毛皮。尽管如此,僧巴珈人自己也产出少量的皮毛和羽毛,参与商品流动。然而，在与欧洲人接触之前，僧巴珈人和他们的辛拜河谷邻居对贸易的最重要贡献是自产的食盐。所有这些物品都被送到南边，交换从那个方向过来的商品：生猪，贝壳以及耕作石斧和"新娘"石斧。

106 马林人不再生产本地食盐和石制劳动用斧这两种物品，但当它们出现在交换物品中时，对于生存而言，它们是重要的或者说是必要的。大部分其他物品却并非如此。长着天堂羽毛的鸟类、皮发箍、贝壳装饰物以及"新娘"斧头对人们的生计不起直接作用。交换中出现的一些小物品也是如此：比如绿色甲壳虫、颜料以及松软的动物皮毛，用来装饰人们的所有物品，防护物或者服装。

在讨论这种贸易时，我们或许不能忽略美学因素的考虑。对于都没有雕刻艺术的僧巴珈人和他们的邻居来说，自我或者防护物的修饰就是一种艺术表达形式。他们认为精美的羽毛与贝壳、金唇贝或绿色海螺是最漂亮的物品。因其本身的价值，男人们乐于拥有它们。然而，他们也需要得到一些羽毛，以便在跳舞时吸引女人的目光。他们还需要一些贝壳，对他们所获得的女人进行给付。

这些贵重物品能够自由地与石斧和本地食盐交换，这点也很重要。这或许暗示着，单一"财产让与圈"（Bohannan，1955）中所包含的实用物品与非实用贵重物品，对实用物品的生产起着刺激作用，并促进了其分配。

马林人中的贸易受个体间直接交易的影响。人们或许会质疑，若仅直接交换两到三样对生存至关重要的物品，这一机制是否可行。如果本地食盐和耕作石斧是沿着贸易路线运行的仅有物

品,或者是唯一可以自由地彼此交换的物品的话,两者的充分供应
或许会仅由于生产上的不平衡而陷入困境。因为每种商品的生产
数量不由人们对于该种商品的需求来决定,而由对该种商品所交
换的商品需求来决定,产量不足可能会加剧。也就是,本地食盐的
生产不受制于人们对食盐的需求,而受制于他们对于石斧的需求。
如果辛巴人生产出的食盐所能换取到的仅仅是耕作石斧的话,若
他们手头有大量的石斧,他们就有可能暂时停止生产食盐,而不顾
及吉米山谷的食盐供应状况。若石斧制造者储存了大量的盐,情
形则可能相反。

　　或许有人会问,彼此保持定期贸易的人们之间的关系本身,对
于参与者而言是否重要到足以迫使他们去供应彼此的需求,而完
全独立于自身需要的满足(参见 Sahlins,1965)。就马林人的食盐
-石斧交易来说,答案可能是“不”。食盐生产者和石斧生产者几乎
在任何情形下都相隔着至少两个调停群体。人们或许能成功地运
用道义压力使族亲或非族亲的贸易伙伴供应他所需,或反之,某人
会感觉到自己受道义束缚而去满足贸易伙伴的需求。然而,如果
某人对一个贸易伙伴施加压力,使之对第二个人施加压力,而第二
个又将压力传给第三个,试图从制造者那里获得一把斧头,获得的
可能性并不太大。这意味着,在贸易伙伴交换自己生产的产品情
况下,正式的贸易伙伴安排足以影响必要的交换。但当许多贸易
联系将生产者分离开来时,就必须采用其他机制。换句话说,当每
个贸易者或每个当地群体是网状(web-like)贸易网络的中心时,
贸易伙伴关系就能适当地分布人们所需要的珍奇物品。然而,当
每个贸易者或当地群体是链状(chain-like)交换结构的一环时,贸

易关系本身不足以保持珍奇物品的充分供应。在这种情形下，某种特定商品的生产者和消费者会被许多链环隔离开，通常互不认识。促使贸易伙伴去生产的道德压力在相距甚远的生产者和消费者之间变得太稀薄，以至于无法指望。

尽管食盐和耕作斧头对于人们的生存来说都十分必要，但人们对它们的需求却是有限的。一个人哪怕是供给了一些给他的宗亲，他自己也只能吃那么多的盐，或者只能用那么多的斧头。如果仅有食盐和石斧可供人们彼此交换，要保持它们对于所有人口的供应量，则要求所产出的每样产品的数量和各自的交换价值之间存在一种平衡，而这两者都随着当地人口变化而不断波动。在没有某种协调或指导的管理机构的情况下，这种平衡似乎很难保持。而在"重新分配体系"起作用的地方，也就是，在有凌驾于地方之上的权威要求生产和强制交递的群落中，这种狭窄范围内的交换设置能够发挥作用。它们甚至能在交易参与方为群体（groups）的"互惠体系"中发挥作用。在想象中，群体中的当地权威会考虑其他群体的要求，从而命令人们去生产。然而，马林人的交换机制过去而且现在仍然以个体（individuals）间的互惠为基础的，并不存在地方的或凌驾于地方之上的权威要求人们生产或强制交付。

羽毛、贝壳和新娘斧头与本地出产的食盐和石斧的可交换性改变了这些商品之间的关系。尽管对食盐和耕作斧头的需求受制于特定生产过程、萃取或新陈代谢所需要的数量，珍宝的情形却并非如此。羽毛容易枯萎，因此人们经常需要新的羽毛。新娘价格的多寡并没有预先的规定，但男人们通常出于姻亲的压力而为娶妻付出高价，如果他做不到，就会备感羞惭。引诱或给付女人所要求的对于珍宝——其中最重要的是贝壳和"新娘"斧头——之无限要求，提供了一种机制，将对于新陈代谢或生计来说都十分关键的两种产品中每一种产品的生产与对它们本身的需求连接起来。只要有可能将食盐与贝壳或"新娘"斧头交换，人们就会生产食盐。食盐的生产只有在对它的需求停止时才会停顿下来，而这一需求大致反映了它作为生理必需品或近似必需品的状况。反之，只要羽毛可能被耕作斧头换取到，后者就会被生产。人们通常假定，对耕作斧头的需求量取决于从事耕作的个体数、被耕作的面积总数以及园艺里砍下的作物种类。

不仅如此，对珍宝的无限需求能减缓人们对食盐与耕作斧头需求波动中的不平衡。例如，当辛拜河谷居住的本地群落对耕作斧头的需求较大比率地超过了吉米山谷人们对食盐的需求时，由辛拜山谷流向吉米山谷的增强了的珍宝需求可以吸纳掉这种差异。斧头制造者开始集聚的任何珍宝积累，对于斧头的持续生产来说都没有威胁。这种累积可能由于增多了的新娘给付而被转移掉。它们还能使斧头制造者获取更多的妻子。这意味着女人们会从辛拜山谷迁到吉米山谷去，而这会抑制辛拜山谷的出生率、提高吉米山谷的出生率。珍宝不仅有利于食盐和石斧的分布，由此还提供了一种通过调整当地人口动力学中的差异，使人们在广大地域内或多或少均衡分布的机制。猪节也构成了这种平衡体制中的一个重要部分，在下一章中我们将对此展开讨论。

不幸的是，由于在本次田野调查展开时的好几年前，本地食盐和石斧的生产就已经停止了，因此我没有获得直接的定量数据来支持有关马林人贸易的此种解释。但这种意见可以被当作一种假设，让人们能用那些从与欧洲人接触较少的地区所获得的证据来验证。

敌对关系

马林人群体间的敌对关系以长期例行认可的相互回避、间以武装对抗或冲突为特点。僧巴珈人作为主要战斗者参与的最后一场格斗发生于 1953 年年末或 1954 年年初。他们的敌人是昆达盖-阿库帕人（Kundagai-Aikupa），紧靠他们西边辖域居住的一个当地群落。僧巴珈人在更近的时候也参与过战争，不过仅作为其他当地群落的盟军或成员之一而已。在最晚近的、发生于 1958 年的战斗中，他们帮助图古曼人攻打卡纳普-卡尔人（Kanump-Kaur）。那也是发生于马林地区的最后几场武装冲突之一。直到四年之后，我才开始田野调查，因而有关战斗以及与之相关的仪式信息主要来源于资讯人的陈述。

冲突的原因

马林人冲突的直接起因可从人们对战斗以及在此之前发生的110 事件的描述直接推断出来。由于我无法获取战斗发生期间、之前以及爆发时有关经济-人口状况的可靠定量数据，因而多数有关马林战斗基础的经济与人口状况只能是一种假设。

直接原因

从人们对战争行为的描述来看，人们之间源于两个群体间敌意的事件，与只是延续了之前已经根深蒂固的积怨行动是有区分的。

在我能收集到资料的每个案例中，先前友好的两个群体成员之间发生暴力冲突之后，通常群体间会产生敌意。反之，在资讯人所报道的这些特定案例里，这种暴力冲突是由以下原因导致的：(1)没有征得女子族人的同意就把女人带走；(2)强奸；(3)射杀了一口闯入了园艺场的生猪；(4)偷窃农作物；(5)非法狩猎以及偷走稀有的野生资源，以及(6)巫术指控。尽管如此，当然也还会有别的行为导致群体间发生暴力冲突。

两个群体间的单个或几个成员间的暴力插曲，并不是在所有情况下都会导致群体间的武装冲突。是否演变为群体间的武装冲突貌似主要取决于(1)暴力的结果，以及(2)两个群体间之前的关系。

相比暴力仅导致了有人受伤而言，若暴力导致了人员死亡，有成员参与的群体之间更可能发生武装冲突。然而，有时候杀人事件也能和平解决。反之，远非致命的受伤偶尔也会导致群体之间的战斗。敌对者所属群体之前的关系在此举足轻重，意义非凡。如果敌对双方是同一当地群体内的不同支系成员，有可能麻烦事不需要通过战斗来解决。例如，当僧巴珈部落里的托美盖和梅凯支系许多年前发生冲突时，其他僧巴珈部落的人会站在敌对双方的盾牌之间，告诫他们兄弟相斗是不对的，恳求他们停止争斗，敌对的双方会如此照办。

被称之为"内部斗争"（乌尔阿曼，ura amaŋ)或"兄弟斗争"（归巴普，gui bamp)的这种争斗通常能被控制住，这可归之于大量的姻亲和宗亲联系，它们系结构成了当地群落的几个男系亲属群体。这些联系不仅规定了一套关系，由此可试图达成和解协议，还为当

111

地的中立者和敌对双方寻求解决问题提供了强烈动机。每个,或几乎每个中立者,由于当地内婚制的高度盛行,都有可能与对立双方的两班人员有近亲关系。如果"兄弟战斗"被允许进行,这些关系将遭受严重的破坏。如果武装冲突不能迅速解决,来自中立部落但娶了来自敌对双方部落妻子的同胞兄弟们,可能会发现自己在战场上举起的盾牌间面面相觑,因为人们是通过姻亲联系来获取军事援助的。哪怕情形并不全然如此,与敌对者有关的正常交往也可能会被禁止。禁忌规定,人们不可与自己的敌人同食一个灶台煮出的食物,或者在同一个园子里生长的作物,中立者必须对此作出选择。如果兄弟间妻子娘家的群体成了敌人,要么这些兄弟们必须在一同吃饭或与各自的妻子一同吃饭之间作出选择,要么其中一个人的妻子或兄弟俩的妻子都必须拒绝遵从她娘家的共餐禁忌。如果一个女人拒绝遵从娘家的禁忌,她可能不能再与娘家人共餐。任何情况下,人们都得负载着沉重的经济与情感的二元关系,服从未解决的争端所带来的相当严肃的象征和行为壁垒。

和平解决本地群体内的宗族间争端还有别的一些诱因。在之前的章节中,我们已经表明,当地群体是开发利用辖域的单元。所有的个体都可以获取辖域内任何地方存在的非驯养资源,园艺土地也是相互掺杂的。一个部落中的支系之间或同一个地方群落中的两个部落的纷争若不能解决或至少被控制住,就会使整个群体有必要以激进的方式重新分配这些资源。受牵连的群体成员知道,如纷争持续下去,他们将不得不放弃正在耕作的土地或打算耕作的土地;通常他们不愿意这种重新分配的状况发生,因而急切地希望看到所有争斗都能够被解决。

除此以外,当地群体组成了单一的军事编队,作为一支部队面
对敌人。群体内的争端会使这支部队力量衰弱,因而由于争斗的
一方有时会离开当地群体,甚至于会缩小其规模。在之后与敌人
的冲突中,这种损失会危害剩余者们的地位。正如当地群落的最
大规模受限于其辖域的承载力,它的最小规模由他们能对抗的敌
群人数来设定。这条规则似乎适用于马林人:衰竭的群体好几次
邀请别处来的人到他们的土地上去居住。资讯人报道说,在我田
野调查之前的 50 年里,僧巴珈和图古曼当地群体中,这样的事件
曾发生过三次。韦达和库克(1984:801)也认为这种邀请在整个马
林地区和纳拉克(Narak)地区都十分普遍。

由于构成的亚辖域群体会相互协调举办一些重要的仪式,因
而地方群体也可以被看作一种圣会(congregations)。或许马林人
认为有必要继续一同举办这些仪式,需要它来解决当地群体内部
争端。

友好相处但不属于同一个地方群落——也就是,不分享联合
辖域内非驯养资源的权力,不组成同一个军事单位来对抗相同的
敌人,并且群体内部各组成单元不在同一时间种植和拔除闰
槟——的两个相邻群体之间,和平解决争端的可能性较低。尽管
这种相邻群体间存在着相当多的联姻,但通常会少于地方群落内
部的通婚,因此相对于单一地方群落内部而言,影响和平解决的渠
道会较少,并且不存在那么多的动机去激励人们如此行动。此外,
分属不同地方群落但相邻的群体之间所产生的纷争,在对资源的
散布模式和军事能力方面的危害程度,不会像地方群落内部的不
和那样深远。尽管相邻的地方群落的园艺土地会夹杂一处,但除

非它们正处于融合过程中,否则这个比例很少会等同于同一地方群落内部土地夹杂的情形。而且,虽然相邻群体在对抗不同敌人的军事遭遇中会结成同盟,但主要战斗者和同盟军参与战斗的方式不一。

113

因此我们可以认为,与构成了同一个地方群落的血缘群体之间相比,不同辖域群体之间更容易发生争斗。不仅出于对抗双方的相互利益,也由于形成了同一地方群落一个部分的其他男系亲属群体的相互利益,地方群落之间的争端更容易被解决。不仅如此,所有的地方群落成员都被亲属联系的网络紧密束缚,而这些亲属联系网络,则充当了解决争端的渠道。"内部的"或"兄弟"争斗的确会发生,有时候会导致分裂,并结成正式的仇怨关系,但我们在此关注的是不同地方群落之间的战争,而非内部争斗。

怨怨一旦结下,复仇的要求就在持续这种仇恨中扮演着重要角色。绝对的有来有往这一原则据说就会生效。出自敌对群体之手的每一次死亡,都要求人们必须杀死那个群体成员中的一员来抵命。除非敌对双方都已经对所遭受的所有损失都进行了报复,否则和平不可能缔结。尽管死去的人数可能仍然不平衡,系列的军事交战可能会终止,但这仅是通过休战协定达成的,将来人们又会拿起武器继续战斗。不过,这种休战协定可能会延续十年甚至于更长时间,时间长短取决于许多因素,下一章我们会对这些因素展开讨论。

尽管对于复仇而言,所有的男人、女人、孩子和抱在怀中的婴儿都被等而视之,但双方的死亡人数不容易达到平衡,大多数战斗插曲会以血债依然存留而告终止。因此每一轮战斗都播下了下一次战斗的种子。比如说，1953年的僧巴珈-昆达盖-阿库帕战争，就是因为一些僧巴珈人试图清除血债而杀了一名昆达盖人所激发的。这一血债是以往，或许在十年或者十二年之前系列战斗的产物，而之前的战争反过来又是更早的冲突所留下来的血债所引起的。

　　人们的有些做法使杀人偿命的原则得以保留，但同时减缓了其应用的残酷性。同盟军与那些主要的战士所担当的不同责任就有这种效果。某些巫术和宗教仪式也起到了这种作用，我们之后会讨论这些。在此我们关注的是马林人如何分派复仇之责任，认领杀人之荣耀以及它们如何缓和了绝对意义上的冤冤相报这一原则。整个部落都应该为其成员及成员的妻子因为敌方复仇而导致的死亡负责。如果在一场战役中敌人被打死，通常的情况是，许多男人都参与了最后一击（the coup de grace）。每个男人在声称此次杀人的荣耀时，都会认为此举为他自己部落的某个成员报了仇。因而，一具尸体可能偿付了几单杀人事件的冤冤相报。

　　另一方面，为最初的敌杀分派责任的方式或许扩大并加剧了仇恨，增加了杀戮人数。战死者的同族人认为不仅杀人者的族人，而且杀人者作为成员之一的整个地方群落都应该为这起人命负责。因此复仇可以针对这个更大群体中的任一成员进行以泄愤。之前不参与的同族群体可能因为一场不是其成员犯下的杀戮而被报复，因此被迫卷入一场仇杀。为了回报这种凶杀，其成员将会寻求向杀人者所属地方群落展开报复，或许会使并没有参与侵犯他们的一个群体的成员沦为牺牲品。

潜在原因：人口压力

尽管数据并不充分，同时资讯人否认他们为了争夺土地而战斗，仍然有至少一例战争暗示着僧巴珈人由于人口压力而卷入了那场战争。

我没有收集到僧巴珈人，主要指梅凯部落，以及蒂姆巴盖-伊姆亚盖（Dimbagai-Yimyagai）人在 30—40 年前于战争中和即将爆发战争时的人口统计材料。但在第二章中我们对此进行过估计，当时僧巴珈人大概有 250—300 人。从估算来看，这样一个数值对辖域的承载力带来了压力，当时僧巴珈人占据的辖域小于 1962—1963 年时他们占领的范围。此外，人们也说战争时人很多，而土地不多。

战争本身的周边状况也表明土地短缺是其原因。若没有导致人员死亡，人们就能够很容易地解决那些可被看作战争直接原因的争端。曾经有个叫作帕恩瓦（Paŋwai）的男人与蒂姆巴盖-伊姆亚盖人住在一起，他有块地紧挨着梅凯人去乔木林狩猎和采集土块的小道。这块地位于海拔五千英尺高的地方，是人们进入森林前经过的最后一块园子，也是人们在回家时首先经过的园子，人们常常在此歇脚，用这块地上种植的甘蔗解渴。帕恩瓦对他所认为的这种偷盗行为深感烦扰，当他逮到卡迪（Kati）"正吮吸"他的甘蔗时，就开弓射杀后者。卡迪伤得并不重：弓箭射进了臀部，箭也没有带倒刺。尽管如此，梅凯人拿起了武器，向蒂姆巴盖-伊姆亚盖人开战。他们的立场是，如果帕恩瓦射杀的是从他园子里拿走芋艿的人，他就是对的，因为拿走芋艿确实是偷盗行为。但卡迪只不过是吸食了一点甘蔗来止渴，不应该因此而被射杀。

这桩事中引人注目的一个方面是主角们的男系亲属联盟。尽管帕恩瓦和蒂姆巴盖-伊姆亚盖人住在一起，但他实际上生来就是一个梅凯人。虽然卡迪和梅凯人住在一起，但他实际上只是一个跟随了嫁到梅凯来的一个姐姐并与她的丈夫住在一起的、操卡兰姆语（Karam）的人。蒂姆巴盖-伊姆亚盖人与这场纷争完全无涉。梅凯人大可以将这档子事情看作宗族内部的纷争而非当地群落间的争议。除此以外，也没人要求他们去为卡迪复仇，因为卡迪并非他们的同族人。

另一个饶有趣味的方面是，在战斗爆发时，有九名梅凯男人在蒂姆巴盖-伊姆亚盖人的辖域里从妻居或从母居，跟随女方生活与种植，而仅有一名蒂姆巴盖-伊姆亚盖人在梅凯人的辖域里耕作园艺。尽管并没有弄清楚为什么梅凯人不保持从父居模式而在蒂姆巴盖-伊姆亚盖人的辖域里耕作，资讯人陈述说，他们到别人的土地而非自己部落的土地上去耕作，原因在于土地短缺。

我们应该注意到，这些男人是站在蒂姆巴盖-伊姆亚盖人那边来反对自己的父系亲属的。这表明，当这两个群体之间发生战争时，他们或者是已经依附了蒂姆巴盖-伊姆亚盖人，或者，更加可能的情况是，蒂姆巴盖-伊姆亚盖人和梅凯人正在融合。融合夭折的可能性与我们之前所提到的与密度有关的土地合并事件以及结构安排相一致（第 27 页）。在中等高密度条件下，毗邻群体的土地通过姻亲，之后通过同族赠送夹杂一处。这比仅依靠单系血统原则更可能使人们在更宽的地域里更为均衡地分布，融合的过程经历姻亲阶段，之后进入母系亲属<u>丛</u>（cognatic cluster）。然而，如果在此过程中,人口密度变得非常之高,融合群体所居住的整个地区出现了绝对的土地短缺,这一融合过程就有可能终止,使得之前融合着的群体之一被驱逐出去的战斗,就极有可能发生。

我们所能获得的、可以或者能够据以推断当时环境或人口状况的其他战斗期间的信息更少。不过,我们在此可以推测,某些争议的频率高低取决于人口密度。

例如,若有 20 个男人,每个人都养了一口猪,并拥有一个种植园,那么因为生猪破坏了园子而导致的纷争就会有 400 个可能性。如果人数增加到 40,每个男人仍然各养一口猪,拥有一个种植园,在其他条件都一样的情况下,纷争的可能性就增加到 1 600。同样地,将未婚男人和未婚女人的数目翻倍,女人盗窃和其他导致纷争的事件的可能性也会增加不止一倍。刺激源的增长速度会比人口规模的增长速度更快。若把人口的增长看作是线型的,一些纷争的缘由,如果不是实际纷争的话,就几乎可以看作呈几何级别的。我们甚至于有可能用数学方法来表示人口规模的"忿激系数"(ir-ritation coefficient)。

早在低于某地区的实际承载能力时,人们增长了的易怒性就已经表现在纷争中。不过,就僧巴珈人而言,与这一假设相关的,哪怕是趣闻逸事类型的资料,都没有多少。僧巴珈资讯人记得很清楚的最早战争发生于此次田野调查的 50 年或 60 年前,当时卡姆恩卡盖部落和僧巴珈部落一起,向住在辛巴河那边的克凯人(Kekai)宣战。资讯人说,参与战斗的各方都有充足的土地。

据中年与老年资讯人的报道,在此之前,在他们祖父那个年代,战斗没有那么频繁,人们之间的仇恨很短暂,还有证据表明人口当时也更少。尽管不那么清晰明确，但族谱、植物区系、部落历史以及在最近 60 年里 4500 英尺以下广阔分布的原始林已经逐步消失的记录都表明，僧巴珈人和他们的邻居在过去的两百年里迁到了辛拜山谷，在到达这里以后的相当长时间里人们都和平相处，而当群体间开始战斗时，人口已经获得了长足增长，但还没有接近承载力极限。

如果一些纷争导致了个体或群体迁移的话，那么，伴随人口规模扩大而增强的易怒特性可能在当地人口到达承载力极限之前，持续地使人口再分散到可利用的土地上，从而保护了环境，使其免于退化。

作战力量的构成

作战力量几乎总是包括两类男人。一类可以被看作主要的战斗者。他们是导致武装冲突的纠纷参与双方所属地方群落的成员。第二类是盟军——被主要战斗者通过同族或姻亲纽带招募而来的其他地方群落成员。有些情况下，人们也为那些不相关的贸易伙伴提供军事援助。

因为图古曼人和僧巴珈人相互频繁通婚了好几代人，几乎每个部落的成员都会在对方群落找到姻亲或血亲。实际上，结果就是，图古曼人作为一个军事单元去帮助僧巴珈人攻击昆达盖人，而僧巴珈人也作为一个军事单元去帮助图古曼人抵御卡纳普-卡尔人。尽管僧巴珈-图古曼已经为了捍卫一块相连的地区而形成了一个单独的军事单位，但一方被另一方招募的理由仍然是个体间的亲属纽带。

被山脊或河流隔开的群体之间，亲属关系的纽带并没有那么

118

多。因此,这些地理上更为遥远的群落所给予对方的军事援助在规模上要小一些,只包括那些与主要战斗者关系非常密切的男人,如果这些男人有影响力的话,还包括他们的一些亲属。

　　主要的战斗者为他们的同盟军所承受的伤亡负责[①],他们必须赔偿给那些被杀死的同族伙伴一些物品,其中需包括一个女人,她的第一个儿子必须冠以受难者的姓。这种将同盟军受到的伤亡责任摊派给主要的战斗者而非敌人的实践活动,可能使得整个马林地区减少了战争的频率。经常发生的情况是,旷日持久的宿敌往往会发现自己作为其他主要战斗者的同盟军持械相向。例如,图古曼人的敌手卡纳普-卡尔人与昆达盖人有许多姻亲联系,因此很多人站出来支持昆达盖人与僧巴珈人作战,而僧巴珈人又得到图古曼人的支持。图古曼人和卡纳普-卡尔人的关系在这种情况下就不是作为主要的战斗者,而是敌对的主要战斗者的同盟军。如果在这种遭遇的过程中,图古曼人杀死了一名卡纳普-卡尔人,他们会认为此举为之前被杀害的图古曼人报了仇。另一方面,卡纳普-卡尔人不会把这一杀戮给图古曼人记上一笔,而是会找昆达盖人索要赔偿。如果这种杀害完成了一个群体的复仇使命,它就没有必要再自己去复仇,挑起另一轮战事。

战斗及其仪式

　　对战争以及与之相关的仪式的描述有时候相互冲突。就人们

---

　　①　格拉斯(Glasse,1959)报道了新几内亚南部高地的胡力人(Huli)也有非常类似的责任分配。

所举行的战争前仪式规程的细节和顺序而言，这一点尤为确凿。不同的群体甚至于不同的人举办仪式时会有多样的实践，这可以部分地解释这些描述的不同之处。此处我们只需对仪式展演进行简单的描述，其多样性会在别处讨论。以下的陈述反映了僧巴珈三个次级辖域群体中两个群体的仪式实践。根据资讯人的说法，第三个次级辖域群体的仪式展演在一些细节上有所不同。

119

"小"战斗或"无关紧要"的战斗

大部分战斗都有两个阶段，其区分是战斗所采用的武器以及为此举行的仪式。

两个阶段中的第一个阶段被称作"无关紧要的战斗"（nothing fight，尤拉厄里，*ura auere*）或"小战斗"（small fight，班普阿策姆普 *bamp ačimp*）。遭受伤害的地方群落大声叫唤敌人，让其准备在指定的斗坪会面。通常通知会在前一天或者前两天发出，保证双方有充足的时间去动员他们的盟军，清除斗坪地面上的灌木丛。这一任务平等地分摊于敌对双方，但敌对群体在清除灌木时要避免碰面。资讯人说，如果其中一个群体的成员们到达斗坪却发现对手已经在那里干活了的话，他们会退后一段距离，直到对手撤退，之后他们会进入斗坪，将灌木清除干净。

战前仪式由三个次级辖域群体各自单独举行。资讯人说，在"小的"或者"无关紧要的"战斗进行前的那个夜晚，武士们以部落或亚部落为单位聚合在男人屋中，既向高地的精灵，也向低地的精灵通报第二天早上的作战行动。当他们在仅有小火的余烬闪烁的黑暗中坐地吟唱时，萨满们（昆卡兹宇，*kun kaze yu*）——每个部落都有好几个萨满——通过快速地猛吸入由烈性本地烟叶做成的、念过咒语的雪茄烟所燃起的烟雾,使自己进入一种迷幻状态。[1] 当他的诺曼尼(nomane,他鲜活的、永恒的思维物质)通过鼻子离开躯体,去寻找高地的精灵烟雾婆(昆凯兹安波拉,kun kaze ambra),萨满开始颤栗并喋喋而语。不久之后,烟雾婆"击中"了他。由萨满的诺曼尼带领,烟雾婆通过他的鼻子进入脑袋,萨满的入迷状态臻至高潮。他站起身来屈膝蹲伏,绕着余烬跳舞,一边呜咽、诵唱、用异国语言尖叫。正是通过烟雾婆,祖先们现在已经知道了战争之事;正是通过她,祖先们表明它们支持这一行动,并承诺保护他们。资讯人说,这是烟雾婆在借萨满的嘴说别国的话。

祖先们赐予武士们的保护通过萨满的身体得以传递。当萨满在男人圈中舞蹈时,他依次抓起他们伸展开的双手,将自己从腋窝处渗出来的汗液抹在上面。这种汗液,来自进入了他身体中的精灵所散发的热量,据说是火热的,因此能够给予武士们力量。资讯人一致认为,这时节不需要杀猪,但可以给出承诺,若战争的结果令人满意,就可宰猪酬谢。

我们不清楚的是,烟雾婆是否在此时被要求说出那些很容易被杀死的敌群中对手的名字,并且警告那些身处特殊险境中的地方群落成员。有些人认为这个环节只是在战斗中更加致命的第二阶段之前举行的仪式中的一部分。

---

[1] 尽管我没有亲眼看到巫师们为战争所举行的仪式,但我看到其他情形下巫师的表演。资讯人向我保证,他们在战斗语境下的展演和我所亲历的基本相似。

第二天清晨,"战斗法师"(巴姆普昆达宇,*bamp kunda yu*)①——每个部落中都有一到三个战斗法师,他们通常会是萨满,但不一定必然是——施念咒语。对弓与箭施咒,据说能使它们更强健、准确、尖利;对盾牌施咒,可以让它们挡住敌人的箭镞。战斗法师将小捆被称作"战斗包"(*bamp yuk*)或"战斗袋"(*bamp kun*)的东西压在每个武士的心脏和头上。这些包里有一种多刺树叶,这种被称作"战斗树"(*fight tree*)的雄性植株生长在卡姆珈,较为罕见且无法确认。此外包里还有一些敌人的私人物料如头发、围束在臀部的树叶断片以及从皮肤上蹭下来的污垢。人们说,将袋包里的"战斗叶"(*bamp wunt*)压在男人的心上和头上可以消除他的恐惧,而且,对敌手私人物件的把控,连同将其与叶子一起囚放在袋子中,可以提高武士们的机率,去杀死那些被代表了的敌人。这些物品来自那些与敌人有着亲属关系,因而可能去拜访他们的中立方。一个中立人如果怀疑某人是巫师(witch,阔姆普,koimp)或者术士(Sorcerer,库姆宇,*kum yu*),他就会亲自窃取一些这样的东西,但听说有时候,某个男人的同族兄弟怀疑他施了巫术或魔法,而会将他的一些脱落的皮屑经由中立人转交给敌人。

当一个战斗法师将战斗包压向武士们的心脏部位时,另一个战斗法师正仪式性地将一种取自瓦拉或低地的灰色黏土抹到他们的双腿上,使它们能整天保持强健。

在心脏与双腿被侍弄好之后,人们将一节节青竹放在火上炙

121

---

① 我将马林人的术语昆达(kunda)翻译成魔法(magic)。昆达指的是重复那些据说可以从词语本身而无须通过任何中介就能获取力量的传统程式或咒语的一些程序。我所收集到的昆达咒语没有任何一条需要呼唤精灵。

烤。武士们绕着它们拢成一个圆圈，一个或多个战斗法师跪在火旁，向祖先祷告，呜咽着祈求保护。而竹子爆炸时，武士们猛跺双脚，手持盾、弓与箭，打着"喔喔——"声，单纵列离开，走向斗坪。当他们以一种奇特的后脚腾跃的步态向前行进时，会哼唱一首名为沃巴（wobar）的歌。

在这种小战斗中，人们使用的武器仅有弓和箭，有时也会使用投掷梭镖。有些资讯人告诉我，诸如斧头和戳矛这一类的白刃战武器甚至于不能带到斗坪上去。

资讯人介绍，敌对的群体隔着彼此很容易能射到对方的距离在斗坪上排成一行，同盟军和主要作战者在队形中混杂而立。平均尺寸有 2.5×5 英尺的巨大盾牌被撑起，使弓箭手能从盾牌之后突然飞跃出去进行射击，之后又跳回来。为了彰显其勇敢，男人们也会从盾牌后现身以吸引敌人的火力。由于马林人没有使用装羽翼的箭，很少会伤到人，这种战斗伤亡不多，死亡较为罕见。

或许这种"小的"或"无关痛痒"的战斗，在仪式的约束下，不像一场严肃的战斗，而更像是在达到更为致命的战争阶段前结束争吵的一种机制。在静止位置使用弓箭，并有盾牌做很好的掩蔽物护卫，它们的相对无害性本身就表明了这种可能性，但还有更加令人信服的理由，让我们从这个角度来看待这些小战斗。

首先，小战斗在时间上是向后拖延的。有关人们过往交战的描述表明，在某些情况下，在战事逐步升级之前，会有四到五天的这种战斗。这一阶段既可冷却争斗方的愤怒，同时又能满足男人气概的好斗需求。

其次，由于没有第三方具有权力或者权威来裁定争端，对抗者的阵型中包括同盟军,与主要参战者比较,男人们较少致力于争吵。这些男人经常会怀着很大的兴趣看到争斗在滑向更深的沟壑之前平息下来,因为他们自身没有直接的伤痛,并且可能和敌人阵形中的某些人是近亲。例如,当图古曼人和泽文特人(Tsevent)开战时,一些僧巴珈人去帮助两边的对抗者。举个例子来说,这使得有姐姐分别嫁给了对立部落男子的两位亲兄弟分开。尽管他们在对立双方的军事队列中站立着,这类人会通过间接地适度劝诫来抑制主要战斗者的战争狂热。似乎至少有一回,同盟军曾在之前曾经友爱的敌对双方的对抗中如此行事。资讯人说,在图古曼-泽文特人的战斗中,充当两边对抗者同盟军的一些僧巴珈人,并没有激烈辱骂他们的对手,取而代之的是不断大声地哀叹兄弟之间兵刃相向的不幸。他们的哀叹在这一次被忽视了,也许是因为有两个或三个图古曼人据说在这场小战斗中被箭射死了。如果没有人死亡,或者只有一个图古曼人被杀以作为导致了此次战斗的杀人赔偿,僧巴珈人的劝诫可能会有更好的效果。

再次,小战斗为非同盟的中间人提供了一个机会介入到之前友好的对立双方中去作调停。对此我们已经提及了僧巴珈人中的梅凯部落和蒂姆巴盖-伊姆亚盖人之间的斗争。资讯人说,在初次交战中中立者站在小山丘上俯瞰斗坪,告诫双方,兄弟之间开战是不对的,要求争斗者退出场地,向两个阵形扔石块。我们必须得说,他们的努力徒劳无功,战斗逐步扩大升级。

最后,"小战斗"将对峙者带到了彼此能听到对方嗓门但又可将他们置于对方致命武器之外的距离。资讯人说,这种沟通的机会通常主要被用来辱骂对方,但也有证据表明,至少在某些战斗

123

中,这个机会被用来解决争端。有关小战斗这一方面的信息模糊难辨。在战斗的一方承受了人死之伤痛,这被另一方认为是完全偿还了它经受过的、因此而导致了这场战斗的杀人事件后,叫叫嚷嚷的谈判确实终止了几例小战斗。这些例子中,冲突的终止应归功于报仇已经完成,而非谈判,但是小战斗至少提供了一个机会,让复仇夙愿得以实现而不再求助于更为致命的战斗,后者可能会集聚更多的积怨而非使积怨消除。

事实上,我们不可能知道实际发生的情况,因为信息主要摘自年老出征者的战斗故事。不过,有证据表明,小战斗的作用在于抑制而非鼓励仇恨,虽然效率甚低。在我们将小的战斗与通常追随其后发生的更为致命的对峙相比较,检视升级的过程时,这一解读可获得更多的支持。

逐步升级

资讯人的描述表明,从小战斗的第一天起,或必然在一天或者两天之后,对立群体一方或者双方都会有人向他们的对手以及同伴叫嚷,说他们已经受够了"无关痛痒的战斗",是时候开始认真作战了。这种情绪与同盟军在与以往的朋友作战时对失去和平的哀叹形成了一种对比。小战争或许可以看作一场辩论,辩论双方一方迫切希望作战,一方想要维持和平。这种辩论将人员伤亡的危险降至最低,同时又满足了尚武需求。所有相关群体,包括敌对双方和他们不那么坚定的同盟军,都可以出场,站在某种立场上陈述自己的意见和情绪。

　　　不仅如此,小战斗还是一场武力展示。对手们有机会去评判敌人的力量,采取相应的方针政策。有关于这一点的信息不多,但显然力量上明显的旗鼓相当会促成争端被顺利解决。相反,明显的力量不平衡会引起弱的一方逃之夭夭,不再尝试展开更进一步的武力较量。一些资讯人说,蒂姆巴盖-伊姆亚盖和梅凯人之间的第二轮作战就是这种情况,但并非所有的资讯人都认同这一说法。

作为一种力量展示,小斗争在某些方面类似于更复杂社会的战争游戏和军事演练。但它与其他动物种类竞赛性的圈定地盘的相似之处更为明显,其效果也与一些学者(如 Wynne-Edwards, 1962)归之于这种动物行为的影响一样:以最小的血的代价来维持最广泛的群体散布。

外交上这种手段能否成功运用以避免升级,很大程度上取决于两个因素。首先是敌对方之间以往的关系。如果他们之间的敌意由来已久或者双方的死亡数目已经很不平衡,主战派无疑会获胜。同样重要的还有弓箭战斗事件加重或者缓和敌意的程度。情况有可能是,如果伤亡人数不多,大家的火气平息了下来,就会有更多的声音参与支持和平。

最终,如僧巴珈人所说的,谈话"变成了同一种声音"。如果主和派获胜,战斗就会终止;如果敌对方在这次作战之前一直很友好,他们就能重续友谊而无须经过繁缛的仪式规程。

然而,情况经常是,也许还通常是,主战的舆论会凸显。若情况如此的话,则敌对双方会从斗坪上撤回至少两天,为即将到来的会战做仪式上的准备。

斧战

战斗更为严肃的第二阶段并没有本地名称。它仅被僧巴珈人

125 称作"(乌拉库·鲁艾,*kuñuai*)","战争本身"或"真正的战斗"。这里指的是"斧战",尽管人们在战斗中也用戳矛、投掷梭镖、弓和箭。

　　为斧战而进行的仪式比之于小战斗之前举行的仪式,更为详尽精致。在前一章中我们提到过每一个拥有土地的群体周期性地种植一种仪式性灌木,朱蕉(Cordyline fruticosa)。这种灌木又被称为"宇明闰槟"(*yu miñ rumbim*)或者"男人灵魂的闰槟"①。如果某个群体所种植的宇明闰槟还在地里生长,他们就可以不作为主要的战斗者参与斧战。拥有土地的群体会有一段时期不种植宇明闰槟,战争通常就限于这一时期发生(在下一章中我们将对此展开讨论)。但通常会出现此种状况,即某个拔除了闰槟的群体发起战争,而他们的对手们所种植的闰槟依然在地里生长。如果一个群体在其闰槟还在生长时受到攻击,则必须在为斧战而举行的其他仪式之前,拔除这种植物。当一个群体由于敌人的进攻而被迫进入这一程序时,在和平语境下围绕闰槟的拔除所进行的一切复杂仪式都被节略缩减。因为拔除闰槟往往是在凯阔仪式举办时进行的,因此我们留待讨论凯阔仪式时再详述这一程序。

　　在拔除了闰槟之后,人们开始举行悬挂"战斗石"(巴姆普库,*bamp ku*)的仪式。拥有土地的每个群体都拥有至少一对"战斗石"。它们有时候也被称为"阿冉姆库(*aram ku*)"(阿冉姆的意义晦涩模糊)。这些石头由一个或者两个战斗法师照管。这种战斗

———————————

① 　与不朽的诺曼尼(nomane)不同,明(miñ)在死亡时会消失。反过来,由于巫术、妖术或恐惧,会导致明离弃躯体,从而导致死亡。人们认为,在梦中明会游走,唤醒它的那一刻是非常危险的,因为突然唤醒科恩会让它无法返回到躯体里去。简短地说,明可以被看作是人类的生命物质。

法师被指称为"阿冉姆石汉"（阿冉姆库宇，*aram ku yu*）或者由于他们事实上要遵守大量的仪式限制，而被称为"禁忌者"（阿策可宇，*aček yu*）。战斗石事实上是由不知名的已逝者所制造的石钵和石杵，通常可在吉米和辛拜山谷的地面发现。但是资讯人认为，所有的战斗石都发源于烟雾婆最初的家，吉米山谷上部的噢婆山（Mount Oipor），并说他们的祖先是从居住在这周围地区的人们那里获得这些东西的。

126

战斗石通常保存在被叫作"瑞恩吉英"（*riŋi yiŋ*，*rinji*/战斗灰烬；*yiŋ*/房子）的小圆屋中。在战争之前仪式周期的大部分时间里，装在一个小网袋里的石头被放置在屋子的地面上，在小战斗期间也是如此。当大家一致赞成斧战时，人们把小网袋从栖身之所拿出，将它高挂在房屋中柱的顶端。资讯人说，禁忌者会非仪式性地完成这桩事情，但此举意义重大。随着战斗石被悬挂，这个群体也将自己置于在即将到来的斧战中受盟军与祖先护佑以获得帮助的恩惠中。这些恩惠仅能通过延长仪式过程来达成，我们将在下一章对此进行讨论。

悬挂战斗石的行为意味着所有地方群落或其多种成员要遵守大量的禁忌。这些禁忌包括，所有的成员——女人与孩子以及成年男子——都被禁止俘获有袋类动物、吃鳝鱼或者吃有袋类动物和麦日特露兜树果实。成年男性不可以吃其他群体为凯阔仪式而宰杀的猪肉、多种有袋类动物、一些薯蓣以及多种绿色蔬菜。有些食物男人可以吃，女人也可以吃，但不能在一起分享。人们不能敲鼓，某些人的活动被严格限制。有的资讯人认为禁忌者不可以离开当地群落的辖域，尽管另一部分资讯人认为禁忌者可以去拜访临近的图古曼人，但不能去拜访居住在俾斯麦山脊或辛拜河另一侧的群体。不仅如此，为他们准备食物的炉火，或用来烧热石头以加温装食物炉灶的火，不能用来给其他本地群落的成员烹煮食物。

最重要的是，处于对立中的群体，哪怕在此之前还互称为"兄弟"（归，*gui*），如果他们之前是朋友的话，现在则正式变成了"斧头汉子"（策娜恩宇，čenaŋ yu），或者说敌人。除了在战斗中，他们的领地也不可以再进入，在战斗场景之外，敌对群体的成员不可接触，甚至于不可以相互对话。人们甚至还被要求不去看他们的脸。人们不可以吃敌人土地上种植的食物，或者敌人群体中的某一成员在别处种植的食物。若战斗中已经发生了意外死亡事件，则敌人的盟军所种植的食物也应该避免食用，尽管可以与他们说话，甚至于去拜访他们，但不可以进入他们的房子。如果没有发生死亡事故，则可以吃敌人盟军的食物，但禁止与他们共食同一灶火上烹煮的食物。简短地说，悬挂战斗石这一行为不仅终止了主要战斗者之间任何形式的相互支持关系，而且为处理主要战斗者及其对立方盟友关系设下了限制。不仅如此，在有人员死亡的情况下，一些限制，尤其是在共食方面的禁忌，会影响对立着的主要战斗者盟友之间的关系。

除此以外，悬挂战斗石也进一步将未来主要战斗者之间和解的可能性推得更远。在战斗石悬挂的日子里，人们可能休战，却不可能和解。迅速解决争端的时机已经过去了。

在战斗石被悬挂到中柱上后，一个战斗法师爬上瑞恩吉房屋的屋顶，在那里点燃从"卡维特（*kawit*）"（厚壳桂属，cryptocarya sp.）树上取下的一截木棍。这截木棍是从红精灵靠近俾斯麦山脊的栖身之地取来的。"卡维特"据说是红精灵寄居之所的各种树木之一种。这种树木特别难点燃，战斗法师啜泣着向红精灵详述造成此种情境的缘由，恳求他们进入火中。当他成功地点燃"卡维特"树棍时，他返回地面，用它来点燃置于瑞恩吉屋内的火堆，烧热炉灶的石头，其中通过燃烧卡拉姆（kanam，合欢树，Albizzia sp.）、卡穆凯（kamukai，克洛纳树，Colona scabra）和婆凯（pokai，紫罗兰树，Alphitonia iacana），仪式灰烬"瑞恩吉"将被准备好。这些次生树本身没有仪式意义，资讯人说，使用它们仅仅是由于它们能够烧出好的黑木碳。它们的灰，或者说碳具有强大的超自然神力，也仅仅是由于红精灵们自己被带入了烤制木炭的火中。灶火上的石头也分享了火的超自然力量，而一直强大无比的战斗石，当被挂在中柱上时，其力量由于环绕它们的烟雾而得以增强。

为了烧热第二个炉灶的灶石，人们在房屋之外烧起了第二堆大火。这堆火是与屋内的火同时点燃的，但用的不是"卡维特"树。红精灵不会进入或者点燃这堆火，也无须在其中烧制"瑞恩吉"。

此时人们得杀戮两口生猪献祭。其中一口生猪是奉献给红精灵的，必须是公猪。第二口生猪则献给低地精灵（纳瓦麦，rawa mai，作为一个类别，我们可以回想到它包括纳瓦土库曼卜腐烂之神，以及阔帕曼央），既可以是公猪，也可以是母猪。

当生猪被献祭时，人们通常用一种特殊的尖叫方式向精灵们致辞。信息通过不连贯的词语被传送给神灵，不时被毫无意义且尖利刺耳的叫喊声所打断。在人们用棍棒敲打生猪的脑袋时，"啊！啊！啊！啊！啊！"的断音完全取代了话语。资讯人说，为斧战做准备的对精灵祷告与屠杀生猪相连，都遵从这一模式。而我在别的几种场合下也观察到了这一模式。

人们最先着手处理的是红精灵。在此它们不被称之为纳瓦姆吉（rawa mugi）。取而代之的是，人们运用一系列暗示性的词语来指涉它们的性格与行为，所使用的假名也是暗指性的，但其意义晦涩不明。暗示性的名称包括"太阳火（冉咖伊内，ruŋga-yiñe）"，因此指的是它们的热辣和力量；"兰花、食火鸡"（诺冉姆-孔巴瑞，norum-kombri），指涉它们栖息于高地以及好斗的品质；尼恩尼恩阔冉蒙（niñ ninñ koramon），指代的是在瑞恩吉屋顶上点燃火的动作。在给同一类别的精灵致辞后，单个儿红精灵——活着的人那些被杀害的兄弟、父亲以及祖父——被一一致辞，请求它们给予关照和聆听。

在让红精灵有所警惕之后，身为战斗法师之一的屠宰生猪者继续致辞。他祷告致辞的目的，是告诉精灵们一场斧战即将开始。他承诺，生者将试图为它们报仇，恳求得到它们的帮助。他邀请这些精灵来享用这些为它们而屠戮的生猪，进入生者的脑袋。他还承诺，享用这些猪肉的人，仅限于当地群落的成员。他告诉红精灵们，从其他地方来的人所吃的猪肉，来自于不同的猪。

129　　在他的简短致辞结束之后，这个尖叫着的屠戮者在仅捆住了一条腿的生猪面前来回奔跑，一边用他手中的棍棒捶打生猪。通常他的第一次击打就会将猪杀死。

人们也用同样的方式来着手取悦低地精灵，尽管它们既不被称之为纳瓦麦，也不被称为纳瓦土库曼卜，而是祖先（阿那-阔卡，ana-koka，字面意思是父亲-祖父）和阔伊帕曼恩吉昂（koipa maŋgiaŋ）。这些精灵也被告知即将发生的事件，被邀请享用为之准备的猪肉，并抓握住生者的双腿，或使他们的双腿变得强壮。

　　之后猪肉被放入锅中烹煮。人们将敬献给红精灵的、有时被称之为"头猪"的那口生猪放入一个炉灶中煮熟，炉灶搭建在一块没有树林与树叶遮蔽的、完全空旷的地面上。在瑞恩吉房屋里的、经由红精灵点燃并且潜入了其中的那堆大火中被烤热的石头，也被用于这个炉灶中。

　　男人们将猪放入炉灶后，退隐到自己的房屋中休息。在那个夜晚的大部分时间里，男人们诵唱歌曲，而萨满忙于与烟雾婆联系沟通，请求烟雾婆指出那些能够被轻易致死的敌人的名字，警告那些处于特别危险境地的当地男人。资讯人说，萨满在每三家或六家僧巴珈男人屋中举行的这种仪式，通常只会有一个或两个敌人被指认出来，认为可以轻易将其致死。同样，也仅有少数几个当地人被警告。资讯人说，通常那些得到警告的男人会被他的伙伴们催促着远离战场，但他通常的反应则是拒绝，扬言他将先杀死一个敌人，之后哪怕是被杀，也心甘情愿。他或许还会补充说，他被杀害与否并不会带来多大区别，因为许多同宗的兄弟们会比他活得长。如果一个被警告过的男人在战斗中幸免于难，那么他的声望就会提高，人们认为他的"明"即生命本原非常强大。

　　人们也使用第二种程序来标志出那些容易被杀害的敌人。在"瑞恩吉"房屋中，人们把献祭给"红精灵"的猪头放入一个单列一旁的、高出地面的小炉灶烹煮。资讯人说，夜里有些熟睡敌人的明会在他们做梦时离开身体四处闲逛，可能会被烹煮着的猪头散发出的香气诱惑而进入"瑞恩吉"屋中分享猪头。这种人就会在战场上被杀死。禁忌者站在炉灶旁，念着敌人的名字。当他念到参与了分享猪头的敌人的名字时，人们说，猪头就会发出口哨声。据说猪头所发出的口哨声不仅禁忌者能听到，其他人也能听到。而大部分其他的人不能待在"瑞恩吉"屋中，而是留在附近的男人屋内，或者，较少可能的情况下，待在门外。

在此我们应该讨论一下这两种占卜仪式的某些方面。有趣的是，这两种程序都只标识出少数几个能被轻易致死的敌人。这或许仅表达了人们对情境的现实评估，也就是，不容易杀死大量敌人。但所指定的数目，尽管不大，却也代表着"足够的"杀人量——也就是，就当地群体而言，足以中止这场战斗了。这并不必然反映了存在于敌对者之间的"杀人比分（homicide score）"，因为那些过去遭遇较少战斗死亡事件的群体也在操演同样的占卜程序。尽管我所收集到的资料并不充裕，但或许这种占卜设定了大致的"杀人限额"（killing quota）。通过仪式或者其他手段设置这种限额是否可能，还需那些在战争仍然在发生的地区做田野工作的人类学家们继续去探究。

标识出某些更容易被大家攻击得手的敌人，这一行动可能会将所有武装力量杀人的注意力都导向他们。也就是说，这种预言事实上会自我实现。如果事情真的是这样，那么萨满的实践与猪头占卜都会由于它们显而易见的成功而不断得到强化。

我无法获取有关这一桩事体的清晰信息。从与萨满的对话中，我得知有许多被点出了名字的敌人确实在战斗中丧生。但萨满们总吹嘘他们自己的成功，私下里则毁谤其他实践者的能力。因而我无法确切地知晓特定案例的实际情况。

或许运用敌人脱下的皮屑，连同预言敌群中某人会成为容易捕获的牺牲品,共同组构成了社会控制机制的一个部分。就萨满所作预言的准确性而言,由于战斗袋的拥有者有时为了吹嘘其神效,总是对战斗袋中放置的物事秘而不宣,因而有关战斗袋的数据并不充分。只有他们和那些获取了这些物事的中间人才知道战斗法师所持有的皮屑是谁的。因此以下判断仅不过是一种观点而已。131

在僧巴珈人中,所有拥持战斗袋的人正好全都是萨满(尽管情况不一定非如此不可)。其中一个男人告诉我,烟雾婆通过他来指认出的易宰羔羊是那些自己的或者其父的皮屑被装入他战斗袋中的敌人。如果烟雾婆的指认在一定程度上是能自我实现的预言确然属实,那么那些皮屑被置于战斗袋中的人比敌对力量中的其他人更容易被杀死。

通过将另一个人的皮屑出卖给敌人、背叛此人的公开动机——怀疑其拥有巫术或术法——对我们来说,非常富有启发性。尽管这种背叛的牺牲品完全可能是无端对抗的无辜目标,但也有可能他的行为完全偏离了某些人所认可的模式,从而激起了人们隐秘但非普遍的仇恨。对群体中某个人的普遍敌意会使大家一致指认该人为巫师,而一旦人们达成了此种一致意见,就没有必要再将他暴露给敌人了。这个人的族内兄弟就会将他杀死。在我田野调查期间,僧巴珈人中没有发生此种杀戮事件,但我不断地听到怨言,说若不是政府成员赶到,某某人就会被当作巫师杀死。从人们对于过去因巫术而被杀戮的人的性格描述来看,这些牺牲者通常脾气暴躁、爱争吵,同时十分武断。

我所搜集到的资料虽不充足且较平泛,但确实能表明,那些拥有许多女人、珍宝、生猪、作物但为人小气的人更可能激起族人隐秘的但却并非全体认可的巫术猜疑。出于他们自己也没有弄清楚的一些原因,马林人尤其爱将饲养生猪或种植园艺的成功与巫术或妖术相联系。如果与其邻居相比,某人养猪或种植作物不合情理的十分兴旺,那么他就有可能招致大家的疑心。也就是这种人,他脱落的皮屑有可能被送交给敌人,因而有可能在战场上被杀死。因此,对于一个成功人士而言,他有充足的理由去阔绰大方,以缓

132 和他周边人的嫉妒。至少,恐惧由于背叛,自己的皮屑可能会被置于敌人战斗袋中这一心理,如同恐惧妖术和巫术、恐惧被怀疑施展妖术和巫术一样,是保持马林人社会典型的社会与经济平等原则的一个因素。[①] 敌人的战斗袋或许确实值得人们那样去害怕,因为那些皮屑被放入了战斗袋中的人比之于他的同族兄弟,其身体更容易受到攻击。

由于我们无法弄清楚猪头所发出的口哨声是如何产生的,因而以上观念必须主要归之于拥有战斗袋的人所实施的萨满教。当然,禁忌者说,确实是猪头发出了呼哨声,其他人并不知道。在整个仪式过程中,没有几个人,或者说没有人去观察禁忌者的脸,有可能只是禁忌者嘬起了他的双唇发出了呼哨声而已。也有可能是炉灶的水蒸气以某种方式发出了这种声音。

情况可能是这样的:警告某人,正如指出攻击某个敌人更容易将其致死一样,在更多情况下,而非出于偶然机遇,是正确的。如果一个萨满能够判断出其宗族中的某某会被敌群中的同行指认为

---

① 伍尔夫(Wolf 1954:46)和克拉克洪(Kluckhohn 1944:67—68)就世界其他地方其他类型的社群对巫术的恐惧以及猜疑所起到的作用得出相似的结论。

屠杀目标,或者某某是敌对方想花大力气来将其致死的对象的话,他就能警告此人。

尽管当地群落的任何一个成员都可能因为其他成员所犯下的杀戮而被报复,领受杀戮之灾,但情形通常是,牺牲者所属的群体会标记出杀人者群体的某个人作为报复的首选对象。此人可能是杀人者本人,或者他的一个儿子,而按照韦达的说法,一些马林人群体会遵循惯例在敌人群体中指定一个与牺牲者体型相似的人作为复仇对象。这一实践将完全的回报理念(the ideal of absolute reciprocity)发挥到了极致。

晚上,人们有时会在"瑞恩吉"屋与战士们集聚于其中的男人屋共享的围场内种下两株闰槟树。依照资讯人的说法,种这些被叫作"宇明闰槟(*yu miñ rumbim*)"的闰槟树,是为了在第二天,当 〔133〕那些战士奔赴战场时,将那些战士的明留在围场内。也就是说,男人们在上战场时,将他们的"明",他们的生命精粹留在身后。僧巴珈人说,若他们的"明"被暴露于敌方战斗魔法师的强劲符咒之下,它们一定会屈服,导致其拥有者成为敌人武器的牺牲品。因此,必须将"明"留在一个安全的地方,不让它跟随其主人参与战斗,或者在害怕时跑走。闰槟树的目的就在于阻止它们离开这个围场。资讯人说没有哪个僧巴珈人知道念那些需应用于这些闰槟树的咒语,因而一个图古曼老人被请过来为所有的僧巴珈人完成了这个仪式。

晚上,战斗法师将许多小树桩涂上染料并对它们施咒。黎明之前他们静悄悄地进入战斗坪,将这些树桩深埋入土,使它们一点儿都不被人看到。资讯人说,若敌人将"明"带入战场的话,这些树桩能够使敌人弄丢他们的明。资讯人没有报告过相对立的战斗法师们在斗坪邂逅的场景。是否有惯例阻止这种会面,对此我并没有进行调查。

黎明时分,人们从锅中拿出猪肉。献祭给低地精灵的"腿猪"(leg pig)那肥厚的腹部盖满了盐。当盟军到达时,一俟天明,人们就送给他们一部分这种带盐的猪肉食用。盟军马上伴着菜蔬,大部分时候是与猪肉一同烹煮的蕨菜,将这些猪肉吃掉。在一天的战斗结束后,剩余的猪肉将在晚上被重新加热,再送给他们吃。

然而,围绕敬献给红精灵的"头猪"(head pig)所开展的仪式程序要更为复杂精致。在主要的斗士们享用带盐的腹肉之前,他们先得用瑞恩吉将身体抹黑。人们将猪的心脏与肺叶放置于瑞恩吉屋中的一张小桌子上,又把战斗石从网袋中拿出,放在猪心与猪肺上。某个资讯人告诉我,红精灵通过火焰进入了这些石头中。将它们摆放在心肺上,就能让红精灵们分享到这些东西。然后,男人们就每次两三个地进屋取瑞恩吉,那些被红精灵们点燃的火焰所留下的黑色灰烬。男人们被询问更乐意接受取自哪里的"瑞恩吉",是接受来自公战斗"石外"(wai,这指的是研杵)的黑灰呢?还是接受来自"麦"(mai,在此情况下为母战斗石,指的是研钵)的黑灰?他们对此的选择,会对之后他们是否持久遵从某些禁忌产生直接影响。之后我们会讨论这点,在此就权当已设定。如果某个斗士选择"麦",那么禁忌者就会用它沾一些"瑞恩吉"在他的肩膀和额头上留下痕迹。如果某个斗士选择了"外",那么禁忌者让研杵沾上很多黑灰,斗士得将它们舔干净。我们不清楚是否因为与石头的接触、感受"瑞恩吉",还是两者一同将红精灵带入了人们的头脑中,但资讯人一致认为这就是该程序的效果。资讯人说,当斗士们奔向战场时,他们的"明"被留下来,但红精灵所具有的热辣、干燥以及坚强会实质性地进入到他们的头脑中,在那里像火一样熊熊燃烧,使他们感染到力量、愤怒以及复仇的渴望。

在仪式性地从禁忌者那里接受了"瑞恩吉"之后,斗士们从房屋退出,两手捧满了灰烬以涂黑整个身体。此刻红精灵们已经进入了他的体内,他自身变得"热辣",他将把这些保护性的、能使人强身固体的灰烬涂抹到皮肤上去。资讯人说,如果之前该斗士已经被母石标记或者舔了父石,此时他的皮肤会由于"瑞恩吉"那超自然的神奇热力而被烫起水泡。

按照某一禁忌的假定,僧巴珈人还认为,在战斗石被悬挂起来的几个小时之前,在身上涂抹"瑞恩吉",还可以使敌人看不见斗士们的脸。据说如果敌人能够看见某个斗士的脸,他们就能将他杀死。

与"瑞恩吉"的应用一起生效的那些禁忌,范围十分广泛,既包括对社会交往的一些限制,也包含对某些食物的忌讳。社会交往方面的禁忌主要侧重于与妇女之间的关系处理。当某个男子身上涂着"瑞恩吉"时,他不可以吃女人烹制的或与女人一道同食同一堆火上烹煮出的食物。尽管他可以和女人说话,但不能触碰她们;当然,性事也是绝对禁止的。女人,以及任何女人触碰的东西,都被认为是"寒冷的"。与她们的接触会扑灭男人头脑中燃烧的火焰。相反,人们认为,与火辣的男人们接触,实际上能使女人的皮肤起水泡。

食物禁忌也十分广泛。斗士们不可以吃所有的野生动物性食

135 物。蛇、鳝鱼、鲶鱼、蜥蜴以及青蛙都在禁忌之类,因为它们是"寒冷的",有袋类动物也不可食用,因为它们是红精灵所豢养的小猪,在活着的人们付给其主人猪肉作为回报之前,人们不可以捕猎它们。斗士们还不能吃某些绿色菜蔬,其中就包括狗尾草(*Setaria pal maefolia*)和木槿树叶。由于后者湿润且光滑,因而应禁食。人们认为,摄食它们不仅会扑灭斗士们头脑中的火焰,而且还会使他们在白刃战的搏斗中难以抓牢敌人。关于禁食狗尾巴草的禁忌,当地人没有向我给出任何解释,或许原因仅在于这种植物只不过是很久以前从过去的家乡地区输入或生长的而已。禁止男人食用这种植物的禁忌在高地的其他地方也同样生效(见纽曼 Newman,1964:263—266)。一些香蕉和薯蓣也不可以食用。大体上这些食物都十分柔软,人们认为它们会使其消耗者的坚强或者力量受损。所有种植在瓦拉地段的食物都应该避免食用,除非斗坪就在此处,男人们不可进入瓦拉地带。

斗士们必须遵守所有这些禁忌,最早也要等到战争结束时"瑞恩吉"被仪式性地去除之后,这些禁忌才能被解除。如果某个男人从公石那里取了"瑞恩吉",就得一辈子遵守某些禁忌,或至少到他变得很老之前得一直遵守。这些永久的禁忌包括禁食蛇、鳝鱼、鲶鱼、蜥蜴、青蛙和许多栖息在乔林中的有袋类动物。由于大部分男人都从公石处取"瑞恩吉",因此如我们在前一章已经提到过的那样,这些辅助性的蛋白质来源,大部分留给了妇女和孩子。

一些绿色蔬菜也得永久禁食。这包括各种各样的狗尾巴草、一些薯蓣和一些香蕉。此外,其他某些作物可以吃,但不能吃女人也食用的同一株作物。某些露兜树果实也属于这一类,就如甘蔗、香蕉和长着红皮或者红色叶子的佛手瓜的某些品种那样。

在"瑞恩吉"被涂抹到身上以后，人们赶忙为斗士们准备好一顿与猪肉一同煮熟的青菜饭食。除了猪的腹肉之外，其余猪肉会被重新放入锅中与新鲜蔬菜同煮，作为这一天的晚餐。据我所收集到的信息来看，男人们之后会围坐成一圈，食用战斗叶子和盐口很重的肥肉。乔治达·比克（Georgeda Bick）于1966年从同一些资讯人那里所搜集到的信息稍有不同（私人交流）。她被告知，盐并非取自腹部猪肉，而是包在多汁的阔梅瑞克（*komerik*，? 杜若属）叶子中。资讯人说，吃战斗叶子可以使斗士们狂野而残忍，但这种效果可能是精神性的而非生理性的，因为在我食用了指定的数量之后，并没有任何实效产生。对于享用猪腹肉，人们并没有给出与之相关的特定超自然的或者自然作用的解释。但比克被告知，摄入盐和阔梅瑞克叶子能够使斗士们避开敌人的长矛。

不管是与猪肉还是与阔梅瑞克叶子一道将盐摄入，这一实践都会产生一些重要影响。首先，摄入食盐之后，在战场上绝对不可以喝任何流质。当然，任何涂抹了"瑞恩吉"的人，或许还有同盟的斗士——有关他们的这一禁忌并不是很明确——会在战斗继续时喝水或甘蔗汁，或吃黄瓜或木瓜。这一禁忌所蕴含的理论基础，就我们之前的讨论来看，是十分显而易见的。这些冷且湿的食物会熄灭燃在男人们头脑中的火焰，让他软弱无助，毫无防备。因此，男人们从吃了咸猪腹肥肉后，在当天晚些时候离开战斗场地之前，都不可以喝任何饮品。我们应注意到，由此带来的口渴会限制战斗日的时长，这并非是在开玩笑，尤其当我们考虑到战斗通常发生在炎炎晴日（如果下雨的话，战斗就会推迟，因为雨水会浇灭男人

136

们头脑中的火焰）。事实上，一些僧巴珈男人承认，当斗士们由于太渴而无法继续战斗时，那天的战斗就会结束。因此，摄入味咸的猪腹肥肉与禁止喝液体的禁忌一道，通过缩短战斗时间，缓和了战斗恶果。然而，摄入盐与脂肪也会加重战斗时的激烈程度。

　　马林人对钠吸取不足。很显然这是因为大部分马林人只食用一小撮纯盐，而食用钠的嗜好貌似与钠需求直接相关(J. Sabine，私人交流，1965)。在我田野调查开始之前的好些年前，本地食盐的生产就已经停止了，我无法获得本地盐的样本。但因本地盐是用含大量矿物质的泉水提纯制成而并非分解植物草木灰，尽管我们缺少样本，毫无疑问它是一种钠盐。在战斗前摄入大量的钠会使斗士们保持正常的血量时正常排汗。如果他们缺乏这些额外的钠，其血量有可能会降低，由于排汗时钠的流失而使身体变得虚弱(W. V. Macfarlane，Frederick L. Dunn，私人交流，1965)。

　　萨拜因(Sabine，私人交流，1965)指出，盐在脂肪的异化作用方面也承担了一定角色。按照麦克法兰(W. V. Macfarlane，私人交流，1965)的说法，肥肉在摄取后两个小时左右就能转化为能量，因此能给疲惫的斗士们提供"第二轮风暴"。

　　我们或许提到过，在一天快结束的时候吃点瘦肉，一定程度上能弥补斗士们由于作战的压力而导致的氮流失。

　　男人们在吃完战斗叶和咸猪腹肉之后就围成一个圆圈，战斗法师用战斗袋轮流按压他们的心脏和脑袋、装饰在头上的食火鸡羽毛，以及他们手持的武器。另一个战斗法师把施了咒语的吉瑞(gir)——一种灰白色黏土——抹在他们的踝关节和双脚上。禁忌者将所有的戳矛与斧头都抹上"瑞恩吉"。

　　将战斗袋按敷完斗士以及他们的武器后,战斗法师在男人围成的圆圈外燃起一堆火,将长片的绿竹叶放置于其上。两个系列的祖先们又一次被恳请给予帮助和保护。

　　同时,斗士们用他们的盾做成一个栅栏,将内圈围住。禁忌者则站在圆圈内。当竹子爆裂时,他们开始向红精灵尖声呼叫,就敌人中哪一个能被他们杀死,本地人中谁又将处于巨大的危险当中作再一次问询。资讯人报道说,这是红精灵们无须通过中介烟雾婆,可以亲自和生者交流的唯一场合。禁忌者尖叫着、蹦跳着、对着盾牌之墙猛撞。他的眼睛往上翻向脑顶,仅露出眼白,而舌头则往外伸探。他叫喊出一些名字,在地上翻滚了一阵之后,就静静地躺上片刻。当男人们呼喊战斗号子时,禁忌者在一个战斗法师的帮助下站了起来。更多的竹子炸裂,战斗法师挥动着他的战斗袋带领男人们往斗坪方向走去,男人们挥舞着他们的武器,唱着"德"(de)那首歌曲,喊着号子动身去战斗。很快恢复过来的禁忌者们也加入了这个行列。

　　与"小"战斗或"无关痛痒的"战斗所使用的武器相比,斧战中用到了斧头和两种戳矛。一种戳矛是在其顶部装上了磨尖的犀鸟嘴喙,当武器被抽出之后,这种尖嘴喙还会留在伤口处。另一种戳矛在其七到九英尺长的矛身上,装一半倒钩。在倒钩下面有三或四个尖头叉子与矛杆成一定角度往前、往外突出。这种武器看起来是为防卫急冲锋而设计的,而资讯人认为这并不是马林人战争的常规特点。

　　斗坪上队形混合排列。据说主要的战斗者和同盟军是肩并肩站在一起的。禁忌者镇守后方,由最靠近他的人严加保护。禁忌

138

者受到的哪怕是细微伤害也会被看作是他队伍中某人不可避免地会致死的征兆。如果他被杀死的话,这意味着他所在的这边队伍将溃不成军。如果战斗双方都致力于射杀对方的禁忌者,并且当禁忌者被杀死后他的队伍就会四散逃逸的话,这种信念当然能缓和战斗的激烈程度。然而,没有哪个资讯人认为,斧战已经退化为试图杀死敌方的禁忌者而其他敌人反倒被忽略。

对于斗坪上的领导力度我们所知不多。但很显然,这里纪律不太严明、控制得也不紧密。队形排列有好几层,站在第一排的男人与站在其后的男人们不时换班。当对面而站的第一排斗士们从他们的巨大盾牌后面展开一系列对决时,站在后面好几排的弓箭手们支援第一排的男人们,放箭射击那些暴露在盾牌之外的人。当前排的某个人被箭射倒时,通常死亡事件也就发生了。他的对手会在近旁伙伴们的掩护下,匆匆闯入,一斧子结果了他的性命。倒下来的那个斗士的伙伴们也会赶忙去防卫,如果可能的话,用他们的盾牌去保护他。

139　　资讯人的描述给我们一种印象,即这种静态位置的斗争是最普遍的。在大多数战斗中,敌对力量在巨大的盾牌后近距离对峙,没有战术或战略的队列移动。一系列这种战斗经常会零星持续好几周,期间两边的损伤都十分轻微。看起来,敌手们似乎都在等待对方没有盟军支持而出现在战斗场所的日子。当某一天,一方发现自己在数量上处于绝对优势时,它会发起冲锋而非占据惯常的静态阵地。

战斗一天天持续下去,人们似乎也越来越难持续获得同盟军的支持。资讯人说,他们仅仅是厌倦了参加一个不关己事的战斗。

因此,胜利往往属于能继续动员其同盟军最长久的那一方。图古曼人和僧巴珈人,就有两个鲜明的例子。在他们与昆达盖人的最后一次冲突中,就是在僧巴珈人的同盟军图古曼人没有出现的那天,僧巴珈人被大力击溃。昆达盖人强势倚仗卡纳普-卡尔人和其他群体助战,钻了图古曼人不在场的空子,向僧巴珈人发起冲锋。光这一天里,就有 18 个僧巴珈人被杀死,其中 6 个是妇女和儿童,还有许多人受了伤。因此伤亡有时候会非常惨重。

卡纳普-卡尔人在与图古曼人的一次战斗中,避免了盟军不能出现而可能导致的更悲惨后果。在他们听说自己最重要的支持者坎德姆本特-纳米凯人(Kandembent-Namikai)无法赶到时,他们自己也不去战斗场地了。他们只是将妇女、儿童和生猪集中起来,逃离了其辖域。韦达收集到住在吉米山谷的许多马林群体都有这种类似行为。

按照资讯人的报道,战斗的双方等待自己在数量上占据优势,之后发起冲锋,这是最常用的战略和战术过程。但此处还有别的取胜方法。图古曼人的历史上就曾经有过埋伏战的优胜例子。夜袭非常稀有,但确实发生过。此外,有关战斗的描述表明,人们有时候也会尝试采用侧翼包抄和围剿策略。军队的秘密行动能稳端敌人的后方或者侧翼,用交叉火力将其打散,或从两个方向发起冲锋。而后一种军事策略可能只会被数量上占有优势的军队尝试运用。

根据资讯人的报道,这种斧战经常会持续几周,甚至于几个月。然而,并非每天都有战斗。大雨会将男人们困在屋子里,仪式的要求也会使战争停顿下来。仪式举办的频率,在很大程度上与意外伤亡事故的频率直接相连，因为大多数仪式的举办，都事关人员的伤亡。

死亡发生后，战斗中止，遭受损失的群体忙于哀悼死者，举行必要的葬礼，这包括杀一口或更多口生猪。那些杀死了此人的人们也需要做仪式，使自己免于遭受牺牲者亡灵的侵扰。据说死者的"明"会跟随凶手回家，恐吓杀手本人以及所有与其共居的人。如果杀手住在男人屋中，被杀戮的死者亡灵会跟随他进去，向所有在场的人进行报复。因此，当某个男人杀死了一个敌人时，他会远离他的斗士伙伴而眠，使他们免于危险。为了保护自己，他会睡在"瑞恩吉"屋中。

清晨，杀手为红精灵而祭杀他亲自喂养的一口生猪。在致辞中，他告诉红精灵，在它们的帮助下自己杀死了一个敌人，现在他杀猪对此进行酬谢。他请求红精灵阻止被屠者之灵来杀害他或者他的任何兄弟。他邀请红精灵先享用祭肉，之后帮助生者去杀更多的敌人。由于盟军不可以分享献给红精灵的猪肉，因此得杀第二口生猪献祭给低地精灵，但情况是否果真如此，我们对此并不清楚。

当猪在锅中烹煮时，战斗法师启动一种叫作"提取与处理法术"昆达果瓦闰博（*kunda guio warumbon*）的程序，准备将被杀戮之人的亡灵驱赶出族群领地。他们将闰槟树扎成扫帚，从森林里找出几截 4—6 英尺长的德拉卡（*deraka*，落尾木属）藤蔓、穆卡姆（*mǒam*，姑婆芋或海芋属）叶子以及一些直径为 1—2 英寸、3—5 英尺长的茜草科（Rubiaceae family）噶恩卡（*gan̆c*）树杆。人们把树杆的底端削尖，在其上部抹上泥土染料。这四种物事都被施以

从僧巴珈跳舞坪往北越过辛拜山谷眺视克凯人的种植园（浅色地区）。前景中的女人屋后来被摧毁以扩建跳舞坪。

五英尺十英寸高的作者与一群马林男人和男孩在一起。

正要被屠宰的大猪。

一个成功猎人正分配野猪各连接处。每个僧巴珈人都得到了一份野猪肉。

托梅盖和昆比盖两个部落的成员在男人屋的围墙内吃野猪肉。

　　人们在种桩仪式中对将用到的竹段施咒。这些桩子（左前景处）以及莫森姆叶子（竹段后边）也被如此处置。

　　僧巴珈男人准备出发去图古曼，参加图古曼人的栽桩仪式。当放置在右
边火堆里的竹子爆裂时，他们就离开。
　　右页
　　小径穿越当地群落的边界。人们很少在边界立盾，但总在此栽种树桩
（左前景处）

营建提姆比房屋。人们将中柱的树皮刮掉,让它掉到珠宝上,使珠宝增加。

左页

一个男人跳上加热的灶石,用食火鸡骨头刮开麦日特果实(左手所持之物)

一头中等大小的猪被献给红色精灵（彻丽·韦达在富恩盖-阔拉玛人，一群住在僧巴珈东面辛拜山谷里的马林人中拍摄的照片）

右页

一名女子在解除禁忌。

安达盖人冲向僧巴珈跳舞坪。

　　为舞蹈装扮的男人们。站在中心的男人头上戴着一个"曼姆普谷僧"（mamp gunč）。

舞蹈之后的贸易。两个男人在讨论金唇贝的价值。

咒语,之后分发到男人手中。竹子被放入火中,人们请求祖先帮助生者赶跑被杀戮之人的亡灵。当竹子爆裂时,男人们跺脚并大声呼喊。那些扛着施咒过物事的人在围场里奔跑。拿着闰槟树的人一边奔跑,一边做着打扫的动作。那些拿着德拉卡藤蔓的人用藤抽打地面,而拿着削尖了的嘎恩卡树杆的人则频繁地将杆尖刺向泥土。2—3英尺的茎上挂着的穆卡姆叶片被放在离地约一英尺高的地方。当男人们奔跑时,他们间或大叫,"丕沃!(Pio!)"("去!")。

在仔细地跑遍围场后,他们从门口走出,前往女人屋。其他男人尾随,一边呐喊,一边挥舞着武器。每一间屋子,每一个围场都被人们一一查看,这样的话,不管所杀戮之人的亡灵藏在何处,洒下了多少超自然的腐烂分子,都会被德拉卡藤蔓抽打,嘎恩卡树杆刺穿,穆卡姆叶子"咬伤"(其中含有草酸),被闰槟扫出边界。之后,人们再一次对这四种植物施念咒语,把亡灵以及他的土库曼卜送到敌人的领地去祸害敌人,在呐喊声中人们将它们存放一旁。

尽管无论是受害人群体,还是杀人者群体,他们所举办的仪式都只需要一至两天就可完成,但战斗可能会中止相当长一段时间。资讯人说,战斗停顿五到七天是常有的事。通常受害人群体会挑战叫喊,从而启动新一轮的战斗,但有时他们也会延期。人们承认,死亡事件会动摇受害人群体的信念,使他们怀疑仪式的效能。因此,在一桩死亡事件过后,人们可能会派人延请友邻群体中有声望的战斗法师来帮忙。等邀请送达,之后被邀请的人又步行来到邀请地,可能好几天的时间就已经过去了。若有必要的话,这些"停火"阶段通常都被两边的斗士们用来料理园子。人们还得花一天时间来准备迎接访客的仪式以及访客的仪式展演。在他们完成 142

了仪式之后，新一轮战斗的挑战就能被发出。双方又一次杀猪，献祭给红精灵和低地精灵，给盟军带话，告知他们新的战斗时间已经定下来了。

资讯人说，若受伤的情况很严重，也可以要求中止战斗。受害人所属群体在这种情况下会杀一条猪给红精灵，由受害人和他的同族人吃完。在受伤的人会继续活下去还是会死亡这一情况变得明朗之前，新的战斗可能得一直延误下去。

"仪式性的停火"有几个显而易见的好处，以下综述之。第一，战斗的中断给战斗者提供了从事必要生计重任的机会。第二，它们减轻了斧战必然给人们带来的精神方面以及生理方面的压力。而且，为杀戮举行仪式并消耗猪肉，可以缓和压力所带来的、因增高了的蛋白质代谢分解而产生的负面作用。第三，这一中断有可能加强了在更持久基础上重建和平的机会。一则，每一次停火会引发部分或全面的盟军遣散，使盟军回到自己的领地上去。资讯人说，一旦战斗变得拖拖拉拉，再动员盟军参与战斗就变得越发困难。难以集合它的支持者来参与新一轮战斗的群体，可能会选择放弃挑战，或者在死亡人数上太不平衡的情况下，通过中间人或者呼叫，递话给敌人，表达休战媾和的意愿。如果战斗被延长，并有人员死亡，这种愿望有可能被接受。资讯人报道说，人们会认为目前死伤的人已经够多了，如果战斗继续下去的话，每个人都会被杀死，因此最好现在举行休战仪式，将来的某个时候再重新开始战斗。

终止战斗

大多数斧战都以休战结束。如前所述，在不得不举行必要的仪式而使战斗中止的期间，人们会安排结束战斗。另外一些时候则是当双方都在斗坪时，人们会达成停战协定。

　　资讯人说，僧巴珈人和他们的敌人昆达盖人至少有三次达成了休战意愿。死亡人数相当，虽然不是必然条件，但毫无疑问会有利于休战协定的制定。年老的资讯人告诉我们，在第一次攻打昆达盖人的战斗中，当一个僧巴珈人被杀死，从而扳平了死亡人数比时（那时两方各死了四个人），僧巴珈人大声告诉昆达盖人，他们的复仇要求已经实现，双方都应该返回各自的家园去种植宇明闰槟，这意味着休战。另外两次的情况是，当人们宣告休战时，死亡人数并不平衡，但参与战斗的人一致同意，目前被杀死的人已经足够了，养猪种地这些活儿所带来的压力要求大家停止战斗。

　　仪式周期期间，休战状态继续。在下一章里，我们将描述这一仪式周期，并讨论它的时间设置；在此我们仅需注意，这些仪式周期被延长了，休战状态也与它们步调一致。仪式周期有时候会延续 15 年甚至于 20 年，尽管 10 年或者 12 年可能是其平均值。

　　然而，并非所有的战斗都以休战结束。偶尔战斗会以某一方的溃败结尾。这种情况下，胜利者会杀死每一个不幸被他们逮到了的男人、女人和孩子，将被征服者的领地抛荒。1953 年，僧巴珈人被昆达盖人战败之后，昆达盖人捣毁了他们的园子，砍下林子里的大多数露兜树和安比姆（ambiam，灌状买麻藤）树，亵渎用来献猪祭祀的坎地冉库（Raku），烧毁房屋，杀死了所有小猪与成猪。这种破坏，目的在于让僧巴珈人返回自己的领地尽可能地艰难，而不在于赢取战利品。由于僧巴珈人是策纳恩宇（čenaŋ yu），或者说正式的敌人，对于昆达盖人来说，在超自然意义上，僧巴珈人所

143

种植的食物是被禁止食用的。昆达盖人的战利品因此只限于能带回家喂养的小猪崽，或许还有某些逃逸的僧巴珈人抛留在身后的宝物如羽毛和贝壳。然而，人们不允许杀死的猪腐烂。因此，看到烧毁僧巴珈人房屋的浓烟滚滚升空时，中立者会马上赶到，把死猪抬回自己家里煮食。

144　　　　倾尽全力干下一切能使僧巴珈人的辖域荒芜的行径之后，昆达盖人撤回到自己的领地。马上占领僧巴珈人的领土，对于昆达盖人来说，是禁忌之事。人们还记得，在战斗之石悬挂的日子里，除非是在愤怒中，否则人们不可以进入敌人的领地。因此，一旦武装冲突已经结束，掠夺已然完成，昆达盖人不但得返回自己的领地上去，而且还不可以再次进入僧巴珈人的土地。他们害怕僧巴珈人的祖灵，据说它们至少会在其活着的后代丧失了的土地上盘旋一段时间，也害怕自己的祖灵，因为这条禁令就是它们所规定的。

如果战败者没有返回故土，这片土地就会一直荒芜下去，而胜利方的战斗之石就会一直挂在他们瑞恩吉屋中的中柱上。从马林人的历史中我仅知道一个例子，溃败群体的辖域马上被胜利方所侵占。1955年，吉米山谷的卡瓦西(Kauwasi)群体打败了他们的邻居森达人(Cenda)。胜利一方的某些成员声称他们打算马上在敌人遗弃的土地上开垦园林，但实际上，他们的行为被澳大利亚政府所阻止。政府的力量也得以第一次被这个地区的人们所察觉。

这一案例说明，超出特定某套超自然限制的限定并不能容纳人口和经济压力。卡瓦西是所有马林群落中人口最多的一支。根据韦达的统计，他们的人口在1963年就已接近900，我们没有理由认为1955年时这里的人口会更少。而且，由于大量来自僧巴

珈、阿姆卜拉奎（Ambrakwi）和僧咖姆卜（Tsengamp）的难民在
1955 年涌入该地，他们的人口数目会更大。我们猜测，当时必然
有 1 000 多人居住在卡瓦西境内，1 100 人也不是没有可能。此
外，卡瓦西的土地很贫瘠。一大片地区长满了草，许多园子都在初
辟的次生林中。简言之，卡瓦西正面临辖域的承载量极限，难民的
涌入只不过使情形更为恶化。

　　更为有趣的是，我们发现，某些但并非全部卡瓦西人否认自己
想侵占森达人的领地。他们说，不是卡瓦西人，而是僧巴珈、僧咖 145
姆卜和阿姆卜拉奎难民想去耕种森达人的土地，这些人可以如此
去做，因为这些难民本身并不是森达人的敌人，只不过作为同盟军
在战斗中帮助了卡瓦西人而已。而这一陈述与其他一些说法并不
相符，因为有许多陈述表明，难民被认为是主要的战斗者而非同
盟军。

　　经由人们对溃败人群的叙述，我们得知，俯首称臣的群体在许
多情况下并不会返回其故地。侥幸剩存的余民逃至姻亲或宗亲
处。从 1953 年灾难中幸存的僧巴珈人逃难到七个不同的当地群
落中，其中有两个在北边的辛拜河对岸，三个在南边山对面的吉米
山谷中。鉴于这些遗民的分散状况、他们对昆达盖人的持久性恐
惧以及被毁坏了的露兜树和买麻藤果林，将这些数目微小且居住
分散的人团结起来重返故乡定居十分困难。自他们战败后，僧巴
珈不复以群体存在，若不是新近抵达的澳大利亚政府代理机构给
出承诺，向他们提供保护，僧巴珈不可能以群体方式返回之前的地
域。他们的回归意图受到抑制，不仅在于此举的困难和危险，而且
在于，若继续与其东道主共居，通过参与各种仪式，他们在当地群

落中事实上的(de facto)成员资格可以转变为法理上(de jure)的成员资格(我们将在下章对这一点展开讨论)。

尽管记录表明,当地群落完整地返回他们所遗弃的领地上去这种情况往往不会发生,但通常,或者是一般情况下,被打败了的群体遗民会在他们向之避难的一个或两个群体的掩护下,收复一小部分领地。例如,在被昆达盖人赶出疆土后,有些僧巴珈人逃向紧邻其东侧的图古曼人中避难。作为图古曼群体中的一员,或者在他们的掩护下,他们重新进入了其辖域的东部,开辟了一些园艺场。在被住在别处的僧巴珈亲属告知如何使他们的土地有利于自身的情况下,几个图古曼人也陪伴参与了这一举动。据我所知,收复的那部分僧巴珈领地只作园艺场之用;修筑的房子依然距离敌人的边界十分遥远。对被遗弃土地的这种有限收复也见于图古曼–僧巴珈人的其他两例报告。

休战仪式：种植"闰槟"

哪怕是休战协议在战场上已经达成,敌对双方对彼此的诚意仍不置可否。如果在延后的一段时间里,积极的敌对状态没有重新开始的话,人们就开始举行休战仪式。那些对这一类事情的记忆并不那么准确的资讯人认为,这一阶段是一个月左右。除了在最后一次战斗后要隔一些日子以外,还需要中立人有时间把对手保证停止战斗的决心传给每个主要的战斗群体。考虑到马林地区群体的网络关系本质,这是很有可能的,但没有资讯人的陈述支持这一种可能性。

只有战斗过后依然能待在自己辖域上的群体才能举行这些休

战仪式。分散的溃败幸存者只能用简单的仪式从身上抹去瑞恩吉。敌对双方并不一同参与休战仪式，他们各自分别举行。当一个群体确认其敌手已经放弃了任何延长战斗的打算，就传话给盟军团聚在一起杀猪、种植闰槟。

杀猪的多寡取决于牲口群的大小，冲突的长短，以及死亡人数的多少。人们在祖先屋的所在地冉库祭祀。这些祖先屋散布在辖域各处，每一个男人都有几处祖先屋，以偶尔供奉猪牲。在哪一个特定的冉库杀猪，就如在其他场合一样，都由萨满来决定。他们会告诉每个男人，祖先最愿意在哪个地方吃到猪肉。在我田野调查期间，就杀猪场所而言，萨满把大部分亚族成员指引到同一个冉库，但总有一些人将他们喂养的所有猪或部分猪自行杀死在某个孤立的冉库。资讯人认为，种植闰槟的情况也是如此。当地人由在战斗中给予过他们帮助的姻亲、宗亲以及或许几个由其他地方赶来的非同宗贸易伙伴陪同，到达冉库。

有些猪是为红精灵而杀的，但人们把大部分猪献给低地精灵。[147]向两类祖先致辞的主要任务在于感谢它们在战斗中提供的帮助。大部分献给低地精灵的猪肉马上会被送给盟军，后者在仪式结束后会把这些猪肉带回家。不过，肥美的猪腹肉会被先行切走，以当作正式的献祭品。人们把这些猪腹肥肉，连同那些献给红精灵的猪肉，带到男人的围场，那里也是瑞恩吉屋所在之地。人们第二天种植闰槟的场所也就在这里。

包括同盟军、妇女和儿童在内的所有人都团聚在一起参加仪式。在准备阶段，人们抓来了各种各样的野生动物：有袋类动物、蛇、蜥蜴、青蛙、老鼠、昆虫、蛆和鸟类。人们为此准备了一个树皮做的专门炉灶(普比特,*pubit*)。这个炉灶大约有三平方英尺,直接搁置在地面上,里面装满了青菜、野生动物以及献祭给红精灵、被切成了小块的猪腹肥肉。当这些食物正在烹煮时,献给低地精灵的那些猪腹肥肉祭品也被煮给盟军去吃。男人们围坐成一圈,当每个男人的名字被喊到时,他的本地姻亲、宗亲或贸易伙伴把满手业已变冷的咸肥肉塞进他的嘴巴里。第二个本地亲属相帮着将额外的盐塞进他嘴中,泼洒下更多的盐在其肩上。这一进程中有个模糊的优先排序:在战斗中被杀死的人的儿子,若他有任何儿子的话,会被先喊到,之后是那些杀死了敌人的人。

　　在赠礼给同盟军之后,主要的斗士们会除去他们身上的"瑞恩吉"。战斗魔法师向被当做擦洗布使用的某种树虫的布样丝幕和被当作肥皂用的因咖姆(*yiŋgam*,无法识别)树液施咒。

　　这些咒语属于昆达这一类,被称为"转折词"(turning word,安迪克蒙,*andik meŋ*)。在整个仪式周期的剩余部分,安迪克蒙被不时地运用以"转变方向",或者说,倒转那些被假定与战斗相连的魔法或仪式陈述。

　　当炉子被打开,禁忌者向两类祖先致辞,重述战斗的情况,向它们宣布与瑞恩吉有关的禁忌都将废止。之后,斗士们清洗掉身上的瑞恩吉。瑞恩吉的清除表示这些禁忌如禁止人们交媾、吃女人煮的食物以及战斗期间不能食用某些食物不再需要遵从。男人们现在也可以与女人和孩子一起吃锅里的食物了。当被直接询问时,资讯人会回答,那些口头上从"外"即研杵那里拿到"瑞恩吉"的男人,要避免吃蛇、蜥蜴、老鼠和锅里有的其他禁止食物,而那些从研钵或"麦"那里得到瑞恩吉的男人可以像女人和孩子一样吃一切东西。然而，真实情况并非如此。人们很难将一小块禁食的老鼠肉和或许可食的有袋类动物肉区分开来，并且人们根本不可能将小块可接受的有袋类动物肉与禁食的有袋类动物肉区分开来。简而言之，这也许仅仅是一个因为人们无法避免误食，因而实际上取消了食物禁忌的场合。

当人们吃完了炉灶里的东西后，就开始种植被称作"屯朵阔"(tundoko)的、往往长着红叶的朱蕉品种宇明闰槟。在被念过安迪克蒙咒语后，它被直接放在刚煮过食物的方形树皮泥灶中。一个战斗法师向祖先致辞，感谢它们保护了存活下来的人的性命，不让他们丧失自己的领土。战斗法师向祖先们保证，只要闰槟还生长在这片土地上，生者就不会去战斗，或将心思转到战斗上去。他声明自己也不赞成将数量这么少的猪献给祖先和盟友，但承诺只要闰槟在地里生长，生者的心思和努力将会只用于种植芋芳、喂养生猪，好在将来的某个时候，当生猪有了足够的重量和数量，闰槟被拔除，而大量的猪肉可以献给在战斗中给予他们帮助的祖先和盟友。

战斗法师还请求神灵照管好闰槟，因为若闰槟生长得不旺盛，人也不会旺盛。在夯实植物根株周边的泥土时，所有本地男人的手于是被指引着压在植株上。禁忌者告诉他们，与妻子的交媾将使她们怀孕，生出孩子，而这些孩子将十分强壮，成长迅速。

一些资讯人认为，将手放在闰槟上能将男人和男孩的生命精粹"明"导入闰槟树中，使它在那里得以安全存放。而另一些人则否认了这一说法，认为情况并非如此，并解释说，这株闰槟树是为男人们而种的，他们的"明"要不待在斧战前一夜栽种的那株闰槟树那里,要不被那株闰槟树束缚在男人屋的围场里。之前我们已经提到过,有时候两者都被称作"宇明闰槟"(男人的"灵魂"闰槟),但男人们的"明"到底确切在何处并非此处要重点关注的对象。不过,很显然闰槟是和男性联系在一起的,事实上,女人不能触摸这株植物。

人们为女人种植另一种低矮芳香的、一般都长着绿叶的观赏性草本植物阿玛梅(Amame,彩叶草,*Coelus sentellariodes*)。当男人们放开闰槟树时,禁忌者就会绕着泥灶外部栽植阿玛梅。有些资讯人告诉我,少量猪腹肥肉会与阿玛梅一起下种,所有的人都认为它可被称作"猪腹阿玛梅"(*konj kump amame*)。禁忌人一边栽种阿玛梅,一边请求低地精灵照顾好这棵植株,保佑生猪长肥,女人多产,园艺繁盛。

显而易见,这个仪式饱含着性与生育的内容。与雄性与雌性相关的仪式物件之空间摆放代表着生殖行为,它反过来又象征着普遍意义上的丰饶。正是在之后容纳了闰槟的容器中,土地上各种各样的产物被烹制,养猪与开垦园艺,就像女人一样,都与同一种植物相关联。不过,在此我们必须提及,闰槟和阿玛梅也被栽种在坟墓上,它在此处既象征着丰饶也象征着死亡。不管怎样,我们已经注意到,在马林人看来,死亡与丰饶并不是截然对立的。

在清洗掉瑞恩吉,解除了与战争有关的超自然限制之后举行的这个仪式,显然也能将参与者们重新定向于爱好和平的行动。人们的注意力和努力将从边界线以及边界线外生活着的人那里挪开。他们现在将目光向内,致力于在他们捍卫成功的土地上繁荣昌盛。清洗掉他们身体上的瑞恩吉,之后种植闰槟和阿玛梅的行动,宣告着战争已经结束,和平悄然来临。

种植闰槟仪式的另一个重要方面是确认个体与群体之间、群体与其领土之间的关系。能够种植闰槟,表明人们已经成功地将外在的威胁抗拒于边界之外。闰槟仅能种植在自己的辖域中,而从自己的领土上被赶出去的群体不能以群体的名义在其他地方举行这个仪式。溃败之军的幸存者,在其寄居主人的战斗中涂抹上主人战斗石处取来的瑞恩吉之后,能与他们的主人一起栽种闰槟。这一举动将难民与庇护了他们的群体所拥有的土地绑缚在一处,此外还为合并那些把他们赶跑了的敌人所抛荒的领土扫清了道路。当一个难民为他的主人所植的闰槟奉献一口生猪时,他在邀请自己的祖先离开过去的栖息之地,到新地方来享用猪肉。因此,哪怕是打了败仗的群体的祖先们,最终也能从它们活着的后代被赶走的土地上撤退。

种植闰槟之后的和平仅仅是一个和平协定而已。人们说这仍然是"战斗石的时光"。这些物事依然挂在瑞恩吉屋里的中柱上,与敌人的交往仍然是被禁止的。此外,战斗石的时光,换言之,当石头还悬置于中柱,闰槟依然在地里生长的时光,是负债时期,因为同盟军和祖先们还没有因为在刚刚结束的战斗中给他们所提供的帮助得到充分的酬谢。

这一阶段期间人们仍然需要遵守一些禁忌。被看作是阔帕曼央所豢养之猪的鳝鱼不可以被食用,据说是红精灵之猪的有袋类动物也不可以用陷阱来捕杀。在生者再次利用这些精灵喂养的"猪"之前,他们有必要自己喂养生猪以供奉给它们作为回报。

之前我们已经提到过,男人们不可以食用其他群体在猪节中

所杀的猪。资讯人说,男人们将会羞耻于自己还没有喂养大足够
151 多的生猪来过节,却去享用其他群体在猪节所宰杀的猪,因而一旦
收到这种猪,人们将会把它们送给妇女和孩子。

禁止敲鼓的禁忌也很盛行。当闰槟还在地里生长时,群体成
员若受邀到别的地方去跳舞,舞蹈时他们手中拿着的应该是武器
而非手鼓。

更多的禁忌依然得保持,似乎是为了将社区生活中一些与红精
灵相联系的(因而也是战争的)部分和与低地精灵相联系的(因而也
是和平行动的)部分隔离开来。人们不可以挖设陷阱来捕杀有袋类
动物,可以吃有袋类动物的肉,但不能与露兜树的果实同食,因为后
者是与低地精灵联系在一起的。红皮的甘蔗、香蕉和甘蔗属佛手瓜
(Saccharum edule),以及某些露兜树品种和某些有袋类动物,男人和
女人都可以吃,但不能分享同一株植物或同一只动物。除此以外,
男人还不能吃某些柔软的块茎,尤其是长在低地的某些参薯(Di-
oscorea alata)、黄药(D. bulbifera)和茭白(D. esculenta)品种。

这些禁忌中有两个具有实际效果。首先,我们在上一章提到
过,禁食其他地方送来的"节日猪"只限于成年男性与青少年男孩。
最需要蛋白质的妇女和孩子是这条禁忌的生理学上的受益者。其
次,禁止挖设陷阱来捕猎有袋类动物只不过有助于有袋类动物种
群的繁衍。在我田野调查期间,虽然我没有对此进行过计算,但很
显然人们捕获的几乎所有的有袋类动物都来自于陷阱捕套而非弓
箭射杀。不仅如此,设陷阱的产出量貌似非常之大。当允许人们
设陷阱时,一年中被捕获的动物高达几百只。我手头没有栖息在
僧巴珈辖域内的有袋类动物种群数目的动态数据,但延长了的禁

止设陷阱围猎它们，能让有袋类动物从有可能毁掉它们大部分的
开发利用中恢复过来。

尽管这些禁忌增加了当地群体的幸福健康，但与其他相伴随
的、经由种植闰槟得以确认的当地群体的债务人状态相比，它们并
不重要。精灵们与同盟军们必须因为参与最近的战斗而在当地群
体又一次发起进攻之前得到酬谢。如果某个群体在还清债务之前 152
攻击它的敌人，精灵和同盟军的帮助都不会到场。资讯人们一致
同意，同盟军与祖先都会非常生气，因此会拒绝帮助这个还没有完
成最后一轮战斗所产生的义务却又发起了新进攻的群体。这些制
裁足以让人们恐惧，从而使背弃和平协定的现象较为罕见。① "神
灵的休战"因而获胜，直至人们喂养了足够多的生猪献给盟军和精
灵，足以拔除闰槟。下一章我们将讨论多少数量构成了"足够多的
生猪"，需要多长时间才能获得，以及它们被献祭的节日。

---

① 在一个记载了二十多场战斗的资料中，有三例违背现象。有意思的是，三例中
有两例的主要违反者是卡瓦西人。我们之前提到过，他们是马林当地群体中人数最多
的群体，当时人口已经面临辖域承载力极限的压力。让我们更感兴趣的是，我们关注
到，违犯闰槟休战协定并不必然涉及闰槟惯例的简单废除，至少在图库门咖（Tukmen-
ga）人的这个例子中就是如此。后者是居住在吉米山谷的一个很大的当地群落，在卡
瓦西人打败森达人几天后参加了卡瓦西人对莫纳姆巴特人（Monambant）的进攻。按
照1966年曾经重返马林地区的韦达所搜集到的资料来看，图库门咖人虽然赞同对莫
纳姆巴特人展开一致进攻，但因他们种植的闰槟仍在地里生长，担心因为祖灵没有因
前次战斗中给予的帮助获得回报而有负面反应，故此有些犹豫。他们的解决方法是杀
死少数几口猪，毫无疑问到至少有几口猪会被人们摆放在瑞恩吉房子的屋顶上，作为献
给红精灵的祭品。换句话说，对祖先的义务在新的战斗发动之前必须履行这条神圣原
则（principle）可以保持不变，而如何去履行这些义务的规则（rule）则可以被更改。依
照韦达的记叙，资讯人后来认为图库门咖人所援用的这些程序一直以来都是可以接受
的，但之前没有先例可资援引。尽管数据不够充分，但足以证明，图库门咖人在根据当
前的情境来重新诠释神圣传统的行为要求，这一过程也是西方社会的人所熟知的。

第五章 仪式周期

仪式周期的持续

仪式周期的时长，以及取决于仪式周期时长的休战协定生效的时间长短，很大程度上由存栏生猪的特性所决定。经年之久、确立仪式周期的"凯阔"（kaiko）节庆，肇始于连根拔起战争过后所种植的闰槟树，而根除闰槟树又要求人们拥有"足量"的生猪。因而我们必须先定义这个数量，发现人们集聚起"足量的"猪的方法。

猪的来源

人们必须使生猪"足量"以筹划凯阔，生猪的来源因而变得十分重要。我们已经指出，僧巴珈人始于1962年所举行的凯阔仪式所用生猪，仅有百分之十三购买自本地群落之外的人。因此，积累足够的生猪存栏数以根除闰槟，看来主要是依靠当地猪群的自然增长，而非从其他当地群落的成员那里购买。

"足量的"猪

当地群落的成员必须赠猪给其他的人，这一责任并没有确定根除闰槟，从而发起凯阔仪式的生猪头数。这类责任存在着且必须被履行，但这只是设定了所杀生猪头数的下限。显而易见的是，除了出于互惠原则，人们必须捐献出与先前接受过的同等数目的生猪以外，奉献多少口生猪由捐赠者自行决定。当然，若某人供奉大量生猪，势必会因此赢得声名。但在大多数情况下，人们赠送生猪的责任里并没有特定的头数规定。而且，如果某人有特别要求，那么他献祭的生猪数目很可能超过他需要承担的数目。多出的那一部分将会被他自己和他的家庭成员消耗掉。相似的，对神灵履行义务也没有规定人们需要屠宰的生猪数目。人们必须在某些情境下杀猪，但所宰杀的生猪头数却并没有被指定。

显然，生猪到底要多少才算"足量"，这一问题的答案需要我们在为活着或死去的人尽责这个领域之外去探寻。在之前的章节中，我们讨论过生猪在僧巴珈人生计中所扮演的角色。在此我们将对之进行一些有益的简短回顾。

生猪对于僧巴珈人最重要的贡献，也许是它们在应激时期（periods of stress）所提供的蛋白质。它们还为人类群落提供了其他一些服务：通过吞食渣滓和食物残渣，保持人们的居住区干净，同时还提高了农作物的使用效率。在某些限定时期内，少量生猪的觅食不仅利用了可能被浪费的块茎，也有利于次生林的木质成分生长。

由于人们用所收获的次等块茎，连同人类自身的配给量来喂猪，少量生猪很容易存活。事实上，我们可以说，通过吞食配给物，生猪为主人们提供了进一步的服务：将作为人类食物而言仅具有微小作用的块茎转化为高品质的蛋白质。

另一方面，猪群扩大又会产生令人痛苦的后果。首先，由于生猪存栏数增大,定居群体会越来越分裂。在凯阔仪式举行以前,人们的居住模式有如一个亚族村落或分散的家园。能够时常保持个体间社会联系的人因此减少,而僧巴珈人也像其他大多数人一样,喜欢聚会、聊天,因此这必然让人们产生一种被剥夺感,并可能让社会结构降低其效力。例如,人们会回忆起通过非正式谈话达成共识,"讨论"最终"达成共识"的情景。居住地的接近会促进这一过程,反之,居住地的分散则对此进行了抑制。

或许更重要的是,人们在散居模式下更容易受到敌人的攻击。只要闰槟仍在土地上生长,人们就得遵守休战协议,参与上次战斗的敌手们都可安然无事。但若惹起了争端,那些没有在地里栽种闰槟,因而能自由发起战斗的其他群体或许会跨越其他边界线对他们发起进攻。

第二,增大了的生猪存量要求人们付出额外的劳作。在之前我已经指出过,养猪业要求人们投入极大的劳动量,但这一问题的某些方面我们必须加以额外讨论。

第三个不利条件在于,由于猪群增大,生猪更有可能侵入园艺场搞破坏,这一点我在之前就已提到过。这一类事件经常不仅使作物被糟蹋,也导致了人们屠杀生猪,彼此争强斗狠。屠杀生猪和激烈争斗,反过来加剧了居住地的分散程度。

韦达(Vayda)、利兹(Leeds)和史密斯(Smith)就美拉尼西亚的猪曾做过一般性的评论,认为它们"显然属于那一类值得多多拥有的好东西"(1961:71)。但这里的问题在于,人们没有被要求拥有多少口生猪之后才可拔除闰槟举行凯阔仪式,而在于多大数量的生猪可以被容许,人们得花多长时间来获得它们。

　　依照僧巴珈人的看法,若一个地方"很好",那么用不了几年人们就可喂养好足量的生猪以拔除闰槟。不过,若一个地方"不好",人们为此所花的时间就会更长些。他们认为,人们可以在那里待得很舒适的地方就是好地方。因此我们可以推断,好地方就是猪的自然增长能超过大多数情况下与不幸相连的仪式屠杀对它的需求,从而能使生猪存栏量增加的地方。另一方面,"坏"地方就是人们在那里经常生病或者死亡的地方,因而也是需要经常宰杀生猪来祭祀的地方。在相当长的一段时期内,坏地方的生猪数量增长缓慢,或者根本不增长,有时候甚至会减少。

　　虽然厄运有时候会直接降临到生猪的头上,人们在非节庆时期为了送礼给姻亲,或者在与厄运无关的周期性仪式场合也会杀掉一些生猪①,马林人猪群的动态变化仍可看作是与之有关的人口群落健康幸福度的粗略指标。

　　我们很难把关于好地方和坏地方的说法换算成年头多少。资讯人认为,在好地方,五年或六年时间里人们就能积攒足量的猪以拔除闰槟,而我们之前就已经指出过,我们的资讯人在时间长短的估量上并不准确。

　　在两到三年的时间里,僧巴珈的猪就可以长到最大尺寸。五到六年的光阴足以让伴随闰槟的种植而屠杀生猪活动中的幸存幼

---

　　①　在闰槟停战协议期间通常需要定期举行两种仪式。第一种仪式是,在闰槟种植后的第一或第二年里把仪式植物孔吉库姆卜阿玛梅(猪腹阿玛梅)从男人屋移栽到女人屋。每个拥有土地的群体此时应该杀一条猪祭祀。一段时间以后,一些年轻人被萨满精灵,烟雾婆婆"击中",为此人们也得宰杀几头猪。但这些事件对猪群都不构成重要的需求压力。

猪以及它们的后代成熟。第三代或许也能茁壮成长。不过,我们
应该还记得,僧巴珈的生猪并不经常受孕。在我田野调查期间的
那一年里,大约一百个可能性中仅产出十四窝幼崽。仔猪死亡率
也十分高。我们还应该记得,1962 年 10 月至 1963 年 12 月,每窝
猪崽中能存活达六个月之久的仅有两只多一点。因而,这预示着,
生猪种群数目的增长可能会慢一些,尽管人们为仪式所需宰杀的
生猪并没有几条。简短地说,一个地方确实得够好,才能由 1963
年 11 月凯阔结束时存活的 60 口幼猪,在六年之内将其数量增长
到大约 169 口,也就是 1962 年 6 月举办凯阔之前的数量。

僧巴珈人在 1963 年之前的 50 至 60 年间,举办过四次凯阔仪
式,这意味着这一节庆的间隔期大致为 12 年至 15 年。尽管有证
据表明,战斗通常会相当快地爆发,但我们不清楚大多数情况下,
凯阔与下一次战斗之间会间隔多久。也许,对于僧巴珈人来说,种
植闰槟到积累足量的生猪条数以备拔除闰槟大概平均要花 8 年到
12 年,但这只是一个并不那么精确的估算。

在此必须强调,也有仪式周期期限在我们对僧巴珈人所估计
的 12—15 年之外的情形。1963 年,韦达报告说,有些群体二十几
年都没有举办过凯阔仪式。在特定时期内,如果发生不幸的次数
特别高或者特别低,甚至于生猪足量的出生数目或由于受伤与疾
病所带来的死亡数目所导致的变化,仪式周期的长短都将与我们
在此的估计相差甚远。

猪,劳动与女人

我们应该还记得,有 16 个成员的托梅盖部落拥有最大值牲畜

量时开垦的英亩数,比其拥有最小值牲畜量时高 36.1%。这一差别大约是 75 000 平方英尺,耕作这些土地、收获果实以及运输作物所需要投入的劳动付出大约是 495 000 卡路里。由于牲口减少到 11 只成年猪或青壮年猪,可以估算喂养每条猪每年需要支出能量大致 45 000 卡路里,或平均每天 125 卡路里。

由于人们给猪喂的是甘薯和木薯,因此供应猪食的劳动重任主要落到了妇女肩上。除了在砍树、围栅栏、帮助清除矮树丛、收获一些表层作物、照管甘蔗之外,男人们在这多增加了的甘薯园里没干多少事。是女人种植、收获根块作物、承担除草的大部分工作以及几乎所有的运输工作。精确的计算有些困难,但每天花费在每头猪上的 125 卡路里中有 100 卡路里是由女人们付出的,这种说法应该也还公道。问题于是变成了——"一个女人能喂养几口猪?"

在我们对僧巴珈人食物消耗的计算中,大致计算出每个女人的日常饮食可为其提供 2 150 卡路里。由于僧巴珈妇女的个子需要大约 950 卡路里来维持基本的新陈代谢,大约有 1 200 卡路里可供其他活动开销。这些活动除了养猪以外,还包括为她自己及其家人种植园子、烹调、照顾孩子以及制作诸如网袋、围裙和胯布等,更别提社交和生育了。这也难怪在 1962 年的凯阔举行之前,66 个十岁以上的僧巴珈妇女仅喂养了 169 口猪。也就是,每个女人只喂养了 2.4 口体重在 120—150 磅的生猪。每个妇女养猪的数目从零至八不等。当后一数字按照 120—150 磅的等效来调整时,数值变化幅度变成了从零至六。若按照每条猪每天需耗费女人们 100 卡路里来计算,喂养六条猪需要一个女人花费为其他活动所开支的卡路里的一半。因此毫无奇怪,仅有一个女人在无人帮助的情况下养了六条猪,养了五条猪的女人也仅有四个。我们大可假定,这大概是一个强壮的成年女人养猪方面力所能及的最大数值了。由于 10—15 岁的女孩子和老年妇女都算在养猪的妇女中,而这些年龄段的妇女不能像 15—50 岁的妇女们那样发挥作用,因而"平均每个妇女"养猪条数的最大值降到了 4。在我田野调查期间僧巴珈十岁以上的妇女有 66 个,因此按道理来说可以养264 条生猪。但我们已经指出,凯阔开始前人们喂养的猪远少于此,很有可能生猪头数从来没有接近过当地群体的所有女人们可以喂养的最大值。由于生猪是个体拥有的,因此有些妇女会在其他人开始养猪之前就已经喂养好几口生猪。正是在那些为猪所累的女人们的丈夫的影响下,才明显出现了公众的倡议,筹划着要拔除闺槟,开展凯阔仪式。

依照资讯人的说法,早在 1960 年或 1961 年就已经有一部分男人在催促举办凯阔仪式了。这些男人中包括那些喂养了最大数量生猪的家庭之主。这些男人们对于为什么要举办凯阔所给出的理由中,有一点是他们已经厌倦了种植甘薯园。但有一个男人非常坦白地告诉我,是他的妻子已经厌倦了种甘薯园,并且一直在向他抱怨。我对这些男人中另一户妻子在家居场景中的近距离观察也表明,那位丈夫肯定也屈服于他妻子对养家和养五头猪所付出的艰辛劳力之抱怨。在这种骚动中,表现突出的还有一位鳏夫,妻子留下了五六口大致在 120—150 磅重量之间的猪,却仅有一个十三岁的女儿去照料它们。这个鳏夫不得不亲自种植、收获甘薯,在好几个场合中向我哀叹鳏夫这一方面的不幸命运。

没养几只猪或完全没有养猪的男人们对这一倡议的回应则是试图四处获取牲畜。市场上通常人们只买卖三四个月龄的小猪，而且这种供应也总是短缺。不过，人们可以获得当地的小猪崽，或从其他群落，尤其是那些住在吉米河谷的群落那里弄到小猪崽。当越来越多的人弄到了更多生猪，倾向于拔除闰槟的呼声也就越来越高了。

尽管我们不可能指出拔除闰槟所需的精确生猪数目，但在此可以做出一个生态学概念上的基本论断：当猪与主人的关系从支持状态（应激的蛋白质供应、次等根茎的转换等）转变为寄生状态（恼人的甚至于无法容忍的精力付出）[①]，当发生了这种不利转变的关系变得很普通，以致当地群落已经形成一致共识时，生猪也就足以应付拔除闰槟的仪式了。

在杀猪很大程度上受限于紧急状态下的仪式应用的群体中，凯阔由此给人们提供了去除寄生的多余生猪的一种仪式手段。换句略为不同的话语来表述，我们也可以说，凯阔提供了限制人们获取动物蛋白所花费的卡路里数量的一种方式。布朗和布鲁克菲尔德(1959)也在其论文中指出过，新几内亚高地的钦布人也利用猪节来除去已经成为寄生物的猪群：

160

　　它（猪节）举办的时间取决于猪的成长和增长速率，因为其主要特征就是大量杀猪以及分配煮熟的猪肉。[p.46]

---

　　① 在此运用的是"寄生(Parasitism)"这个术语，从最广泛的意义上来讲(sanso latu)，指涉的是两者或更多个体之间的关系，其中一方或多方因另一方或多方所付出的代价而受益或得到支持，而所回报的却远不对等，或在其过程中受到损害，或两者都有。

> 猪循环的高峰……出现于巴格拉更德[bugla gende,猪节]举办前夕,其时成年生猪的数目有人口的几倍之多[①],从而需求大量的劳力与土地,……更多更坚固的栅栏才能使猪远离正在耕作的土地……。人们必须得开垦大量额外的土地,不仅仅为了满足巴格拉更德仪式性食物所需,也要为生猪提供更多的甘薯。[p.22]

猪的破坏性

除了保护人们不再受猪寄生状态的困扰之外,在某些情况下,凯阔仪式还是阻止生猪对园子造成破坏的保护性反应。韦达、利兹和史密斯(1961年)曾提出过猪节的这一效用:

> 生猪的数量可能……增长到某一程度,对人们种植的园子造成越来越大的威胁。在新几内亚高地人和其他一些美拉尼西亚人那里,手头拥有大量生猪会成为举办大型节日的"扳机",在这种节日上,成百上千乃至成千上万口生猪被杀戮……不管人们是否刻意为之,这种大量的杀戮是一种保持土地免于被猪群侵占的方式。[p.71]

布朗和布鲁克菲尔德(1959:22)曾强调指出猪群对土地的

---

①   在其后发表的作品中(Brookfield and Brown,1963:59),相同的作者将猪节举办时猪群数目的估计往下调至几乎每人拥有一口猪。这接近僧巴珈人每人拥有的生猪量为0.83这一数值。

蹂躏所产生的社会后果,认为它们给钦布人带来的纷争"肯定不可胜数"。

由于人与猪住在陡峭的溪流堤岸这一侧,而所有的园子在另一侧,在我田野调查期间,家养的生猪给僧巴珈园子带来的破坏没有几例。但生猪与园子的这种地理分隔既独特又短暂。资讯人报道说之前并没有这种分隔,之后也很可能不会再有。

相邻的图古曼部落所发生的事件毫无疑问更具有代表性,足以说明凯阔举办之前猪群对园子的危害程度。图古曼人与猪群的比例大致与僧巴珈人地域上的情形相当。在我田野调查期间,至少有六条图古曼生猪由于闯入园中而被射杀。或许还有些射杀行动我没有听说,同时肯定也还有一些生猪侵入园子闯下了祸但没被人们逮到的情况。

某些这种插曲导致了后来的严重争端。其中有一例就是,被射杀了猪的主人为了报复,将杀猪人所养的猪射杀。这一事件的主角之一心酸地讲述了他自己如何离开了图古曼部落,到他妻舅,一个僧巴珈人这里来寻求永久居留的故事。他没有离开住地,但在1963年里将他大部分芋头-番薯园种在从妻舅处获得了用益权的土地上。他很明确地表示,之所以将作物种在这里,就是为了避免图古曼人所养的猪的侵扰。另一个选择了从妻居形式的僧巴珈人,曾与图古曼人住在一起,但在他养的一只猪在别人的芋芳-番薯园被射杀之后,于1963年又返回到僧巴珈辖域居住。可能不管怎样,他最终会返回僧巴珈居住,但他认为,这一插曲是具有决定性意义的。

另一个住在辛巴河谷的马林人群体卡纳姆普人(Kanump),

显而易见也正好在 1963 年他们决定举办凯阔仪式前,经历了与图古曼人相似的苦难。那里的资讯人告诉韦达,他们不久就要举行凯阔仪式了,因为猪群正在破坏园子。

猪是直接破坏了园子的罪魁祸首,但它们这种破坏的后果经常比作物的损失要严重得多。园子损毁有时候会导致猪的主人和 162 园子的主人掀起一场武力冲突。更经常出现的情况是导致争端者之间的人际禁忌:他们拒绝食用同一堆火上烹煮的食物,拒吃另一方种植的任何作物。争执的双方有时候会威胁离开这块地域,毫无疑问他们也经常如此行事。伴随着闰槟树栽种过后不久猪群的扩大,居住地分散的进程预示着将会有一个符合逻辑的结尾:人们将移出辖域居住,或许永远不出现于当地群落中。简短地说,猪群因而成了人口的竞争者(对于耕作物而言)和寄生者,其间的竞争能将人们赶出领地。我们可以认为,凯阔仪式不仅仅是人们对于他们所养生猪之寄生状态的调整反应,也是他们对于增长了的猪群日益增长的竞争能力的调整应对。

人口密度与"凯阔"仪式的触发

从图古曼和卡纳姆普-卡尔当地群落获得的数据并不充裕,但大量猪群所带来的两个方面——它们的寄生性和竞争能力——的相对重要性,随人口密度而变化。在人口分布不那么稠密的地区,或者说在僧巴珈人的这种耕地免于猪群践踏的情况下,猪群的寄生性可能会触发凯阔仪式。在人口分布更为稠密的定居地,以及如图古曼人和卡纳姆普-卡尔人居住的那些猪群能更容易侵入园子的地方,可能是它们的竞争性决定了人们达成共识。换句话说,在人口密度高和园子很容易被猪群侵入的地方,达到造成不可容忍的破坏性水平的生猪数目会低于女人们劳力付出所无法承受的养猪数目。

在这两种情形下,凯阔都有可能在低于该地域承载力的猪群数量与人口数目的水平时被触发。就拿1962—1963年僧巴珈人举办的凯阔这个案例来说——该仪式毫无疑问是由猪的寄生性所引发的——很显然它就属于这种情况。在之前的章节我们估算过,就1963年僧巴珈所展现出的人口数量与构成来看,人们喂养的猪群数量可达到远超过现有数目但又不超过地域承载力的周期最大值。尽管我们无法精确估算,但250—300口左右的生猪周期最大值或许都不会超过辖域承载力界限。在这一数值范围内的生猪数量要求每个女人和女孩喂养4—4.5口120—150磅重的猪。这里的计算表明这一数字不可能达到。女人们喂猪的生理承受力低于该辖域能给生猪提供食物的能力。

与因养猪所要付出的极度劳作而触发了凯阔仪式的那些情形不一样,由于猪所造成的破坏而引发凯阔仪式或许可看作是与人口密度直接相关的一个进程。很显然,如果把工具、技巧、作物库存和种植比例当作常数的话,人口规模的任何增长都要求人们增加耕种的园子数目。如果地域有限,就如马林当地群落的辖域一样,园子的数量就会越来越多,而园子与生猪住地的距离就会越来越小。我们已经提出过,生猪闯入园子破坏的机会成几何级数增长,而人口数与生猪数却只会按照算术增长。在此我们认为,当人口增长时,其成员会日益被猪所踩踏的园子所困扰,因而会按照人口数,逐步限定将较少量的生猪数量当作足够举办凯阔仪式的数目。当人口数目接近承载力时,这个数值会很小。除了僧巴珈人的资料外,我所获取的其他马林当地群落数据并不充足,因而这种建构目前只能是假想性质的。不过,我们应该记得,僧巴珈人曾经说过之前当他们人数壮大时,他们也用较少的生猪来举办凯阔仪式。在此我们谨慎地提出,如果辖域的承载力将会被超过的话,会是人口数目而非猪的数量超过辖域承载力。这里假定的种群极限模式并非不同寻常。密度依赖因素过程会,且经常可能在承载力之下的水平层次上发挥效用。伯塞尔(Birdsell,1957)就人口密度这方面已经指出了这一点。温-爱德华(Wynne-Edwards,1962,1965)认为,其他动物种群罕见这种仅在密度增高到承载能力水平时,种群数量才受影响的现象。密度调节通常更普遍地发生于更低的密度水平,通过密度依赖因素过程如抑制排卵、分散居住及限制交配而产生作用。

不管凯阔仪式起因于生猪的寄生性还是它们的竞争,通过仪式周期来对生猪与人口密度之间的关系进行调节,周期性地减少生猪种群,似乎很明显地有助于把人与猪联合在一起的要求控制在该地域的承载力水平之下。换句话说,它有助于保持次级林充足的休耕期限,保护虽然已处于边缘的原始林地区的地表覆盖物,要不然它们会被人们开垦耕作加以利用。

在此,我们可以提出仪式周期更深层次的一种调节作用。虽然凯阔不能阻止人口的增长超出该地域的承载力,它却通过提供更多扩张进攻的机会而减缓了当地群落的压力。若情形确如以下所言:由于人口增加,少量的生猪就足够拔除闺槟,休战时长对于人口密度高的地方来说就会短一些,因为所要求的生猪数目越少,聚集起这些生猪所花的时间就越短,那么,反言之,人口密度越高,攻击邻居的情况就越会被人们所容许。韦达所收集到的数据能很好地阐明这个问题,尽管明确的答案由于估算诸如很多年前发生的战斗前夕的人口规模,以及在一个不习惯于用年来记事的民族中计算战斗之间的精确间隔所固有的困难而变得不可企及。

　　虽然在此提出的某些论断只能是假想,我们仍可以这么断言:仪式周期可以被看作通过应答系统中各变量关系间的变化,并将这些变量返回至之前和更可行水平的一种机制。这些变量包括生猪的数量与规模和其增长率,以及人口的体型、构成和卡路里摄取量,加之他们可获取的土地数量,园子和猪群驻地的距离,或许还有其他事项。来自僧巴珈人和其他马林群体的信息支持韦达、利兹和史密斯(1961:72)所作出的判断,即猪节"有利于保持美拉尼西亚人与他借以维持生计的农作物和动物区系之间的平衡"。 165

敌人的仪式周期

　　显而易见,当地猪群的规模与增长速度是何时举行凯阔仪式的决定性因素,敌人的仪式周期也是一个使人心慌的因素。资讯人关于在与欧洲人接触之前的那段时间的描述,以及我在1962年和1963年期间对辛拜河谷与吉米山谷所发生事件的观察,都表明敌对方的凯阔仪式是在同一时间,或者基本上同一时间举办的。貌似极少有两个主要群体为了同一场战斗而发起的节庆,时间间隔在一年或两年以上的。

　　资讯人都否认敌方举办凯阔仪式日期的逼近会影响到他们自己的计划,并且极有可能的是,对立双方凯阔仪式举行的基本一致有时是在相似人口密度下运行了相似过程之结果。尽管如此,某个完成了凯阔仪式的群体能够自由发起敌对行动,而没有完成凯阔仪式的群体则不可以如此行事,这一事实暗示着资讯人的否认是一种理想型表达,而非真实动机的阐述。

　　比敌人晚一年发起凯阔仪式并不会把这个群体置于危险之中。由于凯阔通常会延续一年多的时间,迟延的群体会在敌方在完成该仪式之前不久或之后不久开始举行凯阔仪式。在凯阔进行过程中,群体不会主动发起进攻,而对正在进行凯阔仪式的群体发起攻击的事情似乎也从来没有发生过。这其中的理由并不清楚,或许在于凯阔仪式关乎超地域(supralocal)利益。任一凯阔仪式就物品流动、人员交换以及猪肉分配方面对于整个马林人以及毗邻人口所提供的用处,我们将在后文中加以讨论。在此我们只需指出,这些用处相当重要,对它的破坏哪怕是在中立群体看来,若非无法容忍的话,至少也是令人不便的。一个群体能否召唤到同盟军的支持,来对另一个正在进行凯阔仪式的群体发起攻击,也很值得怀疑。

　　然而,敌对方之间举办凯阔仪式的两年间隔会使迟缓的那一方处于危险境地。在拖延的那段时间里,迟缓方的闰槟依然在地里生长,而敌对方则有了攻击他们的自由。复燃旧仇因此完全取决于敌对方对进攻时间、地点与方式的裁度。马林人历史中至少有一个这样的例子,一个刚完成了凯阔仪式的团体对还没有拔除闰槟的宿敌发起突然袭击,使得一桩旧仇又添了新恨。

对于马林人而言,迟延的影响显而易见。此外,毫无疑问所有的群体都经常收到来自中立方有关敌方辖域所发生事件的信息。因此,形势所逼,在某些情况下,群体会选择用他们自己所不能容忍的、很少量的生猪来举办凯阔仪式。

凯阔仪式

在猪群规模不断增长的压力之下,可能还顾及敌对群体里正发生的事件,人们最终就举行凯阔仪式达成一致意见。共同组成了凯阔仪式的各项活动对于人口分布以及食物、货物与人员的流动,和地区内与地区间的社会与政治关系都大有影响。

在边界种植树桩

凯阔仪式的准备活动始于在辖域边界种植树桩。人们在旱季初期为新开辟芋芋-薯蓣园而砍完树,却还没有耕作之前举行该仪式。1962 年,僧巴珈人在距离我开始田野调查前三四个月的六七月里进行了这一仪式。人们所报道的仪式展演与图古曼人于1963 年 6 月种植树桩的情形类似,毫无疑问它们会类似。

正如所有的重要仪式那样,萨满们首先得寻求祖先们赞同即将发生的事件,请求它们选定想要的猪只,指定它们愿意在那里接受牺牲的冉库或者说屠杀生猪之地,并约定屠杀生猪的日子。就图古曼人和僧巴珈人两者的情况而言,人们还告知了参加过先前战斗的盟友这一指定的日期,以便他们对活动中所扮演的角色有所准备。

167

为种植树桩而杀死的生猪数目不多。资讯人承认，僧巴珈人在 1962 年的仪式中只杀了七头猪，而早些时候只杀三头生猪，每个拥有土地的群体各出一头。由于在 1953—1956 年流亡期间开始实施的禁忌，使得任一单个土地拥有者的全体成员都不可能分享食物或灶火①，这导致了人们在 1962 年多杀了几头生猪。

在与杀猪相伴的致辞中，人们感谢祖先看顾了人们与猪群，告知祖先他们现已为凯阔仪式准备了足量生猪，想在边界种植树桩。

人们将猪肉在冉库搭起的土灶中炖熟之后，不拘性别与年龄，将其分配给地方群落里的每一个人。而猪头、猪心和猪肺则要被人们拿回"瑞恩吉"房中，在孔吉比恩特，即地面上的炉灶中烹煮。②

猪头、猪心和猪肺正在锅中烹煮，与此同时人们在边界种植树桩。因这一过程的准备部分类似于战争活动期杀敌后所行，因而我们不必在此多加赘述。人们对闰槟、穆卡姆、德拉卡和抹了泥土染料的木桩念施符咒，驱除被屠杀的敌人之亡灵（据信它们有可能

① 在流亡中，许多僧巴珈人逃到了吉米河谷，在莫纳姆班特（Monambant）和卡瓦西当地群落避难。这些群体是积怨已久的宿敌，尽管僧巴珈人住在那里，他们之间还是发生了战斗。僧巴珈人不仅加入到他们东道主的战斗行列，还作为住户充当了主要的战斗者，其中两人被杀。当 1962—1963 年僧巴珈人举行凯阔仪式时，那些逃亡到卡瓦西的人和在莫纳姆班特避难的人仍然遵守不吃对方种植的任何食物这一禁忌。那些在其他地方寻求庇护的人也受到了因莫纳姆班特和卡瓦西之间战斗而起的禁忌之影响。他们能够食用逃难到这两个群体的人所种植的食物，但不能同时又与之分享灶火。例如，如果他们和那些逃亡至卡瓦西的人分享灶火，他们就绝不食用在同一灶火上烹煮的食物，因为这些食物已被那些曾与莫纳姆班特人待过的人吃过。这些禁忌分裂了这三个土地持有群体，五个宗族中的三个，甚至于四个亚宗族。

② 1962 年，僧巴珈人对这一程序有所修改。在澳大利亚政府帮助他们结束流亡返回之后，僧巴珈人不再修建瑞恩吉房屋，资讯人认为，政府强制和平，瑞恩吉房屋不再有用。战斗石被挂在男人屋中，就是在这里人们烹煮猪头、猪心和猪肺。

会返回作恶)以及这些亡灵所散播的腐败气息。

从不同的"瑞恩吉"房屋开始出动,分别清除了其住地超自然威胁的各支队伍,在新近开垦出来但还没有耕作的芋芳-番薯园集合。那些芋芳-番薯园由一块或多块成串的广阔土地构成。在僧巴珈人举办凯阔仪式的一年里,人们持续新垦了超过 20 英亩的土地。由于这些芋芳-番薯园的产出主要供凯阔仪式所邀的访客食用,人们因此对之加以特别关注。原因在于,来访者所罹病患都将被追责至当地人,而这些园子极有可能成为有时会向作物施毒的敌对方精灵制造事端之目标,因而直到人们仪式性地先净化了这些园子,在其上种植作物才被认为是安全的。

结束了在新垦园地中的活动后,聚集在一起的人们,由在他们之前挥舞着巴姆普宇克(战斗袋)的男人们率领,走向敌方边界。他们沿着战斗中通往斗坪的道路前行,一路上盟军小分队纷纷加入。这些盟友同样带着木桩,若其中有人曾经杀死过敌人,他在家时就得经历类似的准备活动。当人们向边界挺进时,所有人一路上都会唱着那首战斗期间从斗坪上杀敌凯旋归来时才哼唱的歌曲威喽威(welowe)。

人们在边界种植新的树桩。这些新木桩,与老木桩以及与净化物体相关的、正在成长的闰槟树一道,组成了一道通往其辖域的大门。人们施念符咒,将敌方亡灵及其腐烂气息驱赶回其所来之的敌方地域。之后人们指定一些大树来砍伐,每株树代表一个被杀死的敌人。杀死这些敌人的群体,包括本地父系群体以及盟军群体,负责劈砍这些大树,使它们横跨边界,或至少朝向边界倒下。砍伐工作进行时,男人们唱威喽威曲调,而战斗法师则用他们的战斗袋擦树。

　　一些资讯人认为,砍树行为只不过用来庆贺战斗袋的魔力,在它的帮助下,"像树一样高大"的敌人也能被人们杀死。其他人则认为,这些树为战死者之灵提供了栖息之地。不仅如此,砍伐这些树木以便它们横跨边界,能将树木神灵(纳瓦)[1]送过边界。人们希望它们能引诱那些战死人的灵魂停留在那里。这支队伍于是返回,盟友散开至各自的辖地,而当地人则返回到几个"瑞恩吉"房屋中。

　　一俟瑞恩吉屋中的炉灶打开,禁止用陷阱来猎捕有袋类动物的禁忌也就随之解除。[2] 人们向冈英盖(ganiŋgai,楼梯草属 Elatostema Sp.)灌木的插枝施念安迪克蒙(Andik meŋ),那种让"诺言转向"(turning word)的咒语。一名战斗法师手执这些枝条于新开的灶所冒出的蒸汽中,用对话的语气向生者与死者发表演说,重叙战斗故事,以及之后栽种了闰槟,并列举了从那以后人们所遵守的禁忌。他说,既然已经种植了树桩,男人们就想去挖陷阱猎捕有袋类动物,如此才能做成鼓面。然而,他接着说道,当人们战斗时,他们已经遵照传统(诺曼尼),他们不可以用陷阱围猎有袋类动物,这些话一直被他们铭记于心。因此,在使用陷阱围猎有袋类动物之前,他们必须自己先行去除这些话语。之后,男人和男孩开始传递冈英盖枝条,每一个人都将仰头向后,用枝条由肚脐向上轻刷

---

　　①　据我所知,这是将纳瓦归之于树木的唯一语境。
　　②　我没有亲见图古曼人 1963 年举办的这一仪式,但我有好几回见过其他语境下的类似展演。

至嘴唇。擦刷时,每个人都宣称他正在去除禁忌,并发出吐痰的声响。然后人们分食猪肉,仪式告罄,由此终结了人们对有袋类动物的禁猎期。

我们还需对种植树桩的其他两个方面加以评论。首先,参与种植树桩的集会是超地域的。通过种植树桩来重新定义领土范围仅是集会中某一群体的事情,但多个群体参与其中似乎意味着他们将共同捍卫该地域。种植树桩的仪式因此可看作是几个当地群落之间互助协议的周期性认可。

它们也可被看作是一种展示行为(display behavior)。种植树桩队列中的每一个参与者都有机会来估量整个集会及各组成单位的规模或力量,而这一展示同样也能被敌人看到。据说敌人怯于到边界上或靠近边界的地方见证这一壮观场景,因此他们至多只敢远观这一行列。若地表凹凸不平,像僧巴珈人-昆达盖人边界线那样,或边界上有茂密的树林,像卡纳普-卡尔人和图古曼人的边界一样,敌人则完全看不到队伍。但是,他们能听到队伍的行进。有些敌人在人们视力所及范围之外,靠近边界的地方施展对抗巫术,抵挡种植树桩的人派送的邪恶。两百名甚至于更多男人的歌唱声、呼战的呐喊声能在平静的山谷中传得很远,因而哪怕是相隔边界较远距离的人,也能听到队伍行进的声音。

敌人也能从目击者那里,甚或更可能从目击者告知过的那些人那里听闻这支队伍。因为马林人没有相应的词汇来指称二十以上的数量,因而这些报道不可避免地会给听者留下深刻印象。除了数量词的缺乏之外,马林人对于事件的大多数二手或三手描述总爱夸大其词,极有可能这一描述也毫不例外。无论如何,敌人会得到这样一个印象,即非常多的人参与了这个仪式,这有利于缓和他准备在将来发起战斗的雄心。

尽管如此,该仪式最重要的面向并不在于竞赛式的展示,它关注的是树桩在何处被种植。如果在最后一场战斗中敌人并没有被赶出领地,而是在那里停留并且种植了闰槟树,或者敌人在被赶出以后,又折返回来种植了闰槟树,那么树桩就只能种植在战斗之前已经存在的边界上。

然而,如果敌人被赶出了领地并且再也没有返回来种闰槟树,队伍就不会止于先前的边界。它会进入原先的敌人控管的辖域,在一个新位置上种植树桩。之前被敌人掌控的领土被合并,新的边界由此确立。

僧巴珈人以及大多数其他马林人认为,人们并非为了土地而发起战斗,也不可兼并被其他群体占用的领土。不过,该群体必须在领土上种植闰槟树以表明其占有权。种桩仪式中被合并的那些地区,是没有栽种闰槟树的地区;因此,这些领土不属于敌人,而可能是敌人遗弃了的土地——它们被抛荒了。

此处传达出一项简短的原则:如果敌对双方中某一方能够抢在对方栽种闰槟树之前种植树桩,则可以兼并之前对手控管的土地。

171　　人们认为,不仅仅是被击败的群体遗弃了他们的领地,溃败者的祖先们也离弃了它。往昔敌对群体中幸存下来的人们当时已经和其他群体共居了好几年,几乎所有的或者说其中大多数人都已经在新住处为其祖先祭杀过生猪。当如此行事时,人们邀请祖先到新住地来,也就是在新住地,它们以后还将领受到后代的供奉。被击败者的祖先因此会放弃它们对领地的监护,使得征服者有机可乘。同时,溃败者避难至其他群体中的实际(*de facto*)成员资格转变成了法理(*de jure*)成员资格。或迟或早,东道主群体会种植宇明闰槟,与之共驻的逃难者也参与该仪式,因而仪式性地确认他们与这块新领地和新群体的关联。有关人口再分布的第二条规则因此可陈述如下:人们可通过参与领地群体种植闰槟而成为群体成员。

两种进程会改变或使这些规则的持续效果复杂化。其一是在战胜方种植树桩之前,溃败群体重新占领领土。情形往往是溃败群体中的某些成员逃逸到毗邻群体中去避难,在这些群落的掩蔽下收复一些已然失去的领地。在图古曼-僧巴珈人的历史上,这种状况至少发生过两回。多年前,当蒂姆巴盖-伊姆亚盖第一次被住在西边的僧巴珈人驱逐出其领土时,有些人逃到了当时紧邻其东侧而居的蒂纳盖群落寻求庇护。作为蒂纳盖成员,他们重新占据了其领土的东部。僧巴珈人中的梅盖群体认为这是与之交好的蒂纳盖人对部分领地的吞并,而非他们先前的敌人对该土地的重新占领。因此他们种植树桩,仅合并了被赶跑的敌人所遗弃的部分辖域。在图古曼人击败泽文特人之后,也发生过相似的进程。

其次,尽管种植树桩以合并被遗弃的领地标志着人们对该领地的法理权,征服者却似乎一直在焦虑于把该土地当作园子还是住处使用。这些焦虑在人们面临厄运时表现得尤为明显。在1962—1963年间,几乎所有的僧巴珈人都居住在曾经属于蒂姆巴盖-伊姆亚盖人的土地上。1962年,僧巴珈有五名中青年男子和一名中青年妇女病死,1963年年初又有两名年轻男子,一名年轻妇女和一个小孩患病,很快就死了。每一次死亡过后,人们都议论纷

纷,想把这片土地归还给蒂姆巴盖-伊姆亚盖人。有人认为,这是
蒂姆巴盖-伊姆亚盖人的祖先想要回领地,因而向人们散播疾病。
其他一些人则将死亡归咎于那些活着的蒂姆巴盖-伊姆亚盖人,认
为是他们正在神秘地传送疾病。人们似乎快速地就放弃这块土地
达成了一致意见,但无法马上付诸行动,因为除了人们的住所外,
凯阔仪式的跳舞坪也正好在蒂姆巴盖-伊姆亚盖人曾经的领地上。
因此,搬迁只能推延至凯阔仪式举办之后。

这一延期瓦解了人们的共识。在大多数死亡事件之后,支持
搬走的呼声在一两周之内似乎十分坚决,然而,在一个月或更长一
段时间之后,那些曾经主张搬走的人会惊讶地发现,经常有人提醒
他们注意自己所处的位置。人们指出,蒂姆巴盖-伊姆亚盖人已经
全都在别处种植了闰槟树,蒂姆巴盖-伊姆亚盖人的祖先们早就撤
出了这片领土,那桩事已是古史。大意为"是我们的祖辈将他们赶
跑的,而现在我们自己都已经有了孩子"的话语十分普遍。

然而,若非跳舞坪的耽搁,僧巴珈人可能已经将这片地域还给
了蒂姆巴盖-伊姆亚盖人。因为澳大利亚政府颁布的和平政策,他
们不用再担心边界处会出现一个在数量上无论如何都无法胜过自
身的、重建的蒂姆巴盖-伊姆亚盖人群落。不仅如此,所有证据都
表明,自合并了蒂姆巴盖-伊姆亚盖人的领地之后,僧巴珈人口大
减。即使没有蒂姆巴盖-伊姆亚盖人的这块旧地,他们现在也已经
拥有,或至少说他们已经拥有了足够的土地,我们对承载量的估量
亦支持他们这一观点。

历史因而显示:通过征服以及举办随后进行的种植树桩仪式
合并来的土地,可以通过和平手段将其逆转。它还进一步表明了

逆转合并土地的机理——涉及群体遭遇死亡高峰时当地的致病源 173
解释以及当地人的行为——取决于人口密度。由于人口减少而不
再需要之前征服所得领土的群体，会在人口进一步下降的影响下
遗弃这些土地。

准备跳舞坪

在种植树桩的前几周或之后几周，当地人由分散居住的家园、
亚氏族村或氏族村的居住模式变更为围绕传统跳舞坪而居的相对
集结模式。当然，这导致了大量生猪集聚在一个相当小的地域里。
这种集中是暂时性的，通常仅持续一年多一点，因而它们只会对次
生林造成有限的不良后果。这可能还在于，举办凯阔的年岁中人
们耕作的芋芳-番薯园成片，抵消了这一阶段猪群对园艺点的威
胁。因为需要围筑栅栏的总长度减少，成片园艺点的每个耕作地
单元只需较少的直线英尺篱笆。举办凯阔的年岁里，人们围筑的
芋芳-番薯园栅栏似乎格外结实，或许正是由于不再需要围筑那么
长的栅栏，使得人们能把它扎得更牢固。

与节日年之外的时段相比，人们在节日年耕种的园艺点通常
离其居住地更远，从而使得这些园艺点超出猪群的日常活动范围。
1962 年，几乎所有僧巴珈人耕作的园艺距离他们的居住地至少都
有三十分钟路程。之前我们已经提到过，与惯常的安排相反，僧巴
珈人在举办凯阔之前就已经集中居住了好几年，靠近定居点的大
部分可耕地上生长的次生林还太小，不能砍伐。因此，我们不可能
概化僧巴珈人 1962 年的这一活动，图古曼人于 1963 年——他们
的凯阔年——所耕作的园艺点与其驻地的距离普遍都没有僧巴珈

人那样远。

尽管僧巴珈人的聚居地在举办凯阔很久以前就呈核状，但它离过去使用过的任何一个跳舞坪都很远。人们不愿意将居住地迁到较近的某个传统跳舞坪，决定在其居住区内部重建一个新的跳舞坪。由于选址位于一个斜度超过二十的斜坡上，因而这一工程相当巨大。与拔除以往被用作跳舞坪的地上长出的杂草和幼苗这类轻松活儿不同，他们必须得夷平一大片地面。由于大家都劝诫他人去做，对这项任务的热情亦几度兴衰，人们花了好几个月才（粗略地）夷平一块大约 150×200 英尺的地方。随着凯阔仪式的深入，人们对它做了改进，并清理出更多地方。

所需做的工作还不仅限于整理出一块平地。人们还得在跳舞坪上修建两栋大房子——每一栋都有 25×35 英尺大小，中心处约 8 或 9 英尺高——以备下雨时容纳访客。因为男子们永远不可踏入某间敌人曾经涉足的房子，而宴请的某些群体往往总是被宴请的另一些群体的敌人，因此几乎任一凯阔仪式都需要使用两栋而非一栋房子。

一俟种植树桩仪式结束，在夷平斜坡的工作还没有正式开始之前，人们将那些地面不是陡峭到人无法接近的地方用栅栏圈起来。在栅栏开口处，人们将施过了咒语的、被称作达瓦（dawa）树——人们在舞蹈时将其树叶来遮盖臀部——的一种闰槟树的树根埋好。根据资讯人的说法，这个还包含了向祖先致辞部分的仪式有两重目的：引导祖先庇佑跳舞坪，使当地人以及访客都能舞姿强健，鼓点密集；以及在凯阔进行期间将当地少女的"明"——生命物质——留在栅栏内。男人们常常害怕他们有些未婚少女会被访客们孔武舞姿和华美修饰所吸引，而可能与访客私奔。

拔除闰槟树

当被称作雅姆拜（yambai）、结黄色果子的第一棵麦日特露兜树成熟时，人们开始准备拔除闰槟树。在僧巴珈人地域内，这种水果通常在八月末九月初的时候可供食用，此时距种植树桩仪式已相隔了两个月或更久些，而新开辟的园子中男人们的大部分工作应该已经结束或已接近尾声。

在稀有的雅姆拜成熟后，人们只能吃一次，之后所有的人都得遵守不再食用此果的禁忌，甚至于回避使用麦日特、孔姆巴（komba）这类词而采用委婉说法。直至紧邻拔除闰槟树之前的某个仪式进行过后，人们才可不再遵守这一禁忌。资讯人报道说，麦日特与低地精灵有关，猎捕玛（包括大部分有袋类动物，可能还有些大老鼠）——我们应该还记得，它们被说成是"红精灵的猪"——的时节到了。人们现在必须全力关注这些精灵，而吃麦日特甚或说出此名——不管是因为这种行为会惹恼红精灵，还是因为它将对身体或思维造成某些直接影响——都会使这种关注变得困难或者不可能。在此我们必须得说明，暂时放弃食用麦日特并没有给人们造成多大损失，实际上，在为数不多的孔巴雅姆拜果实被吃完之后，要到十月中下旬，麦日特才成熟。

对"玛"的猎捕以最小男系亲属团体——有些情况下是宗族，有些情况下是亚族为单位在自己的阔蒙（komoŋ）——被看作红精灵栖息地的大片高纬度原始林——中单独进行。尽管人们平时可以在僧巴珈辖域的任何地方设陷阱捕猎,现在却只能在他自己所属的最小男系亲属团体所拥有的阔蒙中安置陷阱,因为他们只能与自己的祖先交换这些"猪"。

设陷阱之前,萨满们与红精灵进行洽接,告诉它们现在生者喂养的生猪已足量,可资交换红精灵的猪。萨满们让烟雾婆来指定那些树,其上会放置有红精灵愿意给予生者的有袋类动物。就是在这些树上,人们设下陷阱。人们在这一阶段不时请求烟雾婆指定更远的大树。

青少年和中年男子参与了设陷阱捕猎。因为这是一项与红精灵有关联的活动,猎捕者得遵守许多战争期间恪行的禁忌。他们不能性交,甚至不能触碰到女人,也不能吃由女人准备的食物。他们不能涉足瓦拉——辖域中的低地部分,还得避免食用瓦拉上生长的食物。他们不能离开辖域,也不能分食其他当地群落的灶火上烹煮出的食物。

176

猎捕到的"玛"先被剥皮,之后老人们用烟把它熏制好。年龄太小的男孩子不能参与捕猎。早期捕获的动物可保存两个月或更长时间。资讯人告诉我,只有在这样的仪式捕猎期肉才可以这样保存。在田野调查期间,我从来没有看到过烟熏猎物的肉。

人们为此修建了专门的熏制室。资讯人说,尽管实际的捕猎由最小男系亲属单位独立进行,熏制室却通常由亚领地群体修建。然而,由于我们前面提到过的、将这些团体分裂开来的食物与火方面的禁忌,僧巴珈人在1962年中对此进行了更改。

当被称作蓬瓜普(peŋgup)的这种麦日特十月中旬成熟时,男人们停止捕猎,开始准备拔除闰槟树。准备工作十分详尽烦琐,因为人们必须在冉库宰杀生猪，这意味着得搭建棚子和地面灶台，获取蔬菜与木柴。盟友也必须通知到位，以便他们参加。

拔除闰槟树之前一天在冉库举行的仪式既复杂又奇特。人们既向高地精灵——红精灵和烟雾婆，也向低地精灵奉献生猪。在向高地精灵献祭之前的致辞中，人们除了感谢它们在战争中所给予的帮助之外，还感谢它们供应了"玛"。精灵们被告知，现在人们带来了用以交换的生猪。其他一些马林人本地群体通常还向红精灵献祭食火鸡，但僧巴珈人没有多少这种禽类。

人们将猪杀死之后，把灶石放在一堆大火中加热，同时料理剖分猪肉和熏烤过的"玛"，为烹调做准备。一切准备就绪后，人们拿出头一天从低地小树林中小心翼翼采摘到的两个巨大红色露兜树果子。能让人采摘到这种果子的小树林，要么是现在已经死亡的人生前种植的，要么那里埋葬过死者遗骸。所有在场的人组成了一个队列。在不断将露兜树果实高举又放低的两个男人带领下，队列绕火堆环行，吟唱着：

> *komba ku komba yaŋga yaŋga muŋga muŋga*
> *kam ku komba yaŋga yaŋga muŋga muŋga*
> *bri komba yaŋga yaŋga muŋga muŋga ...*
> （麦日特，上升到孔巴库，又从孔巴库降下
> 麦日特，上升到卡姆库，又从卡姆库降下
> 麦日特，上升到布日又从布日降下……）

孔姆巴库（komba ku）和卡姆库（kam ku）是僧巴珈辖域中的

两处高地,据说烟雾婆就住在那里。她的另一个栖身之所布日(Bri),是吉米山谷里的一座高山。吟唱持续着,点出了吉米山谷中据说是烟雾婆栖居地的其他许多高地的名字,越往下,吟唱越癫狂。一些男人开始啜泣。当烟雾婆的住所名基本念完时,队列也停了下来。所有的男人握住一个麦日特果,而所有的女人抓着另一个麦日特果。诵唱完毕,一名成年男子抓住男人们手中的那颗果实,带着它跳上已加热了一个多小时的灶石。他一边在那些滚烫的石头上跳上跳下,一边将一根食火鸡骨头刺入果实,然后跳下来。然后他用女性手中的果实重复了这一表演。

各种食材现在都已放进了锅中。献祭给红精灵和烟雾婆的猪肉被放进一个在地面上搭建的锅灶里烹煮,而献给低地精灵的猪肉则放置在地灶中烹制。麦日特和有袋类哺乳动物被放在一起同煮,不过备有两个专门的炉灶来装载这种混合物,因为战斗法师得遵守一个持久的禁忌,即不能与女人一同食用某些有袋类动物。

锅子打开时,所有参加过战斗的男人们都围聚到了高出地面的灶台周围。在锅里煮熟的猪头被高高举起,某个男人开始叙述最后一场战事,感谢高地精灵的帮助,告知它们,人们正用此猪来对它们表示感谢,凯阔结束时还将奉献更多。致辞以请求神灵们收下这条已奉献给它们的猪,并回到它们所居的高地去作为结尾。建在地下、用于敬奉低地神灵的锅灶在打开时则无须举行任何仪式。

人们在冉库吃掉两个锅灶里的所有绿色菜蔬和部分猪肉,但将大部分肉带回住地留待以后再吃或者——就地灶中烹煮的猪肉而言——分给其他群落的成员。

人们在食用麦日特和玛之前，得先废除好几个禁忌。其中一个适用于萨满初学者，由于——有些情况下是几年前——他们被烟雾婆"击中"而被禁止吃麦日特。其他禁忌则适用于所有人。其中一条是已生效了好几个月的、在捕猎期间禁止人们食用麦日特的禁忌。另一条禁忌在上次战事后就已开始生效，即禁止把麦日特和玛放在一起烹煮食用。人们可以通过吐出满口漏兜树种子，将玛的尾巴丢到附近的森林中，来解除这三条禁忌。第二种做法据说也可确保玛将来的繁衍。

解除了这些禁忌后，人们将所有人的腿和臀部抹一些露兜树油使腿脚变得强壮。人们在女人的腹部也抹上一些露兜树油，认为这能使女人多产。之前用来刺穿果实用的食火鸡骨头现在被用作勺子，给每个人喂食他们第一满口麦日特。食用麦日特和玛成为这一天的最后一项仪式活动。

在冉库持续进行的全天候活动有两个已阐明的目标。一方面它们增强生育能力，另一方面它们解除了一些禁忌。除了解除所有人或某类人食用麦日特和玛这一条禁忌外，其他被解除的禁忌还有自上次战事后就开始遵从的、涂抹了瑞恩吉的所有男人都不得与女人同食某些食物，如某类玛与麦日特，以及甘蔗、香蕉和红皮佛手瓜。涂抹了瑞恩吉的男人还被解除了另外一些食物禁忌，特别是生长在瓦拉——辖域低地中——的一些软薯蓣。禁止击鼓以及禁食与其他地区群落的凯阔仪式有关的猪肉这些禁忌也被解除。

要提及的是，这些禁忌（除禁止击鼓这条以外）的解除并非适用于所有人。战斗法师得终身恪守那些禁忌。此外，所有男人终其一生都不可食用蛇、蜥蜴、青蛙以及其他"冷"动物。

179

　　前面已经指出，依据他们的假设，其中有些禁忌的目的在于使人们从思想上将整个群落中与战争有联系的组成部分与那些与和平活动相联系的组成部分隔离开来，不管这些组成部分是生者亦或死者。这表明，此种隔离是当地群落与他们的祖先、当地群落与战争中接受过其援助的盟友之间债务关系的一个方面。因此，这些禁忌的解除，以及与之前隔离开的成分的重新整合，伴随着人们对这种未付债务的部分偿还。

　　从僧巴珈人这里无法得出大部分仪式重要意义的有关解释，但某些仪程，尤其是那些与麦日特有关的仪程形式，支持了重新整合这一概念。麦日特很显然与低地精灵有关。事实上，仪式中用到的水果必须要么来自故之人种植在低地的树木，要么来自掩埋死者的小树林。但在被放入锅灶之前，人们得把麦日特供奉给烟雾婆这位高地精灵。因她之名，萨满新手绝对不可食用麦日特。不仅如此，在被烹煮之前，这一果实还需用食火鸡的骨头刺穿。食火鸡与红精灵有关联，人们常用诺茹姆-孔巴日（*norum-kombri*，兰花-食火鸡）这一致辞称谓指代它们。自上次战事后头一遭与麦日特同锅烹煮的玛，也与高地精灵有关，被人们认为是高地精灵所豢养的猪。

　　在这新的重新整合中，生者与两类神灵的关系似乎经历了转换。这以人们对麦日特的仪式性消费为标志，僧巴珈人认为，这种举动就如把所有的低地精灵融和为一。但人们对玛的消耗就不是这么一回事儿。玛这类动物被看作是与红精灵进行交换的进项，这在人们杀戮献祭给红精灵的生猪所做的致辞中表述得十分清楚。斧战前当战士们在身上涂上"瑞恩吉"，并将红精灵铭记于脑

海的那一时刻,可被看作是人们与红精灵们建立起类似宗教团体
的时刻。现在解除与"瑞恩吉"有关的禁忌的仪式展演,可被看作 180
是在消除这一团体的某些残余。向红精灵献祭猪头时的致辞支持
了这种解读:人们要求它们接受献祭之猪头,然后离开。简而言
之,这一与高地精灵有关的行为所要表达的,似乎并不是要结成一
个团体,而是相反:驱逐这些与之前生效的令人烦扰的团体有关的
精灵。它还进一步支持了以下阐释,即人们若想解除与涂抹瑞恩
吉相关的禁忌,则需将自上次战事后履行的单纯的债务-债权关系
转变为一种更加平等的关系,尽管其中的义务依然存在。鉴于我
们之前的讨论,显而易见,人们将债务关系转变为平等关系的能
力,取决于当地群落在人口学和生态学上的成功。

此时人们杀掉大量生猪——1962 年 11 月 1 日,僧巴珈人杀
掉了 30 头生猪。那些献给高地精灵的猪——大部分情况下个头
都比较小——由当地群落消耗掉。除了猪头与内脏之外,献给低
地精灵的猪会被人们带回住地,献给在此等候的盟友。这些肉大
部分由每个男人非仪式性地分给那些因他而在战争中提供了帮助
的盟友,通常是姻亲或异宗人。不过,猪腹肥肉被先行取走并用盐
腌制,以备正式赠送。

第二天,人们将腌制后的猪腹肥肉赠送给盟友,之后开始拔除
闰槟[①]。盟友和当地男人都得在场。人们对着堆放在一处的鼓念

---

①　我们到达僧巴珈后才七天,当地就举行了这一仪式,我只被允许远观。我也不
可能参与图古曼人举办的这一仪式展演。因此,这一部分的描述,部分依据资讯人的
陈述。

安迪克蒙咒语,以使它们能被敲响,之后,这些鼓被归还给各自的主人。然后,人们将被施过咒语、涂上染料的 6 英尺长短的树桩埋在围场大门附近。这样即便闰槟树被拔除,它们也能够保护181 "明"——人们的生命本原,阻止敌人的精灵以及经由它们而来的腐烂之神进入围场。

木桩被埋下后,人们非仪式性地拔出阿玛梅。栽种了闰槟树的男人们负责拔除闰槟。如果栽种人还活着,这一任务一般落到栽种人头上;如果他已经去世,拔除闰槟的事情就由他的儿子来完成。人们用一根被施了安迪克蒙咒语的挖掘棒来做这项工作。不时被啜泣打断的致辞又一次叙述了闰槟种植以及之前的战斗历史。人们告知两类祖先,已经用猪向他们献祭了,不过猪的数量并不多;晚些时候,等凯阔结束时,将会献祭给它们更多的猪。资讯人说,红精灵们在之前也会被告知,凯阔结束以后,人们将为它们报仇。由于政府已经颁布了和平法令,人们已经不再可能发起复仇行动,人们因此向红精灵致歉。

人们一边拔除闰槟树,一边在火上炙烤竹子。当竹子发出爆裂声时,人们也从地面拔出了闰槟树,所有人都敲鼓、呼叫、跺脚。人们由扛着闰槟树的男性带领,由篱笆两侧的台阶上出发,勇猛地向辖域边界挺进。一路上,其他瑞恩吉屋拔除了闰槟的人们以及图古曼的一小队人马都会带着施过咒语的树桩加入这一队列。

当队伍里的大部分人向已经种植了树桩的边界前进时,一些战斗法师落在后面到别处去处理闰槟和阿玛梅。依照传统,这些东西会被弃置在某些小溪狭窄处的扁平石块上,树根被水浸泡,而树叶则挨着干燥的地面。其方位也被确定调整,从而使树叶指向敌人的方向,而树根指向自己的驻地方向。人们对这些树念咒语,使据说那些能导致树叶枯萎的干燥走向敌人,给他带去疾病与死亡。另一方面,树根将会腐烂,并由腐烂中培育出新生命。因为树根朝向他们自己的方向,因此当地群落将从其由腐烂而获取的成长与丰产中获益。

在边界种植完了树桩、在溪水中处置了闰槟树和阿玛梅之后,队伍返回到跳舞坪。舞蹈伴随着鼓声和歌声持续通宵。凯阔已然开始。

沃巴凯阔与得凯阔

经年之久的凯阔分为两个阶段,第一阶段被称作沃巴,第二阶段被称作得。我们应该还记得,这其实是斗士们走向斗坪的路上唱的两首歌名,人们在早期的"无关痛痒之战斗"中唱沃巴歌曲,在斧战中唱得歌。在凯阔的沃巴阶段人们只唱沃巴;在得阶段里人们既唱得曲,也唱沃巴曲①。资讯人认为,凯阔的这两个阶段扼要重述了战斗的两个阶段。稍早些的、不那么重要的沃巴阶段持续进行,而跳舞坪上依然还有许多工作等着大家去做,更重要的是,新开辟的园子里所种植的芋芳和薯蓣还不足以招待访客。

---

① 得和沃巴指的是曲调名,每一种曲调都是有许多节次的标准副歌,新的节次能被不断谱出或加入。然而,不是所有的节次都是马林语。有些用卡兰姆语(Karam)唱沃巴调,而有些得调纳拉克语(Narak)段落。此外,卢奇贝塔克(Luzbetak,1954)对新几内亚东部高地的农杜格尔人(Nondugl)所举办的猪节进行了描述,其中就逐字逐句地报道了得歌曲调。

182

当这些块茎状作物足够款待客人时,开启得凯阔阶段的仪式就会举行。人们第一拨收获芋芳和薯蓣可在下种后六个月左右进行,但若让这些作物在数量和大小上完全足够,则至少还需多等一个月。僧巴珈人在 1963 年 3 月底或 4 月初时就已经有足够的块茎食物来举行得凯阔仪式,但却因一些无关之事而延至 5 月初。

正如凯阔被划分为两个阶段概述了战争的两个阶段一样,人们在凯阔两阶段之前举行的仪式也倒转了为战争两阶段而举行的仪式之影响。从大多数资讯人的说法来看,弓箭战中的小预备仪式被倒转为拔除闰槟树。两个资讯人也提到,在拔除闰槟的前一天,人们会把用于小战斗的箭与长矛拿到冉库,对其举行麦日特仪式作为这一逆转规程的一部分。不过,我没有在僧巴珈人以及图古曼人那里看到这样的展演。

启动得凯阔阶段的仪式细节在此我们只简要勾勒。一如往183　常,萨满们与烟雾婆联系,请求精灵们的同意,请烟雾婆指定用于祭杀活猪的冉库地点。

僧巴珈人这次杀死了 5 头猪,猪肉全部由他们自己分食。这天晚上,人们拔除了上次斧斗前一夜种在男人屋外的闰槟树。之后,人们不仅对普通树桩、闰槟枝条做的扫帚、野生芋芳叶和藤鞭、还对将在"瑞恩吉"屋内的火上点燃的竹子火把施念"拔除与清理"咒语。由此,跳舞坪和整个居住区都除去了被屠杀的敌人精灵和它们所散发的腐烂气息。当人们在边界处理完拔出的闰槟树和其他物事返回时,挂在"瑞恩吉"屋内央柱上——就僧巴珈人来说,挂在男人屋橡上的——的战斗石将被拿走,摆放于斧战前一晚之先它们一直被经年搁置的矮桌上。①

战斗石放置于低处，并不伴随现存禁忌的立即解除。例如，此刻人们还不可能进入敌人的辖域或与敌人说话，更不用说缔结永久的和平了。不过，放低石头是在将来某一时刻人们媾和的先决条件，同时也是更近的时段后人们捕捉鳝鱼的先决条件。捉了鳝鱼之后，人们就将进行最后一次屠杀生猪的活动。人们认为，鳝鱼是低地精灵所豢养的"猪"，人们将自己养的猪与之交换。正如捕捉玛时，人们有必要避免接触纳瓦麦精灵一样，人们在捕捉鳝鱼之前，也有必要通过放低石头来避开红精灵。之前我们提到过，石头高挂彰显着人们所假定的对祖先和盟友所欠的债务。与此相对，石头低放则意味着这笔债务不久之后就能被给付。

第二天，人们通常会举行另一个仪式。盟友们聚集在跳舞坪，这块场地已被清理干净但仍留下一些小树任其生长。这些小树被假想成每个群体承担上次战斗中的杀敌责任。将战斗袋摩擦过这些小树后，人们一边唱着杀敌之歌威喽威，一边将这些小树连根拔起。

然后，人们抬着骑在所拔出树上的杀敌勇士——若已故去则由其儿子替代——绕跳舞坪走动，唱响得的曲调。所有资讯人都认为，这是在庆祝战斗袋的力量，而有些资讯人还认为，杀戮掉的敌人之灵魂实际上就栖息于这些树中，显然这些树是它们的象征。当然，这一仪式同时也给那些为了当地群落的利益而杀敌的战士

184

---

① 当僧巴珈人启动得凯阔时，我正在辛拜巡逻站养病。这一简单勾勒基于资讯人的报道与我妻子的描述。

们增添了荣耀。

1963 年，僧巴珈人放弃了举行这一仪式。人们说，在杀死两个敌人，自己却损失了 20 名战士的战斗过后，他们羞于拔掉这些树。

沃巴凯阔和得凯阔期间游客们所进行的娱乐活动，其样式实际上区别很小。只不过后一阶段里，舞者能在第二种曲调伴奏下跳舞，同时由于芋芳和薯蓣的供应持续增多，主方所提供的食物越来越精致而已。然而，若得凯阔的举办推迟，这一区分也会变得模糊。僧巴珈人在举办得凯阔仪式的前两个多月里，就已经为客人们呈献芋芳、薯蓣为食。

凯阔娱乐活动

除了长达一年的节日外，款待友好群体的场合也被称作"凯阔"，这一术语还可以用来指代这些事件的特征之一——舞蹈。在这一年里，除了作为整个节日终结点的最后那场孔吉凯阔（*konj Kaiko*）——"猪凯阔"——之外，僧巴珈人举办了 15 场活动来招待 13 支其他当地群体。僧巴珈人在有些活动中同时招待两个或更多的当地其他群体，而且，有 3 个当地群体不止一次参加了这些活动。

邀请与准备

从邀请其他群落来参加凯阔仪式的消息扩散模式上，我们可看出当地群落组织原则上的原子性质。当地群落并不作为一个整体向另一个地方群落的全体人员发出邀请,而是由一方中的一个或几个人向另一方的一个或几个亲戚亦或贸易伙伴发出邀请。通常来说,某一群体在另一特定群体中有这类关系的人们会一同决定,何时向亲戚或贸易伙伴们发出邀请。他们会在计划中考虑到当地群体中其他人之前所作出的承诺,不过可能在最终做决定时不与他人商议。事实上,在与另一群体中有亲戚或其他联系的人极少的情况下,邀请通常是单个人的决定,由某人自行便宜行事而无须与他人协商。

　　尽管邀请在形式上由某一个体发送给其他个体,实际上被邀请的还是整个地方群落,因为邀请方期待受邀之人能携带其他共居一处的至少部分成员前来赴约。事实上,被正式邀请的人若不能带来与自身群体规模及与主客群体关系强弱相称的舞者数量赴约的话,他们将会因此羞愧不已。受邀之人会因带来许多人,表现出色而获得声望,出于此目的,他们会向其他群体的成员发出邀请,请他们在已被邀参与的凯阔上去"帮他们跳舞"。

　　正如凯阔的邀请发放形式反映出当地组织的原子化特征一样,这些事项的准备工作也表现出这一特点。那些在参加凯阔的访客中有亲戚或贸易伙伴的男人们必须负责积攒柴火、甘蔗以备访客取用,而他们的妻子则得负责准备访客们食用的块状根茎和绿色菜蔬。其他人或许在准备过程中出力或贡献出一些园子里的作物,但这种奉献仅被当成是他们对那些负责招待和准备食物的人所提供的帮助。尽管某些与来访的群体没有直接关联的人会出手帮助那些为该次来访负责的人,但通常也有某些人不会参与任何准备工作的情况出现。

娱乐活动

　　尽管人们指定了日子,时间安排却仍不甚明确。邀请方会提前派出年轻人通报主办方其他群体成员的延误与新的抵达时间。在主办方有充足理由笃信访客一定会到达的那天,人们在跳舞坪举行提取和清理法术。通常这个程序会草草进行,巫师对普通的物品念完咒语之后,就将这个任务移交给任何正巧在附近的某个年轻人。举行提取和清理法术的目的在于使跳舞坪免于土库曼卜以及昆的影响,前者是一种来自精灵的腐烂,后者与前者相类似,不过会由活着的巫师带进这块跳舞坪。

　　处理完跳舞坪之后,想要跳舞的男子就去溪水里洗澡,然后返回男人屋装扮。那些为跳舞做好了准备的人包括所有或大多数年轻男子、青少年,至少还包括那些在访问群体中有直接亲戚或贸易伙伴的年长者。那些与访客没有直接关联的年长者也可参与,不管是为了帮助那些有直接联系的人,还是仅仅因为他们自己想去一展舞姿。

　　就像受邀群体在前往凯阔时受到其他群体的支持和帮助一样,主办方群体也是如此。大部分僧巴珈人的这种场合,都会有图古曼年轻人来充实其舞蹈队伍。

　　装饰得花费大量心力,男人们通常得耗费数小时来完成装扮。人们用各种色料——以前是本地出产的色土,最近是来自欧洲的粉饼——在脸上涂抹精心设计出的、随时尚而经常变换的各式图案。男人们将串珠与贝壳当成项链佩戴,用小玛瑙贝做成的吊带绕缠小腿，身着最好的缀有袋类动物皮毛、饰有紫色条纹的兰花纤维腰带和缠腰布，用大量卡姆普闰槟那有手风琴式皱褶的树叶和其他装饰品遮挡臀部，之上围系一个买来的、由干树叶做成的、在跳舞时能沙沙作响的裙撑。

人们将大部分注意力集中在头饰上。头上环绕的羽冠以老鹰羽毛和鹦鹉羽毛为最常见。这些羽毛附着于一个篮筐底座上，而该底座通常都隐蔽在一条由黄色兰花茎与绿色甲虫或小玛瑙贝花彩装饰物组成的有袋类动物皮毛箍带之后。头部中央会有一管约两英尺甚或三英尺长的柔韧芦苇伸出，其上粘有一小撮羽毛。这一小撮羽毛，要么由很多羽毛组成，要么就是一只完整的鸟类标本的羽毛。天堂鸟中较小体型的斯蒂芬妮公主极乐鸟和较大体型的镰嘴极乐鸟以及(?)佩斯科鹦鹉常被人们用作这种鸟类标本。人们将这些羽毛，尤其是萨克森国王极乐鸟和扇尾翠鸟的羽毛——插在一块镂空的隔板上，而这块隔板上或许还悬挂着一块贝壳盘和金嘴新月状物。未婚少女，有些甚至才九岁或十岁，也会被人们装扮起来。

一切准备就绪，舞者——男人和女孩子——集聚到跳舞坪开始跳舞，在客人到来之前排练一番或者仅仅是为了好玩，获取已到场的看客们的赞美。这些看客，包括当地的已婚妇女以及闻讯后从其他许多地方赶来观看凯阖仪式并来做生意的男人。

来访的舞者开始唱歌，告知人们他们马上就会赶到。当他们到达大门约一百码处时，本地舞者撤退至跳舞坪上方的一处有利位置，在那里他们既能毫无障碍地看到游客，又能继续唱歌。带着战斗袋的男人们以一种奇特、适于格斗的蜷缩腾跃步伐在队伍前往返跑动,挥舞着手中的斧子。在其带领下,客人们安静地走近大门。就在他们即将抵达大门时,一两个向他们发出邀请的当地人会出来迎接,陪同他们穿过大门。跟随在舞者之后的来访妇女与孩子加入到场边的其他观众中。而当地的妇女和儿童用热烈的拥抱来欢迎到访的亲属。来访的舞蹈队员们呼喊着长而低的战斗号子、踩着脚冲向舞坪中央。在到来之前,这些舞者的脚已经被施过法术,这既是为了抵抗可能逗留在舞坪上的昆或土库曼卜,也是为了让他们的舞蹈跳得更强劲有力。这些舞者在跳舞坪来回奔冲好几次,在好几个地点重复踩脚,与此同时观看的人群为他们的人数、样式以及服饰的多样式而艳羡欢呼。之后,来访的舞者开始唱歌。他们的第一首歌,不管是附和得还是沃巴的适当旋律,谱就的歌词都应该对此场合表示敬意。

当客人们如此展示时,主方群落的战斗法师正在对当地舞者的双脚施法,以便他们能跳得更有力量,并将战斗袋置于舞者佩戴的头饰中,以便头饰上的美丽羽毛能捕获来访少女们的芳心。主持仪式的战斗法师一边加热竹子,一边用不时被啜泣打断的嗓音恳求两类神灵帮助本地人,使当地人的舞蹈不被客人们的舞蹈胜出。他们也企盼来访的少女们被当地舞者的舞蹈和装饰所吸引,而当地少女则不为客人的魅力所动。当炙烤的竹子爆裂时,当地舞者击鼓唱歌,冲向跳舞坪。他们中首先是为此场合盛装打扮的少女们。她们先在男人队列的内圈中跳上几分钟,之后退到场边。刚开始时,当地舞蹈队和到访的舞蹈队是分隔开的。

客人们抵达的时间通常是下午晚些时候。黄昏前,当地人会停止跳舞,把为客人们准备好的食物聚集在跳舞坪中央。这些食物包括成捆的甘蔗、成袋烧熟的块茎、成筒和有麦日特汁的菜蔬，以及许多香蕉。东道主请客人们停止跳舞，聚在一处，听负责邀请的人做一个演讲。演讲人一边绕着摆放成好几堆的食物一圈又一圈地慢慢走动，一边叙述两个群体之间的关系：在战斗中的相互帮助、女人和财富的彼此交换、战斗溃败时双方的好客。然后，他指出，这里呈献的成堆食物将分给每个被邀请的人。这一赠送仪式的形式是合作性的，由一个人——有时候是两个人——代表整个当地群体来诉说两个群体之间的关系，而其他个体则负责将成堆的食物赠送给另一个体。受者无须发表回应演说。本地人的赠送演说结束后，客人们将其份额聚在一起，分配给前来帮忙跳舞的人和他们的妇女。

整个晚上，人们都会绕着跳舞坪上的一堆小火跳舞，若碰到下雨，就会在跳舞坪边上的两间大房子里跳。夜越来越深，男人们常常反复转换，本地人和客人的队形也越来越混杂一处。至拂晓时分，每个舞者几乎都与其他舞者跳过舞。

很多妇女和少女在距黎明很久之前就退回到女人屋中。但其他女性则仍然在火堆旁和众人挤成一团观察跳舞的人们，自身亦处于己方男人们的监督之下。因此她们和对方群体中合适的男性成员进行直接接触的机会也十分有限。尽管如此，他们之间会有非直接的接触。比如，一个到访的少女可以自由地与她当地的表亲——不论男女——交流，因此可以委托他们当中的某人传话给那个对她有吸引力的本地男人，让他在某个指定的日子来向她求爱。当地少女在整个经年之久的凯阔结束前不能接受来自其他群体的求爱者。但她们可以向某个被拜访了的亲戚表达对某些特定男子的爱慕之情,依靠这个亲戚将少女的真情转达给被倾慕的男子。

另一方面,据说男人们不直接向女性表达爱慕之心。年轻男子们认为,万一被拒绝,这种事情将被传出去,让他们成为笑谈。一个字温迪(yu wundi,好男人)——舞蹈有力、羽毛华美、装饰昂贵的那些人——能吸引住女性的注意力。男人们应该做的事情是引诱女子,而非去接近她们。

黎明时分,人们停止跳舞。跳舞坪现在变成了贸易场,从吉米山谷、辛拜河对岸以及山谷上下的人们拿出携带的货物在此进行交换。就价值和交换频率看,鸟羽、金嘴贝、绿海螺壳、有袋类动物毛皮、斧子以及割灌砍刀是交易中最重要的物事。人们还常常买卖猪仔、食火鸡和盐。包括染料、烟草、松软的有袋类动物皮毛、绿色甲虫以及兰花纤维的腰带在内的一些小物件也可在此买到。最近几年,通常以一先令硬币形式存在、偶尔也会以一英镑纸币形式存在的钱也进入到人们的交易中。不过,在 1962 到 1963 年间,它还没有成为人们进行交换的通用媒介。虽然它可以用来购买到任何商品,但并非常被人们接受。如果一个人铁了心只想为他的斯蒂芬妮公主极乐鸟羽换得一块金嘴贝,他就不会接受钞票。简言之,人们交易钞票,正如他们交易其他物品。

人们在跳舞坪上现买现卖,交易当场完成。男人们给出自己的东西,同时也马上收到自己想要的物品。不仅如此,这些交易完全不带个人色彩。之前或许从未见过彼此的交易双方,其关系仅延续至交易完成。然而,另一种类型的交易却正在男人屋内进行。来自其他地区的群体在这儿将宝物送给当地群落中的亲戚或贸易

伙伴，而没有收到及时的回报。来自辛拜河北面的男人给僧巴珈 190
人留下鸟羽，后者则会在穿戴完毕之后用这些羽毛与吉米山谷的
人交换贝壳或斧子。反之，吉米山谷的人把贝壳和斧子留给僧巴
珈人，而僧巴珈人则会在将来的凯阔活动或下次前往辛拜河北岸
地区拜访时给他们带去羽毛，早些时候则带去本地盐。这类交易
的完结，也就是说，从某人留下宝物给贸易伙伴到他收到回馈，通
常需耗时好几个月。

　　跳舞坪上的交易通常会持续一到两个小时。交易快结束时，
尽管腿脚酸痛、嗓音嘶哑，一些年轻人仍不拘于跳舞坪上的任何看
客的数量多少，又开始跳舞，以此展示他们的耐力。不过，这时的
舞蹈已经零零星星，上午十时左右舞蹈就已全部停止。此时，除了
少数意欲在此逗留，多在亲戚家盘桓几日的人之外，客人开始踏上
归程。

凯阔、女人与商品

　　显而易见，超地域的凯阔聚会为适婚的、或即将适婚的年轻男
女提供了一个共处场景，从而有利于人们选择配偶、缔结婚姻。
1962 至 1963 年间生活在僧巴珈辖域内的 28 位非僧巴珈族源的
妻子与寡妇中，至少有 7 位是在凯阔上被男子吸引，初次动了芳心
向男子示意，最终嫁给了对方的。同样明显的是，凯阔提供了一个
类似市场的场景，促成了货物的交换。其中有些货物——尤其是
斧子和盐——是生活必需品。

　　凯阔还以一种不那么直接、更为微妙的方式促进了货物交换，
或许还以这种方式为女人的流动提供了便利。在上一章中我们描

述了超地域的交换系统。我们认为,在这个交换机制中,仅有两种对于人们新陈代谢和生计来说至关重要的物事,即盐和斧子,它们是可交换的,却又难于运转,因为任何一项物事的生产都不取决于人们对它本身的需求,而取决于对它所能交换之物的有限需求。我们进一步认为,将人们对之有着无限需求的宝物引入这一交换系统,为按照其本身需求来生产的这两项关键物品提供了一种调节机制。因此,尽管珍宝自身是非功利性的,对于向人们提供功利性商品而言,却十分关键。

191　我们还假设,珍贵之物由人口增长较快的地方流向人口增长较慢的地方。人口增长慢的地区所积累的贵重物品会被用作礼物,从某个人口增长快的地区来获取女人,调节这两个地区的人口数量差异,从而有助于整个地区人口分布的长期调校。

马林人交换系统中人们最为倚重的非功利性珍宝之前是鸟羽、贝壳和"新娘"斧。在 1962 至 1963 年间贝壳和鸟羽的重要性仍然未见衰减。人们需要付给姻亲贝壳,同时还由于贝壳经久耐磨,可能也的确构成了人们日常普通服饰的一部分。人们也同样需"新娘"斧,因为人们付给姻亲的物事中就有其身影。尽管"新娘"斧不是男人们日常穿着的一部分,但却在前往友邻群落时将之随身携带。资讯人报道说,只带着这样一把婚礼斧出现在其他群体的屋中,既表明了友谊,也显示了他们对主人殷勤款待的珍视,因为这种器具几乎既不适于战斗也不适于砍木柴。然而,除非间或在吉米山谷中,贵重的鸟羽既不包括在人们对姻亲的给付中,同时由于它们容易腐坏枯萎,因而也不是日常穿着甚或访问服饰的一部分①。它们的用途几乎仅局限于凯阔中的展示。因而我们可以说,通过创造人们对某一类珍宝的需求——而交换体制的运作就有赖于此——凯阔促进了关键商品的流通,甚或还有助于妇女的流动。

作为展演行为的仪式

这项研究中的仪式这一术语指的是明确指向非经验性的或超自然的中介涉入参与者事务中的传统行为之展演。尽管这些活动会产生社会的、人口统计学上的、营养上的以及生态学上的影响,在这项研究中已经描述过的这诸种活动——从悬挂战斗石到开启得凯阔——都很充分地包含在这一定义中,因为每一桩事体都明确地致力于改变参与者与不同类别超自然力量之间的关系。与其他一些尚未描述的活动一道,这些仪式形成了一个逻辑严密的连续系列,在其中各种变化能按照某种序列发生。因为在这一序列结束时,相关的自然和超自然实体间的关系无非是被允许、被鼓励,甚至于是被要求重复进行,因此这一序列可以被恰当地称之为仪式圈(ritual cycle)。

如其他活动一样,凯阔的娱乐活动在这个仪式圈中有它固定的位置。它们仅发生于拔除闰槟树之后,以及我在之后会描述的其他某些特定的活动之前。但这些娱乐活动,尽管包含了对神灵的致辞,主要指向不在于请求非经验性的或超自然的中介卷入到

---

① 不那么贵重的鸟羽毛可能是日常或访问服饰的一部分。例如,男人们通常会插一支鹦鹉毛或鹰羽。

参与者的事务当中。参与者们显性的、明确的关注点在于他们与其他参与者的关系。虽然总体而言,娱乐活动是指向超自然力量的连续系列中的一个内部要素,其明确的目标却是世俗的。不过,仪式这一术语并不限于用在乞求超自然或非实证性中介的活动。事实上,在确认某活动是否为一个仪式这一问题上,活动的刻板化或传统面向比它的神圣或超自然面向更为根本,人类学家(如,Goffman,1956:478 页各处,以及 Leach,1954:10 页及以下诸页)和生态学家(比如,Blest,1961;Elkin,1963;Hinde and Tinbergen,1958;Tinbergen,1952,1963)都用该术语来标志某些发生在人和动物间的活动,在这些活动中,一个或多个参与者,通过运用传统的符号或象征物,向其他参与者传达与自己的生理、心理或社会状态有关的信息。换句话说,他们用仪式这一术语来指称某一类沟通活动。

当然,沟通活动有很多种类,在此我无意把它们都当作仪式。不过,我们可以因其作为一种传统展演的特殊语言,而将其他模式的沟通与仪式区别开来。若按沟通模式的术语来表述,如果把仪式看作一条渠道,那么传统展演就是适用于这一渠道的符码。

凯阔的娱乐活动,尽管其目的很明显是世俗性的,仍可被看作是仪式,这不仅因为它们最明显的特征是传统展演,还在于这些展演向参与者传达了某些基于马林人文化的其他方面却难以通过其他方式传达的信息。

展演行为这一概念在该研究中已被提及多次。我们提到过,与其把"小"战斗或"无关痛痒的"战斗看作是血腥战斗,倒不如把它看作对抗性的领土展演,正如我们在人类之外的其他物种中观察到的那样。我们还提到过，对抗性展演也是种植树桩仪式的一个方面，它划分或认可领地边界。很显然，这种展演所传递出的信息是一种恐吓。友好群体参与的凯阔娱乐活动中的展演行为则传达了其他一些信息。

这些展演有两个主要方面。按照 V. C. 怀恩-爱德华的说法，第一种可被称作诱导性（epigamic）展演。在谈及非人类的生物种类时，V. C. 怀恩-爱德华用这个术语来指涉"表现性别之间的婚姻关系并以受精为高潮的展演"（1962：17）。换句话说，它们是恋爱展演，构成了整个或部分求爱过程。男性在凯阔中的舞蹈组构了传统求爱过程的第一阶段，若女性观众对此热情回应，那么对于部分参与者来说就可在其他情境中持续这一过程。

这种大规模的男子舞蹈透露给人们一些信息。首先，它呈现给女性看客大量来自她们所不熟悉的、当地群落中的男子，在其他时间和地点她们不可能看到这么多男子聚集一处。此外，男性以参加跳舞为信号，表达了他们对作为另一种类别的女性的普遍兴趣。与舞蹈展演相比较而言，我们很难构思出一种更经济的方式来传递有关适龄男子的这些信息。通过舞蹈展演，女性在一个场合中就能多少熟悉一下那些在非己群体中居住的、己身极少去走访的当地群落中全部或大部分适龄男子。

不过，男性的这种恋爱展演并不止于向女性呈现某种样本而已。它同时也向女性提供了一个基础，方便她们去区分男人们之间的不同。单个男子的外在表现——他们的舞蹈以及装饰的丰盈程度——向女性表明了他们的力量或耐力以及他们的财富或与之有关联的人所拥有的财富。 194

怀恩-爱德华认为,由于"与占优势的、营养充足的个体相比,营养不良或被剥夺的个体在交配方面所面临的困难更多"(1962:251),动物王国里的这类展演因而可看作是选择机制(1962:251)。至于马林女性所作出的选择是否通常与单个男性所表现出的相对质量对应,在此由于数据还不充分,我们尚无法对此作答。不过,有一部分男人坚持认为,他们的妻子最初之所以被他们所吸引,正是因为他们的舞蹈动作令人倾慕。不仅如此,我们还需指出,舞蹈中所表现出来的特点并非与更加平凡的日常活动毫无关联。跳舞所需的耐力或力量对于耕作和战斗来说同样关键,而男子所佩装饰品的丰富程度表明了他给付被自己吸引的女性之能力。应补充的是,这些信息不仅仅传递给了那些适配女子,同样也传递给了她们的男性同族亲属。这些亲属对于求婚者的态度尽管有时往往被忽视,但还是与所有的择偶行为都有着密切关系。

在凯阔娱乐活动中,仅有男性的举动可被称作是恋爱展演,然而,参加娱乐活动的主客双方之女性同样也处于男性的观察之下。一方面,男性的展演行动会引诱女性主动去表达爱慕之情;另一方面,女性的在场也可能会促使男人们主动向她们的男性亲属奏响提亲的前奏。一个为自己、儿子或弟弟找媳妇的男人会接近吸引了他的女孩之父亲或兄弟,要不允诺将自己的姐妹或女儿给对方,要不答应支付丰厚的给付金。

简而言之,凯阔部分地构成了利于婚配的两个过程。首先,通过为大规模的恋爱展演提供场景,凯阔为女性提供了一个机会,使她们得以在大量的、甚至之前可能并不熟悉的适龄男性中选择出某一特定个体,使之求婚。其次,这也是一个有着大量女性在场,能够供大家检视观察的场合，它为男性间挑选女性的谈判协商提供了基础。这两个过程——其一是女性进行选择，其二是男性进行选择——有时候会发生冲突，因为女孩子们所作出的选择和她们父亲或兄弟所作出的选择并不经常一致，不过在此我们无须考虑这一点。

就怀恩-爱德华的论述（1962：16）而言，炫耀（epideictic）这一术语可应用于凯阔娱乐活动中展演的第二个主要方面。炫耀性展演（epideictic display）指的是在行为影响到当地人口规模和密度之时，传递给参与者关于人口规模或密度的信息。怀恩-爱德华之所指，包括了小昆虫与蠓虫之舞蹈、陀螺甲壳虫的碾磨旋转、小鸟与蝙蝠安歇时分的动作、小鸟和蝙蝠以及青蛙、昆虫和虾子们各自的合唱（1962：16）。炫耀性展演在传统时段发生，并通常出现于"传统地域"（1962：17）。

怀恩-爱德华对此展开详述，认为这样的展演发生于"恢复或改变种群平衡"的事件之前，这证明了我们将凯阔的娱乐活动称作炫耀性展演有其合理性。恢复或改变种群平衡的方法之一是调整土地上生物体的分布。我们千万别忘了，人们正是在停战协定的终止之前举办凯阔活动。凯阔过后，现存的种群分布模式将通过重新开战被再次检验。在期盼重燃战火时，评估盟友们对己的支援程度对于当地群落的成员们来说非常重要。因为当地并不存在那些能主宰他人行为的官方政治领袖，因此马林人不能基于他们所做的承诺而对此做出评估。是否作为盟友参战，完全取决于每个男性的自由裁量。

僧巴珈人认为，"那些前来参与我们凯阔的人，也会参与我们的战斗"。一个被邀群体也表达了出席凯阔的这一本土阐释。在另一地点所举行的、人们为前往凯阔而做的准备工作中,就包含了与战斗之前所做的仪式相类似的诸种仪式。人们将战斗袋置于舞者的头上与心口处,在他们的脚上抹上戈尔(gir),以使他们能强有力地舞蹈,正如人们在战斗应用这些物事,以使战士们能更强有力地战斗一样。这些行为有恋爱的一方面,之前我们已经表明了这一点。但它们还表示,这些舞蹈类似于战斗。来访者的队列由带着战斗袋的男人们率领,并以具有战斗性质的方式进入邀请方的跳舞坪,因此,在舞蹈中加入一个群体,是在战争中将要加入他们的一种象征性表达。

许多因素决定了来访舞蹈队伍的人数多寡。其中最重要的因素是被邀请的地方群落之人口规模,主客之间亲属关系或者正式贸易关系的数量,以及被正式邀请的人所能邀到的、乐于相帮的人数。这后一点本身就是正式被邀请的人与己身群体内成员以及和其他群体之间社会关系的结果。

影响战时盟友招募的也是这些因素。因此,人们运用了战争动员得以完成的诸种关系,来动员人们参加凯阔这一活动,而舞蹈队伍的规模,则标志着这些关系所包含的全部力量和效用。主人因而可以根据自己看到的舞蹈队伍,来估量友好群落在战斗中支持他们的力度。虑及当地没有权威的政治领袖,若没有这种展演或其他形式来呈现样本,我们很难想象这些信息如何才能被经济地传达出来。

当然,参与一场舞会不同于参加一场战斗,那些乐于参与前一活动的人可能不情愿参加后一活动。展演容纳了欺骗与掩饰,但语言和依赖语言而建的、更为专门的代码也同样如此。事实上,所有使用符号来进行沟通的交流方式都具有传递谎言的能力。不过,就这一关联而言,我们应该记得,尽管凯阔娱乐活动本质上是世俗的,在到达之前,访问者们确实得向祖先致辞。这些致辞及与之相伴随的各种活动,都类似于那些去协助其他群体参战之前所举办的仪式致辞与活动。我们可以认为,神灵卷入访客参与凯阔这一活动,神圣化了访客们通过展演传递给主人们的信息。信息的神圣化对于这个能轻易容纳谎言的交流体系来说非常重要:一方面人们会不愿意神圣化那些他们并不当真的信息,另一方面,被神圣化了的陈述,对于听者而言,比纯粹的承诺更可信。

除了传递爱恋和炫耀之外,凯阔娱乐活动上的展演还传递了其他信息。比如,在食物被呈上来之前,一个正式受邀之人可观察主人如何聚集给他的那份食物,从而知晓主人发动了多少人来帮助他。而跟随受邀之人而来的人,可通过观察他们分到手的那部分食物,来判断主人与他们正"帮忙跳舞"的客人之间的关系强弱。同时,主人能通过观察正式受邀之人重新分发自己所获得的那份食物的人数,来评估他们的影响力。因此,这些展演所传递的信息,不仅仅包括参与群体的力量与规模,还包括其结构。

凯阔的高潮

随着五月或六月间旱季的到来,人们在僧巴珈地域开辟出一些新园子。一般来说,男人们会在八月下旬结束大部分开垦工作,然而,1963 年那些不合时令的、主要在白天降下的大雨,以及灰蒙蒙的阴天严重阻碍了人们对土地植被的烧垦。虽然如此,一部分男人在八月中旬发起了孔吉凯阔（*konj kaiko*）即"猪凯阔"（*pig kaiko*）——的准备工作，九月初其他大部分人都跟随着行动起来。孔吉凯阔不仅是这个持续整年的节日之高潮，还是整个仪式周期的高潮。

捕鳝鱼

就像人们先猎捕玛——"纳瓦姆吉的猪"——从而为拔除闰槟树做准备一样，人们从捕捉鳝鱼——"纳瓦麦的猪"开始，准备孔吉凯阔。

就如人们捕捉玛一样，最小的男性亲属群体——氏族亦或亚氏族——组成了捕捉鳝鱼的队伍。与猎捕玛类似，每一个男性亲属群体放置陷阱的地点都是受限的。尽管人们在其他时间段里能够随意放置陷阱，现在则必须将其放置于与他们自己的低地精灵相关联的传统地点，因为他们只能同这些神灵交换彼此的猪。

参与捞捕鳝鱼的人选与那些参与捕捉玛的人员在一定程度上有所不同。向纳瓦姆吉奉献终生的战斗法师甚至于不可以用手碰触那些凉冷湿滑的鳝鱼，因而他们不参加捞捕。

参与捞捕鳝鱼的人们需要遵守猎捕玛时需遵守的类似禁忌。不过，这回人们要避开的是高地精灵卡姆恩珈，并且不用再忌食麦日特果。

正如猎捕到的玛肉被人们腌制保存一样，人们也对捕捞到的鳝鱼在某种意义上进行一些处理。从陷阱中捞出来后，这些鳝鱼被养放于浸在溪流中的单个圆柱形树皮笼中。尽管人们并不喂食，但有些被捕捉到的鳝鱼能存活两个月之久，显然它们是以水流为其带来的任何植物或动物食材为生的。

与玛与猪的情况不同,有鳝鱼在场的仪式表演对于鳝鱼的数量没有作任何规定。毋宁说,鳝鱼的量取决于它们在捕捞后存活的时间长短。随着鳝鱼捕捞一天天进行,捕捞者发现被囚禁的鳝鱼或许因为降低了食物摄取量以及缺乏运动而大量死亡。有时,倾盆大雨过后溪水大涨也会将陷阱和笼子全都冲走。每一次鳝鱼数量受损时,就会有越来越多的人发表意见,得赶在所有的鳝鱼走丢之前,加紧孔吉凯阔的其他准备工作。

冉库和跳舞坪的准备工作

1963 年 10 月初,一些男人接受了萨满所说的有关祖先愿望的劝告,不再等人们"达成一致意见",开始在指定的冉库和跳舞坪为孔吉凯阔这一将节日与仪式圈带入终结的事件做准备。

人们在跳舞坪对两栋房子进行修葺,并且在该月中旬偏后些的日子里在跳舞坪一侧的斜坡上搭建了一个被称作"裴弗"(pave)的仪式性围墙。这个轻巧的三面结构由小树搭成,其上覆盖着树叶,高约 15′,圈住了大约 30′×50′ 大小的面积。由于并入了紧邻其上的、男人屋宽阔的围场,这块面积增大了许多。在面向跳舞坪的、"裴弗"最长的那侧围墙上,人们在其接近中心处开设了一扇面积约为 1 平方英尺、离地约 4 英尺高的窗户。

十月中旬,所有的最小男系亲属群体都开始进行冉库的准备工作。这些地点包括上一次战斗中被杀之人居住过的处所,因为人们用猪奉献祭祀的对象,正是这些战死的斗士。这些冉库在某些情况下——但并非全部情况下——与人们向低地精灵献杀生猪

199

的地点相分离。大部分后一种情况下的生猪屠杀，通常总在专用于此的冉库进行。若这些被杀的战士曾生活在这些传统地点附近，那么一个冉库就足以用来向两类祖先祭祀了。

这里通常的模式是每一个最小男性亲属群体使用单独的冉库，这种异常现象或许为我们提供了一些证据，表明男系亲属的结构及居住模式已经发生或正在进行着某些变化。梅凯部族下的温迪克亚族里，有三个成年男子单独准备了一个冉库，与其他八个成年男子所准备的冉库相分离。这三个人因需遵守不能与亚氏族中其他兄弟共食以及共火的禁忌而被分隔开来。之前我们已经提及，这些禁忌也确实分离了那些过去使用同一个冉库的其他群体。另一方面，僧巴珈部族中阿提盖亚族的部分成员加入了卡姆伽盖部族中的亚族，因为他们认为，其父辈曾与卡姆伽盖中的阿提盖人以从姊妹居的方式生活在一起。剩下的僧巴珈阿提盖人则与僧巴珈温迪凯亚族以及未分裂的托梅盖部族共用一个冉库。

为两种类型的冉库所做的早期准备工作包括清理矮树丛，搭建有屋顶但无墙体的棚子储存柴火和蔬菜，并用来避雨。人们还在那些杀戮生猪向低地精灵献祭的冉库处搭建额外的构筑物。它们就是提姆比(timbi)屋，因此屋中柱所用的木材而得名（桃金娘科，? 闭花木属）。这种树木经常在溪流中宽阔、水流平稳的地方生长，被看作阔帕曼央自己的树木。直径为 6 到 9 英尺的提姆比屋为圆形，残留着部分树叶的提姆比中柱，穿过圆锥形的屋顶好几英尺。正是在这些屋子里，人们用一个或两个地灶烹煮鳝鱼和猪腹肉，用灶多少取决于是否有食物禁忌将群体分开。

在竖中柱时，人们会举行一个简短的仪式，意在乞求丰产与富庶。人们在尚没有盖顶的提姆比屋泥地上铺一床席子,在席上铺开宝物,将它们献给那"送给我们鳝鱼的"阔帕曼央。中柱的粗大一端被放置于床席上,一位老人一边用柔和的假声歌唱,一边用竹片刮去树皮上的苔藓,然后用斧子在上面划一条曲线以标记柱长。资讯人认为,那条曲线代表着一条鳝鱼。树渣掉落在宝物上,而唱的歌曲则和财富的增长以及对贸易伙伴的考虑有关,如"让他想起我,送来金嘴贝。让他想起我,送来一把斧",诸如此类。这项工作完成后,人们聚拢苔藓和树皮,将之与蔬菜同煮,众人共食以求增强生育力、促进成长,但战斗法师不在此等人员之列。

之后,腐烂之神,即那些在场者的非暴力缘由死去的祖辈与曾祖辈精灵,被人们一一点名致谢。人们感谢它们豢养了鳝鱼,并告诉它们,大家已经在它们生前杀猪献祭的地方向它们供奉了宝物,那些现在还活着的人不久将在这里杀戮更多的猪献祭。人们要求它们接受这些宝物,并送一些宝物给阔帕曼央,同时人们还请求它们保佑那些名字被一一提及的妇女和儿童。之后人们向红精灵致辞。人们提醒红精灵,之前也曾向它们献过珍宝,但这一回珍宝却正在送给那些"给予我们鳝鱼"的那些神灵。不过,它们仍被请求继续看护那些被念到了名字的人。当之后提姆比中柱被猛然插入土地时,所有的男人和男孩都将他们的手放在中柱上。而中柱上特意留下了的一根低枝上则挂着贝壳和珠子,斧子则被人们埋在中心柱底座周边的圆圈中。屋顶修好以后,那些珍宝会被退还给其主人。

就如种植闰槟树和阿玛梅的情形一样,仪式用具的象征意义,尤其是提姆比房屋本身,似乎也是有性别区分的。让人更感兴趣

的是人们与两类祖先关系的进一步调整。当人们挂起战斗石，抹上"瑞恩吉"时，此刻占主导位置的是人们与红精灵的关系。而在

201　人们种植闰槟和阿玛梅时，这一关系被更改，但人们都认可自己对两类祖先所欠的债务。当这些植物被拔除时，人们通过废除自战斗过后就一直遵守的大部分禁忌，与红精灵重建互惠关系，以及或许与低地精灵建成共享团体，进一步调整了生者与两类神灵的关系。当提姆比中柱被树起时，这种关系得到了更进一步的调整。通过即将来临的"猪之互换"，人们重建了与低地精灵的互惠关系。然而，很重要的是，我们应该注意到在人们建提姆比屋时，也向红精灵致辞。僧巴珈人认为，如果他们不如此做，红精灵就会心生妒忌、遗弃生者，使他们在下一回合的战斗中被无情杀戮。僧巴珈人以及其他马林人所举行的仪式，其目的似乎并不是用低地精灵来替换红精灵，而是重新确定人们与两类超自然力量的平衡关系。

其他群体的计划对于孔吉凯阔举办时机之影响

其他群体的计划有时会影响人们举办孔吉凯阔的时机。1963年10月，继僧巴珈人拔除闰槟一年之后，图古曼人在他们的蓬格普（pengup）麦日特成熟时拔除了闰槟。之前我们已经提到过，当地群落的人若地上还有闰槟在生长，他们就不可以享用其他群体送来的与凯阔仪式有关的猪肉。因此，僧巴珈人被迫等待最重要的盟友和最近的邻居先拔除闰槟，以便图古曼人能自由享用送去的猪肉，否则，他们在好几周以前就会举办孔吉凯阔仪式了。

虑及整个马林地区的战争频率以及能从中找到盟友的群体数量，人们为此原因而推延终止凯阔，如果不是一条规则的话，至少

也十分普遍。最近几年,延迟所带来的后果已经变得无足轻重。僧巴珈人仅仅抱怨他们捕捉到的鳝鱼在不断死亡。然而,在政府颁布和平法令以前,后果则严重得多。在两个敌对群体举行凯阔的时间相差一年的情况下,这种延迟能完全排除任一时段,在其中一方可以开始发起进攻而另一方则不能的局面。 202

玛姆普谷僧(Mamp Gunč)

除了最后的准备工作外,在冉库的其他准备工作都结束时,一些年轻男性会经历为红精灵举办的一个奉献仪式。开始时,他们躲在裴弗后面的男人屋中,人们将他们的头发做成被称作玛姆普谷僧的形状。克伊日姆(kirim)树皮(樟科 Lauraceae sp.)做成的、约6英寸高的圆框像王冠一样套在他们头上。年轻男子那从青春期开始就没有剪过的头发,被人们从中间分开梳上去,然后搭在圆框外,将圆框完全隐藏起来。之后人们在上面涂抹一种冷却之后能使发型表层变硬的、当地人称作谷僧树而我无法识别的融化了的树汁。这种发型因此树而得名("谷僧头")。最终,人们将头发染成红色,现在使用的是购买的色素。

只有少数战斗法师会制作玛姆普谷僧,此过程旷日持久。将每个新手的头发摆放在圆框外几乎要花费一天时间,用剑尖一点一点地涂抹融化了的谷僧树汁还需花费一天。这个过程同样也是高度仪式化的,不过我们在此没有必要讨论仪式的细节。我们只需说,人们告知红精灵,这些男孩子们正在为它们而穿戴这些"红东西",因此希望它们能助其定型、坚硬且亮丽。所有剩余的其他仪式规程都具有同样的目的。

就如任何与红精灵有关联的事情一样,佩戴着玛姆普谷僧的年轻人被要求遵守大量严格的禁忌。除了其他禁忌事项以外,在头上佩戴着玛姆普谷僧期间年轻人还不可性交、在瓦拉地带行走。不过,更值得注意的是绝对禁止饮水、嚼甘蔗、吃黄瓜、木瓜和木槿叶。就僧巴珈男孩而言,这些禁忌得持续 8 天。在此期间他们不能用劲,允许他们吃的根茎以及绿叶蔬菜里很显然包含了充足的水分以防严重脱水。不过,也确有违反禁忌的事情发生。我曾亲眼看见两个谷僧域(gunč yu)——即头戴玛姆普谷僧的年轻人——喝了饮料。一个是啜饮了几小口咖啡,另一个在抱怨自己总是咳嗽后就着白开水喝了止咳糖浆。他们只能通过我们而获得这两种液体,人们对这些东西不熟悉,也并不经常使用,因而战斗法师还没有想到去禁止他们喝这些液体。

当人们完成这些年轻男子头上的装扮时,这些新的玛姆普谷僧就被"带出来":也就是,结束他们的归隐状态,为本地女人和来自他处且愿意观看的人当众跳舞。

我们已经提到,在 1963 年举办的凯阔中,只有部分僧巴珈男子佩戴着玛姆普谷僧。实际上,只有 5 人如此。这个数字低得不同寻常,但情形似乎是,所有年轻男子同时佩戴玛姆普谷僧的情况,如果有的话,也极少见。

首先,玛姆普谷僧是与杀敌相关联的。有些资讯人认为,只有那些有同族亲属在上一次战争中杀死了敌人的年轻人才能佩戴玛姆普谷僧。另一些资讯人则认为,若亚辖域群体中有人被杀,就可能有人戴玛姆普谷僧,而另一部分人认为,若当地群落的任何成员杀死了敌人,玛姆普谷僧就会被佩戴。因为程序非比往常,因而我们不可能从 1963 年僧巴珈人中所发生的情况中提炼出任何规则。那五个戴了玛姆普谷僧的年轻男子要么在卡瓦西部避过难，要么是其男系亲属曾去那里避过难的人。他们认为，之所以自己佩戴玛姆普谷僧，是因为在卡瓦西-莫纳姆巴特战斗中曾经杀死过一个作为莫纳姆巴特盟友的昆达盖人。不过，之前曾前往莫纳姆巴特寻求过庇护的僧巴珈人说他们没有杀死过昆达盖人，因此他们要等到莫纳姆巴特人举行凯阔时才佩戴玛姆普谷僧，因为他们曾经帮助过莫纳姆巴特人杀死过卡瓦西人。

　　哪怕是所有的年轻男子都能够通过这种方式与杀敌者相关联，从而适宜于佩戴玛姆普谷僧，也不可能个个都会如此行事。例如，人们认为两兄弟不能同时佩戴玛姆普谷僧，因为正佩戴着玛姆普谷僧的人不能协助杀猪、收集柴火和蔬菜，以及与孔吉凯阔有关的其他任务。然而，那些在自己所属地方群落所举办的凯阔仪式上没有戴玛姆普谷僧的人，可以在与所属地方群落结了盟的其他当地群落举办的凯阔仪式上佩戴玛姆普谷僧。在结盟群体所举办的凯阔仪式上佩戴玛姆普谷僧的资格是：人们只要与任何一个参与了杀死该群体敌人的人同属一个当地群落就可以了，而不必然得是杀敌者的男系亲属。

　　饶有趣味的是，我们发现那些佩戴着玛姆普谷僧的年轻男子会彼此——虽然这种情况较少——互称为"兄弟"。由此我们可认为，佩戴玛姆普谷僧的仪程是一种产生超地域年龄阶层的机制。然而，这种年龄阶层——如果可被如此命名的话——的政治以及结构潜能还未被人们运用。

　　在玛姆普谷僧仪式中，另一个群体被明确下来，或至少变得鲜明起来。在大部分凯阔仪式举行时,都会有许多年轻人有资格佩戴玛姆普谷僧,但其中总有一部分人非佩戴玛姆普谷僧不可。这就是每个战斗法师指定为继承人、并将仪式知识传授给他们的那些年轻人。只要有可能,这些继承人都会是这些战斗法师的亲生儿子,若战斗法师碰巧没有生养出儿子,那么,其亲兄弟的儿子会优先于其他类别的兄弟之子被指定为继承人。

如果说牧师是在特定时间为会众之利益而举行既定之仪程的人,那么我们可以说,战斗法师就是牧师。我们还可以进一步认为,佩戴玛姆普谷僧这一仪式指定了一群年轻人来继承牧师之职。在许多社会中,世袭神职可能比年龄阶层更容易成为该社会政治活动的焦点。但在马林人中,仪式知识转变为世俗权威的程度却很低。仪式知识的延续性得以保持,但世袭神职的政治发展可能性,如年龄阶层的政治潜力一样,却依然是潜在的。对当地缺乏将年龄阶层或世袭制作为政治组织的基础之原因展开探讨,不在本研究的讨论范围之内。不过,我们可以认为,仪式周期本身已规范了要求群体努力的足量任务,在如马林当地群落那么小的群体中,人们无须求助于由年龄阶层或世袭神职而来的正式结构或地位,就能使整个群体动员起来。

最后的准备

在孔吉凯阔举办前的最后几天里,活动达到了高潮。人们必须在地面为烹饪献给红精灵的猪而搭建灶台,冉库处得收集摆放好木柴。女人们得采集到与猪肉同煮的大量蕨类植物和绿色菜蔬。能收到馈送猪肉之礼的许多客人会提前到达,以期在准备工作中施以援手。人们还有必要将捕捉到的鳝鱼集中到离冉库近的地方，因而将这些放在笼子里的鳝鱼挪至近旁的溪中。人们在鳝鱼置放之地与冉库之间新辟通道，在路端搭建轻巧的拱门。

杀猪之前，人们必得再一次驱逐掉恶灵或巫师散落在这块地面上的腐败。为此目的，许多战斗法师会在孔吉凯阔前两天集聚于政府修建的步道上，向装满了水的大竹筒念施咒语。之后这些竹筒会发给每一个最小男性亲属团体的代表，用于冉库以及道路的驱邪。人们一边把竹筒中的水洒在地上，一边向亡灵与生者叙述战败及撤离之战事，以及其后昆达盖恶灵和巫师对这块土地的污染，而现在，人们正在用法术之水消解这种污染。

禁忌的废除

在大规模杀猪的前一天，人们祭杀了十四头阿僧克孔吉（aček konji）即"禁忌猪"。尽管人们在杀猪之前，在向两类祖先的致辞中都已经提及了生者希望能废除禁忌，这些祭宰的猪还是被放在地面上砌的灶里烹煮，因为人们最普遍遵守的禁忌，那些由战争而来的禁忌，都与红精灵有关。

炉灶开火时，大家都用刚宁盖（gañiŋgai）灌木拍打身体，发出啐吐之声，分别述念自己要废除的禁忌。之后，参与了这一仪式的人分食这些猪肉。被废除的禁忌品类繁杂，我们可以很方便地将其分为三类：与哀悼有关的禁忌、与群体内纷争有关的禁忌以及与战争有关的禁忌。

在服丧期间，因为死者的骨头依然放在家中，女人需遵守火焰禁忌（阿僧克，aček），禁止与其他非服丧的女性和男性接触甚至于谈话,从而将她们分隔开来。此外,若死者是男性,服丧的女性还得遵守死者生前所恪守的所有食物禁忌。

206　　　而就在孔吉凯阔举办前,家中存放了死者骨头的女性会将死者遗骸放到冉库掩埋,这样死者精灵就可分享不久之后被献祭的猪肉。将遗骸葬于冉库这一行为有效地结束服丧期,与服丧有关的禁忌随着禁忌猪的被杀戮得以解除。

除了照料遗骨的女性之外,还有其他人需要遵守服丧期的禁忌。通常来说,死者的至亲(共同生产与生育的家庭成员)会因为这一悲痛与损失,不再吃死者生前最喜欢吃的食物中主要类别里的某一种(比如说某一种芋头,某一种香蕉等等)。这类自愿弃权被称作莫伊(moi)。不仅如此,若死者是名女子,那么她为之饲养猪的那名男子通常将会在服丧期间拒食猪肉,而鳏夫也经常宣称,他们将无限期不再娶亲,不再与女人有性事往来。随着禁忌猪的宰杀,这些限制也得以解除。

群体内成员间由于激烈的争论、争吵和伤害而产生敌意,这些敌意在被人们称为"阿僧克"的同席就餐与食物共享禁忌形式中得到了象征性表达。主要的冲突者拒绝吃同一炉火上做出来的食物,也拒绝吃对方种植的作物。随着禁忌猪被宰杀,源于各种事件——从猥劣的名讳称呼至杀人等——的禁忌被废除。

一些起源于战争的禁忌(也被称作"阿僧克")也随着禁忌猪的杀戮而被人们废除。但全方位废除杀人者与被杀者同族之间的交往禁忌需历经四代。对立方的儿女既不吃对方种植的粮食也不共享厨火。孙子辈可吃对方种植的作物,但不可吃同一炉火上烹煮的食物。曾孙辈在宣布废除禁忌后,可以共用一炉厨火。通过妻子和母亲而与以前的敌人有联系的人是特例,可以不遵从这一普遍适用的规则,我们将在另一语境下对此展开讨论。

1963年,卡姆伽盖部族的年轻人废除了禁食克凯人所种植的作物的禁忌,在大约五十年前发生的一场战争中,后者杀死了其祖父辈的某个人。同一天,梅凯部族的人宣布废除与图古曼人中的拉翁(Raweŋ)部族的不共灶火禁忌,后者曾在很久以前杀死过他们曾祖父辈中的两个人。这桩事情已距今如此久远,以至于无人知晓这两人死亡时的具体情形。

通过祭杀禁忌猪,僧巴珈人同样也废除了与上次战争中的敌人昆达盖人交往的某些禁忌,其中包括禁止踏入昆达盖辖域,接触昆达盖人或与昆达盖人说话,以及拜访(但并不进入)昆达盖人的屋宅。

僧巴珈人在此段时间废除与昆达盖人的交往禁忌并不符合规则。若按之前的规矩,这些禁忌应一直持续生效,直到将来某个时候人们举行了媾和仪式。然而,要求人们合作以建立辛拜巡逻岗,并执行有利于控制人们的那些管理政策,使得这些溯及既往(ex post facto)的禁忌被如此废除。例如,当他们为政府巡逻站运送货物时,大多数僧巴珈人横穿昆达盖领地,而大部分昆达盖人也横穿僧巴珈人辖域。在完成政府下令的、横跨于分隔两方辖域的界河之上的一座桥梁修建时,双方群体的成员已经被强制进行了合作。

我们之前已经提到过,肇始于其他群体战争的禁忌会分裂当地群落。通过祭杀禁忌猪,那些在莫纳姆巴特-卡瓦西战争中处于对立位置而开战的僧巴珈人废除了彼此的食物禁忌。但共火禁忌则持续有效,直到 1964 年莫纳姆巴特人结束了凯阔,该禁忌才被废除。

禁忌、社会控制以及群体间关系

马林人的社会及政治生活中渗透着各种同席就餐、共享食物以及其他社会关系方面的禁忌。由贝特森(Bateson,1936)、弗洛伊德(Freud,1907)、格鲁克曼(Gluckman,1962)和赖克(Reik,1947)推进的有关仪式本质及其功能的阐释,尽管无法被检验,却为我们理解这些关系中禁忌所扮演的角色提供了某些思路。我们把对仪式的阐释延伸至对禁忌的检验,这是有正当理由的,因为禁忌——在超自然意义上被禁止而身体上可行的举止——在逻辑上与仪式构成了对应关系。事实上,我们可以把禁忌看作"消极仪式"(negative rituals)。此外,在马林人那里,禁忌与仪式不仅有逻辑上的关系,还有实际上的关联,因为禁忌既通过仪式来确立,也通过仪式予以废除。

格鲁克曼认为,"在各种关系中建立起来的社会准则和价值,自身会推进个体和亚群体与其效忠的主要群体里的对应物展开争论","仪式的作用在于遮盖业已存在的基本冲突"(1962:40)。他并不认为仪式能解决冲突。"分析的全部重点在于它们不能如此行事"(1962:46)。相反,他认为,不同群体间的冲突可能被仪式掩藏了起来,"实际上带来了暂时性的休战"。弗洛伊德在其作品中提到,仪式的此种功用来自于仪式自身的特质。在评论神经病患者的强迫症仪式与虔诚者的宗教仪式之间的相似性时,弗洛伊德指出,这两者都表现了对立力量之间的妥协。它们同时既压制又表达了那些可能对个体或群体来说危险的情感。

以上这些简洁陈述表明,马林当地群体中盛行的禁忌是社会控制的一种重要手段。马林人的这些禁忌来源于敌意。此前,我已经提到过敌意产生的基础,它们导致了僧巴珈人于1963年仍恪守一些禁忌。有些敌意产生于因共居而经常发生的事件:侮辱、打人、偷窃妇女等等。其他则产生于格鲁克曼所称的马林社会的基本组织,即多样的联盟以及相互冲突的责任。因而,所有僧巴珈人都必须遵从的禁忌,肇始于1955年发生的莫纳姆巴特-卡瓦西之战。由于马林人在战争中的参与规则,一些僧巴珈人不得不参与战争的某一方,从而导致僧巴珈人之间彼此开战。莫纳姆巴特-卡瓦西战争发生时,僧巴珈人正处于流亡当中。那些于莫纳姆巴特和卡瓦西居住的僧巴珈人,由于东道主方为他们提供了避难的土地和住所,不得不作为主要战士参与战斗。在战斗中,两个僧巴珈人被杀死,好几个僧巴珈人受了伤。然而,当僧巴珈人结束流亡生活,重新聚合到自己的领地居住时,那些曾在莫纳姆巴特-卡瓦西战斗中相互攻击的僧巴珈人有必要重新成为一个单一的协同运作、共同居住的群体成员。

根据弗洛伊德和格鲁克曼的论述,我们可以认为,在这种再融合中,禁忌起到了非常重要的作用。对于因死亡和受伤而产生的愤怒和痛苦,禁忌规定了其表达的行为范围,与此同时使得生活中大部分重要任务的合作能顺利进行。用弗洛伊德的术语来说,禁忌代表了表达与压制社交危险情感的一种妥协。它们要求或允许人们在受控的情境中频繁且正式地表达出敌意:男人们在一起并排煮食,但各用单独的灶火;拒绝某人进入另一家的屋宅;拒食另一个人种植的作物。我们可以认为,在这种被禁忌限窄了的行为领域内,人们经常性的但相对无害的敌意表达,抑制了更一般化的、较难预测的,因而更危险的表达。此外,禁忌的这种超自然性将世俗的敌意转移至超自然力,减缓了敌对者之间的紧张关系。在我看来,人们恪守禁忌,阻止了彼此怨愤的群体间的恶感泛滥至其关系的所有方面,从而使得他们在某些重要任务上能达成合作。事实上的情形是,那些拒吃对方种植的作物或拒用对方灶火的人,在砍伐森林和捕猎时相互合作,彼此赠予土地,资助姻亲给付(affinal payment),若有需要,还肩并肩作战捍卫共同的辖域。

饶有兴趣的是,人们将这一表达和压制敌意的任务指派给了禁忌而非仪式。我认为,相比于仪式,禁忌更适合完成此目标,因为恪守禁忌来表达敌意本身就将当事人彼此隔离。敌意因而通过一种方式得以表达,从而避免了潜在的危险对抗。

这一提法在有些方面既适用于敌对的当地群落之间的关系,也适用于当地群落内的个体间关系。由种植闰槟树而开始的仪式性休战,因禁止敌对群体间所有的交往而得到强化。这些禁忌一方面象征性地表达了敌对状态,另一方面也最小化了实际上会妨碍休战的各种可能性。尽管这些禁忌不能促进,甚至于不允许这些群体间有任何主动的或有意识的合作,但它们至少使每个群体的成员生活在某种安全中成为可能。

不过,尽管禁忌在维持当地群落内部的秩序上扮演了重要角色,显而易见的是,必然还得有某些方式对这些禁忌加以解除,否则其累积会最终损害它们所帮助维持着的共居与合作结构。

禁忌的解除牵涉到生猪的宰杀。不过,只有在人们已经集聚了一定数量的寄生性或竞争性猪群时，这种屠宰才有可能发生。为了废除当地群体成员的禁忌而马上屠猪献祭，将导致可用于紧急情况和不幸的生猪数目减少，延迟凯阔。因此，禁忌的解除得等到凯阔举行时进行，此时人们才有足够的猪用于此目的。僧巴珈人此时表达出的态度和行为表明，至那时为止，禁忌已经完成了它的作用。导致了这些禁忌产生的敌意在很大程度上已经冷却，人们已经困扰于这些禁忌本身了。资讯人报道说，在凯阔举行时，他们已经不再对禁忌所限制接触的那些人抱有任何恶意，不过他们仍得遵守禁忌，仅仅是因为他们如果不那么做，祖先就会惩罚他们。禁忌解除后，之前由于禁忌而被长时间隔离的人们会频繁拥抱。

因此，凯阔既是调整群体间关系机制的一部分，也是调整同一群体成员间关系的、包含了禁忌在内的机制的一部分。

猪、鳝鱼与丰产

在解除禁忌的那一天，人们还另外宰杀了 82 口猪，其中有 14 口用于祭祀红精灵，人们给每个在上次战斗中被杀死的人都献祭了一口猪，68 口猪则被献祭给低地精灵。

资讯人说，在以往举行的凯阔中，当人们将猪献祭给红精灵时，会向红精灵承诺，不久后就为死者报仇。但在 1963 年的凯阔中，红精灵被告知，由于政府的新近出现，人们现在不可能用自然的方式为他们复仇了，因此生者恳请它们吃掉这些奉献的猪肉，这样它们自己就可强大起来，给屠杀自己的人降下疾病，从而为自己复仇。

在向低地精灵的致辞中，人们重叙了战败、昆达盖人紧随此后

211

对这片土地的掠夺、对冉库的亵渎以及最后人们重返家园的故事。对于那些在生者处于逃难期时被邀请到异地享用过献祭猪肉之祖先，人们现在——呼唤它们的名字，请求它们返回到自己辖域中的传统地点来接受祭猪。生者与精灵因而都在他们之前摒弃了的土地上重新安顿下来。

　　屠宰过后，所有的死猪马上在冉库被人们料理干净后烹煮。那些来自别处、能获得整头猪的男人们——通常都是当地人的姻亲——会在冉库亲自将猪煮熟。赠送猪的过程较为随意，赠送猪的那一方和接受猪的那一方都没有什么客套话。接受方在送给施惠者斧子、灌木刀或贝壳①等回礼后，就走向屠夫，之后将送给自己的猪煮熟。若接受者曾是上场战役中的盟友，他们就会将猪腹肉退还给捐赠人，让捐赠人用盐将猪腹肉腌制起来，并在第二天公开送给他们。那些获赠少于整头猪的人不会去冉库。第二天他们会收到已经煮熟了的那部分。

　　每一处冉库都会至少有一头，有时会是两头，献给低地精灵的母猪被人们进一步指定为"阔帕猪"（koipa pigs）。在僧巴珈人认为十分重要的这个仪式上，这些牺牲自有其角色。在杀阔帕猪时，人们呼唤特定腐烂精灵的名字，请求它们把猪带走，传送给阔帕曼央，"给予了我们鳝鱼的人"。阔帕猪被宰杀以后，年轻人和男孩子们会排着队，提着装着鳝鱼的、装饰了提姆比树叶的笼子，沿着新

────────────

　　① 严格意义上来讲，这些赠送不能算作给付。一件宝物就能买到一口幼猪。相比而言，一头成年猪就值钱好几倍。但由于人们不买卖成年猪，因而我们很难准确估量其价格。

近整理出来的小径,将那些鳝鱼从附近的溪中带到冉库。而妇女
与女孩则在冉库边缘,"阔帕曼央路"末端那由提姆比和其他植物
搭成的轻巧拱门处等候他们。之后,男人、女人、男孩子和女孩子 212
们就一起走向那些被杀死的阔帕猪,从笼子中拿出来的鳝鱼会搁
置在这里。妇女、小孩和未婚男子于是擒住鳝鱼的尾巴抽打死猪,
直至鳝鱼也死去。人们于是用这些死鳝鱼摩擦死猪。资讯人说,
参与者的肩膀也得用死鳝鱼来擦一擦,但我没有看到人们这么做。

这些鳝鱼将连同贝壳宝物及珠子一道,悬挂在提姆比屋的中
柱上,如此财富就能增长。这一天晚些时候,珍宝会回到主人们手
中。而夜晚来临时,人们将阔帕猪的猪腹肉与鳝鱼放在提姆比屋
中的土灶里同煮。第二天早晨人们打开灶时,若发现食物已煮好
(一成不变地会如此),就认为阔帕曼央已于夜间光临了此处并享
用过美味,现在轮到大家来分享土灶里的内容,以使自己、自己喂
养的猪以及耕作的园子多产富饶。腐烂之神被首先致辞,告知生
者已经向它们奉献了许多猪,现在它们既然已经都吃饱,也该回到
自己的屋子,即那些低纬度原始森林中的大树中去了。人们请求
它们照料作物、生猪以及人丁,使其丰饶多产、快速生长,并许诺一
旦作物成熟,人们就将献祭以资神灵享用。最后人们请求它们取
用锅里的食物,将之带给阔帕曼央。之后每个人,除战斗法师外,
都吃这个锅灶中的食物,从而解除了不吃鳝鱼的禁忌。

不管从人们对精灵的致辞中,还是资讯人的陈述中,我们都可
看出该仪式的目的非常明确。人们一致同意,此仪式是为了确保
来年人、猪以及园林能丰产富饶、生长快速、财富增长。引人关注
的是,这一仪式或多或少与刚结束的仪式周期中债务的最终偿还,

以及与这些债务相连的禁忌之解除同期发生。石板已经或正在被拭擦干净。在和精灵与盟军之间的关系中，当地群落现在处于，或不久后将处于一种平等或互惠的关系而不再背负债务，一种新的周期正在开始。①

213　　　马林人的仪式可被看作是人们处理与两类通常对立的神灵关系时的一系列调整行为。随着债务关系转化为互惠关系，红精灵的支配性逐步缓和。随着战斗石被人们从高处放置于低处，与低地精灵重建互惠关系之路被铺开、与阔帕曼央所含的未来之丰产与繁盛的连接被建立。

　　从战斗石的悬挂到开始新周期，这些关系的每一次调整都需要人们屠宰生猪。之前我们已经指出，猪群之规模与生长速度都是人类群落幸福度的一个标尺。对于一个地方群落而言，在战后

---

　　①　此研究的目的不在于研究马林人仪式器具或表演所隐含的超自然象征主义。但进入这一领域的简短离题有助于我们更好地理解仪式周期的结构。

　　要说明的是，以下为我的阐释。在从田野返回之前，我并没有深入挖掘我所观察到的事项中可能附着的象征意义。因此我不可能知道，在多大程度上那些概念是错误的，或许，甚至于在多大程度上已被僧巴珈人阐明。

　　或许，整套鳝鱼仪式都象征着生殖行为，这其中有许多与之相对应的细节。年轻男子和男孩们先将捕获的鳝鱼聚集在一起。这些鳝鱼被人们看作阔帕曼央的猪，该精灵居住在溪流中，一如它所栖息的水流一样，很明确地与繁殖相联系。他们带着这些鳝鱼走一条新开辟出来的小道，穿过拱门，被妇女迎接。将这看作是性侵入也并非牵强附会。更进一步地，把用鳝鱼鞭打母猪身体的行为看作性高潮与受精，也并没有道理。其中，母猪代表女性对于胎儿的奉献，而鳝鱼则代表男性。在提姆比屋中悬挂宝物（以使它增长）和鳝鱼，以及将鳝鱼与猪腹肉彻夜同煮，象征着女性的怀孕。饶有意味的是，男人们带着鳝鱼返回时所走的路必须是新开辟的，这暗示着女性被破除处女膜。

　　在我看来，这个仪式总体而言象征着广袤的生殖过程，象征着人口群落与人类群落所赖以生存的植物群落和动物群落的新一轮繁衍。照此，该仪式在开始新的仪式周期中所处的位置显而易见。

保有其领地显然意味着它在与其他当地群落对抗时所具备的生存能力。对于这个地方群落而言,集聚圈养足量的猪来偿还其债务,则表明了它作为生态单元与人口单元的生存能力。

猪肉的分配及幸存下来的猪

为了仪式的举办,人们在 1963 年 11 月 7 日和 8 日这两天里杀了 96 口猪。这些猪的总重量大致在 13 500 磅到 17 000 磅之间,出产的可食用猪肉达到 6 750 磅至 8 500 磅。

用于祭奠红精灵的猪肉总量中,僧巴珈人留下了大约 1 900 磅至 2 400 磅,他们还留下了那些供奉给低地精灵的动物内脏、头,有时还有其他部分。虽然我们不可能准确估算,但僧巴珈人大约自己保存了屠宰生猪的三分之一,或 2 275 磅到 2 635 磅猪肉。这意味着僧巴珈人的每个男人、女人和小孩都能分到 11 磅到 13 磅猪肉。由于他们给我家送了一些猪肉,因而其人均所得会减少一磅左右。人们连续吃五天肉,并将猪肉悬挂在火塘上保存起来。

人们将剩下的 4 475 磅到 5 965 磅猪肉分成至少 163 份送给其他当地群落的成员,赠送的猪肉大小不等,从几磅板油或猪肉到整头猪都有。尽管有 17 个其他当地群落的成员能收到这种礼物,但图古曼人、安达盖人、卡瓦西人和莫纳姆巴特人收到了其中大部分猪肉。当然,这些接受者又会将猪肉再分配给自己群体和其他群体的成员。总人口数大约为两千左右的几乎所有图古曼人,安达盖人,卡瓦西人和莫纳姆巴特人肯定都收到了一些僧巴珈人的猪肉,极有可能有超过三千人最终分享了一份由僧巴珈大屠宰而来的猪肉。

有 75 口猪在 11 月 7、8 号的屠宰中存活了下来。其中 40 口猪是猪崽或仔猪，25 口是小猪（重约 96 磅到 120 磅），还有 10 只是成年猪（重约 120 磅到 200 磅）。这 10 口成年猪中，有 4 口猪能够幸存下来，仅仅是因为它们逃到了森林中，身上还带着马上杀掉的标识；有两口猪是专为图古曼人的凯阔而留下来的；有一口猪属于一个外出工作的年轻人，待这个年轻人回来时就会被宰杀，还有两口猪免于被杀戮是因为刚生下一窝崽，很瘦，人们认为它们不适合用于献祭。那些小猪中，至少有 4 口是为了当作送给姻亲的礼物而留下来的，在凯阔结束前人们仍得遵守他们之间的食物禁忌。尽管那些在卡瓦西和莫纳姆巴特避难的僧巴珈人已经正式解除了彼此的食物禁忌，但那些父母或祖父母是卡瓦西人和莫纳姆巴特人的，却将一直恪守这些禁忌，直到莫纳姆巴特人拔除他们栽种的闰槟。在僧巴珈人开始举办他们的凯阔之前的一到两年时间里，卡瓦西人已经结束了凯阔。资讯人说，在僧巴珈人的大屠宰两或三个月之后，莫纳姆巴特人拔除闰槟时，其他几只小猪将会被杀掉。[①] 简而言之，人们已经安排好了不久之后屠杀 15 口幸存下来的生猪，因而幸存下来的生猪，与其说有 75 口，还不如说是均重为 60 磅到 75 磅的 60 口。

赠送珍宝

孔吉凯阔是人们抹除对生者之债务与对精灵们之债务的场

---

①　莫纳姆巴特人是一个居住在吉米山谷的群体。吉米山谷和辛拜山谷的植物生长周期多少有些不同。吉米山谷举办的凯阔会在一月或二月开始与结束，而非十月或十一月。

合。除了分配猪肉，人们还在僧巴珈人的孔吉凯阔仪式上进行 24 场宝物赠送或交易。

赠送件数大约在 6 件到 42 件之间的 14 次赠送，是为其活着的妻子们或者其妻子们所生的、尚且存活的孩子们而献给姻亲的。还有两个献给姻亲的死亡赔付。其中一例是，在其姐妹死去了二十多年之后，该兄弟被赠予 13 件珍宝。另一例则是，一个年轻男子因兄弟的死亡而给付其母的家族。除此以外，也出现了三桩恰好等价的有关僧巴珈老年妇女的交换。发生在一个女人的儿子与她的兄弟或兄弟的儿子之间的这些交换，终结了一段婚姻开始不久后就进行的一系列给付与非等值交易。

另外一些类型的交易也存在于其中。两个之前没有这么做过的人，这回给那些于 1953 年至 1956 年的流亡期间曾赠予了他们土地的人赠送了宝物。还有两次宝物赠送是为了报答赠献人之前所得到的某些服务：一个是感谢对方将父亲的尸体从战场上背回了家；另一个则是报答当地政府指定的某个头人在其妻被政府医疗巡逻队要求去辛拜巡逻站医院时带去了食物。

这些赠送宝物的案例中，有一例是部族成员"买下"另一部族对某个女孩的权利。在作为僧巴珈部族一员的女孩父亲死后，该女孩的母亲与自己的兄弟们即与另一个当地宗族卡姆伽盖的成员们生活在一起。而女孩已逝父亲所属宗族的成员们想用该女子去换另一位女孩，给宗族内的某一儿辈做妻，但意识到是女孩的母亲部族养育了这个女孩，只有他们才对她拥有这种权利，因此僧巴珈部族向她母亲的兄弟及其儿子们给付了大量物品（九件珍宝）。

这 24 宗交易中有 17 宗发生于僧巴珈人和其他地方群落之

间。据我所知,没有哪个人不能按照对方所期望的给付来完成他
对另一当地群落的成员所背负的义务,尽管在另一例子中赠送人
认为这个给付数目少得可怜,几乎让人感到羞惭。

我们已经指出,能举办凯阔仪式,意味着当地群落作为一个生
态学与人口学单元具有生存能力。通过在孔吉凯阔上用礼物与财
富来履行其姻亲义务与其他义务,当地群落的成员们表明,在超地
域的交换网络中,他们也构成了一个具有生存能力的单元。

孔吉凯阔

当腌制好的猪腹肉被公开赠送给同盟军,仪式性的栅栏裴弗
被破坏时,猪节在孔吉凯阔中达到了高潮。

在人们宰杀生猪时,大量其他当地群落的人就会赶来与僧巴珈
人待在一起。第二天,来自所有友好群体的更多人蜂拥而至,有的
人独自赶来,而有的人则参加了舞蹈队。中午时分,跳舞坪挤满了
观众与舞者。当大量腌制好的猪腹肉被赠送时,参加者已逾千人。

下午晚些时候,除了已婚或守寡的妇女以及被抱在手中的婴
儿以外,所有的僧巴珈人都聚集在裴弗围场里,而那些装着咸猪肉
的礼物袋堆放在裴弗窗后。几个男人爬到裴弗结构的顶端,向着
人海一一宣告被赠予此礼物的男人部族名与姓名。当名字被叫到
时,每一个受此殊荣的人都会充满激情地冲向裴弗窗户,一边摇动
着斧子一边大声呐喊。而他的支持者们则紧紧跟随在他后面,喊
着战斗号子,击着鼓,挥动着武器。在窗旁,在上次战斗中被帮助
过的僧巴珈人将这位荣耀的英雄口中塞满冷而咸的猪腹肉,并将
那装着分送给英雄随从们的咸猪腹肉口袋递出窗户。嘴里塞满

猪肉的英雄回撤，支持者们紧随其后嘶吼、歌唱、击鼓、跳舞。令人尊敬的名字一个接一个地被快速点到，那些冲向窗户的队伍有时会与那些已经撤回的队伍缠到一起。

裴弗里的礼物大概表彰了 25 到 30 个人。这一数字没有包括所有在上次战役中提供了军事帮助的人，相反，他们是和僧巴珈人有直接亲属关系或贸易关系的、能够被动员给予战斗支持的其他群体的成员，以及那些负伤者与战死者的儿子们。这种表彰大致有一个优先顺序，通常负伤者和战死者的儿子会被最先念到。最后才被念到名字的接收人有时候会认为这是一种羞辱。曾经就有一个图古曼人在发现自己是最后念到名字的人时，拒绝去领取他那份猪肉。尽管僧巴珈人的凯阔没有因为这种冲突受到损害，但有时也会出现当地群落的人因另一个当地群落的人先被叫到而大光其火的情况。韦达就曾亲眼见证 1962 年的坎达姆本特-纳米凯（kandambent-Namikai）凯阔仪式上这样一幕场景：范盖-阔拉玛（Fungai-korama）群体的成员不仅拒绝去领猪腹肉，而且还提前离场。

赠送仪式结束后，来访者继续跳舞。但僧巴珈人仍待在裴弗围场里，合计着推倒裴弗围场的一部分。当这部分垮塌时，佩戴着玛姆普谷僧的人带领着其他男人们冲到缺口处猛烈击鼓。未婚的女子跟随在后。他们出现时，就组成了一支僧巴珈舞蹈队，成了跳舞坪上众多舞蹈队中的一支。突破裴弗，之后与朋友及盟友队伍一同跳舞，意味着打破那些将他们与其他群落长期隔开的债务与禁忌之限制。[①]

218

---

① 根据头一天的鳝鱼仪式来看，这或许也象征着当地群落的重生。

结束凯阔还剩下一个环节：挖出建跳舞坪时埋在门下的闰槟达瓦树根。树根马上被挖出来了，一个战斗法师将它悬挂在一条绳子上，拿着它迅速离开跳舞坪。所有的僧巴珈人尾随他跑到附近的一处绝壁，在那里处置树根。这一地点俯瞰着敌人的辖域，朝着敌人的方向，人们将闰槟树根抛出。之后，僧巴珈人将卡姆普闰槟树的叶子从根部开始扯，在扔掉剥露的树根之后投掷树叶，大声叫唤敌人的名字，嚷嚷着："我们已经结束凯阔了，我们在这呢！"舞蹈延续，通宵达旦。第二天早晨，在大型的交易会过后，人群散去。五名年轻人在非仪式场合下将头上佩戴的玛姆普谷僧剪断。凯阔仪式结束了。

休战协定的终止与和平的确立

随着凯阔仪式结束，从上次战争以来的休战协定也结束了。往常，人们会在很短的时间内再次爆发冲突。例如，1953 年年末或 1954 年年初爆发的那场战斗，就开始于僧巴珈凯阔仪式结束后的三个月之内。

不过，人们也有重建永久和平的途径。但哪怕在最年长的资讯人记忆中，马林人团体间也仅有极少数几次和平。人们对这个和平程序细节的描绘含糊不清且互相矛盾。在另一已刊文章中（拉帕波尔，1967），我根据 A.P. 和雪莉·韦达最近所作的调查勾勒出我所理解的、比现在所能确认的更具决定性的实践。我将先重述之前的理由，然后对其中有可能不正确的或至少令人存疑的细节进行解释。

　　人们并不在凯阔结束时清扫掉裴弗的残骸而是任其腐烂。据说这些残骸大概需要两到三年才能被彻底分解。需要注意的是，[219]这一时间长度通常也是一口猪完全长成所需的时间。如果到那时，战争还没有爆发，那么人们就会举行一个被称作"裴弗归（pave gui，黑色的、死的或腐烂的裴弗）"的仪式，之后宰杀所有的成年猪与小猪，栽种闰槟和阿玛梅。猪群又一次被允许达到容忍的极限，但在拔除闰槟之前，现在的敌人得共同参与和平缔结仪式。我将马上返回讨论这些方面。

　　这一相当连贯一致的概括来自某个资讯人的叙述。他是一个知识丰富的人，但就其陈述来看，他还太年轻，因此其叙述不可能源于自己的亲身经历。不过，他的陈述与之前在我田野阶段早期自愿无偿提供信息的那些资讯人的报道是一致的，即闰槟在几年之内又会被栽种（尽管有些僧巴珈人说，由于政府的存在，人们永远不会再种闰槟树了），也与以下报道相一致，即1961年结束了凯阔的卡瓦西人于1963年又在地里种上了闰槟。因为几乎是在田野调查期间的最后一天，我才得到这个信息，因而没有机会进一步调查此事。

　　韦达夫妇后来所进行的问询表明，人们为了益于猪的多产与成长而举办"裴弗归"仪式，并且宰杀一些生猪，但数量少于我理解的这些场合所需的数量。不仅如此，他们被告知，在仪式中或仪式后，人们不会种植闰槟树。当被韦达夫妇提问时，甚至于我的资讯人也否认了在"裴弗归"仪式上人们种植闰槟这一点。他要么是在同我交流后，与同韦达交流前的这段时间内更正了此点，要么就是我曲解了他。不管怎样，我早期关于这件事情的表述有可能是不确切的。

　　不过，资讯人确实一致认为，直到敌对双方的猪群已经达到了很大规模，甚至于最大规模时，人们才会举行和平缔结仪式。这与资讯人对我提供的信息相一致，即之前的敌对双方一旦缔结了和平，马上就可以参加对方举办的凯阔。我在之前出版的作品中所说的规则似乎普遍有效：若一对敌手能够经历两个仪式周期而没有重新开始敌对行为，他们就可能媾和。需澄清的是，与这条规则相符，组成第二个周期的仪式与组成第一个周期中的诸仪式多少有些不同，并且在一些资讯者看来，结束第二个仪式周期的凯阔没有那么复杂。不仅如此，第二个仪式周期中，我们不清楚休战是否被仪式手段所确保。不过，是两个群体所养猪群的统计学变化，决定了两个周期的持续时间。

　　有关实际媾和仪式细节的资料，我收集得也并不充裕。然而，资讯人确实一致认为，双方在咨询了各自的祖先并向其祭祀猪只之后，会集合在共同的边界交换猪肝。只有那些母亲是敌对群体成员的——在积怨甚深的宿仇情境下，只有那些祖父母是敌对群体成员的——人才可以吃这些猪肝。与之前所描述的规程相一致，两个群体的其他成员所恪守的共食禁忌在四代之后会被解除。

　　此时此刻，人们还交换女人或承诺交换女人。这些女人被明确地称作"乌姆普"（wump，栽培原料），通过她们，战死的人能被替代，她们所生的孩子将会以其兄弟、父亲、祖父所杀死的人的名字来命名。理想状态是，人们为每一个战死者支付一个女人，但僧巴珈人认为，当与昆达盖人媾和时，这绝对不可能，因为死亡的人数太多了。然而，他们补充说，许多女人不止生一个孩子，因此用不了多久,所有战死者的名字都会被孩子们拥有。

因此,媾和的规程不仅泯灭了旧恨,还通过交换女人使曾经的敌人之间建立起联系。通过婚姻建立起来的新联结之数目,很有可能与此前的敌意之严重程度直接相关。这种敌视程度,根据每个参与者由对方手中所承受的死亡人数来测量,尽管理想上用一个女人来交换一个战死者不可能实现。

仪式周期与地区整合

马林人的仪式周期在地区间关系中所扮演的角色,关系到近期人们对美拉尼西亚地区整合的探讨。这些讨论主要集中于贸易(Schwartz,1962)或仪式交换中(Bulmer,1960;Salisbury,1962)的商品流通将那些没有共同认可的上级权威的群体绑结在一起的方式。把凯阔牵连在内,对一个地区的所有或部分群体的整合起作用的马林人这一交换系统已隐含于此。然而,马林人的仪式周期不仅仅是为阐释由于经济上的相互依赖而产生的关系,或正式化仪式交换中的非经济相互依赖提供了一种方式而已。什么时候发起攻击、兼并土地、改变全体人员的联盟、缔结休战或和平协议,都依据那些构成了仪式周期成分的各活动之结束而做了明确要求。反过来说,这些仪式活动的完成也表明了当地群落与他们环境当中的人类及非人类组件的关系状态。不仅如此,该仪式周期中的各种活动,尤其是凯阔仪式本身这一过程,在自治的当地群落组成参与力量演示的超地域集合体过程中起到了集聚、结合并传达信息的作用。简而言之,马林人的仪式周期不仅为强有力的计划而集聚超地域群体提供了一种方式,也提供了管理这些计划的一套传统。

　　任一当地群落的仪式周期所连接的活动人数都非常庞大。我们估计,参加僧巴珈凯阔高潮的人数超过了一千人,在仪式过程中,其舞蹈队被款待了的那些群体之总人数超过了 3 000 人。僧巴珈人赠送猪肉的份数,也达到了 3 000 份。仅就涉及的人数而言,仪式周期的聚会人数堪比某些波利尼西亚等级体系结构所能召集到的人数。就动员这么多人来参与活动的频率而言,它比得上波利尼西亚的酋长。例如,马歇尔·萨林斯(1958:132)有关波利尼西亚的祭祀食物再分配研究中所提供的信息表明,有些岛每年举办这些活动不会超过一次。但马林人各当地群落所举行的凯阔,其频率少于一年一次,因而在大多数年份里,某个当地群体不可能不受惠于其他群体所举行的凯阔之分配。

222　　　当然,波利尼西亚人的组织和马林人的组织有着重要差异。在波利尼西亚这个分层的中央集权组织中,我们可以合理地假定,系统调节通过分立的权威、酋长的活动来完成,组成了系统因子的那些变量值那危及系统的变化信息会传达到权威和酋长那里,又从他们那里发出意在将这些数值返回到安全水平的指令。马林人会就变量的状态是否实际上危及了系统达成共识,但当它与仪式周期的惯例相一致时,矫正性活动或多或少地自动跟随在后。用稍有不同的措辞来讲,波利尼西亚酋长制的总体定序功能之所在,是独立的人类权威——酋长,他既监测变量是否偏离"安全"水平,也发起纠正行动。但在马林人中,监测功能的实现是弥漫性的,许多人接收到或感受到那些信号(以劳累过度、园子被毁的方式而存在)并最终达成共识:变量状态中确实存在着某一危及体制的变化。更正功能的落脚之处是仪式周期。但鉴于大量人员的活动由高度集权的波利尼西亚组织和群龙无首的马林人组织所连接这一事实来看,我们可能会问,导致这两种类型的组织发展或演化的因素有哪些? 它们以何种方式对其所存在的生态系统产生不同影响? 它们连接大量人员活动的能力差异具体是什么? 它们相对的长处与短处又在何处? 最近,萨林斯(1963)和史华兹(1962)提出了相似的问题。这些问题需要我们更进一步展开研究。然而,我们可以认为,波利尼西亚的系统调节方式比马林人的更敏感。

　　首先,酋长制下发起矫正行动所需的信号强度,比马林体系所要求的信号强度要弱得多,因为只需一个人,而非足以形成共识的一批人,需要去探测各变量状态中危及系统的趋势。其次,与之形成对照的是,在形式上与重要性上各不相同的若干矫正程序,会由酋长来发起,而非马林人千篇一律的仪式反应。简单地说,波利尼西亚的系统调控比马林人的系统调控运行更迅速、更灵活。这或许要求马林人中大量人员所能呈现的一种更紧密、更持续的合作。我们也可以认为,更敏感的系统调控,如波利尼西亚人中所发现的那样,可避免马林地区所发现的变量值大范围波动(举例来说,猪群的大小与耕种土地的数量)。不过,需要强调的是,马林地区的这种波动本身具有极大价值,因为它们对于团体关系的调整至关重要。

　　马林人的体系调整也有它的优点。不需要支持那些有着复杂要求(奢侈品、复杂的集会结构等等)的特定人员,如酋长和他们的随从。不仅如此,仪式周期之惯例所设定的矫正反应,尽管缓慢且老套,虑及多少有些稳定的文化环境,却有一定的价值:人们犯错误的空间不大。我们还可认为,正是它们的不灵活性,才使得仪式周期调整自主的当地群体之间的关系,尤其是战争方面的关系,成为可能。

第六章 仪式与生态系统的调控

　　这项研究集中研究仪式在僧巴珈人生态中的地位。在前面几章中，我们描述了僧巴珈人与其环境的物质关系，在之后的章节里，我们讨论了仪式的调节功能。僧巴珈人的仪式周期在此被看作是一个复杂的自我平衡机制，其运作目的是将大量变量值维持在"目标范围"（允许体系如所组成的那样在无限的时间中永存的数值范围）内。我们已经指出，僧巴珈人和其他马林人仪式的调节功能有助于维护未经破坏的环境，将战争的发生削减到不威胁地区群落存在的频率，调整人与耕地之比，促进交易，将当地盈余的猪只以猪肉形式分配给整个地区群落，并保证人们在最需要高质量蛋白时能有所得。

　　尽管据我们所知，宗教仪式作为一种人类的特定现象具有其重要性，在这项研究中考察它与文化其他组成部分的参考框架却借自动物生态学。特指为一个"地方群落"的僧巴珈部落，被看作是动物生态学家所指意义上的群落：由共享某些独特手段并藉此和与其共存的生物共同体中其他有生命及无生命组件保持一套共享营养关系的、集聚在一起的生物体所组成的一个单元。

　　此外，僧巴珈辖域也被看作是一个生态系统，从生物圈中划分出来的一部分，其中包含了相互作用，从而使有生命的组成部分之间以及有生命的组成部分与无生命的物质之间产生系统性物质交换的生命有机体与无生命物质。这一限界由特定的分析目标所引导，并非完全随心所欲。生态系统依据营养交换来确定，仅人类中的僧巴珈人就直接参与了他们与之同享该地域的非人类实体之间的营养交换。相反，僧巴珈人不直接涉及其他地方群落辖域中非人类实体间的营养交换。因为导致了营养交换的物质圈通常都高度定位于热带雨林，因此生态系统边界之确定并非过度以人类为中心。

尽管通过借用动物生态学的标准，我们可能把某个地方群落的辖域指定为一个生态系统，但我们切不可忘记，任何地方性人类群体的环境都可能不仅限于直接所在地中依靠该环境并被该环境所依赖的实体。外部世界的其他组成部分以其他方式影响了该群体的生存与康乐。附近的人类群体对于僧巴珈人的生存来说，其重要性不亚于他们在其中耕作园艺的次生林，或许还比他们在其中诱捕有袋类动物的原生林更重要些。正如他们与共享其辖域的其他物类成员进行一系列营养交换一样，他们也与占据另一辖域的其他地方群落的成员交换基因物质、人员以及物品。不仅如此，也正是在这一更加宽阔的领域内，土地通过战争得到了再分配。在我看来，这些超地域关系很难在生态分析中被忽略。在这项研究中，我对此给予了与更局部的营养交换同等的重视。

然而，为分析居住在单个地域中生态相异种群间的营养交换提供便利框架或模式的生态系统这一概念，仅能通过引入居住在隔离地域中生态相似种群间类似的非营养物质交换才能被容纳进来。与将生态系统这一概念（局部营养交换的系统）扩展到包括利用单独领地的独特地方群体之间的（典型的非营养）交换在内不同，我认为我们应该认识到，地方人口群落（以及其他种类）也可能 226 参与了地区体系。如我已经指出过的那样，这些体系的最重要组成部分就包括几个在综合地区之内占据了不同地区的几个地方性人口群落。当地群落的这种聚合可以被称作"地区群落"（regional populations）。

值得注意的是，地区群落——由地区延续性以及人员，基因物质与商品为基准进行区分的聚合体——在某些情况下与人类学家、民族学家和遗传学家用其他标准进行区分的其他聚合体有着或多或少相同的边界。这就是"社会"（society），根据共同的约定来互相作用的有机体之集合，而"繁殖种群"（breeding populations），是能脱离相同种类的相似集合体而单独存在无限世代的异种繁殖的有机体之集合。因为这三者都可能在长时间里存留并进化，而它们的构成子单位（如僧巴珈）却相当短暂，社会、繁殖种群与地区群落因此具有相似性。因此，在长期的进化研究中，这些更为包容的集合体，而非任何一个构成子单元，应该成为分析的中心。

用任何非任意方式为地区群落确定边界，与为社会或繁殖种群确定边界一样，十分困难。因此，我们只能说这些用不同方法确定的集合体在某些情况下大致具有共同边界。渐变群（cline）这一概念在社会与生态人类学中可能与在遗传研究中一样有用，但在目前这项研究中，我们仅关注单个地方群落在其历史上某一特定时期中与其他同类群落的关联方式，而不必准确地定义地区群落的范围。我们注意到僧巴珈作为其组构成分的地区群落包括了操马林语者以及他们的邻居,这就足够了。

那么,在这项研究中我接下来所要运用的分析策略,就是区分
227 地方群落参与了其中的两种系统——生态系统与地区系统。① 我
认为这一步骤具有某些优点。第一,它维护了生态系统概念的解
释力。若我们将生态系统扩大至包括人类群体的所有外在关系,
那么就必然得对这一概念进行必要的类比。第二,它提升了生态
系统这一概念的实用性。它让我们能够将规模足够小的地方定名
为生态(地方性的)群落和生态系统单元,从而方便做定量分析。
它们通常是"自然单元",不依赖于我们对其进行区分就已经存在
的单元,如公认的社会群体及他们的土地。在这一研究中,作为生
态系统的指定地方社区(local communities)包括了群体与他们在
生计活动中所利用的区域。由于有关群体或领土的定义贫乏、经
济的复杂性或其他原因,我们并不总是能找到这种便利的自然单
元,但一旦找到,其优势或许超越了纯粹的便利。例如,我们已经
提到过,僧巴珈人和他们区域上的坐标群体,事实上是在马林地区
直接参与营养交换的最包罗广泛的一个人类群体。因此,将之确
认为地方群落(local population),既具有描写的有效性,也具有分

---

① 我认为区别这两个(亚)系统足以适用相对简单的马村生态环境,但我认识
到,其他更为复杂的情形可能要求我们做更详尽的区别。例如,在一个环状珊瑚岛中,
我们将人类群落直接参与了营养交换的那部分生物圈命名为"直接环境",认为这一直
接环境包括了三个多少有点区别的生态系统,即陆地、礁泻湖及公海,就分析而言这是
有用的。这一过程既能使我们认识三片区域中生物群落间的重要差异,也可使我们认
识到人们在其中的不同参与。

相似地,我们将"非紧接环境"看作是由几个地区交换系统组成的环境,有时候也
很有必要或大有裨益。

析效用,因为它反映了马林人和他们的邻居在空间上的分布方式及与其资源的关系。

区分地区系统与生态系统,在阐明某些文化现象的系统功能方面也能对我们有所帮助。我已经通过阐明可作为各自特点的物质交换上的不同之处,将地区系统与生态系统区别开来。这些不同之处隐含一个更加抽象的、可资区分两个系统的准则:内部连贯性准则。

完全连贯的系统指那些任何一个组件的状态变化会马上导致所有其他组件状态发生与之相应的变化的系统。它的极端对立面是完全不连贯的系统,有时我们会用"堆"(heap)这一术语来指代它。堆中的任一实体之状态发生变化,都不会影响到其他任何实体的状态。很显然,没有哪一个对其生存至关重要的、有生物体参与其中的系统会完全不连贯。反之,连贯性太强也会威胁到参与其中的生物体之生存。

就我所知,目前还没有人发明出测量连贯性的方法,然而,我们可以在自然集合的实体中识别出那些与影响其他实体或被其他实体影响比较而言,彼此间影响更显著、更迅速的实体。例如,单个生物体表现出了很强的内部连贯性,但相对于那些外在于其自身的实体,连贯性就小很多。我认为,高度的内部连贯性一方面是生态系统的特性,另一方面也是地区系统的特性,因此,区分这两者有其合理性。

然而,能让我们藉此区分出高度连贯的一套现象(并将其指定为系统)的系统非连续性,仅仅是相对而言的。大自然是连续的,我们所建立的几个系统不可能独立于彼此。首先,它们可能共享某些组件,通过这些组件,某一系统中的活动最终可能会影响到另一系统中的活动。在这项研究中,地方群落这一单独生态系统中的活动最终影响到了地区系统,反之亦然。既然如此,我们应用诸如交换类型的物质标准或诸如连贯性之类的抽象标准区分出来的那些系统,可恰当地被看作是由它们共组而成的更大系统中的子系统。

　　我认为,与在此提出的生态系统相比,区分子系统具有更普遍的适用性。在这项研究中区分出两个子系统对我们很有帮助,但无疑任何民族志所研究的那些现象中都能区分出好几个子系统,由此引发出一些重要问题。人类集合体所参与的那些多种子系统是如何相互连贯的?也就是说,通过何种机制,某一子系统中的变化影响了其他子系统的变化?文化中有哪些事项参与了其中?某一子系统中的变化对其他系统之影响是持续地、周期性地反映出来?还是仅在逾越了某些阈值时才反映出来?所涉及的子系统所发生的变化是成比例的吗?预设了现象之间彼此关联的"经典的"功能主义,通常关注与此类似的问题。虽然如此,我们可以声称,通过尽可能准确地说明实际上被联系的子系统,能使探究连接各子系统的机制、阐明这种机制如何起作用具有更严格的操作性。

　　这项研究认为,马林人的仪式在地方子系统与地区子系统的连接中起了重大作用。仪式周期的时间设置,很大程度上取决于地方性生态系统中各组构成分所处状态的变化。但把仪式周期推向高潮的凯阔仪式,不仅倒转了子系统中所发生的变化,还影响了地区子系统中各组构成分之间的关系。在凯阔进行过程中,人们得以履行对其他地方群落的义务,整合对将来所开展的军事活动的支持,占领之前已把敌人从其上赶走了的土地,刺激货物与妇女的流动。凯阔结束后,地方群落可以再次发起战争。相反,禁止人们再引发战争,直到地方生态系统的状态允许凯阔仪式又一次上演与结束的闰槟种植仪式会让战争终结。参与闰槟种植仪式也正式认可了以前不隶属于该当地群落的人员与当地群落的联系。

简而言之,马林人的仪式,不仅像一个同态调节器(homeostat)一样在运行——将组成了整个系统的大量变量维持在可行范围内——也像一个变换器(transducer)那样在运作——将一个子系统状态的变化"转换"成能使第二个亚系统产生变化的信息和能量。在此值得回顾的是,仪式周期之转换运作使得地方群落所参与的战争——战争对于土地与人员的再分配而言很重要,却也十分危险——是非连续性的。因此我们可以认为,仪式变换器将各子系统之间的连贯性保持在某一水平上,在它之上或之下就会危及整个系统的永存。

在试图针对僧巴珈的生态关系展开功能论与控制论分析时,我们从活动或物质世界中的实体中提取变量,并将其看作分析系统的组构成分。若想让功能分析方法能应对亨佩尔(Hemple,1959)和其他人的批评,我们就必须赋予所有变量定量数值。至于那些确定了系统能发挥充分功用的变量,其数值的可容许范围也必须加以明确。

然而,这项研究中有些变量并未被量化。例如,我们没有给战争的频率指定数值,更不用说其容许极限了。尽管我们给猪群与人群的规模指定了可容许范围的上限,却没有为其指定下限。我们认为,人口群落对生猪的破坏性之容忍是有限度的,但我们并没有给这种限度赋值。由于这些或其他量化数据缺乏，这项研究仍部分地归属于科林斯(Collins,1965)所称的"解释性勾勒"。

在讨论变量赋值时，我们对变量所赋予数值的有效性或公开或含蓄地持适度谨慎，并在附录中清楚地阐明了获得数值的方法。不过，在此有必要重申，我所运用的测量技巧有时候很粗糙，有些情况下统计不足。但应铭记于心的是，这些数据只不过是一位在植物学、营养学、生理学及测量学等领域没有受过专门训练的人类学家艰难尝试的结果。指出这一点，既不是为了捍卫，也不是为了贬低这些数据，而仅是描述其特性，并引起大家注意：生态研究若想不断完善精致，人类学家就有必要拓展其受训领域，或从那些在其他方面受过训练的人那里获得帮助。

仪式在僧巴珈人生态系统中的角色是这项研究的重点，但对于这些仪式或任何其他在此描述过的现象之起源，我却没有发表任何见解。诚如涂尔干在1895年的作品中所言：

　　　　要揭示一个社会事实如何有用，不是要去解释其起源，或为何它成其所以。其用处预设了作为其特点的明确属性，而非创造了它们。我们对事物的需要并不能导致这些事物存在，也不能授予它们任何独特性。只是由于其他某种理由，它们产生了。(1938:90)

不过，应引起我们关注的是，在新几内亚高地的其他人群中，人们也发现了形式上与僧巴珈人相似的仪式要素。当然，大规模屠宰生猪的现象也广为分布，诸如"红精灵"、仪式围墙和与提姆比房子类似的构筑物等要素在许多群体中也多有报道。(Bulmer，1965；Luzbetak，954；Read，1955；Reay，1959；Newman，1964)朱蕉在仪式中也被极度地广泛应用，远至菲律宾都可发现它的这种用法(H. C. Conklin，个人交流)。不过，这些要素在特定活动中和特定仪式周期中的排列方式似乎有相当大的变化。尽管数据并不充分，但根据僧巴珈人仪式的功能，我们可以认为，仪式调控或许普遍存在于新几内亚，不同群落所处的生态环境差异所带来的变化引起了仪式的诸种变化。类似于基因漂变的随机文化变迁当然也会涉足其中，但我们可以相信，当变量及变量之间的关系发生变化时，调节它们的机制也会发生变化。

　　在此我们应明确另一点。这项研究关注僧巴珈与马林环境的各个方面，如生理学、人口统计学、心理学、经济结构、社会结构与政治结构，以及宗教，即落入经常被划定为几个本体论"层次"(无机的、有机的、超有机的)类别的那些现象。有些社会科学家强烈认为，每个层次上发生的活动或进程，就发生在另一个层次的活动或进程而言，本质上是独立存在的。这种无视层次的解释要不是简化论，要不就是其对立面。

　　层次这一概念对于组织科学的生态——譬如把人们对自然的研究从各种学科中分离出来——而言，十分有用。社会学家 O. D. 邓肯(O. D. Duncan)近来认识到层次这一概念在社会科学中的重要性，用带有几分轻蔑的口吻说道："它对观念史的主要贡献在于它给那些较新的认识经验世界的科学方法赋予了合法性，这些方法一经出现，则可用于支持任何一种思想体系。"(1961：141)

　　邓肯的论断也许过于刺耳。层次这一概念除了对科学的组织工作有用之外,也对资料的排序——尤其是当我们对形式寻求解释时——有用。但它只不过是一种将资料排序的方法而已。假定许多要素之间存在相互依赖变化的系统这一概念则是另外一回事。打个比方来说,那些主张层次具有功能自主性的人,显然会假定,有机现象作为一个普通类别,其任何一个组成部分(如生物体,群落)与超有机的或文化的现象相比,会表现出更多的内部连贯性。在我看来,这种立场混淆了本体论身份与系统的相互关系——混淆了事物的"组成"与其行为之间的因与果。从自然界中观察到的关系中发现的或提取出来的系统,可能并经常影响到本体论意义上所定义的层次。

在这项研究中,我们讨论了许多仪式,提到了它们的"显"功能与"潜"功能。有些提议,尤其是那些与仪式和禁忌在抑制冲突时所扮演的角色有关的提议,本质上是对观察到的或报道的活动所做的事后解释,可能难以用经验来证实。就其本身而言,它们容易受到此类作家如卡尔·亨佩尔(1959)等瞄准"经典"功能主义分析所作的批评。但这些观点只是针对这项研究的主要关注点附带提出的。此处的重点是仪式的自我平衡功能以及它连接各子系统的方式。

米勒(Miller,1964)已经讨论过作为自我平衡机制的宗教,他反对在人类现象中辨别出在本体论意义上单独定义"系统"(例如文化系统相对于社会系统,宗教系统相对于世俗系统)的那种日益增长的趋势,并声称:"文化是可供我们研究的可行系统,是我们能够隔离的最合适的(only)整体。文化具有一种'秩序模式',一种可扩展到整个系统的结构……使它能作为一个系统存在下去"(第

94页,着重号为作者所标注)。米勒在之前将"秩序"定义为"次序运作的场所",并将之等同于宗教。

233

仪式及其理解所引出的仪式行为组成了系统关系中的"次序运作的场所",是这项研究所关注的命题,在此我们无须进一步重申。我们细查僧巴珈人仪式所扮演的角色,所得不料竟与米勒的主张即"文化是可供我们研究的可行系统,是我们能够隔离的最合适的($only$)整体"相左。文化就其本身而言在此并没有被视为一个整体,而被当作与众不同之手段的一部分。通过这种手段,地方群落在一个生态系统中保存了自身,地区群落得以延续并协调其群体,将它们分布于可利用的土地上。被信仰与仪式的秩序模式所调节的,不仅仅包括文化的其他组成成分之间的关系,还包括了并非全为人类的生物体间的生物学互动。实际上,我们将僧巴珈及与其共享辖域的其他实体称为"仪式调节的生态系统",将僧巴珈人与他们的人类邻居称为"仪式调节的群落"是十分贴切的。

鉴于这项研究所提供的分析,或许会有人询问,仪式是否有独特的优点,能使它们特别适合像同态调节器和转换器那样起作用。在此我只能提出简略的、高度推测性的看法。

首先,值得注意的是,在机械系统、电子系统和生理学系统中,其他组成成分的状态会在一个连续的范围内变化,但调控机制状态的范围却常常受限于两个变项。例如,恒温器基本上是一个开关,根据它浸入其中的中介物所发生的特定数量之变化作出"开"或"关"的反应,从而使热源活动或不活动。若我们抽象地展示加热系统,则可将恒温器看作是一个两数值的或者二元的变量,而系统的其他组成成分会被看作是连续的、或多值的变量。二元调控

装置最大的优点之一就在于它的简单。事实上,对于系统中其他
234 要素连续的变化状态,它的反应是我们所能想象到的最简单的:如
果变化超过了某一极限,二元机制就在两种可能的数值中由一种
调向另一种。

可能正是二元机制的这种简单性,将系统崩溃的可能性降到
了最低,但我们已然提出,二元运作在另一语境中还有一个更重要
的方面。二元控制从系统运行的一个阶段中排除了出错的可能
性:因为可能的反应集合只有一个成员,因而不可能从中挑选出一
个不合适的反应。用拟人化的术语来说,调节机制一旦接收到信
号,表明某个变量逾越了它的可容许范围,并不用非得决定去做什
么。它只能做一件事,要不什么都别做。

就像恒温器一样,仪式也有二元性。正如恒温器开关的开启
与关合会影响炉子产生的热量以及介质的温度一样,僧巴珈人仪
式的启动与完成,也影响到猪群规模、人们耕种的土地数、所花费
的劳动、战争的频率以及系统中其他的组构成分。为了纠正那些
偏离了可接受范围的变量,人们所运用的程序是固定的。人们需
要确定的全部事情就是,实际上是否有偏离现象发生。僧巴珈人
通过讨论,之后形成一致意见来作出这种决定。

我们必须意识到,尽管马林人的仪式调控享用了这一简单之
优势,却也受累于这一简单之局限性。有关某一变量偏离了可接
受状态的共识可能达成缓慢,纠正这种变化所发起的所有程式缺
乏灵活性,还不太可能与这种偏差相称。在稳定的环境中,缓慢且
刻板的调控可能不会引起严重问题,但环境持续快速变化的异常
情况则可能要求调控更快、更灵活。

对于仪式充当转换器角色而言,其二元性也很重要。单单仪式的举办,就可被看作是一种信号。由于人们在特定时间只能选择举办仪式或者不举办仪式,因而仪式的举办传递了一组二元信息。[①] 由于有关"是/否"而非"多/少",该二元信息因而是定性的。但是,如许多马林仪式一样,仪式的进行取决于众多变量之间一套复杂的量化关系。因此,仪式的举办或许是复杂量化信息的一个简单质化再现。

　　我们可参考拔除闰槟仪式来阐明仪式这一功能的重要性。这种仪式可被看作是某一地方子系统(生态系统)特定时期占优势的综合量化状态之声明。由于质化的仪式声明(拔除闰槟仪式)所总结的量化信息只能被举行仪式的群落所了解而无法达及其他群落,或者即便能,也有可能被误读。仪式所总结的,不仅仅是许多单独变量不断波动的数值,还有这些变量之间连续变化的关系。要将地方子系统不断波动状态的量化信息,直接转换成对地区子系统中的其他群落有意义的术语,真的很难做到。在最好的情况下,信息也会模糊不清。然而若有一种能总结量化信息并将其转

---

　　① 正当我这项研究在证明此点时,我读到了安东尼·F.C.华莱士所著的《宗教:一种人类学观点》。华莱士写道(第233页):"仪式……可以被归类为一种没有信息传递的沟通……每个仪式都是信息的特殊序列,一旦宣布,就确凿无疑、无从更改,因此从统计意义上的信息理论来说,信息发出者并没有把信息传递给信息接受者。"此处我的讨论并不针对仪式内的信号序列。我将仪式的举办看作是一个信号。我认为,仪式的举办,哪怕是在仪式的固定序列中占特定位置的某个仪式的举办,在下列情形中也传递了一些信息:(1)仪式的举办时间不由历法来决定;或(2)该仪式的举办时间与仪式序列中之前或之后的仪式之间并没有一个标准的间隔时间。除了这个可能的分歧之外,讨论的其余部分以及之前的部分(尤其是"作为展演的凯阔"这一部分),我都受益于华莱士那启人心智的研究。

化为质化信号的机制,这一困难便被克服了。

拔除闰槟仪式就是这样一个机制。这一仪式的优点在于它明确无误地表示地方子系统已经达到了某一状态,因此,地方群落现在可以从事之前被禁止的、可能影响地区子系统的活动。这一信息中模棱两可的阙如,得自仪式传递机制的二元特性。它将大量复杂的"多/少"信息转换为简单的"是/否"陈述。在此值得注意的是,生理系统的控制转换极为倚重二元机制与信息(Goldman,1958:116及以下诸页)。

二元机制因此是合适的校准器和转换器。然而,为什么这种机制应该嵌入宗教实践中呢?换句话说,神圣性给予了转换器和同态调节器何种优势?就转换而言,在此我仅能详述一下之前我讨论仪式作为一种展演时所持的看法。一个仪式,诸如拔除闰槟之类,与它所表现的生态系统状态仅有常规性的关系。就其本身而言,它可被看作是一种符号。任何一种使用符号的沟通都能容纳谎言。但仪式不仅是一种沟通活动,它也是一种神圣表演。尽管神圣最终存在于敬虔者假定为真实且其真实性不容怀疑或批评的一些观念,但与这些观念有关的物体和行动都分享了它们的神圣。由于神圣被那些信仰者当作确凿的真实来接受,那么比起那些不被圣化的信息来,被圣化的信息更可能被人民当作真实来接受。反之,传导者由于害怕超自然的惩罚,会避免故意圣化和传递虚假信息。简言之,神圣化可能会提高通过符号所传达的那些信息的信度(相似讨论见 Waddington,1960)。

神圣性还有另一个重要方面与同态调节器有关。值得注意的是,马林人没有强有力的权威,没有那种手头拥有人力或资源,可供其组织起来对物理环境和社会环境施加力量的权威。[1]事实上，若权威被界定为沟通网络中可以发出指令的独立的点的话，那么从根本上来说，很难在马林人中辨认出权威。在权威几近阙如的情况下，仪式循环的惯例规定人们在特定时间或时期中参与活动（譬如使猪圣化）或无所作为（遵守停战协议）的过程。由于缺乏独立权威所授予的权力，遵守惯例被其神圣性所确保，或至少被鼓励。因此，在马林人中，毫无疑问也在其他人中，神圣化是政治权力的一种功能性替代。我们或许能在世界各民族中识别出一个连续体，从诸如马林人的这种由神圣惯例所统领而人类权威阙如或几近阙如的社会，经过那些高度神圣化的权威拥有少部分权力的社会，再到权威具有很少的神圣性却有极大权力的社会。有观点认为，这个连续体大致与技术发展相互关联，这种观点貌似十分合理，因为技术的复杂化可能会使权威拥有高度有效的武器，而武器通常并不为其属下所得。一个拥有极高权力的权威无须神圣性，正如拿破仑所说的那样："上帝总是站在重型大炮这边"。

　　尽管此研究主要关注仪式在僧巴珈物质关系中所扮演的角色，不过它也是僧巴珈人所声称的通过举办仪式来重新安排他们与神灵之关系的个案。在对仪式活动进行经验性后果分析时，我们可能会忽略掉这种合理化，但人类学关注阐明行动的原因与后果，在对行动者进行理解时总是去发现最近似的原因。因此，对我来说，当我们对人类群体展开生态研究时，必须顾及这些理解。

---

[1]　依据比尔施泰特（Bierstadt）的看法（1950：737），我认为政治权力在数学意义上是人力、资源和组织的产物。

　　我在其他地方提出了一个看法（Rappaport，1963：159；1967：22），认为在生态研究中将环境区分为两种模式十分有意义，我将它们命名为"操作模式"和"认知模式"。操作模式是人类学家通过观察与测量经验实体、各种活动及物体关系而构建出来的。出于分析之目的，人类学家用这种模型来呈现他所研究群体的物质世界。僧巴珈人的环境被表述为由两个子系统组成的复杂的物质交换体系，这两个子系统因其内部的物质交换不同而被区分，但通过服从于能被直接观察到的机制而互相影响。

238　　　认知模式是在环境中行动的人设想出来的一种环境模式。这两种模型有交叉的地方，但并不一致。尽管两个模型中都呈现了物质世界中的许多组成成分，但操作模式可能包括物质要素，如虽然影响了行动者却并没有被行动者意识到的病菌和硝化细菌。反之，认知模式包括了那些不能被经验方式表明其存在的要素，诸如精灵及其他超自然存在物。

　　认知模式中特有的一些要素可能与操作模式中特有的一些要素是同构的。例如，僧巴珈人说他们不情愿在 3 500 英尺以下的地方修建房屋，因为低纬度地区会有一种能使人发热的精灵在晚上出没。这些精灵的行为——以及它们行为之后果——与那些疟蚊的行动及后果极为对应，而僧巴珈人并没有把疟蚊看作是疟疾携带者。但两种模式中的要素以及要素间的关系，并非总是同构的，或者是一致的。认知模式及操作模式在各自的结构以及各自所含的要素方面可能会有所不同。

　　当然，这并不是说，比起操作模式来，认知模式对现实的表现不那么充分。操作模式是观察者对物质世界中所选定的方面所进行的描述。它只为人类学家服务。对于它所涉及的行动者来说，它没有任何作用。事实上，它并不存在。认知模式，一方面是物质世界与非物质世界的表现，同时对于行动者而言也有其功用：它引导了他们的行动。既然情况如此，那么我们就得特别关注，去发现研究对象在自认为是其环境之一部分的实体中所指认出的、具有功能性关系①的实体，以及那些被其看作是要求自身参与其中而引起这些实体或关系之变化的"符号"；但由于它引导了行动，因此有关认知模式的重要问题，不在于它在多大程度上与"现实"相符合（也就是，与操作模式一致或同构），而在于它多大程度上引发了与行动者物质状态相宜的反应，我们能评定的，就是它对这种功能和适应准则的违背。马林人关于疾病的致病源观念肯定是错误的，但疾病期间屠宰生猪、消费猪肉对于强化或者安抚精灵与专用于缓和压力症状，同样有其效果。

认知模式的某些方面与它所代表的真实世界不一致，甚至可能给一个群落带来绝对优势（Vayda and Rappaport，出版中）。比如说，在违反停战协议或没有通过拔除闰槟，筹划凯阔仪式来传递发起这种攻击信号的情况下，当地的马林大群落可能利用其直接的物质优势去攻击弱小邻居。尽管有例外，但马林群落通常不如

① 试图去发现环境的本土或认知模式比构建操作模式更为艰难。康克林（Conklin，1957)，弗雷克（Frake，1962）以及其他学者所倡导的人种学方法虽然很有价值，但大部分被用来阐明当地人的分类学特点，而分类学特点并不必然表现了功能过程的本土观念（韦达和拉波特，审定中）。在我看来，挖掘功能关系的本土观念依然在于人类学中长久以来所盛行的、给人相当深刻印象的方法，尽管类似于克洛德·列维-斯特劳斯（Claude Levis-Strauss）和埃德蒙·利奇（Edmund Leach）所倡导的或其他作者所认为的"文化语法"的结构方法会比较有用。

此行事,因为群落成员认为这将使自己处于不利地位。他们害怕得不到祖先的支持,因而导致战争失败。通过休战协议,战争被控制在可容许的频率之内,由此可以断定,总的来说,休战协议对马林人有利。这种优势是通过一些当地群落成员掩饰他们自身直接物质利益的增值而获得的。因此我们认为,认知模式不仅不可能与现实世界(操作模式)的各方面契合,而且必定不可以如此。

那么,环境的认知模式,被功能主义人类学家理解成某群落适应其环境的一种手段。可以认为,认知模式在群落物质关系中所处的位置,与电脑控制的"存储器"在物质交换与转换的自动化系统中的位置类似。在自动化系统中,存储器接收了有关各变数之状态的信号,将它们与"参考"值或者数值变动范围比较。(这些数值,尽管被储存在存储器中,自身仍会根据系统其他部分发来的信号不断调整。)出于对实际值与参考值之间差距的应答,意在将偏移变量返至近似参考值或参考值范围内的程序被启动。理想状态下,当系统组成成分所发出的信号与参考值之间的不一致被消除时,矫正式程序将停止运行。鲍尔、克拉克和麦克法兰(Powers, Clark and McFarland, 1960)认为,相似的信息反馈支配着个体的行为,我在此认为,它对群体行为也同样适用。

我们有理由假定,人们将其环境组构成分的状态——这些状态是由符号来显示的——与他们认定这些状态应该如何之观念(参考值或范围)进行比较。例如,我已经表明,在妇女们之抱怨和生猪入侵园地这两个表明猪群已经变得令人着恼的信号逾越了参考值的限度时,仪式周期达到高潮。这一限度不能被指定数值,它只能被界定为影响了足够多的人去达成共识的抱怨及侵犯的有效数字、大小与频率。逾越限度本身就是一个符号，表明人们已经有了足量的生猪回报同盟军和祖先，而除了别的活动之外，凯阔这一旨在将与猪群有关的变量恢复到参考范围的程序也将会被人们启动。凯阔结束后，生猪入侵园子的次数减至零或几近于零，妇女会去抱怨其他事情。系统组构成分（受影响的群体成员）所发出的信号（抱怨自己过度劳累以及园子被破坏）与参考范围之间的差距得以消除。

一些重要的问题随之而来。首先，用于预示的信号与过程有何关系？譬如，诸如环境恶化这一进程是在早期被探测到（由信号所表明）时，还是仅在已充分发展之后才是事实？其次，在何种程度上，参考值——它可能反映了人们的欲望而非人们的需求——是与当地群落、生态系统或地区群落的实际物质需求相符合的？换句话说，认知模式中的参考值或数值范围与操作模式中的目标范围有何关系？例如，就我所记录的僧巴珈而言，生猪数参考范围的上限值（由抱怨多少与激烈程度来进行定义）有可能低于由辖域承载力所定义的目标范围界限。

这项研究关注调整（或系统维持其结构的过程）而非适应（或系统结构由于环境压力而改变的过程）。因而我仅在此提出，如果认知模式是控制机制的重要组成部分，那么在进化论研究与功能论研究中，它们就能保证被考虑在内。我们可能会问，认知模式以何种方式为应对环境压力而发生改变？各种认知模式修正自身的能力有何差别？认知模式中的改变或拒绝改变怎样影响一个民族的物质关系？换言之，本土认识论可能在进化过程中十分重要。例如，劳伦斯（1964）最近指出，事实上马林地区各民族认知模式缺乏灵活性,已严重阻碍了他们适应在与欧洲人接触之后的环境中进行物质交换的努力。

在此我几乎没有触及认知模式的变迁(在第四章第9个脚注中我顺便提出了一个与此有关的看法),我也没有充分处理马林人的认知模式与操作模式之间的关系。虽然如此,哪怕是在这项研究的最后,提出这些问题还是很有价值的,因为通过它们,我们在将来的研究中就能够以更合理的、定义明确的方式,探讨观念的功能性与适应性特点。

用同时适用于非文化物种的术语来审视人类的生态关系,不仅可能而且更可取,我的这一信仰由始至终反映于这项研究中。人类学主要关注人类的独特现象,但对我来言,若我们想要理解什么是独特的人类,我们也必须考虑人类与其他动物共享之存在物的其他方面。这种信念引导我将宗教仪式和与之相连的信仰置于一个参考框架内,使它除了能够调解人的行为之外还能调解动物的行为。正是这种参考框架,使得宗教在马林人适应其环境中所扮演的关键角色得以凸显。把人当作文化承载者的研究,不能独立于把人作为物种之一的研究。

附录 1　降雨量

表 11　僧巴珈辖域塔比布嘎(*Tabibuga*)和迪凯(*Dikai*)两地的降雨量

月份	塔比布嘎				迪凯		
	1959 年—1963 年每月最低降雨量(点数)*	1959 年—1963 年每月最高降雨量(点数)	1959 年—1963 年月均降雨量(点数)	1962 年 12 月 1 日至 1963 年 11 月 30 日月降雨量(点数)	1962 年 12 月 1 日至 1963 年 11 月 30 日月降雨量(点数)	降雨天数	晴天天数
12 月	664	1626	1226	1626	1879	29	18
1 月	550	2167	1216	586	770	22	27
2 月	365	2001	1386	365	676	14	28
3 月	1420	1823	1511	1432	1106	不完整	不完整
4 月	568	2044	1437	568	1171	26	20
5 月	391	1410	832	391	873	18	20
6 月	199	799	507	779	900	24	21
7 月	260	1211	589	410	703	18	24
8 月	338	873	637	733	1495	28	24
9 月	610	1401	897	1401	2020	26	20
10 月	676	1769	1107	1769	1919	27	23
11 月	974	1734	1086	943	1877	21	18
	年最低总量	年最高总量	年平均总量	年总量	年总量		
点数总量	11003	14068	12888	11003	15389	25 3＋	243＋

* 1 英寸＝100 点

附录 2 土壤

　　有关土壤的资料十分缺乏。我在僧巴珈辖域的不同地点收集了110个样本。但很不幸，这些样本在运送途中几乎被延误了一年，在这近一年光阴里它们几乎被损毁殆尽，仅有九个样本在抢救后得以幸存。表12所呈现的，就是佛罗里达大学土壤系的系主任休·波普诺（Hugh Popenoe）博士对这些土壤样本的分析。我在此将波普诺博士对这些分析结果的讨论概述如下。

　　比之于土壤的低酸碱值，土壤的营养含量较高这一事实表明这些样本可能含有极高的有机物质。在大多数热带森林土壤中，我们可在表层、枯枝落叶层和 A 层发现丰富的有机质含量，其下有机物减少，矿物含量增加。样本 2、3、4 的结果就支持了这一观点。样本 3 采自厚度仅 6 英寸的 A 层（吉米纳 gi miña：黑土），尽管酸碱值低，但其营养含量远超采自同一地点 B 层（米纳阿能吉 miña añeŋgi：红土）的样本 2 和样本 4（样本 2 采自同一钻孔）。

　　三个样本的营养含量都低，虽然样本 3 能用于作物种植。然而，由于这是表土，且土壤的丰饶主要与有机馏分有关，根据波普诺博士的判断，一到两年的连续大量种植会使土壤肥力耗尽（斯特里特和克拉克对此观点表示怀疑）。采自这一地点的枯枝落叶层样本已经丢失。这一地点的枯枝落叶层有一至一点五英寸厚，若其丰饶度堪与样本 42 或样本 69 相比,则至少可在短期内极大提高土地肥力。样本采集之地点,是一块在估摸有 20—25 年之久的次生林中新近开辟但还没有烧垦的园子。

样本 13 是表层土,因而在一到两年作物种植后也将肥力殆尽。(这份样本是在一块被连续耕种两年后又抛荒了一年的土地上采集的。不过,与样本 3 相比,它的贫瘠不能必然归之于种植,因为两地相隔一千多英尺远。) 246

若不存在地下水位或水土流失问题,样本 42 非常肥沃,足以支持永久性耕作。样本 69 也很肥沃。(但这两个样本都取自枯枝落叶层,但厚度仅为 1.2 英寸;它是否能支持永久性耕种值得怀疑。)

表 12　僧巴珈的土壤

样本序号	烧垦田编号	耕作年份	海拔高度	地块名称	取样时植被	深度	土层	当地土壤类型	酸碱度	氧化钙（百万分率）	氧化镁（百万分率）	五氧化二磷	一氧化二钾	二氧化氮	O. M.
2	68B	1963	4400	梯佩马（Tipema）	晚期次森林（未砍伐）	6"以下	B	红	5.2	619	218	微量	24	很低	低
3	68B	1963	4400	梯佩马（Tipema）	晚期次森林（尚未砍伐）	1"—4"	A	黑	4.5	1029	880	0.5	501	很高	高
4	68B	1963	4400	梯佩马（Tipema）	晚期次森林（尚未砍伐）	4"—7"	B	?	4.4	208	382	1.0	232	很高	高
13	Oa	1960	4400	果姆拉普（Gomrup）	新长成的次生树与草	1"—4.5"	A	黑	4.8	833	428	1.0	459	很高	高
42	25A	1961	4800	尹多凯（Yindokai）	蕃薯、次生林	0—1.2"	枯枝落叶层	*nemu*	5.1	8928	3676	14.0	666	很高	高
67	—	1958—1962	4200	格基（Gerki）	白茅草；一些树	1.2—3.4"	A	黑	4.6	645	381	1.0	146	很高	高
69	19A	1963	5000	特恩朵朋（Tendopn）	农作物	0—1.2"	枯枝落叶层	*nemu*	5.2	7526	702	6.0	542	很高	高
74	—	1959	4400	果姆拉普（Gomrup）	白茅草；一些树	10"以下	B	红	5.0	99	498	微量	73	很低	低
89	—	1943	3500	婆拉库姆普（Porakump）	晚期次森林	8.1"以下	B	红	5.3	4995	1562	2.5	792	很高	高

样本 74 取自种植两年后又抛荒了两年地块的 B 层，十分贫瘠。

样本 89 似乎是适于干农耕的"最好土壤"。尽管此样本采自 B 层，却富含营养成分，因而能支持"很不错的农业耕作"。

波普诺博士总结道，"总体来看，这些土壤样本的肥力很低，我们建议对这些土壤进行作物轮作或使用烧垦呈周期来帮助土壤保持肥力以利于干耕种。"

附录 3　原始林的植物构成

低海拔地带的乔木林（瓦拉葛利 *Wora Geni*），2 200—4 000 英尺

低海拔地区的乔木林仅有残块留存。这些残块面积不大（最大不超过五英亩），仅在一些特殊地点出现，比如说小山顶或山脊的鞍部。人们不断在临界地区除去原始林，导致日益增多的太阳光不断照入这些残留地的低层群落，毫无疑问影响了这些层次的植物构成。低层植物构成的变化，可能还受到那些手拿斧头或砍灌刀的人在路过该地时心不在焉砍剁所造成的影响。

我没有对低海拔地带的乔木林做过森林普查。不过我记录下了位于小山顶约 3.2 英亩大小的一片乔木林中的"A"层树木。其中包括至少四个种属中的六种当地分类群：奴恩（*nuŋ*，山毛榉科栎属 Fagaceae，Quercus sp.）、巴恩森（*banč*，木兰科巴新埃梅木 Magnoliaceae，Elmerrillia papuana）、吉恩德（*Kinde*，无患子科 Sapindaceae）、阿纳（*ana*，山榄科金叶山榄 Sapotaceae，Planchonella sp.）、图恩姆（*tuem*，无法辨识）以及达姆比（*dambi*，无法辨识）。在别的低海拔地带乔木林中记录下来的其他常见"A"层树木还包括番橄榄（Spondias dulcis）、潘济木（Pangium edule）、油桐树（Aleurites moluccana）、亮叶南洋杉（Araucaria hunsteinii）、番樱桃属（Eugenia spp.）、无花果属（Ficus spp.）以及樟科（*Lauraceae*）的一些代表性树种。

表 13　腾多莲的乔木林调查

（海拔 5 000 英尺，地块面积 3 325 平方英尺，200 英尺 × 17 英尺）

当地称谓	样本序列号	树围°	最低分支高度（估算）	当地分类	识别	备注
A层						
杜库恩姆匹纳（dukumpina）	256	6'2"	50'	阿普恩（apuŋ）		
姆恩杜卡（munduka）	93	7'3"	60'	阿普恩（apuŋ）	五棱果科	
杨格拉（yaŋgra）		7'	70'	阿普恩（apuŋ）	等伦桃	板块根
达姆比（dumbi）		3'	60'	阿普恩（apuŋ）		板块根
因波克斯（yimboks）		5'6"	70'	阿普恩（apuŋ）		板块根
伊姆格格尔（yimuŋger）		2'5"	60'	阿普恩（apuŋ）		
杜帕伊（dupai）	381	5'6"	40'	阿普恩（apuŋ）	樟科木姜子	
米尼恩珈波（miniŋgambo）	334	3'	50'	阿普恩（apuŋ）	莎草科	
耶恩德克（yendek）	286	6'	60'	阿普恩（apuŋ）		板块根
"A"层总计：9 种树木						
"B"层						
拉玛（rama）	143	3'	25'	阿普恩（apuŋ）	荨麻科	
塔恩朵玛尼（tandomane）	76/84	1'8"	15'	阿普恩（apuŋ）	山茶科厚皮香	
格（ger）	365	3'	25'	阿普恩（apuŋ）	大戟科变	
吉纳（kina）	223	2'6"	15'	阿普恩（apuŋ）	叶木（大）	
"B"层总计：4 种树木						
"C"层（周长超过 6"）						
迪姆比（dimbi，两种）		8"				
艾玛姆（aimam）	238	6"	15'	阿普恩（apuŋ）	五茄科兰屿加	

当地称谓（种）	样本序列号	树围*	最低分支高度（估算）	当地分类	识别	备注
沃姆波（wombo，两种）		6″	15′	阿普恩（apuŋ）	桑科热带榕属	
阿梅恩吉（ameŋgi）	152A	6″	15′	阿普恩（apuŋ）	山茶科厚皮香	
里珈恩荼（riganč，5种）	238	12″	10′	阿普恩（apuŋ）	樟科木姜子属	
塔恩朵玛尼（tandomane）	76/84	9″	12′	阿普恩（apuŋ）	漆树科肉托果属，也可能是头甲鱼属	
杜呐伊（dupai）	381	6″		阿普恩（apuŋ）		
阔伊普（koip）	245	6″	20′	阿普恩（apuŋ）		
拉姆巴伊（rambai）		6″		阿普恩（apuŋ）		
迖（da）	404/312	6″	8′	阿普恩（apuŋ）	樟科厚壳桂属	

"C"层总计：16种树木

"D"层和"E"层

1. 其他周长少于6的树种（"A"层、"B"层和"C"层中存在的树种，在这里及时存在也没有记录）

当地称谓（种）	样本序列号	树围*	最低分支高度（估算）	当地分类	识别	备注
塔姆普（tamp）				阿普恩（apuŋ）		
玛姆布拉恩（mambruŋ）				阿普恩（apuŋ）		

2. 灌木丛、草本类、藤类等

当地称谓（种）	样本序列号	树围*	最低分支高度（估算）	当地分类	识别	备注
阔里恩吉（koriŋgi）	109			匹凯（pikai）	荨麻科楼梯草属	地面灌木
安卓玛尔（anjomar）	83			匹凯（pikai）	姜科良姜属	地面灌木
特拉伊德平达（teraipind-pinda）	134			贝普（bep）	水龙骨科碗蕨	地面灌木
卡巴恩贝普（kabaŋ bep）	213			贝普（bep）	木沙椤科 木沙椤属	攀援在树枝上，但根入土壤
冬盖（doŋgai）	137			贝普（bep）	合囊蕨科 莲座蕨属	地面灌木
莫拉梅卡（morameka）	113/259			珈瓦（gawa）	胡椒科胡椒	爬藤

当地称谓	样本序列号	树围	最低分支高度（估算）*	当地分类	识别	备注
克里珈（kriŋa）				珈瓦（gawa）	露兜树科	
珈宁恩盖（ganiŋgai）	182			匹凯（pikai）	藤露兜属	爬藤
莫帕卡（mopaka）				珈瓦（gawa）	荨麻科楼梯草	地面灌木
莫桑姆（močam）	263			匹凯（pikai）	桑科热带榕属	攀援在马杜卡（第伦桃）上的爬藤
梯瓦卡（tiwaka）	129			珈瓦（gawa）	天南星科	地面灌木
特拉伊（terai）				珈瓦（gawa）	万年青属	攀援在杜坤姆匹纳上的爬藤
奎沃普（kwiop）	134			贝普（bep）	水龙骨科碗蕨	攀援在杜坤姆匹纳上的蕨藤
伊恩迪姆（yindim）				贝普（bep）	水龙骨科	攀援在拉姆柏上的蕨藤
奎沃普麦（kwiopmai）	4/48			珈瓦（gawa）	水龙骨属	地面灌木 爬蕨

* 距离地面或板板根 3 英尺（3'）

高海拔地带的乔木林（卡姆恩珈葛利，*Kamuŋka Geni*），4 500—
6 000英尺

在 5 000 英尺至 5 500 英尺以上的整片地区，都覆盖着完整的
乔木林。这一群落的结构与组成比低海拔地带的残存乔木林更容
易观察。我在腾多蓬海拔 5 000 英尺，面积大小为 200 英尺×17
英尺的一块乔木林作了一次普查。调查结果概括在表 13 中。由
于很难从大树上获得足够的植物学样本，我们无法辨识 A 层的大
部分树木。

该调查之外我所记录下来的其他"A"层树，除了无法辨别的
许多当地种类之外，还包括至少七科树木。这些树种我在表 14 中
做了概括。

表 14　在腾多蓬调查地块之外记录下来的可识别 A 层树

科属	种属	当地称谓
大戟科（Euphorbiaceae）	血桐属（Macaranga sp.）	阔恩杰尼帕伊（konjenipai）
山毛榉科（Fagaceae）	栎属（Quercus sp.）	奴（nu）
樟科（Lauraceae）	琼楠属（Beilschmiedia　sp.）	阔姆（kom）
	厚壳桂属（Cryntocaria sp.）	卡韦特（kawit）
	厚壳桂属（Cryntocaria sp.）	达（da）
		博阔（boko）
		谷姆比安（gumbiaŋ）
木兰花科（Magnoliaceae）	巴新埃梅木（Elmerrillia papuana）	巴姆僧（banč）
桃金娘科（Myrtaceae）	番樱桃属（Eugenia sp.）	阿佩（ape）
	番樱桃属（Eugenia sp.）	诺诺姆巴（nonomba）
林仙科（Winteraceae）	布比林仙属（Bubbia sp.）	茹伊曼（ruiman）

"B"层与"C"层丰富的植物类别很难被统计表所表述完整。
在 5 000 英尺至 6 000 英尺的其他地方，我发现了火把树科
（Cunoniaceae）、藤黄科（Cuttiferae）、豆科（Leguminosae）、野牡丹

科(Melastomaceae)、桃金娘科(Myrtaceae)、棕榈科(Palmae)、露兜树科(Pandanaceae)、罗汉松科(Podocarpaceae)、芸香科(Rutaceae)和水冬瓜科(Saurauiaceae)的植株,以及大戟科(Euphorbiaceae)、樟科(Lauraceae)、桑科(Moraceae)、荨麻科(Urticaceae)的其他当地品种。

我在别处记录下的"D"层与"E"层或地表层所记录下来的植物,还有以下科属:生香油科(Balsamiferae)、菊科(Compositae)、兰科(Orchidaceae)、蓼科(Polygonaceae)、茜草科(Rubiaceae)、椴树科(Tiliaceae)、紫堇科(Violaceae)和伞形科(Umbellaceae),以及在调查地所发现植物的更多科属。

在海拔高度为 5 000 英尺到 6 000 英尺地区记录下来的大型 251 爬藤有天南星科、露兜树科、茜草科和桑科的各类品种。后者很明显会绞杀植株。小型爬藤有花科(Convulvulaceae)、杜鹃花科(Ericaceae)、鞭藤科(Flagellariaceae)、苦苣苔科(Gesneriaceae)、西番莲科(Passifloraceae)、蔷薇科(Rosaceae)等种类,以及在调查点发现的那些植物。蕨类,尤其是铁角蕨属(Asplenium)、石松属(Lycopodium)和肾鳞蕨属(Nephrolepsis)在附生植物中长势茂盛,兰科的几个当地品种也是如此,还出现有附生的天南星科植物。苔藓遮盖了许多"B"层和"C"层树的树干,斑状分布在大树杈上。

苔藓林(卡姆恩伽葛利,Kamuŋa Geni),6 000—7 000 英尺

在苔藓林中长得最高的树木有樟科(Lauraceae)植物、特别是木姜子属(Litsea)植物、厚壳桂属(Cryptocarya)植物以及蕃樱桃

属（Eugenia）植物，通常植株估摸着长到了 100 英尺到 125 英尺高。除了樟科（Lauraceae）植物和桃金娘科（Myrtaceae）植物外，藤黄科（Guttiferae）植物、马钱科（Logoniaceae）植物、野牡丹科（Melastomaceae）植物和桑科（Moraceae）植物在树林中也有很多。大野牡丹属（Astronia）野牡丹科（Melastomaceae）种类尤其繁盛。一棵野生芭蕉（Musa）有时候估计能长到 60 英尺或 70 英尺。在 6500 英尺以上的地方，大量生长着两类可能是独有的露兜树本地品种。两种树的高度估计都超过了 80 英尺。地上长满了楼梯草（Elatostema），随处可见金粟兰科（Chloranthaceae）和竹芋科（Marantaceae）植物，以及各种蕨类，尤其是指甲花属（Dawsonia）和多足厥属（Polypodium）植物。这里的维管束植物和攀缘植物没有乔木林中那样常见，但附生苔藓却更繁盛，完全覆盖了多数树木的低层树干，厚度有 1 英寸甚至更厚。

附录4　单位区域的产量估计

有关芋芋-薯蓣种植园和甘蔗-番薯种植园这两种园子收获情况的数据,采集自三个种植园的收割记录。由于我那14个月的田野调查时间,远短于任何种植园从种植作物到抛荒的使用时长,因而有必要如此行事。不仅如此,我也不可能刚到达僧巴珈就马上开始做这种收获记录:我必须首先赢得当地人的信任与合作。因此,我于1963年2月14日开始记录僧巴珈人的收成,并于12月14日结束该记录。这一年中有两个月的收成记载阙如。

最初23周芋芋-薯蓣和甘蔗-番薯耕种园地的记录数据,采集自托尔排(Torpai,海拔3 900英尺至4 000英尺)的莫拉姆普(*Moramp*)和麦尔(*Mer*)种植园。这是一块混合型园艺场,相比甘蔗-番薯园,更像是块芋芋-薯蓣地。更可取的方法,或许是采集一块真正的甘蔗-番薯园的产量数据,但正如我们已经提到过的那样,由于猪群即将减少,人们在1963年里并没有开辟真正的甘蔗-番薯园。不过,我们采用的权宜之计——把托尔排这个地方种植园的数据用作两类种植园的数据——并不会产生误导。因为在块茎成熟之前,两者情状十分类似。尽管如此,我们还是对此做了一些调整。托尔排所有的收获数据都被直接用于芋芋-薯蓣种植园,而在计算甘蔗-番薯园产量时,有些作物被减半代入。这些作物包括奎艾（*kwiai*，狗尾竹头草 Setaria Palmaefolia），伊拉（*ira*，南瓜），伊博纳（*yibona*，葫芦,？Lagenaria），森姆巴（*čeŋmba*，孩儿草，*Rungia Klossi*）和其他绿色菜蔬。对于匹卡（*pika*，黄瓜）来说，或许应做进一步调整。无论如何，这些都是低热量食物，除黄瓜外，产量都很小。从种植后第 24 周到第 66 周这段时间中，芋芋-薯蓣园的数据采集自卡阔排（Kakopai，海拔 3 800 英尺）地方的莫拉姆普和麦尔种植园；而甘蔗-番薯园的数据，则基于提姆比开（Timbikai，海拔 4 400—4 500英尺）地方的瓦利斯（Walise）和帕姆博（Pambo）种植园的收成。这两个园地都是在 1962 年种植季晚些时候才开辟的，我记录了人们第一次挖取块茎时的收成。因而，我们有可能将提姆比开和卡阔排两地的数据记录调整到托尔排的数据中。有所不同的是，提姆比开和卡阔排那两个园地貌似都在 1962 年 8 月末或 9 月初播种，而托尔排那块地则于 1963 年 6 月末才耕耘。如此，我们抹去了 9 周间隙。

　　从种植后第 67 周到抛荒这段时期，芋芋-薯蓣园的数据取自梯佩马（Tipema，海拔 4 000—4 100 英尺）地方的瓦利斯（Walise）和帕姆博（Pambo）园地，而甘蔗-番薯园地的数据则来自乌奈（Unai，海拔 4 100—4 200 英尺）地方的阿森姆普（Ačimp）和艾沃伊（Avoi）园地的收成。然而，我们不可能在处于这种使用期的种植园内发现能表明其使用期的迹象，因此有可能会遗失九周或更长阶段的收获数据。也就是说，当我们开始记录收成时，这些园地已处在种植过后的第 76 周抑或更长周龄而非 67 周。很显然，当我们开始记录时，这些园地的作物种植尚不到 67 周，因为卡阔排和提姆比开最后一个月的块茎作物产量数据与梯佩马和乌奈第一个月的记录数据之间存在巨大差异。(比如说,提姆比开最后一个月每英亩番薯产出量是 638 磅,而乌奈第一个月的记录显示此地每英亩仅有 158 磅产量。)但这并非一个可靠的指示,缘由在于当任何种植时长较短的园地开始大量产出时,该园地的番薯收成都会急遽下降。很遗憾的是,由于那九周的脱漏,我们没有足够数据来弄清楚番薯收成是如何快速下降的。

尽管收获记录中可能存在几周缺漏,对此我们却并没有作出调整。我们接受了乌奈和梯佩马的数据,也就是说,就好比它们确实真的代表了园地种植后第 67 周到第 110 周期间的收成情况。这可能会导致我们低估了这一时段的产量。不过,这种错误所造成的数量差别,与整个园地在其使用期限内的总产出相比不会太大。

另一个导致产量低估的原因,与我在园地被完全抛荒之前就离开了当地有关。12 月 14 日以后,人们肯定还收割了一些甘蔗和香蕉。再一次地,与园地弃荒前较早时候的总收成相比,其数量无疑无关紧要。

254　　我们可能低估了耕种超过 67 周的种植园产量,从某种意义上看,这是正确的。梯佩马和乌奈都在官道上,一方面对于阿森姆普和艾沃伊,另一面对于瓦利斯和帕姆博来说,都很方便人们新开辟种植园。因此,与若处于一个不那么方便地点的种植园相比,人们在 67 周后的那段时期里在此收获更勤,时段更长。

额外的一些错误可能来自我所引用的某些调节因子。这些因子包括未称量到的收获物、可食用部分的百分比以及可食用部分每磅所含的热量。所有称重工作都在女人屋进行。但人们会在将食物带回家之前消耗掉一些。比如说，香蕉就经常被人们当作午间小吃，或者正午时分，人们经常会将某块茎扔到在种植园烧起来的火堆中。不仅如此，人们会某些情况下于种植园搭起土灶，在这里来一顿正餐。

最重要的是，人们在种植园劳作时会吃掉一些"提神物"——甘蔗和黄瓜。我的印象是，人们在女人房外吃掉的甘蔗两倍于女人房内被称重的甘蔗。这一印象来自于我没有使用天平的观察，因此可能会高些。

最后，有些食物，尤其是香蕉、甘蔗、匹特匹特（*pitpit*）和绿色菜蔬，有时候会被直接带去男人房中吃掉，而不是先被称重。

值得指出的是，在种植园的早期阶段和最终阶段，导致收获物未被称量的因素有所不同。因为未被称重的收获物大都是在劳作过程中消耗掉的，而老园子则几乎不需要什么劳作。

可食用部分的数值来自田野中的测试。样本量很小，我对可食用部分的计算也存在相当大的问题。甚至于单个种类的不同品种，不同大小、处于不同成长阶段的样本也会有差异。不过，我们通过测量所得到的可食用部分因子，与文献中所发现的数据相当一致。

我们对不同作物所赋予的热量数值，也存在类似问题。在单独命名的品种中，这也会随成长阶段、大小或产地而变化。热量数值，如同食物的其他数值一样，也取自通常存在广泛分歧的各种文献。只要有可能，我都会采信其他研究所采用过的数值，特别是希普斯利和克雷蒙兹（1947）在邻近或相似环境中所采用的数值。这样做，最主要的好处就是其可比性。附录 9 中我列出了数值来源。255

所有种植园都有其特质。我们从中收集到产量数据的那些种植园也无一例外。代表芋艿-薯蓣园第 67 周到 110 周期间收成的梯佩马，正好完全不长通常种植在斜坡底湿润地区的千年芋（Xanthosoma）。不过，政府步道在梯佩马这个地方形成了种植园的较低边缘，充当了某种排水沟，使得这块通常可用来种植千年芋的园地不再适合种植该作物。在此我们还应提及，尽管奎艾在梯佩马的收获量很大，但它可能会被进一步高估，虽然这一过高估计在总的热量数值中几乎不会造成多大区别。

我们已经提到过，就甘蔗-番薯园而言，黄瓜产量可能被过高估计了。香蕉产量也有更深层的不准确性，或至少不一致性。尽管存在香蕉收成在第 67 周后比之前产量更高的情况，但在大多数情况下，比率不会接近在此所表明的大致 5.5∶1。随着海拔高度的增加，香蕉种植越少，成熟越慢。提姆比开的海拔比乌奈高出约 300 英尺，就例示了此趋势。

附录 5　种植园中的能耗

方　法

为了估量开辟一英亩种植园所需耗费的能量，我观察了体重已知的几个人在开辟每个种植园过程中的表现。完成各种任务所必需的时间也被记录下来。在开辟种植园情况下，这被直接转换成每单位面积时间。在收割情况下，它首先被转换成收成单位重量时间。由于单位面积产量已知，因而我们有可能将单位重量时间数转换为单位面积时间数。

既然我们已知所有被观察者的体重，那么就可参考希普利斯和柯克在一群高地新几内亚人——钦布人——中根据观察和气体交换测量法所编成的表格《在不同活动与体型大小（成年人）条件下的能量消耗率》(1965：43)，将每单位时间热量消耗分配到他们完成各类任务的努力中去。这个图表总结了不同体重与年龄的人在完成 26 种不同任务时每分钟所消耗的热量。

当然，我们不能假设，僧巴珈人和钦布人相应的动作会同样的费劲。因而，在采用希普斯利和柯克的图表之前，我们必须估测完成不同任务需要付出的努力程度。这样的估测可通过计算每分钟手动的次数，并考虑其他因素如所操作材料的体积和重量。这通常能使希普利斯所断定的特定程序数值可被接受，但在某些情况下，就没有必要直接采用。就拿制作栅栏来说吧，对钦布人来说，就显然不是一件特别繁重的活，因为他们用的木材比僧巴珈人用 257 的要轻。对僧巴珈人工作过程的观察，使得我选择希普利斯和柯克对于最繁重工作任务所赋予的数值，而非他们对栅栏制作的给定数值。

此方法的缺陷

也许人们会问，将依据对钦布人的观察而编成的数值应用于僧巴珈人，是否合乎情理。我们注意到，与僧巴珈人相比，钦布人生活、工作在一个海拔更高也更凉爽的环境中。由于我们没有对温度差异做出调整，对于我们所指定的僧巴珈人在不同任务中的热量消耗值来说，可能会偏高了些。

此外，比僧巴伽人相比，钦布人长得更高大。虽然希普斯利和柯克的数据中的确包含了包括僧巴珈人体重范围在内的体重值，但对它做进一步调整，可能还是值得的。

况且，钦布人和僧巴伽人的营养状况也不一样。文卡塔查拉姆（Venkatachalam，1962 年，第 10 页及以下诸页）表明钦布人比僧巴珈人更受某些饮食不足的侵扰。这些不足可能会影响到希普斯利和柯克导出的数值。

尽管面临这诸多困难，我们使用源于对另一群新几内亚人的观察而得出的数值,似乎要比使用源于对欧洲人的观察而得出的、不那么具体的图表要更可取些。不管怎样,我在此建议,关注能量消耗估算的人类学家,若可能,应就此测试他们正在研究的人群。

个体间与个体内的一致性

由于样本量小,在此会出现一个额外问题:不同僧巴珈个体在完成园艺的几项任务时所表现的波动范围可能会大于我们所取的样本所反映的波动范围。就拿做栅栏来说,我们做出的估计仅基于对两位劳动者的观察。参与其他活动的样本容量会多一些,但数目也总是有限。然而不管怎样,很多迹象表明,不论是不同个体还是同一个体在不同时间内,其劳动表现的差异不会太大。高度标准化的清理灌木丛劳作可资最显明的例证,因为草本灌木丛的构成和密度在大多数用作园艺的地块上都很相似。劳动者将其连根拔除,或用割灌刀将它们削砍到尽可能接近地表。仅在库芳(kunai,白茅 Imperata cylindrica)普遍生长的地块,人们所使用的方法会有所不同。因库芳的下层面结构生有地下茎,而且其叶子边缘像剃须刀一样锋利,没有人试图将其连根拔起。因而在其茂盛生长之地,园艺者仅是将其砍到离地尽可能近的地方。不过,这种地块很罕见。在 381 个种植园地块中,仅有 6 个地块普遍生长着库芳。我用了三天来观察七个园艺者清除灌木丛的情况。表15 对观察结果进行了总结。

表 15　清理灌木丛——时间与行动分析

耕作者名字	性别	大致年龄	体重（磅）	时间	砍击次数	时间	砍击次数	时间	砍击次数	备注
艾可伊斯（Akis）	男	20	88	10:37—10:43	296	11:14—11:20	250	12:14—12:20	248	在整个过程中只休息了三分钟，其次最长一次停歇15秒
阿森姆普（Ačimp）	女	50	85	10:55—11:01	244	11:30—11:36	209			整个劳作期间每次停歇都不超过20秒
艾沃伊（Avoi）	男	55	94	11:02—11:08	177	11:50—11:56	190			由于砍击慢又不断休息，速率慢于其他劳作者
蒙（Men）	男	28	120	6分钟	233					砍击时间长于其他劳作者
瓦丽（Wale）	女	35	76	9:53—9:59	246	10:58—11:04	260			整个劳作期间每次停歇都不超过20秒
尼米尼（Nimini）	男	18	96	6分钟	246					
美尔（Mer）	男	40—45	94	6分钟	316					表示他十分匆忙

　　针对以上有限的采样结果，我按照次序进行几点评论。第一，若将上了年纪的、体弱的艾沃伊和自称十分匆忙的美尔两个人的表现撇开不谈，其他园艺者的工作节拍还是完全统一的。第二，单个耕作者在整个时间段的工作节拍也是相当一致的。我或许已提到过，除了大约中午时分的长时间休息外，他们在劳作时极少休息。

　　在只有瓦丽一个人劳作时，我用链条和罗盘丈量了她实际清除的区域。在两个小时内，瓦丽以每小时 210 平方英尺的速度清除灌木。需要指出的是，瓦丽是一个很瘦小的女人，而更大个、更强壮的男人能在同一时间内将更宽的区域清理干净。我目测估计尼米尼每小时能清理 250 平方英尺，而极其强壮的蒙一直在以每小时 300 平方英尺的速度清理地块。

参照希普斯利在其对钦布人的研究中所指定的各种活动中能量消耗值，我们可以对比瓦丽、尼米尼和蒙的能量性能。对于像瓦丽大小的个体劳动者来说，从事如清理灌木丛这类中等强度的园艺工作，在基础代谢上每分钟需要消耗 2.35 卡路里或者每小时需要消耗 141 卡路里。另一方面，对于尼米尼那种体型的人来说，每分钟会消耗掉 2.62 卡路里或每小时消耗掉 157.20 卡路里。以这种速度，瓦丽清理一平方英尺灌木丛会消耗掉 0.67 卡路里。若我们所估计的尼米尼每小时能清理 250 平方英尺是精确的，那么他清理每平方英尺灌木丛会消耗掉 0.63 卡路里。蒙在完成这项任务时，基础代谢是每分钟耗费 3.28 卡路里。若我们估计他每小时能清理 300 平方英尺灌木丛是准确的话，那么他为每平方英尺的清理消耗掉了 0.66 卡路里。

收获番薯这项劳作也表现了每英磅块茎收成所需能量消耗类似的一致性。我们对阔伊（Koi），一个 4.55 英尺高，87 磅重的女人 85 分钟内在一块已耕种了一年的园艺地所进行的工作进行了计时。在整个收获过程中，她的手每分钟动了 75 次，共收获 23 磅 2 盎司番薯。给她的工作所指定的数值是每分钟 1.60 卡路里，或收获每磅番薯需耗费 5.9 卡路里。我们也观察了阿森姆普和瓦利斯收番薯时的情况。他们的付出所显示出的结果略差：每收获一磅番薯分别消耗掉了他们 6.3 卡路里和 6.9 卡路里。他们的工作速率与阔伊的工作速率类似，只不过他们在其中耕作的种植园，比起阔伊被观察时在其中劳作的一年耕龄园来稍老些，已经有 14 个月或 15 个月的耕作龄了。可能该块地的产出开始略微下降了。

资讯人说,在新开辟的种植园劳作,获得的回报会更高,但遗憾的是,我们没有获得相关数据,因为大家都是在一年种植龄的种植园收获番薯。

虽然数据并不充分,但时间段和各个体工作速率的均等性或许表明了某种能源优化的方法,其中相对于能量耗费来说,所取得的成就(如,清理干净每平方英尺土地)能最大化。对所有不同体型大小的人们作更广泛的观察,这件事情值得一做。这种研究不仅可能让我们对完成某项特定任务的最佳节奏有独特洞见,也可使我们对完成某项特定任务或任务丛的最佳体型大小有深刻见260　解。例如,我们很有可能发现,一个 150 多磅或 160 多磅的男人为清理灌木丛而消耗的额外能量,与其额外的完成量并不匹配。也就是说,热量消耗可能远高于 0.66 每平方英尺。这可能阐明了以往我们在讨论进化时通常忽略了的一个可能选择因素,或许与俾格米人[①]群落有着特定相关性。

作物的比较

我们之前已提到过,我们估算出了不同作物在不同种植过程中的能量消耗不同,这为园艺者选择何种作物耕作提供了另一个

---

　　① 俾格米人(Pygmies)是尼格罗-澳大利亚人种中的一个类型,被称为"袖珍民族"。体质特征是身材矮小精瘦、头大腿短、鼻宽唇薄、皮肤暗黑、头发鬈曲、体毛发达,人人都腆着大肚子、肚脐眼凸起鸡蛋大小的肉疙瘩。成年人平均身高 1.30 米至 1.40 米,主要分布在非洲中部,以及亚洲的安达曼群岛、马来半岛、菲律宾和大洋洲某些岛屿,依靠狩猎采集为生。——译者

比较维度。例如,收获番薯的能耗是每磅 5.9 卡路里,就可能被拿去与收获千年芋的能耗——能耗仅为每磅 1.1 卡路里——作比较。使用每磅番薯产出 681 卡路里的这个数值(见附录 9)以及每磅千年芋产出 658 卡路里的数值,可以得出番薯总能量与能量输入的比值为 116∶1,而千年芋的总能量与回报比率是 598∶1。如果对适于人类食用的根茎产量再做一些矫正,那么番薯和千年芋能量转换率之间的差异将会更大。30%—50% 的番薯个头都很小(低于 4 盎司)。在可食用时,因为皮太多,人们认为它并不好吃。而小小的千年芋皮更薄,形状更圆,人们认为它更美味可口。

　　僧巴珈种植园内至少种植了 5 个品种 38 种人们叫得出名字的薯蓣属作物,其块茎成熟的深度范围也比较大。人们得挖 3—4 英尺深的洞才能取出有些类型的块茎,甚至对深度要求浅的一些品种也要求人们挖 12—18 英寸深来获取。在某些情况下,一个品种能让人们获取 15 磅至 20 磅芋头,但此种情形极少。很显然,就能量消耗来说,挖取薯蓣比收获任何其他块根农作物的回报要少。估计每磅 10 卡路里这一数值可能太低了些。然而,薯蓣属作物的优点,撇开其储存性不说,正在于它们需要在比其他块根农作物成熟所需的土壤层更深的地方才能成熟。薯蓣科作物成了一种不影响其他更浅层作物生长的深层可食作物,为园艺者提供了增加亩产量的机会。薯蓣科作物的这一优势或许足以抵消收获它们的高成本。

　　我们可能还提到过,各种作物不仅在收获上具有不同的能量性能。在芋艿-薯蓣或甘蔗-番薯混合型轮耕地,相比于只种植千年芋——它可种植在这两种园地的低湿边缘带——的地块来说, 261

除草是一个大问题。这些作物宽大的叶子通常遮盖了试图紧邻它们生长的其他植物。当我们检测除草所耗费的能量大小时，这种差异似乎就具有相当重要的意义了。

不同任务的能量支出

与清理次生树相比，人们需要花费更大气力来清理灌木丛。此外，在钢铁制品被引进之前，两类劳作能量消耗之间的不一致肯定更大，因为虽然石斧在砍倒次生树方面十分高效，但却是清理灌木的糟糕器具。在割灌刀被引入该地之前，人们在清理灌木时会在地上挖一个直径三英寸或四英寸的洞，将杂枝拖到洞上方，用斧头砍断。我在此想指出的是，至少就减少园艺耕作中的能耗而言，割灌刀的引入比斧头的引入更加重要。（斧头在劈砍柴火时尤为好用。）

围栅栏的能耗量，大约是每纵尺 46 卡路里，可解释为何很多园艺者会集聚在一起耕作。而把食物从园中运回家的耗费，强烈地暗示了因猪群不断扩大使得种植园分散，为何会伴随着人们住宅的分散。正如表格 5 所记录的那样，将从园子搬到住宅的作物减少 80%，就可将甘蔗-番薯园的能量比率从 15.9：1 提高到 18.4：1；将芋芳-薯蓣园的能量比率从 16.5 增加到 20.1：1。要提及的是，人们不仅将食物从园子里搬回家，也把柴火搬回家，因为轮耕地是这种重要日用品的最重要来源。（当人们为开荒种地而砍伐树木时，会把一些木头劈开堆叠晾干以作燃料。在将园子弃荒之后，截去树梢的树通常会砍下来做燃料。）

与其他地区的对比

在我们之前提到的一篇未公开发表的论文中,哈里斯收集了几个有特色的非机械化农业系统的能量比率数值。僧巴珈人的比率:16.5:1 至 20.1:1 和 15.9 至 18.4:1,尽管高,但该数值仍落在轮耕地可预期的比率范围内。哈里斯对其他地区轮耕地的能量比率测算还包括迪雅克人(Dyak,婆罗洲)的大米轮耕田 10:1,以及特普兹南人(Tepotzlan,尤卡坦州)的玉米轮耕地,贫瘠土地为 13:1,好地块为 29:1。

其他农业系统可能效率更高:哈里斯根据费(Fel,1945 年)的数据,估算云南水稻田的能量比达到了 53.5:1。但哈里斯指出,水稻农业并非总是那么高产。加列里(Gerieri,冈比亚)的沼泽大米耕作的能量比为 11:1(Haswell,1953),这基本上与得自他们"萨凡纳锄耕作(savannah hoe cultivation)"其他谷物的能量比(10.7:1)一致。根据哈里斯的计算,迪雅克人的水稻耕作能量比率为 14:1。

此外,将僧巴珈人和云南的数据直接进行比较,可能会误导我们。僧巴珈的日常饮食超过 90% 都来自这些轮耕田,图表 5 中能量消耗数据还包括了一些随意的狩猎。另一方面,米饭只占云南人日常饮食的 70% 到 80%,对于他们食物获取其他方面所涉及的过程之效率,我们并没有进行评估。

尽管有云南估值,我们还是有可能说,僧巴珈人的种植园虽然看起来以相对较低的单位产出为特点,但同时也显示出了相对较高的单位能量输出。僧巴珈人轮耕的这一特点与它另一方面,即尽可能少地阻碍在其中种植作物的次生林群落,是一致的。

　　总之,轮耕普遍具有能量输入高回报的特点。就秘鲁东部的阿马华卡(Amahuaca)人的玉米轮耕,卡内罗(Carneiro)曾说过,"总而言之,阿马华卡人的轮垦虽然形式粗糙,却完全能用相对较小的劳动耗费,可靠地生产出充裕的粮食。"(1964:18)。关于哈努努人(Hanunoo)的旱稻耕作,康克林(Conklin,1957:152)认为,2.5千克稻谷(卡路里数值为3 600卡路里/公斤)的矫正数值是每人每小时劳动的回报。他记录到,"这一粗略估计,与任何其他热带地区最好条件下的稻米产出劳动耗费数值相比,都要更好。"应当承认,卡内罗和康克林两个人的结论虽然都仅基于相关变量的部分量化而得出,但他们都是经验丰富的、熟练的田野工作者。

附录 6　次生林

　　次生林构成成分的样本取自海拔 3 400 英尺至 4 800 英尺的 6 个正在产出的种植园,通过链式运输(chain transit)方式送到我这里。我总共记录了 21 个树种,每个种植园有 4 个到 10 个品种。最常见的品种是格拉(gra),这个样本在总样本中总量最多,但它只出现在 6 个种植园的 4 个种植园中。而婆凯(pokai,麦珠子属 Alphitonia iacana)虽在数量上略少于格拉,却出现在所有的园子中。常见的还有珈帕尼(gapni),它出现在 6 个种植园中的 5 个园子里,数量上几乎和婆凯一样多。这三个物种占了 117 个样本中的 43%。表 16 总结了样本的构成。至少有八种树,即阔贝奴姆(kobenum)、卡玛凯(kamakai)、珈森(ganč)、果恩瓦恩特(gonwant)、谷姆(gum)、诺恩(noŋ)、里恩珈森(riŋganč)和伊恩格拉(yiŋgra),它们也同时出现在原始林中。

　　在开辟种植园之前,休耕群丛的树木组成部分有所不同,但我不可能搞清楚,这些差异多大程度上是由海拔高度造成的,多大程度上出于其他因素诸如当地土壤条件、与原始林的接近度、距离之前休耕的时长等的影响。表 16 中的数字不应看作是各树种在不同种植园的普遍差异;这里确实存在差异,但没有在样本中反映出来。

表 16 莽荒前出现在僧巴珈种植园的树木

树木

种植园及其海拔

科属	种属与品种	当地称谓	婆拉库姆普 3400 英尺	梯佩马 4000 英尺	塔匹佩 4100 英尺	乌荼 4400 英尺	提姆比开 4500 英尺	博坎迪佩 4800 英尺	总计
火把树科(Cunoniaceae)	栀珠梅属(Caldcluvia sp.)	博坎森(bokane)					2		2
杪椤科(Cyatheaceae)	杪椤属(Cyatha angiensis)	伊姆恩特(yimunt)		3				6	9
大戟科(Euphorbiaceae)	澳杨属(Homolanthus sp.)	珈普尼(gapni)	1	2	7	1	1		12
山毛榉科(Fagaceae)	栎属(Quercus sp.)	农(noη)						1	1
藤黄科(Guttiferae)	藤黄属(Garcinia sp.)	谷姆(gum)						1	1
野牡丹科(Melastomaceae)	野牡丹(Melastoma malabathricum)	沃普凯(wopkai)		2			1		3
桑科(Moraceae)	无花果属(Ficus puncens)	阔贝恩姆(kobenm)					3	2	5
	无花果属(Ficus trachypison)	里恩闪森(ringane)				1			1
鼠李科(Rhamnaceae)	麦珠子属(Alphitonia iacana)	婆凯(pokai)	3	3	2	1	4	2	15
茜草科(Rubiaceae)	茜草属(sp.)	珈恩森(ganc)		2	1				3
无患子科(Sapindaceae)	尾蚬蝶属(Dodonaea viscosa)	格拉(gra)	6		1	3	12		22
水乐科(Saurauiaceae)	水乐属(Saurauia sp.)	果恩果(gongo)		3			1		4
茄科(Solanaceae)	茄属(Solanum sp.)	果恩(gon)		3				7	10
梧桐科(Sterculiaceae)	一担紫属(Colona scabra)	玖姆凯(kamkai)		2	1			2	5
榆科(Ulmaceae)	白颜树属(Gironniera)	蓬达(penda)		1		3			4
	榆属(sp.)	迪玛(dima)						2	2
荨麻科(Urticaceae)	藤麻属(Procris sp.)	蓬塔蓬特(pentapent)			2				2
马鞭草科(Verbenaceae)	紫珠属(Geunsia farinosa)	果恩瓦恩森(gonwane)						1	1
无法识别		贝克南(beknan)		1			1		2
无法识别		变婆(mopo)					1	2	3
无法识别		亚恩格拉(yaηgra)	1		5		3		9
样本中的品种总数			11	22	19	9	29	26	116
记录的命名种类总数			4	10	7	5	10	10	21

单株树木生长的速度，以及树木在园艺场是否盛行，大致随着海拔高度而反向变化。更多的次生树出现在低海拔的种植园里，也比在较高海拔的园林生长得更快，尽管这种相关性有时会被当地条件所掩盖。在一个不包含在样本中的海拔 3 600 英尺高的园子中，据估计，次生树木在种植不到 18 个月后，平均高度可达到十二到十四英尺，并且它们长得很密，以至于树冠几乎形成了一个连续的遮篷。这块园地，除了还生长着一些等待收割的香蕉外，已经在开荒种植后的第 14 个月至 16 个月被抛荒。有可能这里的次生林生长太密，迫使人们早早地放弃了这块耕地。在海拔较高的种植园中，次生林在相似的时间段中长得没有那么高，也没有那么密。或许出于此原因，它们通常保持产出的时限会较长；在某些情况下，在海拔 4 500 英尺到 5 000 英尺之间的园艺场中栽种的甘蔗、佛手瓜以及香蕉，要在栽种后的 24 个月之后才能采摘。

尽管次生林木本成分的发展，可能是海拔差异以及与此相伴的温度和土壤条件变化的直接作用，但也可能与人们在不同海拔所采用的耕种方式不同有关。在海拔较高的园林中，番薯种得更密。据说种番薯能抑制园中杂草的生长，还能抑制幼树生长。此外，收获番薯的技巧也会造成一些幼树被偶然铲除。

在种植园被抛荒之前，次生林草本成分的植物组成也显示出同样的丰富性，但相比木本成分而言，各种植园间没有那么大的不同。表 17 概括了通过同一链式运输方式采集到的样本之组成。

相较于木本类型，抽样技术更不可能展现不常见的草本类型，早期次生林的草本成分整体的植物组成肯定比样本所显示的更丰富。

表 17　弃荒前出现在曾巴珈种植园里的草本植物

科属	种属与品种	当地称谓	婆拉牟普 3400	梯佩马 4000	塔匹属 4100	乌奈 4400	提姆比开 4500	博坎迪属 4800	总计
凤仙花科(Balsaminaceae)									
凤仙花属(Impatiens platypelia)	阔拉姆贝(korambe)						2	2
菊科(Compositae)									
艾纳香属(Blumea balsamifera)	奎兰(kwiran)	1	25	10	19	16	13	84
小苦菊属(Microglossa pyrofilia)	里恩果普(ringop)		1					1
莎草科(Cyperaceae)									
珍珠茅属(Scleria sp.)	里艾(riai)	1	1	4			1	7
禾本科(Gramineae)									
薏苡属(Coix lachrimajobi)	孔谷恩(kongun)	1	1	12		18	2	34
白茅草(Imperata cylindrica)	阔恩朵(korndo)	2	2			1	4	9
勿忘我草(Isachne myosotis)	匹恩果(pingo)			1			10	11
鸭嘴草(Ischaemum digitatum)	博姆巴克(bombak)			1	1	3		5
两耳草(Paspalum conjugatum)	塔姆(tamo)		4	7		4		15
多脊草属(Phragmites karka)	亚姆博森(yamboc)					2		2
多脊草属(Polytoca aerophyla)	瓦恩达玛(wandama)					8		8
狗尾草属(Setaria palmaefolia)	阔拉米(korami)	3	8	12	5			28
兰花科(Orchidaceae)									
兰花属(sp.)	提沃姆(tiokum)	1		1				2
蔷薇科(Rosaceae)									
羽萼悬钩子(Rubus moluccanus)	库尔库尔(kurkur)			1		2		3
蕨类植物(Ferns)									
截裂毛蕨(Cyclosorus truncatus)	阿卢克(aruk)		3		3			6
双盖蕨属(Diplazium sp.)	拉恩吉洛帕(raŋgilopa)				1			1
肾蕨属 (Nephrolepsis schlechteri)	诺玛普恩特麦(nomapuntmai)		1					1
凤尾蕨属(Pteris sp.)	博尔(bor)		10		12			22
凤尾蕨属(Pteris sp.)	克姆博尔(kembor)	6	2	1	2			11
样本中的品种总数		15	58	50	43	54	32	252
记录的命名种类总数		8	11	10	8	8	7	19

不过,优势物种肯定得到了表现。在此我们应提及没有在表中出现的三个品种。它们是阿姆贝克(ambek,龙葵 Solamum nigrum),玛奴姆普(manump,桫椤属 Cyathea sp.)以及卡果普(kaggup,桫椤属 Cyathea sp.)。阿姆贝克会很早出现在新烧垦的园林中,会被人们摘取食用。玛奴姆普是出现在海拔 4 000 英尺以下园林里的一种可食用蕨类植物,也可被人们收取。卡果普也是一种可食用树蕨,出现在种植园以及 400 英尺以上的热果普外,人们任其长成熟,最终收取食用。卡果普和玛奴姆普,尤其当它们出现在露兜树果园时,会受到人们的保护。

　　一些被命名的可食用蘑菇品类也可看作是休耕的一部分,它们出现在正在腐烂的原木以及砍割后的杜克米(duk mi)残桩上。

　　库芳(Imperata cylindrica)这种臭名昭著的有害植物在样本中十分罕见。这种草在某地点的盛行,表示一种指向树木顶级群落的演替,偏向了一种以它占主导位置的、指向稳定草丛人为顶级群落的演替。它在僧巴珈园林中的罕见性表明,这种人为顶级群落还没有出现在采样地点。根据我对其他种植园的不那么精确的观察来看,样本所反映出的情况,同样也适用于其他僧巴珈种植园。

　　热果普外群丛植物区系的丰富性随着种植园的使用期限增长而迅速增加。我们在海拔 4800 英尺几英亩地块的一项调查中发现了 118 个当地命名的品种,其中大部分代表了某个物种,而调查区域的这部分土地中,之前有的地块已被开垦种植了三年半,有的地块已被开垦种植了四年半。所有出现于其中的树木种类可能都已被报告,但许多不那么常见的草本物种却很有可能没被记录下来。

表 18　次生林的树木构成

（普拉与格吉园，海拔 4 800 英尺到 5 000 英尺，弃荒后两至三年）

科属	种属与品种	当地称谓
第伦桃科（Dilleniaceae）	第伦桃属（Dillenia sp.）	姆恩杜卡（munduka）
楠科（Ebenaceae）	柿属（Diospyros sp.）	沃恩沃姆（wonom）
杜鹃花科（Ericaceae）	杜鹃花属（Rhododendrom macregorii）	梅尔（mer）
大戟科（Euphorbinceae）	黑面神属（Breynia sp.）	农玛恩森（nonmanč）
	算盘子属（Glochhidion sp.）	姆巴恩姆巴恩（mbanmban）
	澳杨属（Homolanthus sp.）	珈帕尼（gapni）
	血桐属（Macaranga sp.）	阿帕帕（apapa）
	野桐属（Mallotus sp.）	果恩杰纳帕（goŋgenapa）
	叶下珠属（Phyllanthus sp.）	宇阿茹恩朵（yuarundo）
山毛榉科（Fagaceae）	栎属（Quercus sp.）	农（noŋ）
藤黄科（Guttiferae）	藤黄属（Garcinia sp.）	谷姆（gum）
豆科（Leguminosae）	波叶山蚂蝗（Desmodium sequax）	阔拉伊恩丁迪耶（koraindindiye）
桑科（Moraceae）	无花果属（Ficus sp.）	巴恩珈姆巴伊（baŋgambai）
	无花果属（Ficus sp.）	达恩杰（danje）
桃金娘科（Myrtaceae）	闭花木属（Cleistanthus sp.）	提姆比（timbi）
	十子木属（? Decaspermum necrophyllus）	吉吉姆比恩特（jijimbint）
	多瓣桃木属（Octamyrtus durmanni）	
	番樱桃属（Eugenia sp.）	安库奴恩（aŋkunung）
	番樱桃属（Eugenia sp.）	塔恩达帕（tandapa）
棕榈科（Palmae）	轴榈属（Licuala sp.）	莫拉普麦（morapmai）
罗汉松科（Podocarpaceae）	罗汉松属（Podocarpus sp.）	米恩珈乌恩（minjaun）
茜草科（Rubiaceae）	玉叶金花属（Mussaenda pondosa）	果伊姆巴恩波（goimbanbo）
	九节木属（Psychotria sp.）	宇阿若恩（yuaroro）
无患子科（Sapindaceae）	坡柳属（Dodonaea viscosa）	格拉（gra）
	柄果木属（Mischocondon sp.）	比尔匹（birpi）
水东哥科（Saurauiaceae）	水东哥属（Saurauia sp.）	若库恩特（rokunt）
茄科（Solanaceae）	红丝线属（Lycianthes sp.）	卡帕恩（kapaŋ）
	茄属（Solanum sp.）	果恩（gon）
山茶科（Theaceae）	厚皮香属（Ternstroemia sp.）	通达玛尼（tondamane）
瑞香科（Thymelaeaceae）	皇冠果属（Phaleria nisidae）	普克纳（pukna）
榆科（Ulmaceae）	白颜树属（Gironniera sp.）	蓬塔（penta）
荨麻科（Urticaceae）	四脉麻属（? Leucosyke sp.）	纳恩格瑞元（naŋgrek）
	水丝麻属（Maoutia sp.）	农珈姆巴（noŋgamba）
	藤麻属（Procris sp.）	蓬特蓬特（pent pent）
马鞭草科（Verbenaceae）	紫珠属（Geunsia farinosa）	果恩瓦恩特（gonwant）
无法识别		库姆帕奈（kumpnai）

所记录的树种总数：35

　　该群丛的木本成分至少包括分属 22 科 32 种 36 个本地命名的品类,其中至少有 18 类也出现在原始林中。因而,似乎从一开始,早期次生林就已呈现出与其同海拔原始林一致的植物区系相似性。不过,我没有在海拔较低的且休耕时长相似的地点作对比调查。该群丛的木本成分构成呈现于图表 18 中。此地生长的许多树木都有 20 英尺高,一般情况下树的直径都约有 3 英寸至 4 英寸。这些树木散布在该区域,树冠并无接触。但是,该地点接近住地,有可能生猪的活动抑制了天篷的形成。这些生猪在根部不断毁掉出现在已长成树种间空白处的幼苗。

　　我对位于 4 200 英尺海拔的 11 010 平方英尺范围内生长的树木作了一个普查,这块地在 20 年至 25 年前曾被开垦过,人们打算对它再次开垦。我将普查结果汇总在表 19 中。与我们之前讨论过的三年至四年群丛比,这种群丛似乎较少变化。我们仅记录到 26 种当地命名的种类。但是,它与原始林的相似处似乎增加了。我们能在葛利里发现 26 个树种中的至少 18 种树木。

　　大量树蕨伊姆恩特(yimunt, Cyathea angiensis)并不常见。单一物种伊姆恩特群体,或接近单一物种的群丛,被僧巴珈人看作是土壤贫瘠的指征。不过,园艺耕作者告诉我这块地的土壤很好,土壤取样也没有显示出什么特殊不足。有迹象表明,在该地早期休耕阶段,桫椤与速生树种格拉(Dodoneae viscosa)和婆凯(Alphitonia iacana)共享优势地位,而在我作普查时,很显然这种态势已被抑制。目前四种格拉已经有两种濒临灭绝。

　　20 年至 25 年生的次生林,其群丛结构与 3 年至 4 年生次生林的群丛结构大为不同。我在表 19 中标明了单个样本的尺寸。

较大树木的树冠在整个区域形成一个完整的天篷,使地表层的所有灌木、草本和蜿蜒的藤蔓除了偶尔的阳光照射外,都处于阴凉中。

269　　　直径超过 6 英寸树木的高密度,还促使我们对该群丛进一步思考:每个样本占据着 94 平方英尺。这似乎很有代表性。在间隔空间内,除了我们在表 19 中所列出的树苗品种外,还有较大的伊阔恩(yikon,胡椒属 piper sp.)、灌木或灌木丛出现在该地。不过,灌木丛的密度不足以妨碍地面以上五英尺到六英尺高的延伸可视性。

表 19　20 年至 25 年的次生林统计（梯佩马，海拔 4 200 英尺，地块为 11 010 平方英尺）

科属	种属与品种	当地称谓	树围超过 6 英尺的品种种数	最大样本树在三英尺高时的周长	最大样本树高度（估值·英尺）
	树围为 6 英寸至甚至更粗大的树种				
木麻黄科（Casuarinaceae）	木麻黄属（Casuarina papuana）	恩朴木（ndumi）	4	3'	60—70
火把树科（Cunoniaceae）	桫椤梅属（Caldcluvia）	博卡恩森（bokane）	2	1'6"	30
桫椤科（Cyatheaceae）	桫椤属（Cythea angiensis）	伊姆恩特（yimunt）	54	1'8"	25
柿树科（Ebenaceae）	柿树属（Diospyros sp.）	沃奴姆（wonum）	4	1'5"	30
大戟科（Euphorbiaceae）	澳杨属（Homolanthus sp.）	珈普尼（gapni）	1	1'4"	25
	野桐属（Mallotus sp.）	吉恩比恩特（gimbint）	2	9"	20
桑科（Moraceae）	无花果属（Ficus puncens）	阔贝奴姆（kobenum）	4	7"	25
	无花果属（Ficus trachypison）	里恩达啪（ringane）	6	1'	20
桃金娘科（Myrtaceae）	番樱桃属（Eugenia sp.）	塔恩达啪（tandapa）	1	6"	12
金莲木科（Ochnaceae）	猴金莲木属（Schuurmansia meningsii）	阿拉尼（arare）	1	1'3"	20
鼠李科（Rhamnaceae）	麦珠子属（Alphitonia iacana）	婆凯（pokai）	3	2'6"	50
茜草科（Rubiaceae）	九节木属（Psychotria sp.）	布拉伊（burai）	1	4"	20
无患子科（Sapindaceae）	车桑子属（Dodonaea viscosa）	格拉（gra）	4	1'	35
水东哥科（Saurauiaceae）	水东哥属（Saurauia sp.）	珈恩果（gango）	15	2'6"	35
茄科（Solanaceae）	茄属（Solanum sp.）	果恩（gon）	2	2'	35
荨麻科（Urticaceae）	水麻属（Missiessya sp.）	亚莫（yamo）	5	1'3"	35
无法辨识		拉玛（rama）	2	10"	20
		莫婆（mopo）	4	2'6"	35
		卡里冈森（karigane）	1	3'1"	50
		玛尔玛尔（marmar）	1	7"	15

树围为六英寸或更大的树种总数：117

科属	种属与品种	当地称谓	树周超过 6 英尺的品种数	最大样本树在三英尺高时的周长	最大样本树高度（估值，英尺）
	树周在 6 英寸以下的其他命名树种				
野牡丹科（Melastomaceae）	野牡丹属（Melastoma malabathricum）	沃普凯（wopkai）			
桑科（Moraceae）	无花果属（Ficus calopilinia）	姆茹恩珈（muruŋga）			
	无花果属（Ficus wassa）	库恩杜阿（kundua）			
		杜库恩匹纳（dukumpina）			
		普恩特（punt）			
无法辨识		拉恩珈恩（raŋgan）			
		被命名树种总数：26			

附录 7　常见的种植作物

表 20　僧巴珈的常规作物

科属	种属与品种	当地称谓	生命形态	用途	栽种地点
爵床科(Acanthaceae)	紫叶属(Graptophyllum sp.)	耶恩吉姆(yenjim)	灌木	景观	在住宅和冉库
漆树科(Anacardiaceae)	芒果(Mangifera indica)	沃韦(wowi)	树	食物(水果)	瓦拉
南洋杉科(Araucariaceae)	亮叶南洋杉(Araucaria hunsteinii)	宇兑(yuk)	树	防卫住宅	在住宅和冉库
十字花科(Cruciferae)	蔊菜属(Rorippa)[a] 豆瓣菜(Nasturtium) 鹅肠菜(aquaticum)	果恩比(gonbi)	草本	食物(叶子)	浅河床
大戟科(Euphorbiaceae)	石栗(Aleurites moluccana)	卡巴(kaba)	树	食物(坚果)	瓦拉地带靠近房子的地方
	变叶木(Codiaeum variegatum)	格(ger)	灌木	地界标志	在边界上
买麻藤科(Gnetaceae)	灌状买麻藤(Gnetum gnemon)	安姆比安(ambiam)	树	食物(叶子)	瓦拉
禾本科(Gramineae)	刺竹属(Bambusa forbesii)	吉恩杰(kinjen)	芦苇	盖屋顶(叶子)	卡姆恩加瓦拉、阿曼与瓦拉
豆科(Leguminosae)	刺竹属(Bambusa sp.)	姆恩(muŋ)[b]	竹子	建筑	靠近住宅
	刺桐属(Erythrina sp.)	亚乌尔(yaur)	树	食物(叶子)	靠近住宅
百合科(Liliaceae)	朱蕉(Cordyline fruticosa)	拉姆比(rumbim)[c]	小树	界线标记和仪式	边界,冉库,住宅
桑科(Moraceae)	无花果属(Ficus wassa)	贝卡(Beka)	树	食物(叶子,水果),纤维	瓦拉
		库恩杜阿(kundua)	树	树髓	

科属	种属与品种	当地称谓	生命形态	用途	栽种地点
桃金娘科（Myrtaceae）	木波罗（Artocarpus sp.）	莫阔伊（mokoi）	树	食物（水果）	在海拔 3800' 以下
	闭花木属（Cleistanthus sp.）	提姆比（timbi）	树	仪式	靠近瓦拉地带的冉库
棕榈科（Palmae）	棕榈属 sp.	比纳（bina）	树	弓、剑、矛	瓦拉
瑞香科（Thymelaeaceae）	皇冠果属（Phaleria sp.）	普克纳（pukna）	树	纤维、树髓	靠近住宅
荨麻科（Urticaceae）	紫麻属（Oreocnide sp.）	茹梅恩（rumen）	灌木	作树篱	边界、冉库、住宅
姜科（Zingiberaceae）	豆蔻属（Amomum cf. polycarpum）	谷奴玛（gunuma）	芦苇	仪式、食物（水果）	边界、冉库、住宅
无法辨识		图普（tup）	灌木	红色染料	靠近住宅
无法辨识		卡罗姆（kalom）			
无法辨识		图普（tup）	灌木	黑色染料	靠近住宅
		茹恩吉（ruŋgi）			

a 欧洲豆瓣菜于 1957 年引入该地。

b 有许多命名类型，可能是种类。

c 有许多命名类型，可能是种类。

附录 8　野生资源

　　以下我所总结出的僧巴珈人野生资源列表不能被看成已穷尽了此处的全部资源。群<u>丛</u>中展现出的每一项资源都是最常见的，尽管并非该群<u>丛</u>所独有。每一项资源后都跟随着一个或多个代码字母，表明僧巴珈人如何使用它们；表 25 列出了这些代码字母所缩略的关键词。

　　实验性的鸟类鉴定由拉尔夫·布尔默博士完成，在拉帕波特（1966）所著的书中也有可能找到。为了方便，本地分类中的玛（*ma*）和阔伊（*koi*），被我当作有袋类动物和鼠类来区别看待。这种对等事实上只是大致性的，前者包括大型老鼠，而后者则包括了很小的有袋类动物。在此将玛定义为不包括猪和蝙蝠在内的、四足站立时超过 4 英寸或 5 英寸高的野生哺乳动物，而阔伊则是此尺寸之下的哺乳类动物，可能更为准确。

表 21　卡姆恩珈蔼利群丛(原始林,5 000 英尺至 7 000 英尺)最常见的野生资源

生命形态	科属	种属与品种 植物区系	本地称谓	用法*
树木	漆树科(Anacardiaceae)	肉托果属(Semecarpus ? magnificans)	库伊普(kuip)	M
		漆树属(? Pentaspadon or Rhus sp.)	卡里珈恩森(kariganĕ)	TFn
	火把树科(Cunoniaceae)	梾珠梅属(Caldcluvia sp.)	博卡恩森(bokanĕ)	B
	大戟科(Euphorbiaceae)	血桐属(Macaranga sp.)	孔杰恩排(konjenpai)	FI(smoked)
		变叶木属(Codiaeum cariegatum)	格(ger)	R
	山毛榉科(Fagaceae)	栎属(Quercus sp.)	奴恩(nuŋ)	B
	藤黄科(Guttiferae)	藤黄属(Garcinia sp.)	谷恩(gun)	R
		藤黄属(Garcinia sp.)	坦达帕(tandapa)	T
	樟科(Lauraceae)	琼楠属(Breilschmiedia sp.)	阔姆(kom)	RFI
		厚壳桂属(Cryptocarya sp.)	卡韦特(kawit)	RD
		厚壳桂属(Cryptocarya sp.)	达(da)	R
		木姜子属(Litsea sp.)	达帕伊(dapai)	RO
		?	戈日姆(krim)	DTS
		?	博阔(boko)	R
		?	谷姆比昂(gumbiaŋ)	R
	豆科(Leguminosae)	合欢属(Albizzia sp.)	卡纳姆(kanam)	RT
	马钱科(Loganiaceae)	灰莉属鸡子木(Fagraea racemosa)	博茹莫伊(borumoi)	S
	野牡丹科(Melastomaceae)	大野牡丹属(Astronia sp.)	库凯(kukair)	RS
	桑科(Moraceae)	热带榕属(Ficus calopilina)	姆茹恩(muruŋ)	XM
		热带榕属(Ficus dammaropsis)	提姆纳伊(timnai)	Ff
		热带榕属(Ficus trachypison)	吉恩珈森(ringanĕ)	BS
		热带榕属(Ficus sp.)	吉姆博恩杜姆(gimbondum)	XS
	桃金娘科(Myrtaceae)	番樱桃属(Eugenia sp.)	诺诺姆巴(nonomba)	RD

生命形态	科属	种属与品种	本地称谓	用法*
		番樱桃属(Eugenia sp.)	阿佩恩(apeŋ)	TD
		十子木属(Decaspermum sp.)	达姆内内(Dam nene)	B
	棕榈科(Palmae)	菖蒲属(Calamus sp.)	库姆巴卡(kumbaka)	T
		?	库姆尔(kumur)	BSFs
	露兜树科(Pandanaceae)	藤露兜树属(Freycinetia sp.)	阔拉伊恩珈(korainga)	T
		露兜树属(Pandanus sp.)	布克(buk)	T
		露兜树属(Pandanus sp.)	匹玛(pima)	BFf
		露兜树属(Pandanus sp.)	塔巴(taba)	Ff
		露兜树属(Pandanus sp.)	图姆巴玛(tumbama)	BT
	茜草科(Rubiaceae)	?	珈恩森(ganɛ)	R
		?	米尼恩珈姆博(miningambo)	M
	芸香科(Rutaceae)	?	孔巨普(konjup)	RFI
	山茶科(Theaceae)	厚皮香属(Ternstroemia sp.)	塔恩朵玛尼(tandomane)	B
	榆科(Ulmaceae)	?	迪玛(dima)	T
	荨麻科(Urticaceae)	?	拉玛(rama)	FI
	林仙科(Winteraceae)	布比林仙属(Bubbia sp.)	茹伊玛姆(ruimam)	D
	无法辨识		艾梅恩珈(aimeŋga)	MD
	无法辨识		艾梅恩吉(ameŋgi)	T
	无法辨识		艾尔(air)	T
	无法辨识		阔诺(koro)	B
	无法辨识		姆恩尔(muŋr)	RS
	无法辨识		珈姆博(gambo)	TM
	无法辨识		诺阔帕森(nokopaɛ)	M
	无法辨识		诺姆博恩(nombon)	X
	无法辨识		亭珈(tiŋgia)	T

生命形态	科属	种属与品种	本地称谓	用法*
灌木丛与草本植物	金粟兰科 (Chloranthaceae)	金粟兰属 (Chloranthus sp.)	阔拉普 (korap)	RFI
			阔拉普姆恩阿 (korap muŋa)	D
	桫椤科 (Cyatheaceae)	桫椤属 (Cyathea sp.)	诺恩珈姆 (nongam)	RFI
	苦苣苔科 (Gesneriaceae)	曲蕊花属 (Cyrtandra sp.)	韦乐恩森 (welenĕe)	TD
	禾本科 (Gramineae)	簕竹属 (Bambusa sp.)	阔阿 (koa)	BS
	竹芋科 (Marantaceae)	柊叶属 (Phrynium sp.)	明金 (miŋgin)	R
	合囊蕨科 (Marattiaceae)	莲座蕨属 (Angiopteris sp.)	冬盖 (doŋgai)	BS
	棕榈科 (Palmae)	?	曼丁珈 (mandinga)	R
	胡椒科 (Piperaceae)	胡椒属 (Piper sp.)	克热克热 (kere kere)	S
	胡椒科 (Piperaceae)	胡椒属 (Piper sp.)	森拉普 (cerap)	M
	海桐花科 (Pittosporaceae)	维多利亚海桐 (Pittosporum undulatum)	安姆布恩珈伊 (ambuŋgai)	A
	芸香科 (Rutaceae)	吴茱萸属 (Evodia anisodora)	图姆布普 (tumbup)	FI
	椴树科 (Tiliaceae)	布渣叶属 (Microcos sp.)	宁克玛伊 (ninkmai)	RM
	荨麻科 (Urticaceae)	楼梯草属 (Elatostema sp.)	珈宁珈伊 (ganiŋgai)	RDS
	姜科 (Zingiberaceae)	良姜属 (Alpinia sp.)	巴南恩果伊 (bañaŋgoi)	BS
		良姜属 (Alpinia sp.)	普普拉卡 (puplaka)	XFI
	无法辨识		阔蓬珈 (kopeŋga)	FI
	无法辨识		匹恩果 (piŋgo)	M
	无法辨识		莫诺 (morno)	FI
	无法辨识		果恩比 (gonbi)	M
	无法辨识		普恩 (pun)	O
	无法辨识		托克玛伊 (tokmai)	
	无法辨识		可韦婆 (kwipo)	RFI
	无法辨识		宁姆普 (nink amp)	T
藤类	葫芦科 (Cucurbitaceae)		珈姆博拉金 (gambroŋgin)	

生命形态	科属	种属与种	本地称谓	用法*
	杜鹃花科 (Ericaceae)	异蕊梅属 (Dimorphanthera sp.)	伊博纳 (yibona)	FIT
	苦苣苔科 (Gesneriaceae)	芒毛苣苔属 (Aeschynanthus sp.)	阿竣克 (ayuk)	BS
	怀轴树科 (Monimiaceae)	藤盘桂属 (Palmeria sp.)	阔拉姆普安迪卡 (koramp andika)	BOS
	露兜树科 (Pandanaceae)	藤露兜属 (Freycinetia sp.)	克普恩迪姆 (Kep ndim)	FI
		藤露兜属 (Freycinetia sp.)	克里阿 (kriŋa)	XS
			克温恩珈卡 (kwiŋgaka)	O
	胡椒科 (Piperaceae)	胡椒 (Piper sp.)	莫拉梅克 (morameka)	RFI
	荨麻科 (Urticaceae)	楼梯草属 (Elatostema sp.)	阿普森姆巴玛伊 (ap čembamai)	M
		落尾木属 (Pipturus sp.)	德拉卡 (deraka)	RS
附生植物	桫椤科 (Cyatheaceae)	巨藓属 (Dawsonia sp.)	卡拉瓦姆博 (Ka rawambo)	O
	石松科 (Lycopodiaceae)	石松属 (Lycopodium sp.)	阿普迪恩珈姆贝 (ap diŋgambe)	R
	兰科 (Orchidaceae)	石斛兰属 (Dendrobium sp.)	坎吉凯 (kanjkai)	O
	水龙骨科 (Polypodiceae)	水龙骨属 (Polypodium sp.)	克韦沃普 (kwiop)	FI

鸟类 (卡邦, kabaŋ)

本地至少有 19 种, 其中有 18 种可食用, 12 种鸟的羽毛很有价值, 最重要的如下:

大镰嘴极乐鸟	卡拉恩森 (karanč)	WF
六羽极乐鸟	吉亚沃伊 (kiawoi)	WF
斯蒂芬妮公主天堂鸟	阔姆博姆 (kombom)	WF
园丁鲍尔鸟	阔姆贝克 (kombek)	WF
新几内亚角雕	巴纳恩 (banan)	WF
食火鸡	阔姆博里 (Kombri) 或水格 (yoŋge)	WFT
萨克森帝王极乐鸟	诺玛普恩特 (nomapunt)	WF
丽色极乐鸟	匹恩玛伊 (pieŋmai)	WF
华美极乐鸟	耶能迪沃克 (yenendiok)	WF

生命形态　　科属　　　　　　种属与品种　　　　　　　　　　　　本地称谓　　　　　　　　用法*

菌类（巴伊·bai）

　　至少有8种当地种类，都可食用，但都无法辨识。

动物区系

有袋类动物（玛·ma）：至少有16种本地品种，但都无法辨认，用作食物，纤维、装饰、躲藏处。有些被用作珍宝。

鼠类（阔伊·koi）：至少有6种当地品种，所有的品种都可给女和孩子们当作食物。

昆虫幼虫类（苏玛·cuma）：在树桩里发现一类当地品种，是非常珍贵的食品。

* 参见表25的关键缩略词。

表 22　僧巴咖瓦拉葛利群丛(原始林,2 200 英尺—4 000 英尺)最常见的野生资源

生命形态	科属	种属与品种	本地称谓	用途*
		植物区系		
树木	漆树科(Anacardiaceae)	芒果属(Mangifera sp.)	沃韦(wowi)	Ff
		槟榔青属(Spondias dulcis)	艾番(aipan)	R
	南洋杉科(Araucariaceae)	亮叶南洋杉(Araucaria hunsteinii)	菊克(juk)	T
	木麻黄科(Casuarinaceae)	木麻黄属(Casuarina papuana)	吉米(jimi)	ASB
		木麻黄属(Casuarina sp.)	克匹尔(kepir)	ASB
	大戟科(Euphorbiacene)	石栗属(Aleurites moluccana)	卡巴(kaba)	Fn
	大风子科(Flacourtiaceae)	大风子属(Pangium edule)	托匹阿(topia)	R
	豆科(Leguminosae)	刺桐属(Erythrina sp.)	亚乌尔(yaur)	Fl
	木兰科(Magnoliaceae)	巴新挨梅木(Elmerrillia papuana)	巴恩森(banɔ)	R
	露兜树科(Pandanaceae)	露兜树属(Pandanus sp.)	米永(miyom)	B
	无患子科(Sapindaceae)	山榄属(Planchonella sp.)	昂阿(aŋa)	A
	葡萄科(Vitaceae)	火筒树属(Leea sp.)	贝博恩(bebon)	B
灌木丛	石蒜科(Amaryllidaceae)	文珠兰属(Crinum sp.)	伊玛尼(yimane)	T
		动物区系		

鸟类(卡邦,kaban)

至少有 7 种本地品种,都可食用。其中有四种鸟的羽毛可用于装饰,但只有两种羽毛被认为很珍贵,它们是:

大葵花头鹦鹉(Cacatua galerita)　　　　　　　阿卡卡(akaka)

小极乐鸟　　　　　　　　　　　　　　　亚姆巴伊(yambai)

有袋类动物(玛,ma):至少有 6 种本地品种。所有的郁毛无法辨识,用作食物、兽皮、纤维、装饰和宝物。

鼠类(阔伊,koi):至少有 1 个当地品类,被妇女和儿童当作食物。

蛇类(诺玛,noma):至少有 2 种当地种类,可食用。

蜥蜴类(图姆,tum):至少有 1 个品种,用作食物以及兽皮。

*　参见表 25 注释中的关键缩略词。

表 23　僧巴珈热果普外（次生林）群丛最常见的野生资源

生命形态	科属	种属与品种 植物区系	本地称谓	用法*
树木	桫椤科（Cyatheaceae）	桫椤属（Cyathea angiensis）	伊姆恩特（yimunt）	FI
		桫椤（Cyathea），新品种	玫珈普（kangup）	FI
	柿树科（Ebenaceae）	柿属（Diospyros sp.）	沃纳姆（wonum）	M
	大戟科（Euphorbiaceae）	黑面神属（Breynia sp.）	诺恩玛森（non manê）	R
		叶下珠属（Phyllanthus sp.）	迪卡姆博（dikambo）	B
			吉姆博科（jimbonk）	RM
	野牡丹科（Melastomaceae）	野牡丹（Melastoma malabathricum）	沃普凯（wop kai）	X
	桑科（Moraceae）	无花果属（Ficus sp.）	丹杰（danje）	T
	棕榈科（Palmae）	轴榈属（Licuala sp.）	莫若普玛伊（moropmai）	T
	鼠李科（Rhamnaceae）	麦茶子属（Alphitonia iacana）	婆凯（pokai）	BM
	无患子科（Sapindaceae）	车桑子（Dodonaea viscosa）	格拉（gra）	B
		柄果木属（Mischocodon sp.）	毕匹（birpi）	B
	水东哥科（Saurauiaceae）	水东哥属（Saurauia sp.）	拉昆特（rokunt）	B
	茄科（Solanaceae）	红丝线属（Lycianthes sp.）	卡番恩（kapan）	R
		茄属（Solanum sp.）	贡（gon）	RM
	榆科（Ulmaceae）	白颜树属（Gironniera sp.）	裴恩塔（penta）	B
	荨麻科（Urticaceae）	水麻属（Missiessya sp.）	亚莫（yamo）	FISM
	马鞭草科（Verbenaceae）	紫珠属（Geunsia farinosa Bl.）	贡瓦恩特（gonwant）	M
	无法辨识		耶恩特（yent）	B
	无法辨识		拉恩冈（rangan）	T
	无法辨识		阔普（kop）	X
	无法辨识		玛玛（mar mar）	B

生命形态	科属	种属与品种	本地称谓	用法*
草本类植物与灌木丛	爵床科（Acanthaceae）	孩儿草（Rungia klossi）	托卡麦森巴（tok mai čeŋmba）	FI
	天南星科（Araceae）	万年青属（Aglaonema sp.）	莫森姆（mocam）	RD
		海芋属（Alocasia sp.）	谷姆普（gump）	S
	鸭拓草科（Commelinaceae）	鸭拓草属（Commelina sp.）	阔梅力克（komerik）	FI
	菊科（Compositae）	三叶鬼针草（Bidens pilosa）	沃梅姆克（womemuk）	MO
		艾纳香属（Blumea sp.）	珈姆板迪（gumbandi）	M
	桫椤科 Cyatheaceae	桫椤属（Cyathea rubiginosa）	卡邦贝普（kaban bep）	FI
	禾本科（Gramineae）	刺竹属（Bambusa forbesii）	金杰恩（kinjen）	B
		薏苡根粉末（Coix lachrymajobi）	孔珈恩（koŋgun）	OA
		白茅草（Imperata cylindrica）	阔恩朵（korndo）	B
		五节芒（Miscanthus floridulus）	里帕（ripa）	T
		芦苇属（Phragmites karkar）	亚姆博森（yamboč）	M
		狗尾草属（Setaria palmaefolia）	阔拉米（korami）	Fs
	兰花科（Orchidaceae）	虾脊兰属（Calanthe sp.）？	阔恩朵梯沃年姆（korndo tiokum）	SR
		苞古兰属（Spathoglottis sp.）	阔恩朵梯沃年姆（korndo tiokum）	SR
	胡椒科（Piperaceae）	胡椒属（Piper sp.）	伊年恩（yikun）	RD
	水龙骨科（Polypodiaceae）	碗蕨属（Dennstaedtia sp.）	特拉伊（terai）	FI
	荨麻科（Urticaceae）	荨麻属（sp.）	能特（nent）	M
	姜科（Zingiberaceae）	闭鞘姜属（Costus sp.）	莫洛恩普（monomp）	B
		鳃尾姜属（Riedelia sp.）	叶恩吉姆（yenjim）	M
		毛蕨属（Cyclosorus sp.）	阿茹克（aruk）	FI
		双盖蕨属（Diplazium sp.）	拉吉洛帕（raggilopa）	FI
	无法识别		茹姆热纳（rum rena）	FI
藤类	萝摩科（Asclepiadaceae）	球兰属（Hoya sp.）	阔伊乌恩朵（koiwundo）	SB

生命形态	科属	种属与品种	本地称谓	用法*
	苦苣苔科 (Gesneriaceae)	芒毛苣苔属 (Aeschynanthus sp.)	伊姆布克 (yimbunk)	SB
	百合科 (Liliaceae)	拔葜属 (Smilax sp.)	珈姆比沃珈恩 (gum biogun)	T
	野牡丹科 (Melastomaceae)	酸脚杆属 (Medinilla sp.)	艾昆丙迪 (aikumbindi)	B
	桑科 (Moraceae)	无花果属 (Ficus sp.)	莫帕凯 (mopakai)	SB
	露兜树科 (Pandanaceae)	藤露兜树属 (Freycinetia sp.)	奎恩珈卡 (kwiŋgaka)	O
	西番莲科 (Passifloraceae)	蒴莲属 (Adenia sp.)	阿珈 (akar)	SB

菌类(巴伊, bai):至少有 7 个本地品种可作食用。

动物区系

蛇类(诺玛, noma):至少有 4 个本地种类,所有品种都能被食用,一种可作兽皮(巨蜥)。

昆虫类(邦, baŋ):至少有 8 个本地种类,7 种能吃,1 种可作药,一种用于装饰。

* 参见表 25 注释中所列的关键缩略词。

表 24 僧巴珈辖域溪流与溪岸最常见的野生资源

生命形态	科属	种属与品种	当地名	用途*
		植物区系		
树木	桃金娘科(Myrtaceae)	闭花木属(Cleistanthus sp.)	提姆比(timbi)	R
灌木,矮树林,	无法辨别		匹玛库本特(pima kumbent)	R
	桑科(Moraceae)	无花果属(Ficus andenosperma)	安珈伊(anjai)	FI
草本植物	桃金娘科(Myrtaceae)	番樱桃属(Eugenia sp.)	卓欧(druo)	R
	荨麻科(Urticaceae)	艾麻属(Laportea sp.)	森南合明珈(ʒenaŋ gumiŋga)	FI
		动物区系		

有袋动物(玛,ma):至少有三种可用作食物的本地种类。

鸟类(卡邦,kaban):至少有三种可用作食物的本地种类。

青蛙(卡姆普,kamp):有可供妇女和儿童食用的很多种类。

蟹类(阔拉帕,korapa):有一类可食用。

鱼:有两种本地种类可食用,即阔比(kobe,鳗鱼)和图欧伊(tuoi,鲶鱼);阔比也用于仪式。

* 参见表 25 注释中所列的关键缩略词。

表 25　僧巴珈辖域两个或更多群丛最常见的野生资源

生命形态	科属	种属与品种（植物区系）	当地名	用途*
树木	五加科（Araliaceae）	兰屿加属（Boerlagiodendron sp.）	艾玛姆（aimam）	B
	第伦桃科（Dilleniaceae）	第伦桃属（Dillenia sp.）	姆恩杜卡（munduka）	SB
	大戟科（Euphorbiaceae）	澳杨属（Homalanthus sp.）	图普杜隆（tup kalom）	X
	豆科（Leguminosae）	山蚂蟥（Desmodium sequax）	阔拉伊金杰（korai injie）	O
	楝科（Meliaceae）	溪桫属（Chisocheton sp.）	毕若匹（birpi）	Fn
	桑科（Moraceae）	无花果属（Ficus puncens）	阔贝纳姆（kobenum）	FIf
		无花果属（Ficus wassa）	贝卡（beka）	XFIf
	桃金娘科（Myrtaceae）	子楝树属（Decaspermum necrophyllus）	金吉丙特（jinjimbint）	R
	瑞香科（Thymelaeaceae）	皇冠果属（Phalerium nisidai）	普卡纳（pukna）	X
	荨麻科（Urticaceae）	水丝麻属（Maoutia sp.）	农珈姆巴（noŋgamba）	X
		紫麻属（Oreocnide sp.）	茹梅姆（rumem）	B
	无法辨识		梅恩巴（membra）	B
	无法辨识		杜库恩姆匹纳（dukumpina）	FIf
	无法辨识		匹阿（pia）	B
			普恩特（punt）	B
草本植物与灌木丛	禾本科（Gramineae）	刺竹属（Bambusa sp.）	瓦伊阿（waia）	BT
	石松科（Lycopodiaceae）	易蕊梅属（Dimorphanthera sp.）	科韦奥普麦（koropi mai）	M
	姜科（Zingiberaceae）	良姜属（Alpina sp.）	安卓玛（anjomar）	S
			珈纳伊（gaunai）	M
			米曼珈（mi muŋga）	M
藤类	旋花科（Convolvulaceae）	鳞蕊藤属（Lepistemon urceolatum）	阿婆普（apop）	SB
	葫芦科（Cucurbitaceae）	栝楼属（?. Trichosanthes sp.）	杰恩（jen）	Ff

生命形态	科属	种属与品种	当地名	用途*
	须叶藤科(Flagellariaceae)	须叶藤(Flagellaria indica)	贡(gon)	SB
	水龙骨科(Polypodaceae)	芒萁属(Dicranopteris pinearis)	莫姆博(mombo)	B
	姜科(Zingiberaceae)	良姜属(? Alpinia sp.)	萨瓦卡(cawaka)	SB
	无法辨识		玛恩度恩特(mundunt)	SB

动物区系

鸟类(卡邦,kaban):至少有 40 种当地品种,用作食物、装饰品与珍贵物品。

有袋类(玛,ma):至少有 3 种本地种类,可用作食物,纤维,装饰品,装饰品和财宝。

鼠类(阁伊,koi):至少有 1 个品种,可供妇女和儿童食用。

野猪(孔吉,konj):1 个品种,可用作食物。

蛇类(诺玛,noma):至少有两个品种,可食用。

* 植物与动物的用途:

A. 农事——用来保护其他植物,或提高其产量;有时候用于提高某荒园地内群丛生长而栽种的植物(该种植物某一阶段的成熟或繁殖周期的某一特定阶段可看作是开始另一项生计活动的信号)。

B. 建筑材料——用于建设基本大性结构,通常是住房和栅栏。

D. 穿着——无须经过加工就可作为服饰的一部分,通常是那些用来遮挡臀部的叶子。

F. 食物——仅指那些人类通常摄入的物质。不包括牲畜和野生动物食用而人类不食用的那些物质。植物食物则用小字母指定食用的部分:(f)水果;(l)叶子;(n)坚果;(r)根茎;(s)杆茎。

M. 药用,保健,化妆——用于任何"神奇的"、"宗教的"或经验主义的程序,其目的是治愈已经存在的肢体残疾或心理创伤。还包括一些花赞在让个人保持洁净的任何物质,以及用于化妆的物品。

O. 装饰物——用于个人的装饰,但不会像化妆品一样,在使用一次后就失去其物理性质。

R. 仪式——用于仪式中,但类别 M 中所指明的不包括在内。

S. 日常供应品——一次性使用,之后就不会被遗弃。但类别 B,D,F 和 M 类的物品不包括在其中。

T. 工艺用——用来制作器具、武器或容器。使用一次后不会被遗弃。

W. 珍贵物品——可用来交换钢铁制品、贝壳物品,之前还可用来交换石斧(最重要的是鸟羽与毛皮)。

X. 因其纤维或染料而重要,可用于制作树皮衣、网兜、腰带等。

附录 9 日常饮食

僧巴珈人从植物中摄入的营养价值的测定

从重量上来看，水果和蔬菜将近占了僧巴珈人普通日常摄入量的 99％。

托梅盖人的摄入总重量

从 1963 年 2 月 14 日开始直到 1963 年 12 月 24 日，我每天都设法将托梅盖氏族四户人家带回家中灶台的所有蔬菜食品按照不同品种进行称重。因为 3 月 11 日至 11 月 8 日这一段时间内猪和人的数量相对稳定，为了估算摄入量，这段时间称重得到的数值就成了我们计算的基础。

称重之前，我要求人们从带回家的食品总重中扣除两项。首先，我要求收获者预留出分配给猪的份额。这一配给的重量得从总重量中减去，剩下的则可供人类消耗。其次，准备过程中的浪费因素得从剩余量中减去。每项农作物指定的浪费值来自田野中的实地测验。扣除这两项之后的余值表示人们带回家的可食部分的总重量。

在这些数值之上，还应加上人们在屋外消耗掉的菜蔬数量。

这些数值来自我对在路上、灌木丛和种植园吃东西的人的观察。由此产生的数字可看作是人类所能消耗的可食部分总重量。

获取最终数值的过程可被归纳进以下公式中：（人们带回家的总重＋在屋外消耗掉的估计值）－（猪的配给＋浪费量）＝人类获取的用于消耗的可食部分总重量。这些数字列在表 26 的第 1 至第 5 列。

要想得到可供人类消耗的可食用部分总量，我们面对的困难十分明显。和我们试图估算种植园产量一样，这里也存在着不先带回家就被消耗掉的食物重量的估值问题。在没有天平辅助的观察基础上，我指定了这些数值。不管怎样，人们在屋外消耗掉的数量并不大，因此，导致的估算误差可能不会超过百分之一或百分之二。但甘蔗和黄瓜两种食品不包括在内，这两者所产生的误差可能会大些。

猪的配给量数值反映了人们为猪预留在一旁的食物的精确重量。不过，我经常发现妇女们从留给人类消费的那堆食物中挑出少量美食来喂猪。但我没有从人类食物部分扣除这一小块。因此，相较于为猪留置一旁的配给来说，此处所呈现的人类日常饮食配给，会比实际数量略高。

在给每种作物做出了数量有限的几次测试之后，我指定了每种食物被浪费掉部分的百分比值，浪费掉的部分，哪怕是某一特殊物种的同一品种，也会随样本的老嫩、新鲜度、大小等发生变化。不过，我基于检测基础上所指定的数值，确实接近文献中所点明的标准值。

被摄入食物的价值

从文献中摘取出的营养价值被指定给每一类食物。只要有可能，我就会使用其他新几内亚工作者的数值，有利于进行比较。在多数情况下，这些工作者采用的营养值取自他们在工作的一般区域所采集到的样本。在其他条件相同的情况下，我在方法论上更喜欢接受来自新几内亚样本分析的数据，而非来自其他地方的样本数据。在某些情况下，我使用的数值可能会高些。例如，采自希普斯利和克雷蒙兹(1947)的番薯热量值是每磅可食部分为681卡路里。而其他权威记录的数值则相当低。不过，正是在希普斯利和克雷蒙兹给出的数据基础上，我对钦布人(Chimbu)、布桑马人(Busama)、卡亚皮人(Kaiapat)、派特普人(Patep)和卡瓦泰里人(Kavataria)的日常饮食进行了评估。只要有可能，采用相同数280 值，还有利于我们进行澳大利亚新几内亚内部的比较研究。然而，282 在与世界其他地方收集到的营养数据进行任何比较之前，我们应先对这些数据进行调整。

我将各种作物的营养价值汇总在表26中的6、9、17、20列，将数据出处罗列于各自相邻列。

个体摄入量的营养数值

为定量研究食物消费而收集的数据，来自我对16个样本为期246天的饮食观察。这16个人并不是每天都在场吃饭，有时也会

表 26 托梅盖部落的总摄入量(16 个人，13 口猪;1963 年 3 月 11 日至 1963 年 11 月 8 日)

作物	1 总磅数	2 生猪配给量磅数	3 人类可获得食物磅数	4 可食部分百分比	5 人类可食部分磅数	6 可食部分每磅所含卡路里*	7 权威*	8 人类摄入的卡路里数	9 可食部分的蛋白质百分比	10 Authority* 人类摄入蛋白质每磅	11 小值	12 大值	13 额外摄入因素百分比	14 摄入卡路里总量估值	15 摄入蛋白质量的最小估值	16 摄入蛋白质量的最大估值	17 脂肪百分比	18 权威*	19 脂肪摄入总数	20 每磅所含钙*(毫克)	21 权威*	22 钙摄入量总量(毫克)
根茎																						
番薯	9944.50	5554.22	4390.28	80	3512.23	681	3	2391828.63	0.9–1.7	5	31.61	59.71	5	2511420.06	33.19	62.70	0.3	5	10.53	68	3	2188.16
千年芋	1505.50	14.50	1491.00	80	1192.80	658	3	784862.40	1.4–1.9	5	16.70	22.66	5	824105.52	17.54	23.79	0.2	5	2.39	177	3	2029.84
香薯	3834.75		3834.75	85	3159.54	658	3	2078977.32	1.4–1.9	5	44.23	60.03	5	2182926.19	46.44	63.03	0.2	5	6.32	177	3	5591.43
木薯	1349.25	1106.39	242.86	85	194.29	595	3	115602.55	0.7–1.2	5	1.36	2.33	5	121382.68	1.43	2.45	0.3	5	0.58	114	3	221.16
芋艿	1194.50		1942.50	85	1641.60	486	3	652017.68	1.9–2.0	5	25.49	26.83	5	684618.56	26.76	28.17				45	5	738.45
根茎总数								6023288.58														
树																						
香蕉	1682.50	54.90	1627.60	70	1139.32	427	3	486489.64	1.1	3	12.53	12.53	20	583787.57	15.04	15.04	0.5	1	5.70	36	3	410.04
木菠萝	105.50		105.50	50	52.75	295	1	15561.25	1.0	1	0.53	0.53	20	15561.25	0.53	0.53	0.6	1	0.32	168	1	87.36
麦日特	861.50		861.50	43	370.45	762	7	282282.90	3.7	7	13.71	13.71	25	289339.25	17.14	17.14	14.0	3	5.19			
树的总数								784333.79														
混合种植园																						
玉米	8.50		8.50	29	2.47	463	6	1143.61	3.7	6	0.91	0.91	5	1150.79	0.96	0.96	4.3	1	1.06	32	1	0.64
豌豆与黄豆	4.75		4.75	95	4.51	440	3	1984.40	8.1	3	0.37	0.37		1984.40	0.36	0.36	3.9	3	1.76	136	6	5.44
南瓜	234.25	33.26	200.99	68	136.67	200	3	27334.00	1.5	3	2.05	2.05		27334.00	2.05	2.05			2.05	91	3	23.76
葫芦	13.75		13.75	68	9.35	154	1	1439.90	1.3	1	0.11	0.11		1439.90	0.12	0.12	0.2	1	0.02	54	1	4.86
混合种植园总数								31901.91														
叶子																						
木槿	1373.75		1373.75	95	1305.06	136	3	177488.16	5.7	2	74.38	74.38	2	181037.92	75.87	75.87	0.3	4	1.92	1685	4	21989.25
核儿菜	316.75		316.75	95	300.91	136	3	40923.76	3.8	2	11.43	11.43	2	41542.24	11.66	11.66	0.4	4	0.90	1685	4	5055.00
番薯叶	138.25		138.25	95	131.34	218	5	28632.12	3.6	5	4.73	4.73	2	29204.76	4.82	4.82	0.7	5	0.92	340	5	445.40
其他各种叶子	244.50		244.50	95	232.28	136	3	31590.08	3.8	2	8.83	8.83	2	31921.89	9.01	9.01	0.3	4	0.70	1685	4	3909.20

作物	1 总磅数	2 生猪配给量	3 人类可获得食物磅数	4 可食部分百分比	5 人类可食部分磅数	6 可食部分所含每磅卡路里*	7 权威	8 人类摄入的卡路里总数	9 可食部分的蛋白质百分比	10 Authority*	11 人类摄入蛋白质每磅最小值	12 人类摄入蛋白质每磅最大值	13 额外摄入因素百分比	14 摄入卡路里总量估值	15 摄入蛋白质总量的最小估值	16 摄入蛋白质总量最大估值	17 脂肪百分比	18 权威*	19 脂肪摄入总磅数	20 每磅所含钙(毫克)	21 权威	22 钙摄入量总量(毫克)
叶子总数								278634.12														
芋与花																						
草与花																						
油森佛手瓜种类	1142.00		1142.00	40	456.80	104	4	47507.20	4.1	2	18.37	18.37	2	48457.34	19.10	19.10	0.2	3	0.91	95	3	433.20
修整过的油森佛手瓜	124.75		124.75	95	118.51	1.4	4	12325.04	4.1	2	4.86	4.86	0.2	12471.54	4.96	4.96	0.2	3	0.14	95	3	112.10
其他种类的佛手瓜	816.25		816.25	60	489.75	104	4	50854.00	4.1	2	20.08	20.08	2	51871.08	20.48	20.48	0.2	3	0.98	95	3	464.55
修整过的其他种类佛手瓜	61.75		61.75	95	58.66	104	4	611.64	4.1	2	2.41	2.41	2	6222.65	2.46	2.46	0.2	3	0.12	95	3	51.50
狗尾草	692.75		692.75	17	117.77	101	8	11994.75	1.4	8	1.65	1.65	2	7808.15	1.68	1.68	0.6	8	0.71	95	8	111.15
修剪过的狗尾草	61.75		61.75	95	58.66	101	8	5924.90	1.4	8	0.72	0.72	2	3889.16	0.73	0.73	0.6	8	0.35	95	8	51.50
草与花总量								134706.53														
提神物																						
甘蔗	3368.00	249.50	3118.50	30	935.55	263	3	246049.65	0.4	3	3.74	3.74	200	738148.95	11.22	11.22				45	3	420.75
黄瓜	216.50	10.80	205.70	95	195.42	50	3	9771.00	0.6	3	1.17	1.17	50	14656.50	1.36	1.36				104		202.80
提神物总量								255820.65														
各来源总量								7508685.58			302.33	354.50		8412483.06	324.91	379.69			41.52			44547.54

* 权威：

(1)联合国粮食与农业组织研究第 11 号文件（FAO Nutritional Study No.11）。

(2)汉密尔顿（Hamilton,1955）。

(3)希普斯利和克雷蒙兹（Hipsley and Clements,1947）。

(4)N.希区柯克（N. Hitchcock,1962）。

(5)马萨与布罗（Massal and Barrau,1956）。

(6)奥斯蒙德与威尔逊（Osmund and Wilson）。

(7)彼得斯（Peters,1958）。

(8)K. 温卡姆（K. Wenkam）夏威夷大学营养学系,私人通信。

有访客与他们一起进食;因此我记录了每户每餐谁在场吃饭的情
况。进食者分属不同年龄与性别,每人的摄入量都各有不同。理
论上,为每个年龄-性别群体摄入量赋值这个问题可以轻易地解决
掉:我们只需称量提供给每类人的食物数量即可。但在马林人中,
该步骤并不可行。这首先要求观察者在人们进食时,手上拿着一
把称量每份食物的磅秤。而且剩下的饭菜可能会在深夜或大清早
被人吃掉,人们还会把块茎煮好当作餐后零食留待之后再吃。除
非观察者或多或少永久地住在一户人家的食物储藏室旁边,否则
总有些这样的消费会逃脱其注意。

　　作为替代,我设计出了各年龄-性别类的个体摄入量的比率。
该比率以文卡塔拉查姆(1962:10)在兰利(1947:134)之后公布的
卡路里建议量为基础。以下所列的是文卡塔拉查姆和兰利为包含
在样本中的类别所提出的每日卡路里供应量:

成年男性　　　　　2 500

成年女性　　　　　2 100

青春期女性　　　　2 050

5—10 岁孩子　　　1 300

3—5 岁儿童　　　　1 200

1 岁幼儿　　　　　　850

　　我们假设,这些数值比率能反映不同年龄-性别人群的相对摄
入量。例如,我们可假定成年女性的进食量是成年男性的21/25。
五岁到十岁孩子的进食量是成年男性的13/25,诸如此类。我们
能很清楚地了解到这一程序所存在的问题。毫无疑问,在实践中
人们实际上会偏离此种理想分配模式。但该步骤可作为较少产生

可能谬误的方式加以应用：若我们试图估计实际分量的相对大小，
将会导致更大的错误。

　　将建议的卡路里数值热量值分别除以100，由此得到的数据
可被称作"营养单位"（trophic units）。成年男性代表25个营养单
位，成年女性代表21个营养单位等等。再分别乘以每日每类消费
者数目，得出每类人群的日营养单位，整个样本的日营养单位就可
算出来。几种营养的总量，除以日营养单位天数之和，就得到每种
营养的日营养单位数值。由此，我们可得出每类人群对每种营养
的日摄入量。

　　僧巴珈人的日常饮食和其他新几内亚人日常饮食的比较

　　表27比较了僧巴珈人和新几内亚其他五个群体的日常饮食
状况。所公布的布桑马人、卡亚皮人、派特普人和卡瓦泰里人的数
据都是总人均数，找不到根据年龄或性别来提供的分类数据。因
此，我们有必要确定僧巴珈人各种营养摄入量的总人均数。当然，
这种数据仅能用于比较。若想估算，使用按照年龄和性别来提供
的分类数据会更可取。

表 27　六个新几内亚部落日常饮食的比较

地方	来源	每日卡路里数	每日蛋白质克数			每日钙克数	日总摄入量克数
			蔬菜	动物	总数		
布桑马	希普斯利和克雷蒙兹，1947	1223	14.4	4.7	19.1	0.5	794
卡亚皮	希普斯利和克雷蒙兹，1947	1609	21.7	3.1	24.8	0.6	1013
派特普	希普斯利和克雷蒙兹，1947	1904	22.3	2.1	24.4	0.6	1387
卡瓦泰里	希普斯利和克雷蒙兹，1947	1600	22.4	18.4	41.3	0.3	1256

续表

钦布	文卡塔查拉姆,1962	1930	20.8	?	20.8+		1627
僧巴珈最小量			34.7	?	34.7+		
僧巴珈最大量		2015	46.8	?	46.8+	1.2	2287

表 27 总结的信息表明,僧巴珈人的日常饮食明显优于其他群 284
体。不过,僧巴珈人和其他几个群体的日常饮食差异竟如此之大,
这颇令人生疑。当我们比较总摄入量时,差异悬殊变得更明显。
兰利报告说布桑马人的摄入量是每天 94 克(1947:112—115)。僧
巴珈人的摄入量是其三倍多。兰利提到,在他调查时期布桑马人
正好食物短缺,但没有提到卡亚皮存在这种状况,而这里所报告的
日摄入量仅有 1 013 克,还不及僧巴珈人摄入量的一半。

1947 新几内亚食物调查队所采用的调查方法并没有被阐释
得很清楚,所以我们无法判断是否是不同的步骤导致了不同的结
果。尽管如此,我还是认为,通过在吃饭时间对住宅的有限几次拜
访而得到的布桑马人、卡亚皮人、派特普人和卡瓦泰里人数据,并
不能充分代表这些群落的人均消耗量。除了派特普人的数据外,
其他的数据都似乎太低了。

钦布人的数据为僧巴珈数据提供了支持。僧巴珈人和钦布人
在摄入重量方面的区别主要在于,前者能获取到更多的非淀粉类
蔬菜。正是这一差异,使得僧巴珈人在日常饮食的质和量上都胜
出钦布人。显然,后者的日常饮食所缺乏的是一些叶子,那构成了
僧巴珈人蛋白质和钙的最重要来源。或许是海拔限制,钦布人无
法享用这些宝贵的绿色菜蔬。

附录 10　承载力

承载力公式

这里使用的是卡内罗的承载力公式。

$$(1) \qquad P = \frac{\dfrac{T}{R+Y} \times Y}{A}$$

其中：

P＝可以承载的人口数

T＝总耕地

R＝休耕年数

Y＝收获作物的年数

A＝人们为生产提供"平均个体"每年所需的足量食物需要耕作的土地面积

变量 T 和 R 的数值

在僧巴珈人所居住的崎岖地带，要确定可耕地总面积并不容易。由于整体坡度以及局部坡度这两个因素的影响，正投影面积和表面积之间有很大的区别。通过在航天照片上做正投影测量，我算出僧巴珈人辖域的总面积为 2 023 英亩。总辖域又可根据海

拔、是否曾被人工使用、植被以及农业潜力划分为许多地区。表
28 概括了这些区分。

表 28　僧巴珈人辖域，可耕地和不可耕地

地区	总英亩数	可耕地	不可耕地
吉米峡谷的高海拔乔木林	343	100±	243
辛拜峡谷的高海拔乔木林	602	200±	402
辛拜峡谷的次生林（种植区）	1019	864	150
低海拔地区的森林残余	28		28
草地	41		41
总数	2033	1164	864

对于吉米峡谷约 100 英亩左右可耕地以及辛拜峡谷高海拔地
区原始林里约 200 英亩左右可耕地，我并没有进行测量。这两个
数值代表的是乔木林和尚未开垦的苔藓林之下的地方。这些地方
的相对大小，来自我对此区域的步行。这些地方的分界线很模糊。
辛拜峡谷乔木林下的地方似乎从未被垦植过，而吉米峡谷地区僧
巴珈人也已很多年没在此耕种了。

表 28 中草地的数值只包括我们在第三章里提到过的那片宽
阔地域。其他更小的草地面积被纳入次生林非可耕地的数值中。
类似地，低海拔森林那个数值中也仅包括 3 英亩到 4 英亩或略多
的草地区域。残留的小块林地，就像小块草地一样，也包含在次生
林非可耕地数值中。后一个数值是考虑了河床、岩石区、小峡谷和
超过 43 度的斜坡，以及小块草地和小块森林在内的一个估算值。
150 英亩这个数值可能还保守了些。

以上图表中所列的面积是正投影面积。然而，地形崎岖异常。
该地能用于种植的地区，整体坡度约为 20 度。这以 16.15∶15 的
比率，增加了该地的平面表面积。从山壁伸出的支脉和溪流将地

形复杂地解剖开来,使地形表面进一步复杂化,并增加了其面积,但我们无法判断增加了多少。在此我们可以假定,其他方向的斜坡大致与整体坡度相似。表面积因此可看作是 $16.15^2 : 15^2$,或正投影面积的 116.48%。表 29 总结了僧巴珈可耕地的表面积。

表 29 僧巴珈辖域斜率校正后的可耕地面积

位置和群丛	英亩
辛拜峡谷次生林和种植园	1002
辛拜峡谷乔木林	235
吉米峡谷乔木林	116
总可耕地面积的经济人口密度	97p. s. m
次生林和种植园的经济人口密度	124p. s. m

287　　　然而,并非所有地区都同样多产。在之前的章节中,我们已经知道,在较高海拔次生林中所开垦的番薯园,在产量最高的 12 个月里,其出产只相当于低海拔地区所耕种的芋芳–薯蓣园产出的 92.6%(4 418 215 卡路里)。我们必须针对这种差距做出调整。然而,我们又面临一个相同的问题:我们无法给这两个地带划出清晰界线,因为海拔 4 000 英尺到 4 400 英尺高度间的地区具有过渡性。之下的地带有 650 英亩土地,而之上的地带,作物收成略低,面积为 352 英亩。

我们有理由做如下预测,高海拔原始林中开辟的种植园,从长远来看,其产出会低于上部地区次生林中开辟出来的种植园。在此我们假定产量的减少是有规律的,就像上、下两个地带之间的区别一样。原始林中的可耕地产出,可用上部次生林可耕地产出量的 92.6% 来计算。同时我们还必须考虑休耕期的年限长短以及产量的不同。在之前的章节中,我们估算下部次生林地带的休耕年限数值是 15 年,而上部次生林地的休耕年限则是 25 年。我们有理由预测,海拔在 5 200 英尺到 6 000 英尺间的原始林中所开辟的种植园,其休耕期甚至会更长。在此我们假定为 35 年。

表 30 概括了我根据生产力和休耕期长度不同而区分开来的三类土地等级。生产力和使用频率这两个因素,使三类等级里的土地可能简化为等价的数值。也就是说,Ⅱ类和Ⅲ类地区,能够用Ⅰ类土地的等值量来表达。

表 30　僧巴珈人可耕地的类别

等级	英亩	生产力	使用频率
Ⅰ	650	1.000	15 年 1.000
Ⅱ	352	0.926	26 年 0.600
Ⅲ	351	0.857	35 年 0.430

变量 A 的值

变量 A 的值,即"平均个体"所要求的土地量,是我们所研究的某特定人口年龄-性别构成的函数。此处用到的数据以僧巴珈人 1963 年的年龄性别构成为基础。如果不同年龄 性别的人口比例发生变化,而每一类别的人又有不同的营养需求,那么,变量 A 的值就会变化。

生猪规模最小时,变量 A 的值

在生猪规模最大时,我们可以用测链和指南针绘图,实际测量得出正在产出的总亩数。当生猪头数减少到最小值时,我们同样可得到 1963 年托梅盖部落的种植面积。当僧巴珈人生猪数量以三种方式达到最小值时，我们可使用这些数据以及其他数据，得出变量 A 的值。在此使用的三种计算方法都可相互检验。

（A）当猪的数量最少时，所有人口的卡路里年度总需求，可被芋艿-薯蓣园的年度英亩产量相除。我们使用的是芋艿-薯蓣园的产量数而非甘蔗-番薯园的产量数，这是因为——正如我们之前所提到过的那样——当猪群数量最小时，人们几乎不再单独开垦甘蔗-番薯园。实际称重已表明，芋艿-薯蓣园在为期 12 个月的阶段里，已产出 85％ 的卡路里总量。相应地，正是 4 418 215 卡路里这个数值，被代入算式中。

僧巴珈人的总消耗量如表 31 所示。我在托梅盖部落搜集到了所有的消耗数据，而那些不包括在托梅盖部落数据内、以类别来呈现的营养单位量都来源于兰利（1947：134）。

表 31　所有僧巴珈人的总热量需求

年龄	性别	营养单位	个人平均日摄入量（卡路里）	此类别人数	这一类型的日常总消耗量（cal）
50 岁以上	男	20	2060	8	16480
	女	16	1648	12	19776
21—49	男	25	2575	49	126175
	女	21	2163	40	86520
15—20	男	29	2987	11	32857
	女	20.5	2112	7	14784
10—15	男	22	2266	15	33990
	女	21	2163	8	17304
5—10	男-女	15	1339	25	33475
0—5	男-女	10	1030	29	29870

日总消耗量：411231 卡路里
年总消耗量：150089315 卡路里
营养单元总量：4042

我们可以通过以下简单等式得出人们每年必须投入耕作以满289足僧巴珈人营养需求的土地英亩数（Gs）：

$$(2)\qquad Gs=\frac{Ct-Co}{Ca}$$

其中：Ct＝僧巴珈人的总热量需求

Co＝从之前的种植园中可获得的卡路里数（占总数的15％）

Ca＝芋艿-薯蓣园种植园在种植后24—76周每英亩产出的卡路里数

$$Gs=\frac{150089315-22513389}{4418215}$$

通过计算以下等式，变量 A 被赋值：

$$(3)\qquad\qquad A=\frac{Gs}{P}$$

其中：P＝僧巴珈总人口数（204 人）

$$A=\frac{28.87}{204}$$

$$A=0.142\ 英亩$$

（B）由托梅盖部落在 1963 年耕种的总面积，运用以下等式，可计算得出他们所耕作的每"营养单元"面积：

$$(4)\qquad\qquad\qquad Ua=\frac{Gn}{U}$$

其中：Ua＝每营养单元面积

Gn＝托梅盖部落 1963 年所耕种的总面积（3.07 英亩）

U＝托梅盖部落的营养单元总量（313）

$$Ua=\frac{3.07}{313}$$

Ua＝0.0098 英亩

若每营养单元面积乘以所有僧巴珈人所需的营养单元总数，就可计算得出最小面积需求数。

(5) $4042 \times 0.0098 = 39.61$ 英亩

$$A = \frac{39.61}{204}$$

A＝0.194 英亩

(C)将托梅盖部落在 1962 年、1963 年所耕作的种植园面积数的比较，延展至所有僧巴珈人所耕作的面积，可获得另一种计算结果。

通过测量可得知以下面积：

Gl＝1962 年所耕作的总面积

Gt＝托梅盖人 1962 年所耕作的面积

Gn＝托梅盖人 1963 年所耕作的面积

想求出人们在 1963 年所耕作的总面积(Gs)，需用到以下比率：

(6)   Gl：Gs＝Gt：Gn

我们必须校正甘蔗-番薯园和芋芳-薯蓣园两年里的比例差异。运用将Ⅱ类土地换成Ⅰ类土地的因子可完成这一步骤。

1962 托梅盖人的种植园(实际测量)

甘蔗-番薯种植园的面积：

校正 2.56：   2.37

芋芳-薯蓣种植园的面积：   2.27

校正后总面积：   4.64

1963 托梅盖人的种植园(实际测量)

甘蔗-番薯园的面积：

校正 0.19：	0.18
芋芀-薯蓣种植园的面积：	2.89
校正后总面积：	3.07

1962 年僧巴珈人的所有种植园(实际测量)

甘蔗-番薯园的面积：

校正 19.34：	17.91
芋芀-薯蓣种植园的面积：	27.84
校正后总面积：	45.75

　　由此我们可得到用于求解比例(6)的各个数值。

(6)　　　　45.75 ∶ Gs＝4.64 ∶ 3.07

　　　　Gs＝30.27

(7)　　　　　　　　$A = \dfrac{30.27}{204}$

　　　　　　　　A＝0.148 英亩

　　通过第一种算法和第二种算法得出的结果，差数为每人 0.052英亩，合计就是 10.74 英亩，或接近 27％。或许，当数值部分地依赖于我们对僧巴珈人所居住的崎岖地貌的测量以及摄入量测定——它们本身就不太精确——之外延时，我们能预测到这种数量误差。然而，这种差异与其说来自测量中的误差，还不如说来自种植活动中的实际差异。C 计算法证实了这种解释。我们应注意，托梅盖部落包含了 313 个"营养单位"，占了全体僧巴珈人所需要的 4 042 个"营养单位"的 7.77%。然而,在 1962 年,托梅盖种植园包含 4.55 英亩(校正后),或者说占全体僧巴珈人所耕种的45.75 英亩(校正后)总面积的 9.94%。7.77%与 9.94%间的差距,大约是 2.2%,与 B 计算和 C 计算所得结果之间的差距密切对应,甚至会将其抵消。可能是因为托梅盖人经常耕种着比平均数更多的土地,或至少在 1962 年和 1963 年如此行事。这就既不会影响 C 来源的可信度,也不会影响 A 来源的可信度,除非我们能证实托梅盖人比其他僧巴珈人吃得更多,因此把托梅盖人的营养需求延伸至所有当地人口群落是一个错误。我们没理由去相信这个假设。托梅盖成年男性要稍微轻于(大约 3 公斤)所有僧巴珈成年男性的平均体重,托梅盖成年女性的平均重量几乎正好落在全体僧巴珈人成年女性的平均体重值上。而且,托梅盖人看起来并不比其他僧巴珈人更活跃或更迟钝。

　　第二,托梅盖人在 1962 年所耕种的大于平均数的土地面积,无法用其拥有超过平均值的生猪数目来解释,因为情况并非如此。1962 年,全体僧巴珈人所养的生猪(120 磅—150 磅重)与人口的比例是 0.83∶1,而托梅盖人所养的生猪与人口的比例是 0.81∶1。

　　另一个解释可能与土地质量有关。然而,我们没有理由去相信,甚或还有相当多的理由来拒绝这个解释,即托梅盖人的种植园的土壤在 1962 年——或作为一项规则,在其他时候——比平均水平更贫瘠。

　　对此我们可提出两种解释。首先,托梅盖的园艺耕作者,包括 6 个做所有园艺活的人和 1 个只做一半园艺活的男性,以及 4 个托梅盖妇女和 1 个青春期少女(她的园艺活动可看作是成年妇女的一半）。6.5 个男性园艺者和 4.5 个女性园艺者这个比率超过了约为 6.7∶5.7 的平均数。很有可能,更多男性致力于清扫灌木时,人们所耕作的园地面积更大。

第二种解释是,这种差异是随机的。任何一个其他人数相当的群体,都不可能像这十个或十一个人的群体那样,耕作同等大小的土地面积。托梅盖人可能特别勤劳(虽然看起来并非如此),或者,这个测量结果可能来自在他们考虑到了耕作地的土地构造而耕作超过平均数面积时的年岁。我想后一情况者最有可能。

测量误差、抽样误差以及不同实践都有可能导致第一种计算法和第二种计算法之间的结果差异。然而,迹象表明,0.194 这个值对于变量 A 来说太高了,从其他两个计算中得来的值更加实际。不过,两个极值都会在我们进一步的计算中用到。

猪群规模最大时变量 A 的值

由于猪群规模最大时,我们已经实地测量了人们耕作的总面积,因而不再需要对此进行估计。在之前的计算中,我们已经引入 47.18 英亩这一数值,对它进行校正,简化为 Ⅰ 类土地的等值,45.75 英亩。

求出变量 A 的公式,现在可用于计算猪群规模最大时的人均耕作面积。

(8)　　　　　$$A = \frac{45.75}{204}$$

A = 0.224 英亩

人口承载力估算

现在我们已经得到了所有变量的数值,运用公式(1)可求出僧

293 巴珈地域能承载的最大人口数。

次生林的承载力

我们将分别计算在我田野工作期间,(1)当生猪数量最小时(猪与人的比率为 0.29∶1,生猪均重 60 磅到 75 磅)以及(2)当生猪数量最大时(猪与人的比率为 0.83∶1,生猪均重 120 磅到 150 磅),耕作面积或次生林地区面积所能承载的最大人口数。

生猪数量最小时的承载力

我们已经得出了变量 A 的 3 个值;现在将这 3 个值分别代入计算。

$$(1) \qquad P = \frac{\dfrac{T}{R+Y} \times Y}{A}$$

$$P = \frac{\dfrac{TclassI + (TclassII \times 0.926 \times 0.6)}{(R+Y)} \times Y}{A}$$

a)　A＝0.142 英亩

$$P = \frac{\dfrac{650 + (352 \times 0.926 \times 0.6)}{14+1} \times 1}{0.142}$$

$$P = \frac{\dfrac{846}{15}}{0.142}$$

$$P = \frac{56.40}{0.142}$$

$$P = 397 \text{ 人}$$

b)　A＝0.148 英亩

$$P = \frac{56.40}{0.148}$$

P＝383 人

c)　A＝0.194 英亩

$$P=\frac{56.40}{0.194}$$

P＝290 人

生猪数量最大时的承载力

我们仅会用到变量 A 的一个数值,这个数值通过实测获得。

$$P=\frac{\dfrac{T}{R+Y}\times Y}{A}$$

$$P=\frac{56.40}{0.224}$$

P＝251 人

乔木林地区的承载力

我们将在(1)生猪的数量最小时以及(2)生猪数量最大时这两种情况下,对其做出估算。

生猪数量最小时的承载力

(1)　$$P=\frac{\dfrac{T_{classIII}}{R+Y}\times Y}{A}$$

$$P=\frac{\dfrac{351\times0.857\times0.43}{14+1}\times1}{A}$$

a)　A＝0.142 英亩

$$P=\frac{\dfrac{129}{15}}{0.146}$$

P＝60 人

b)　　A＝0.194 人

$$P=\frac{\frac{129}{15}}{0.194}$$

295　　　　P＝44 人 ．

生猪数量最大时的承载力

A＝0.224 英亩

$$P=\frac{\frac{129}{15}}{0.224}$$

P＝38 人

生猪承载力估算

如在计算人口数时一样,我们会分别估算:(1)在我田野工作期间,人们的耕作面积和次生林地区,(2)被认为是可耕地的乔木林地区。我们只考虑所驯养生猪的食物需求。不试图估算放牧地动物的需求。

耕种面积和次生林地区的生猪承载力

我们可采用两种方法来作相互验证:(1)算出能承载的超出1962 年最大数值的生猪数量,将它与最大值相加,以及(2)算出此地能承载的高于最小值的生猪数量,将它与最小值相加。

计算增加到最大数量时的生猪承载力

我们可用以下的公式(9):

（9）　　　　　　　　　　　　$Pp = Nm + Na$

其中：

Pp＝将人口数当作常数时（见图表 1 中按性别—年龄类别分布的 204 人）的生猪承载力

Nm＝普查得出的生猪最大规模（169 头猪，平均尺寸为 3.8，或 120 磅至 150 磅）

Na＝不缩短休耕期或开垦原始林情况下可饲养的额外生猪。Na 的值可由以下等式求出：

（10）　　　　　　　　　　　　$Na = \dfrac{T - Gl}{K}$　　　　　296

T＝在不缩短休耕期或开垦原始林情况下，每年可用于耕作的 Ⅰ 类土地或等价 Ⅰ 类土地总量；

$$T = \frac{TClass\,Ⅰ + (TClass\,Ⅱ \times 0.926 \times 0.6)}{R + Y} \times Y$$

G1＝生猪规模最大时，人们所耕作的 Ⅰ 类土地或等价 Ⅰ 类土地总面积。通过实地测量 1962 年的所有种植园得出该数值；

K＝饲养超出最小规模生猪数目之外的每头 120 磅至 150 磅重的猪所需要的土地量；K 的值为 0.15 英亩（参见第 3 章第 62 页）

这些等式可代入公式（9）中的未知数。

$$Pp = Nm + Na$$

$$Pp = Nm + \frac{T - Gl}{K}$$

$$Pp = Nm + \frac{\dfrac{TClass\,Ⅰ + (TClass\,Ⅱ \times 0.926 \times 0.6)}{R + Y} \times Y - [GClass\,Ⅰ + (GClass\,Ⅱ \times 0.926)]}{K}$$

$$Pp=169+\cfrac{\cfrac{650+(352\times0.926)}{(14+1)}\times1-(27.84+17.91)}{0.15}$$

$$Pp=169+\frac{56.40-45.75}{0.15}$$

$$Pp=169+71$$

Pp＝均重为 120 磅至 150 磅的 240 头生猪

计算增加到最小数量时的生猪承载力

我们用以下公式来进行计算：

(11) $$Pp=\frac{Ns}{2}+Nb$$

297　其中：

Pp＝将人口数当作常数时（见图表 1 中按性别-年龄类别分
布的 204 人）的生猪承载力。

Ns＝组成生猪最小值的均重为 60 磅至 75 磅的生猪数量
（1963 年 11 月）。

2＝一个校正因子，将生猪数量最少时生猪的均重（60 磅—75
磅）转换为生猪数量最大时的均重（120 磅—150 磅）。

Nb＝不缩短休耕期或开垦原始林情况下可饲养的、体重为
120 磅至 150 磅的额外生猪。Nb 的值可由以下等式求出：

(12) $$Nb=\frac{T-Gs}{K}$$

其中：

T 和 K 的取值与公式（10）一样。Gs 代表生猪数量最少时，
人们所耕作的Ⅰ类土地或等价Ⅰ类土地的总面积。Gs 的三个值
已被算出。计算中将用到两个极值：28.87 英亩和 39.61 英亩。

a）Gs＝39.61 英亩

$$Pp = \frac{Ns}{2} + \frac{T-Gs}{K}$$

$$Pp = \frac{60}{2} + \frac{56.40-39.61}{0.15}$$

Pp＝均重为 120 磅至 150 磅重的 142 头猪。

b）Gs＝28.87 英亩

$$Pp = \frac{60}{2} + \frac{56.40-28.87}{0.15}$$

Pp＝均重为 120 磅至 150 磅的 214 头猪。

乔木林地区的生猪承载力

我们仅会用到公式（11）。不过，我们必须得调整 Gs 的值。通过解出以下比式中 x 的值，我们可完成此调整。

（13）　　　　　　　Gl：Gh＝Ns：X

其中：

Gl＝在不缩短休耕期的情况下，能一次性被耕作的 I 类与 II
　　类土地最大数量，该数值被确定为 56.40 英亩（参见 293
　　页）。

Gh＝在保证 35 年休耕期前提下，能一次性被耕作的 III 类土
　　地最大数量，该数值已被确定为 8.6 英亩；

Ns＝均重为 60 磅至 75 磅的生猪规模最小数量（1963 年 10
　　月）。通过普查得出该数值为 60。

　　56.40：8.6＝60：X

　　X＝9.1

公式中各变量的值都已被确定

(11) $$Pp = \frac{Ns}{2} + Nb$$

$$Pp = \frac{9.1}{2} + \frac{8.6}{0.15}$$

Pp = 均重为 120 磅至 150 磅的 62 头猪

后记，1984

引言

第一节　作为庸俗唯物主义的生态学

第二节　经济主义、生态主义与逻各斯

第三节　生态原则与当地人的理解

第四节　生态拜物主义、生态学解释与生态学问题

第五节　关于认知模型的进一步讨论

第六节　功能和描述

第七节　生态学和系统理性

第八节　谬误、目的因与形式因

第九节　系统分析

第十节　单元及其隐含之意

第十一节　负反馈

第十二节　仪式：被调控亦或调控？

第十三节　转换

第十四节　人类学中的客观原则与主观原则

第十五节　生态学解释

附录 11(1984)《献给祖先的猪》中的营养

引　言

　　澄清以往一些评论中的批评，坚持那些值得保留的观点，是我写作这篇后记的目的之一。在之前出版的一些文章中，我已经对一些评论进行了回应。因这些回应十分关键，故此我将此前的讨论并入本书扩充版。其中我扩展了之前的辩驳，讨论了更广范围内的一些议题，回应了更多的批评者。对那些提出了意见而我却没有对其回应的严肃评论人，在此我致以歉意。尽管本后记篇幅很长，但它依然不可能面面俱到。

　　写作这篇后记的第二个原因，事实上更为重要。若可能，我想借此机会对评论家们所提出的或对他们批评回应中所蕴含的一些重要议题，进行更深一步的讨论。其中有些议题源自这本民族志的细节描述，因而要求我用民族志细节来回答，但我更为关注普遍问题而非民族志详情，而我也正是根据普遍问题来组织这篇后记的。

　　我不打算在这篇后记中更正或更新民族志描述。1981 年 10月到 1982 年 8 月，我重访了僧巴珈，根据这次访问的情况，我将对民族志进行一些更正。自从我于 1962—1963 年第一次访问该地区（与此同时，A. P. 韦达，雪莉·洛曼-韦达，安·拉帕波特以及艾莉森和马雷克·贾布兰克也在此做研究），迄今已经有四位人类学家（乔治·宾德，克里斯多夫·希利，爱德华·李·彪马以及尼

尔·麦克莱恩),三位地理学家(威廉·克拉克,赫胥黎·曼纳以 302
及约翰·斯特里特)和研究比较法的一名学生(罗宾·麦肯齐)在
马林地区做过研究。尽管学者们给出的阐释有些不同,但我们在
民族志上并没有重要差异。

乍看之下,这部分后记所遵从的编排逻辑并不那么明显。从
围绕人类学普遍采用的生态学方法之特点开始,我对具有一般性
质的议题展开讨论,之后转入更详尽的方法与技术问题。在此过
程中,我同时考虑了共时性功能表述与适应系统解释。在最后两
个节段中,我最终又返回讨论一些具有广泛普遍性的议题。

更详细地说,在第一节里我回应了人类学生态方法是一种粗
俗唯物主义形式的指控,由这一讨论导向筑基于对赫拉克利特现
代解读的第二节内容,即区分经济模式与生态模式。第三节讨论
当地人的理解(native understandings)与生态原则的关系,之后进
入第四节对"生态拜物主义"以及生态模式是否是解释亦或是"问
题群"的讨论。第五节处理认知模式和操作模式的关系。在第六
节到第九节中,我对那些我认为被人们误解了的功能主义之诸多
方面展开了讨论。第六节关注的是功能与描述,第七节讨论系统
作为一个整体而非系统内含的项目或因素之功能或适应特征的评
判标准。第八节探究经常被谬误地集总为"功能"的形式因与终极
因模式之差别。在第九节中,我认为系统分析是功能模式的改进,
并审查了系统模式的一些问题,这包括《献给祖先的猪》中讨论过
的度量问题和量化数据的一些问题。(由于其特殊性质,我没有把
有关营养方面的批评回应放在后记主体中,而将它作为附录 11 摆
放于后)。第十节聚焦于分析单元,第十一节和十二节讨论负反馈

概念以及它在《献给祖先的猪》中的位置。第十三节向读者提供了我曾在别处详述过的一个简略版适应模式解释。第十四节处理从之前有关本土模式和分析模式之关系的讨论而提出的更大议题——人类学研究中有竞争性的主观视角与客观视角。第十五节关注发展一种比目前大家赞同的方式更综合的"理解结构"之可能性。

　　鉴于我试图处理的议题与批评之多样性，以及与众不同的、或许有些不一致的陈述方式，大多数读者在这篇后记中肯定会发现一些他们不赞同的地方。在此后记与原文并置后不久，毫无疑问，我在其中也发现了不少问题。好在这仅是我们构建对自身以及我们处于其中的系统之理解的、持续不断进程中的某一时刻而已。

第一节　作为庸俗唯物主义的生态学

　　"韦达、拉帕波特和其他人的生态人类学"被描述为一种"庸俗唯物主义"形式（弗里德曼，1974：444），由此开始来展开讨论大有裨益。若庸俗唯物主义这个术语只不过带有轻蔑意义而已的话，那么我们完全没有必要加以关注。然而，对其回应能为我们提供一个机会，去概括地阐述一下社会形态与技术和环境之间的关系，并对比生态模式和经济模式。弗里德曼以下所说的庸俗唯物主义确实具有技术层面的意义：

　　　　庸俗唯物主义、机械唯物主义和经济主义是马克思所摒弃的简单唯物主义，它们把社会形态想象成仅仅是技术和环境或通过直接因果关系，或通过使得制度成为社会最优化选择之结果的经济理性而产生的附带现象。这种方法催生了萨林斯所称的"新唯物主义"（1969：30）形式：新功能生态学和文化唯物主义，这两者都内嵌于功能主义者－经验主义者的思想观念中，是大多数美国社会科学的特性。（1974：456—457）

　　这一定义或描述有两个方面值得评议。首先，"社会形态仅是技术和环境的附带现象"存在问题。使用"附带现象"这一术语，貌
似隐含了以下意思：社会形态由环境与技术互动所导致，或（也许

是作为某种副产品)在环境和技术互动中产生。如果这是庸俗唯物主义的评判标准,那么《献给祖先的猪》就不是庸俗唯物主义的,因为它没有试图解释它所关注的社会形态的出现。除非在个别句子中(p.231,上文),它注意到不同高地民族的仪式实践具有很高的相似性,认为它们的不同之处可能源自"群落生态环境的不同"。韦达和我在早期的一篇文章中(1967)沿袭了这一简洁看法,在那篇文章中我们(简单)认为,文化(根据自身的约束条件)生成多种形式,环境通常以与自然选择在生物群落中运作的相似方式,从其中进行选择。我承认这一陈述含糊不清,几乎没有什么独创性,它对文化与环境的关系尤其是人类社会形态的进化或"出现"、以人类为中心的生态系统、甚至人类本身所具有的互为因果与制约过程,没有给出充分解释。我仅在此认为,它是一种不把社会形态只看作是技术与环境副产品的解释。我相信,这种解释是大部分生态学观点导向的人类学家所赞成的,尽管没有几位人类学家会把它当成社会文化进化的一种适当描述。它没有照这样出现。大部分生态人类学家也认识到社会内部辩证过程在社会形态转变中的重要性。值得注意的是,与该批评相伴随的,是弗里德曼十分相似的一个建议——环境,在某种程度上,从那些确实发生过的结构的可能转变范围中进行选择。在我看来,他那融合了结构主义与马克思主义而提出的崭新洞见,与我们源于更为古老的进化论观点,并没有本质上的不同。他强调结构转换——这在我们的论述中较为含糊——是很有用的一个阐释,但也仅此而已,因为结构转变蕴涵于任一进化序列中。若无转化,则无进化。

在此我转向弗里德曼所提出的第二点批评。他认为,把经济理性当作因果联系，从而使制度成为社会最佳化之结果的看法，是庸俗唯物主义者的观点。这一指控由于术语的含糊不清而难于应对。理性意味着——若不是蕴含的话——意识、目的与审慎。经济理性暗指那些有机会在多种方案中进行选择的人，依据期望中每种方式所能获益的不同而作的有意识的、审慎的思考。人们通常认为，经济理性的目标是高度细化的。人们通常还认为，经济理性的目的就是使这些细化目标达到最大值，不管其具体为何。经济理性本质上是竞争性的、个体化的。

当然，《献给祖先的猪》这本书的确认为，人们的行为可被适当地描述为经济行为。人们就猪的处置做出个人选择；我认为，妇女评估自己后背疼痛的程度，而与其丈夫的目标不相一致；人们必须在两个方面之间进行权衡：一方面是养猪所付出的劳动和猪侵入园子后带来的麻烦，另一方面是他们给盟友猪肉后对方的满足感等等。这些考量或其他考量是否被理性地权衡无须我们关注。然而，与班尼特（1976：185—186，206）和伯格曼（1975：7）的批评相反，该评论的一个主要观点就是，马林人的仪式调控无疑不能被理解为各个体采取经济行为之后果，或在所有细节中它都与各个体的经济目标相容。事实上，马林人的仪式周期反对或约束了个体甚至于所有群体的经济政治目标。在许多情况下，它诱导人们在相对他人（vis-à-vis others）时，按照最大化其状态的相反方式行事。《献给祖先的猪》从始至终都暗含着此观点，但我至少在一个段落（239 页）中明确过这一观点，最终在其他论文中（凯利和拉帕波特，1975）还对它进行了详细论述。

我认为，马林人的仪式调控通常与社会群体和生态系统的要 307

求相一致。(若不是马林人对自然的理解并不明确地以生态术语编码这一事实的话)人们将其归为生态理性或许更贴切。"生态理性"(我们能观察到它在某些个体身上存在)不仅是经济理性在环境领域的延伸,它还整合了系统存在的原理,个体行动者参与其中,决定了其持续存在。就这点而言,它与那些关注与系统相对的单独行动者直接利益与个体利益最大化的理性相对立。

第二节　经济主义、生态主义与逻各斯

鉴于马歇尔·萨林斯认为经济理性与生态理性具有亲缘关系（1976：84 页及以下诸页），在此强调两者的差别对我们尤为重要。萨林斯认为，以上两者都是"实践理性"的变体，在被沿用至人类学的理解尝试时，它们使得人们所研究的目标脱去了其独特的文化特质。"两者都"，他提出："……将有意义的内容转化为功能事实"（88 页），成为萨特所使用的、构成了"庸俗马克思主义"的一种处理形式。这种批评并非萨林斯所独有。它可能是对生态学模式最具有影响力的观点，对"唯物论者"与"诠释派"或"象征派"阵营之间那令人不愉快的两极化领地之形成功不可没。稍后我们将对此加以讨论。在上一节中我提出，经济理性是行动者导向的，而生态逻辑却并非如此。我们必须探究这种差别的深层蕴涵。

在我看来，经济理性与生态逻辑的关系，类似于赫拉克利特（Heraclitus）思想（或我们所知道的他的思想；赫拉克利特的思想仅在后人作品中零散残留，参见 Kirk，1954）中审慎理念（*idia phronesis*）与逻各斯（*logos*）的关系，或者甚至就是其当代表述。

我将生态秩序和逻各斯这一术语联系在一起。在赫拉克利特所在的时代，逻各斯一词意指"事物之间的理性关系"，已获得了"秩序和衡量的一般意义"（克莱因克内希特（Kleinknecht），1967： 78）。秩序一词蕴含某种统一，在海德格尔（Heidegger，1959：127

页及下页)看来,所有"自在之物(things that are)"的"统一性(to-getherness)"是赫拉克利特概念的基础,正如整体论之于生态学思想。在阅读赫拉克利特的残篇 114 时,海德格尔使用了极端词汇来表现这种"统一性"的特性:"将试图分离的东西统一在一起的原始单元"。在他对残篇 1、2、50 和 114 的总结性讨论中,柯克(G. S. Kirk)表示了赞同(1954:32)。"逻各斯的首要内容是一切事物都为一体",海德格尔也注意到,持久性和忍耐性也是逻各斯的基础,正如那因"一切皆流,无物常驻"格言而被铭记的哲学家所设想的那样。克莱因克内希特对此意见一致:"这是超验的、恒久的秩序,而永恒变化正产生于其中"(1967:81)。在赫拉克利特之后的几个世纪里,逻各斯变得更为明确:"用来指涉世界有序性,目的定向性的一个术语……。创造世界,也就是命令和组构世界的原则……。这个世界是逻各斯的伟大支撑物"。(Kleinknecht,1967:81 页及下页)

逻各斯也具有真实(*alethia*)品质。从词源学上讲,表示"无蔽"(non-concealment)(Bultmann,1967:238),但通常被解释为"真理"(truth)——并不是那些与事物现存状态相一致的一些表述所具有的真理,而是那些事物状态本身这一简单事实:不是言辞而是事物的真理,它"以其真实状况来透露自身……保持事物完全的或真实的状态,而非各种各样的表述"。它的反义词是伪冒(*pseudos*),"欺瞒"和"意见(*doxa*)"。后者,在布尔特曼看来,被理解为"显象"(appearance)或"单纯的意见"(mere opinion)。真实(*alethia*)概念被当作"事物的真相"理解时,它与"自然"(*physis*)联系相当紧密。柯克在大量的讨论之后,认为自然掌控着"某一事物或分开的一些事物的真实组构"(1954：230)。

总的来说，在赫拉克利特及其追随者的思想中，逻各斯指定了宇宙诞生、排列、统一与维持的原则，甚至于宇宙自身的排列、统一与演变原则。不管在随后的思想，尤其是神学思想中这一术语所赋予的意义如何，在赫拉克利特那里，逻各斯表示的"既不是意义，也不是言辞，也不是教义"(Heidegger，1959：128)，而是将包含了意义的世界和它们为之而有意义的世界结合在一起的一种秩序。当代生态学思想也设想了一个统一的自然界。人类不仅在其中占有一席之地，而且人类所制造出来的意义具有定序或使之无序化的权力。

在赫拉克利特时代，人们认为"同一种逻各斯构成了宇宙与人类两者的本质"。因此，逻各斯是使"人与世界、人与人之间相互理解"(Kleinknecht，1967：81)成为可能的普遍原则。之后，"人类独有的逻各斯……是一般逻各斯的一部分……它实现了人类的意识"被明确表述出来(1967：85)。就这点而论，它"不只是被当作理论上的东西来看待。它被声称为人类，决定了人的真实生活和行为。逻各斯因此是一种规范。"(1967：81)

尽管逻各斯是一种自然秩序，但很显然，它本身具备不可或缺的社会成分。它"构成了形式"，并将遵循这些形式的东西吸收进"一个大宇宙"中，由此使它们互相关联（克莱因克内希特，1967：85)。它还可以被共享。柯克(1954：32)写道，"万物循此而成的逻各斯，在两重意义上是'普遍的'：它是广泛存在的，它能平等地被万物所理解。"此后各世纪，逻各斯被看作"社会中所有生灵的本质"，其自身成为"苏格拉底和柏拉图政治学中的决定性要点"

310

(Kleinknecht,1967:83)。

　　由赫拉克利特时代及之后世纪里发展而来的普遍概念逻各斯,是一个统一的自然秩序,由两方面组成:一方面是人类无法掌控的气候、地壳构造与生物进程,另一方面是在与宇宙其他部分处于动态的、变动的、紧张的甚至暴力的和谐关系中使社会建构得以产生的人类思想和行为。在剥离其可能的神秘主义之后,这一陈述的整体论也是我归之于生态学思想的特征。

　　在赫拉克利特派的概念中,人类承负着实现逻各斯这独特而庄严的责任。只有在人类(humanity)中,据人们现在所知来看,也仅在人类中,逻各斯能到达意识。人类因此是世界思考自身的唯一途径。"遵循逻各斯"是用世界的一部分来代表整体世界,以进行思考。

311　　　然而,在赫拉克利特看来,能遵循逻各斯的人寥寥无几。首先,尽管逻各斯没有超出人类的智力,但它不能由随机观察而获得。按照海德格尔(1959:191)的说法,其和谐性隐藏在世界表层的矛盾、失序与紧张之下或之上,只能通过对作品的意义(sense of *ergon*)进行努力挖掘或工作才能得出,而作品是"揭示在场之物真相的创作物"。他列举了如下例子:思想与诗歌中的语言;寺庙和雕塑中的岩石;城邦(*polis*),在此得纳入仪式或礼拜仪式(liturgy),而后者是从"人类作品"(*laos ergon*)附带性派生出来的一个术语。

　　另一方面,人类可能被其他思想形式所误导:"……有必要遵循常识[普遍的,可被众生所理解的,可共享的],尽管逻各斯是普遍的,许多人却依据各自的理解而生活"(柯克,1954:57)。

　　这种对个人理解的蔑视性暗指表明赫拉克利特彻底区分了"与圣洁同类的人类智慧"和"聪明的其他形式"。人类智慧"更为重要……因为只有在拥有它时，人才能充分地将自己融合进自身作为其中一部分的有序世界"（Kirk，1954：385）。聪明的其他形式则组成了"个人理解"。个人理解栖身于有差异个体的普通意识中，在与其他个体意识的常识有距离的知识当中发展，并在逻各斯及其理解之间设下了屏障：伪冒（*pseudos*），观点（*doxa*）与审慎理念（*idia phronesis*）。作为显象（appearance），观点可能会生成曲解；作为意见（opinion），它有可能庇护错误及其捍卫。欺瞒、错误和曲解可能会生成违背了逻各斯、若不对世界造成破坏则无以维持的那些秩序的设想与建立。生态学导向的人类学要处理的最重要实质性问题很可能就是自然秩序与人类理解间的不一致性。

　　人们极难——几乎不可能——避免观点，因为，正如赫拉克利特所知道的（柯克，1954：65），哪怕是反对其他断言的逻各斯断言，本身也无非是观点而已。

312

　　审慎理念（idia phronesis）是"实用的智慧"，是"个体的审慎"，是"个人利益的逻辑"*，个体在分离状态中，其思想关注如何使自身相对于他人的所处位置最大化。很显然，实践智慧和经济理性存在着相似性，甚至于一致性。遵循逻各斯意味着，为了世界的利益而把自己当作为世界的一部分来思考、行动，但被实践智慧引导，则意味着为对抗世界而思考、行动。遵循逻各斯，是为了增强世界的团结一致，而根据审慎理念行动则趋于扰乱这个世界。因为这个世界首先被打破，然后由于个体利益至上而被消融。随着专门利益因劳动分工的精细化而分化，技术具备越来越多的力量，金钱侵入更多的生活领地,知识本身碎片化,个人利益至上甚至于更具破坏性。世界状况不言自明。若果如萨林斯所言,经济理性和生态逻辑都是实践理性的形式,那它们则是有着迥然不同物质、社会与道德后果的、截然不同的形式。此外,对于生态人类学的个体决策模型应用而言,二者之间的对比尚有深意。我们将在第 10 节中返回,对此展开讨论。

　　* 基斯·哈特(Keith Hart)提出了这些注释。

第三节 生态原则与当地人的理解

马林人仪式周期中所表现的马林人观念与生态原则相一致这一点，构成了《献给祖先的猪》中所提供诠释的重要部分。而本书的缺陷在于并没有解释这套仪礼秩序的宗教逻辑与生态系统以及其他要求之间的一致性。好几个评论家都注意到了这一弱点。例如，伯纳姆（Burnham，1979：198）在稍后的一部作品中认为："拉帕波特仅仅告诉了我们，至少在初级社会，我们可以信任行动者们的生态智慧"。

我不能从历史的角度来解释编码于马林人仪礼秩序中的理解力（understandings）或它所规定的行为与马林生态系统要求之间的一致性。在回应詹姆斯·G. 皮普尔斯（James G. Peoples，1982：304）对该仪式周期的社会学再诠释时，我确实对《献给祖先的猪》中所提出的观点略微作了一些阐述，在之前我也曾略有提及，即马林人的仪礼秩序与其理解力，与斯阿讷人（Siane，Salisbury，1965）、库玛人（Kuma，Reay，1959）、述日比人（Daribi，Wagner，1972）及其他人群的仪礼秩序一样，可能是广泛流传于中央高地——这可能包括布格拉更德钦布人（Chimbu *Bugla Gende*，Brookfield and Brown，1963），摩卡梅特尔帕人（Metlpa *Moka*，Strathern，1971），特恩珈人（Enga *Te*，Meggitt，1965）——的认知模式族中的一支。我进一步认为（1982），这些仪礼通过适应性的辐射进程而分异。为适应不同的环境状况，其结构、功能、内容与宇宙观都经历了迥然有别的嬗变。我并不自认为这样一个普通的、概要性的主张能充分满足人们期盼某个特别解释之要求。我只不过将它当作一个调查研究的路线建议提出来而已。然而，不光针对特定的马林人案例，同时还针对普遍意义上当地人的理解与生态原则之关系，我们还有很多问题可资讨论。

逻各斯、仪礼与圣洁

在马林人那里，伯纳姆所提到的许多"生态智慧"都是历代园艺家通过实干发展积累下来的世俗知识总量中的一部分，就其本身而言并不神秘。但是，生产的综合治理被编码于仪式周期中，在此我们有必要谈及仪式在这一方面的特殊能力。在《献给祖先的猪》中（236 页），我提到过这一观点，即在执掌权力的独立权威阙如的情况下，圣化习俗可以确保人们遵从习俗。在之后出版的文章中，我对此观点又做了详细阐述（1971c，1971d，1979d，1979e）。圣洁是权力的"功能性等价物"（也就是说，人们会出于多种原因而顺从权威，权威可能是强大威武的、或有说服力的、或被神圣化的）。我进一步认为（1979c），我所定义的"圣洁"，即"在本性上被假定为全然无谬的且客观上无法验证的、被会众归之于不容置疑的品质"，是仪式之所是的形式结果（a product of the *form which is* ritual）。根据事实本身来看（ipso facto），将习俗编码于仪式周期中就是为了圣化它们——为其赋予合法性。因为仪式的古老毋庸置疑，因为仪式展演不必然要求独立的人类权威在场甚或是存在,由此似乎我们有理由认为,仪式是人类确立习俗的根本手段,因而也是人类在其内部群体之间以及群体与其环境之间建立和维持秩序的原初基础。

在第二部分,我提出广义设想的生态秩序与赫拉克利特所构想的逻各斯概念存在着相似、关联甚至于一致性。在此我补充认为,逻各斯与仪礼之间也有显而易见的类同性。我将仪式定义为"不被表演者所编码的、或多或少按照固定序列进行的正式行为与话语之展演(1979d:175)"。我曾撰文指出(1979d),仪式或者说仪礼秩序确立了理法(Logoi);因为从定义来看,参与者在展演仪式时依照,也就是说"遵从"了仪式的秩序。在其展演中,编码于内的秩序——仪式所规定的一套习俗——得以实现。不仅于此,它还通过表演者的呼吸和身体被赋予了生命与声音。参加者成了他们参与其中的秩序中的一部分。就参与者与其参加的、呈现于秩序中的习俗两者之间的关系而言,我们很难说参与者将习俗当作神圣之物加以接受亦或圣化了这些习俗,因为在成为该秩序的一部分时,参与者们意识到自身已经与秩序融为一体(unified)。我业已提出,神圣的本质在于其不容置疑这一普遍性特点,而这一特点又包括了更多特性:真实性、仪礼性、道德性以及合法性。不管参与者是否遵循他们亲身参与展演的仪式所圣化的习俗规则,这些规则都对他们具有约束力。对于表演者而言,不服从不仅只是中性的没有遵从规范。这更是对他们已经接受的、有责任去兑现的神圣条款的侵害或违背。违反此种职责是悖理逆天的行为。援引克莱因克内希特根据古希腊逻各斯概念而来的术语来说,表演者与他参与其中赋予仪式展演以活力的习俗之间的关系,不再止

315

于一种"理论上的理解"。表演者成其部分的那种秩序还对展演者提出"要求"。这些要求总是道德意味的,有时深具合法性且充满情感。

神圣化了的理解之适应性

曾存在这样一种解读,即参与者与仪礼秩序中组织起来的规则与传统理解之间的关系,不同于现代人与依照偏好和利益观念(经济理性)原则组构的、由科学实用知识组成的世俗的认知模式之间的关系。但是后者似乎更具相对性、实用性与灵活性,前者似乎——若恒定性是仪式形态的本质,神圣性是它所代表的习俗之本质的话——是绝对的、不可改变的。照此而论,它就无法胜任我试图解释的马林人仪式周期细节发展中所表现出来的那种适应性。毫无疑问存在这种状况,仪礼秩序有时候会抗拒其会众深感需紧急进行的、有时候依客观标准的评判来看也是至关紧要的一些转变。面对针对其权威基石的普遍蔑视、倒戈与挑战,天主教反对节育的立场可能算得上是一个例子。不过,我在其他著述中曾指出,尽管仪礼秩序受制于此种困难,但这些烦恼并不来自于圣洁本身。毋宁说,它们是在与圣洁的关系尤其是规则的特异性与其被赋予的圣洁程度之间的关系出现了无序现象所导致的结果。对具有高度特异性的规则赋予高度神圣性,即"过度神圣化"(over-sanctification),减弱了系统的灵活性。(见 Rappaport,1971d,1976,1978b,1978a,1979a)。

以编码于马林人仪式中的理解为例证,我认为仪礼组构的"认知模式"不仅是规则的聚合或堆积,它们还是依照包括神圣性与突变性在内的许多维度按层级排序的一整套理解(1979b)。在此我只能给出简要阐述。

编码于马林人仪礼中的理解之最高点是有关于神灵存在的一些设定。这些理解极度神圣,通常没有经验性的指称对象,事实上被人们当作不可怀疑的、不可改变的、在某种意义上永恒的东西加以接受。在第二个层面上,宇宙结构在一系列公理中得以阐述,经由或通过这些公理,在最高层次上所假定的神灵们在适用于两者的一套抽象的结构对立中与物质世界和社会世界里的元素与关系相连接:红精灵是火热的、坚硬的、干燥而强大的,男人们也是如此;低地精灵冰冷、柔软、湿润、多产,女人们亦然。而这些关系在第三层面的理解中被具象化、特殊化。第三层面的理解,是依照第二层面公理所表达的宇宙结构来判断人们的行为是否适当得体的一些规则与禁忌。也就是说,这些规则在行为上实现或证实了不言自明的、抽象的宇宙结构。相对于普遍性,即"较高层秩序"的原则具有更广的普遍性而言,这一层面又可根据特殊性程度区分出两个或多个亚层面。马林人仪式中的第四层理解由日常生活世界中普遍存在的物质与社会状态的标志物组成。这些标志物在仪式中得以表达(或事实上被引发),被翻译成宇宙论术语(举例来说,一群寄生状态下的生猪变成了"可用来回报祖先的足量生猪"),从而激发人们采取行动(让规则发挥作用)。日常生活世界的世俗知识构成了第五层理解,它们大部分都外在于仪式。正是在这一层面上,人们发展出了最为详尽精致的分类系统。也正是在这里,园艺、养猪、狩猎、采集以及诸如此类的实用性专业知识得以发展。

　　尽管立于最高点的设定极度神圣,因而不可更改,较低层面的理解本身却并不圣洁,仅通过与终极神圣相连而被圣化。照此来看,它们或多或少是可以改变的。费边(Febian,1982)在为我的《生态、意义与宗教》所作的书评中,严重误解了我对终极神圣与仅被神圣化所进行的区分。例如,马林人对世界万物加以二元区别的宇宙公理,尽管极度抗拒本质上的改变,却能通过增加或改变组构了一套对立品质的要素,或通过应用于日常生活世界中的新要素来加以调整或阐述。在不挑战终极神圣的设定下,宇宙公理的这种变化得以完成。与此类似,在行动上落实宇宙公理原则也可以在不改变人们的行动为其提供了实质内容的任何宇宙公理的情况下达成。我在《献给祖先的猪》中指出,人们改变了原则。在这种情况下,高层级的秩序规则或原理,即人们在发起新战事之前,必须在最后一轮战斗中答谢祖先们所给予的帮助,被保留下来,而指定人们如何去偿还这种债务的低层级秩序规则却可以被更改。我认为,在历史与人口状况发生变化的情况下,这种变化也随之发生。较之赋予其合理性的较高层级理解以及可能为其神圣之源的最高层级理解,低层级的理解对世俗环境的变化感受更为灵敏迅速。正如在充分现代化社会的成员中一样,外在于仪礼、处于第五层级的世俗知识在马林人中也是实用的、经验性的、未神圣化的,且愿意接受变化的。

318

　　因此,依照仪礼组织起来的认知模式所组建的理解等级制,是一个有关神圣性、易变性、具体性和特殊性的层级系统。它们也具有瞬时性特点,由终极神圣假定奔向当时情境下的指示物那些变动不居的阈值。我认为,在这圣洁性与其他品质的连续体中存在着一种适应能力——系统一方面能保持其连续性,同时又能根据周边环境的变化来改变自身。在第十三节中我们将再次讨论此议题。

尽管在我看来,仪礼秩序与它们所组织和保持的认知模式为了发挥适当作用,具有适应能力。但我并不认为仪式周期或其他形式的仪礼秩序,必然就代表着赫拉克利特意义上或我所使用的(若它们有任何不同的话)逻各斯。镶嵌编码于仪礼秩序中的习俗难得或极少是——如西方科学所陈述的那样——被精确认知的生态原则,因而毋需与这些原则相一致。人们甚至预期,做出普世判断的这种宗教理解,可能会从任一特定的生态体系中分离出来,与生态原则相冲突。尽管仪礼圣化了任意已镶嵌于其中的习俗,仪式的展演必须与这些习俗相符,但我们却无法保证这些习俗会与生态原则相一致。两者之间契合或背离的程度,很大程度上取决于仪礼秩序所表征的、外在于它们的诸种要素。

部落社会的理解之环境

我业已指出,我没有、也无法对马林人仪式周期中所表现出"生态智慧"如何被奉为神圣做出历史解释(毕竟,《献给祖先的猪》319这部民族志立足于我田野调查时期所发生的事情以及当时生活于此的资讯人的回忆)。然而,虑及马林人的生活,尤其是其生存方式的特殊性,我们可以理所当然地认为,环境关系,如同社会关系与政治关系一样,在其仪礼秩序展演过程中被呈现、调节与转换,或者说仪式周期的运作与生态原则相容。

确实有此种情况:有些部落社会严重破坏了他们凭借依靠的

环境,而有些部落仅因其人口密度低(Clarke,1982:301),其劳动器具缺乏功率(尽管我们应该知道,哪怕使用斧子和大火也可造成大破坏)才没有造成此种状况。然而,我们似乎无需援用"原始人"那已失的智慧就可看出,就部落社会成员与其环境的关系而言,前者是鼓励那些有利于生态环保的有效思考与实践的。家户是这里主要的生产单位。家户内部的基本劳动分工,具有显而易见的特殊重要作用(见 Sahlins,1972)。园艺社会中,几乎每个人都直接从事植物栽培。在此情形下,从生态观点来看合理的那些实践就接近于与构成可靠耕种业的实践相一致。环境恶化的迹象有可能很快被可采取某些行动、并常有动机去采取行动的人们所觉察。因为这些人知道,环境恶化很可能意味着投入更多劳动才能获取同等的收获回报[在火耕地被弃后灌木丛被野草取代后的强化劳动即为一例(Boserup,1965;clarke,1966)]。当然,人们并不总是能改善这种趋势。刀耕火种之地常会出现因人口增长而缩短休耕期而产生的恶果。马林人栖居的吉米山谷中,大部分原始森林就已被野草取代。克拉克(Clarke,1982:301)指出,若人口密度变得相当之高,那么仪式周期也不能保护僧巴珈人或其他马林人避免相似的环境恶化,这个看法当然是正确的。我在《献给祖先的猪》中也提到了这一点(82 页及以下诸页)。

320 　　此外,其他因素也促进了部落耕作业的思维和实践与生态原则之间若非完全一致,但至少是亲近有加的密切关系。一方面,生产通常用于使用与交换而非攫取利润,意图提高产量以获取盈余的力量受限且薄弱(参见 Sahlins,1972,尤其是第二章和第三章)。另一方面,尽管部落社会中的关系因为利益冲突而被困扰的机会不会少于,甚至于会多于其他社会中的情状,但由于其内部相对一致,因而更具破坏性后果的特殊利益之间的冲突不会发生。

　　某些部落民族——马林人亦在其中——似乎能在直接、深入的参与过程中,意识到生态过程的周期性与网格状本质。(例如,马林人将生育与死亡联系在一起即基于以下认识:枯萎植物的腐烂能催生新作物的生长)。部落植物栽培者的此种认知可能特别强烈,即他们必须经营好自己所倚重的脆弱生态系统。换句话说,他们是以人类为中心的生态系统中的优势物种,是为鼓励或抑制其他物种之存在设定条件的物种。

意识、调控与决策

　　我们在此讨论以下问题:人们对生态系统与其他物质因素的觉察多大程度上融入到了马林人的管理运作中? 在何种范围内他们是有意为之或故意的? 约翰·班内特(John Bennett,1976)对此议题尤为关注。

　　　　罗伊·拉帕波特认为有一种通过习俗仪式来运行的操控机制……存在于那些相对孤立的部落群体中,但这些仪式的控制功能是意外获得的,还是群体为了能够操控而专门发展起来的,却并未可知。我们也不清楚该社会的成员是否会意识到仪式的生态控制功能。[62 页]

　　"控制",班内特作了说明,"若曾经有的话,也并不总是自动完

321 成的;该系统常常必须在认知上被对象化,能任意更改,或至少能做出此种努力。"其后,他提出:

> 拉帕波特似乎并没有认真考虑人类社会中流淌着的信息之本质,或意识到蓄意决策是人类事务反馈进程中的一部分——可能也是最重要的部分。他似乎想要将他的调控过程隐藏于人类话语与行动之相互作用之下的某些层次,拒绝承认,在大部分情况下,直接的方式才会使事情有所进展。[第206页]

我将在之后的章节对调控展开更充分的讨论。此处的主要关注点是行动者对其行为后果的认知,以及我没有在一个终究是十分世俗的活动中考虑到人们有目的的决策行为。

> 拉帕波特是否认为,解决那些具有掠夺性的生猪这个实际问题,只能运用非直接的仪式交流方式? ……无论如何,它看起来也不是特别有效。[第206页]

班内特提出的问题十分重要。我可能对马林人事务中有意识的、实际的决策(见第10节)所扮演的角色强调不够。我没有想到,虽然它们部分地隐含于文本之中,但在解释过程中却并没有被读者们注意到。就实际的生存实践而言,关于园艺、造林、养猪和狩猎等方面的实用决策理所当然是自觉的、刻意为之的。文中没有哪个地方提出与此相反的任何观点。马林人是聪明的、务实的园艺者。他们就获取与喂养生猪花费了大量的时间与精力,对此有许多思考。

我所提供的解释也考虑到了人们在生猪处理方面的有意识决策。当马林人达成一致看法即生猪数量已经足以回报祖先时,人们就举行凯阔仪式,之后生猪数目大减。是否举行凯阔,其决定取决于经验主义考量——数目庞大的生猪所带来的负担——这种反应是理性的,除了产生别的结果以外(之前我已经提到过),还对生猪数量的减少产生了影响。虽然凯阔的各组成仪式按照固定秩序循序上演,尽管每一个仪式都要求人们屠杀生猪,但参与者需要就那些猪的处置做出决定(在什么时间、什么地点、屠宰哪几条生猪,奉献给哪些祖先,猪肉份额应分给哪些亲属等等),同时也要关注其他问题:在哪一个精确时间里举行某个特殊仪式、邀请哪些人以何种秩序参加凯阔、在裴弗场所男人们的名字应以何种顺序唱念、在某些情况下在哪里种植边界树桩等等。有时候凯阔的结论性决定也会涉及下一次战争的再次引发。

总而言之,马林人的生活实践、仪式行动以及社会关系中还有许多由有意识的决定做主的空间,我在《献给祖先的猪》中所提供的解释也不外乎于此。仪式周期并不是自动运行的。除了具有别的功能之外,它还为做出某种决定设置条件,或者换句话来说,它是关于各种决定得以遵循做出的、有关世界本质之设定的基点。在大部分文化中,这些设定并不为行动者所察觉。我们可以认为,较之不在仪式中出现,它们在仪式中的呈现将这些设定更充分地带到了人们的意识层面。这些设定通过使用包括了精灵、动物、植物以及——理所当然还包括了人类——本地仪式表演者和其他人等字眼,在"认知上客观化"了这个世界的一套仪式中表现出来。不仅如此,人类行动者有意识地不时修正掌控着这个系统的习俗,正如它们增加规则以保证运用可接受的方式来回报祖先时所做的那样。但这种修正很难说是任意为之的。它由人口变化所激发,与修正后系统的一般逻辑相符合。

仪式周期以相当刻板的方式规定了人们在某些约定情境下的行为(我将其称之为管控)。通过将其与波利尼西亚酋长的治理术相比较(220页及以下诸页),我提醒人们注意马林人仪礼秩序中的这一相对不变性,不过我提出,"正是这种不变性,使得仪式周期在规范自治的当地群体之间的关系,尤其是在战争方面,成为可能"(223页)。

此议题将我们引向班内特批评中所提出的另一个难点,那或许来自于他对仪式周期的误解。他认为,我所提供的解释似乎只不过表明,仪式周期的目的仅在于控制生猪数目而已。他在如下的文中认为:

　　　当然,少有人从理论上构思,对新几内亚人面对生猪所采取的行为进行解释。这种解释既不依靠人类行为中的动物类比,也不依靠仪式行为与自然现象中的微妙生态平衡状态展示。这些……人们似乎面临着一个常见的牲畜管理难题:在不受约束的空间以自然饲料来喂养生猪……。

　　　在户外喂养生猪的人们因此得处理一个周期性的问题:在不同时期因不同理由,养猪的成本超过了收益……。我们想象得出韦达、利兹和史密斯(1961)所描绘过的场景:美拉尼西亚人磋商决定是否需要控制猪群数量。但其他解决方案也会很快出现……。我们可以肯定,人们会有不止一个替代性的选择,仪式在这种情况下的确切作用因此必然是一个变量,而非一个常量。[185—186 页]

我们很难在此跟得上班纳特的思考。如果他是在说仪式周期仅是一种控制生猪数量的方法,一种处理"牲畜管理中的一个常见问题"的特殊文化方式,那么他就错误地解读了民族志。仪式也统辖着战争的频率,广泛地分发当地猪肉(顺便说一下,两者都显然在按照参与者的意思执行)等等。从另一方面来看,如果他是在认为仪式周期太过精致,因而难以解释控制生猪的需求——我认为这个论断更符合他对意识与选择的普遍偏爱,那么他是在抨击谁呢?我不仅同意,而且坚持认为,若有很多种方法的话,一定能有更好的方法来处理过量的生猪。我在原著中提到"更为敏感的控制系统,如我们在波利尼西亚所发现的那样,可能会避免马林地区显著变量的值出现大幅波动(例如:猪群规模与所耕种土地的数量)"(第 223 页)。然而仪式周期不仅仅是在控制生猪数量与大小。它是在用一种特殊方式进行着调控。这种方式也支配着群体之间的关系,正如我所指出的:"不过,需要强调的是,马林地区的这种波动本身具有极大价值,因为它们对于群体之间关系的调整而言至关重要"(第 223 页)。

有关意识、神秘化与目的更深一层的讨论将我们带回逻各斯与审慎理念、生态原则和经济理性议题。参与者都能感知到仪式周期的这种努力诸如神圣化的休战协定之缔结、生猪数量的减少和由此导致的耕种数量的减少以及在整个地区分发本地猪肉的社会效益等。然而，仪式周期的一般目的，是宇宙性的，实际上也是明确的：修补这个被战争搅乱了的世界。如果不能被全部，至少也能被部分参与者意识到的这个宏伟目标，包括我刚才所提到的一些效果，与其他事物诸如禁忌的废除一道，它们促成了世界的重新整合，或构成了这个被重新整合过的世界之方方面面。

然而，被这样一种目标所规定的行动，并不总是契合自我利益物质最大化理论的主张。对于处于弱势邻居之间的、人口众多而土地短缺的群体而言，遵守闰槟休战协定可能不利于他们获取直接的物质利益（第 239 页）。养猪多年，直到凯阔仪式要求奉献时才宰杀这些生猪而非在其长成后就屠宰、消费与更替，并不是我们通常所认为的理性经济行为。

如许多人类习俗一样，仪式周期不是简单个人主义的、物质意义上的节约机制。相反，它反对个人或小团体搞特殊化或者采取自私悭吝的行动。这可能是平权社会中仪式调控的普遍特点，但若情形果真如此，它将使我们忆起柏格森所说的宗教"防御社会使其免受人类智力消融"之特点。

巴布亚人与生态思维之互补性

雷·瓦格纳（Ray Wagner，1977）曾在一篇值得关注的论文中提到了一些新几内亚人以及其他部落民族的认知模式与生态原则的契合性或互补性。这篇论文十分复杂，我在此无法概括。雷·瓦格纳认为，环境已经成为"一种泛生物的'超级文化'，一种有机的'适于人类居住的部分'(ecumene)，其中所有可区分的部落、氏族和国家［也就是物种］都有其角色"(397页)。照此，它是一个"道德集体"，"接近于包括居住在巴布亚地区的部落民族世界观中展现出的符号论指向"(397页)。

运用自己在述日比人(Daribi,1972)中的调查材料，且间接提到锡安尼人(Siane)的宇宙观(Salisbury,1965)并虑及到马林人的宇宙观，瓦格纳提出，对于巴布亚人来说，"我们之所以倾向于称之为'人性'的东西"，其实质就是"社会关系"。这是"生命的真正基础"，但并非我们这一物种所独有，它通常弥漫于整个世界，栖居于此世界的各生命间之社会关系承认彼此的差异，并建立于差异化所固有的互补性假设基础之上。

> ……通过用正确的方式区别不同的存在，人类……促成有益的关系流。……仪式生活承担着维持与更新人类与其他种类的生命之区别的重任……。
>
> 考虑到需要及环境品质，对于除人类之外的有机体，生态学家的态度强烈暗示了人类实体环境接近人格化的谨慎与仪式关怀。［397—398页］

瓦格纳推断，在马林人与其他巴布亚人之中

> 人类自身在其"人性"理想中具体表达和表现了世界互补性存在之间的总体关系流，就像［在马林人中］人的生命通过在两个相邻空间——瓦纳［低地］与卡姆伽［高地］——进行时

空移动得以实现。僧巴珈人将这种道德总体性称为诺曼尼。该术语可理解为"道德灵魂"……[但也]可理解为"传统"。人性是一个整体或具有完整性,是一种被仪式与周围世界的差异化所引发、促成的一种关系。[399页]

在即将出版的一部著作中,我认为马林人的诺曼尼概念类似于赫拉克利特的逻各斯,我将它看作是隐藏在世界仪礼秩序中的许多逻各斯之一例。

现代社会的理解之环境

尽管其生态上的优势种群角色可能有时会迫使人们觉察到在意识之上或进入部落耕作者象征结构之中的生态网状组织与循环性,但生态优势地位本身显然不能保证这种认知,更别说环境保护实践的机制了。毕竟,现代工业社会于生态而言是占支配地位的,对环境而言具有破坏性。令人饶有兴趣的是,就这点而言,在非人类中心的生态系统中,占据优势地位的物种通常是植物——打个比方来说,在温带森林中是橡木和山核桃木——或在一个礁石群落中诸如珊瑚这类固着动物。这种生物占优势地位,仅仅是因为它们存在于此(Rappaport,1970a)。不过,与此形成对比的是,人类必须不断或多或少持续地有所行动才能占据此种角色,似乎也没有什么能够阻止他们采取错误的、自私的、破坏性的或者怠慢的行为。不仅如此,他们的行为还尤其具有破坏性。以人类为中心的生态系统相对脆弱,不仅因为组成了这个生态的、人们所耕作的物种种类相对较少且相对无助(它们通常需要连续的保护与培育才能存活),而且还因为其优势物种的不可靠性夸大了内在于其成员资格以及其简单结构特性的不稳定性(1970a,1970b)。在社会进化过程中,伴随着社会上越来越专业的部门之间与更特殊的地理范围之间日益增加的互相依赖,它们也更易受到破坏。在这种情形下,现代工业社会的生活环境并不支持人们的生态意识。

在这种社会中,劳动分工的高度分化使大部分人的生产活动无须直接接触自然环境,哪怕是那些与自然环境直接接触的人也可能是高度专业化的。若有的话,也没有几个人直接经历过大自然的网状组织或循环。每一个体都只不过是对这种网络的一部分或这种循环的一段弧有直接了解而已。一度整体性的、自然性的概念有可能会从人们的普遍意识中缺席,若有的话,也只能从诸如生态学这类科学中被人们重新发现。

社会进化的另一伴生物也支持了劳动分工日益专门化所造成的认知后果。随着人类社会在某些情况下扩大到大陆式规模,社会与生态系统之间的关系出现了倒置。而部落社会的自发群体通常会参与我们所称的单一生态系统,而民族国家有可能包含了许多此种系统。举例来说,森林作为一个社会地域里的一部分,可能不再会被设想成一个包罗万象的生态系统,如伊图里俾格米人(*Ituri pygmys*)所认为的那样,"对于我们所有人来说,既是母亲也是父亲"(Turnbull,1962),或者如马林人所认为的那样,是生育与死亡循环圈中的关键一环。它很可能沦落为商品,一种有待按照某种逻辑运行的高级社会经济体系的成员们去开发的"自然资源"或"原材料"。在那种逻辑中,生态原则只不过作为指向较有可能被忽略不计的某种成本的术语而进入其中,其自身并无一席之地。

在这种社会中,我们被引向诸如生态学、人类学和其他关注整体性的学科。尽管这些学科注重整体性,但毫无疑问,其存在应归于知识的专门化(或碎片化)。这也正是现代学术的特点,现代学术也正以此为基础才取得了巨大进步。照此而言,这些学科深陷悖论或矛盾的囚笼。尽管它们持整体论观点,但在知识体制中,它们只不过是与日常事物行为相隔离的、相对晦涩的制度化学科而已。不管其发现与视角是否"精确"、"真实","正确"或"适合",这几乎都无关紧要,因为它们毫无力量。它们不构成现代社会或其成员通常凭此构建自身与被其环绕又依赖着的那个世界——物质世界、生命世界和社会世界——之关系的范式。主导人类与自然互动的范式是非生态的。它是经济。在正式的经济学所引起的理解中,审慎理念被误传,甚至于被神化为逻各斯。反对经济理性之"分解力量"的,其自身亦被分解。

就审慎理念夺取了逻各斯的位置,以及随之发生的生态系统恶化而言,通用货币的发展对其具有认知影响。生态系统通常是由大量在复杂的相互依存关系中各具特色的成分组成。如瓦格纳(1977)所强调的那样,巴布亚人能够认识到它们的独特性并用仪式加以保护。然而,人们对相异的事物应用共同的货币指标又生成了令人烦恼的语义后果。此举将定性差异(qualitative distinctiveness)还原为单纯的定量区别(quantitative difference)。随着金钱作为评估的主要基础,同时金钱又代表着财富,评估仅成了所谓的"底线",即受成本效益分析那似是而非的客观性驱使,将本质上非度量的考量放入加减法运算之中。生态上的差异（更不用提正确与谬误、好与坏、对与错，或许甚至于真或假之间的差异）被更多与更少的逻辑所消解。因为技术意义上的信息以差异化为基础，因而世界的信息也减少了。尽管信息不能独自构成意义，但它却是意义的构成成分之一（Rappaport，1979b：126页及下页）。因此，一个算术占统治地位的世界，哪怕其生态退化，也变得不那么有意义了。

就像金钱可能消除现时事物之间的区别那样，它也可能使更长期的时间进程变形。折旧率和损耗津贴这种设置使得此类事物诸如维持产量、保护生态系统成分服从货币逻辑。这种货币逻辑允许，在某些情况下甚至鼓励少数人定义狭窄的短期利益优先于许多人或所有人共同的长期利益。

我确实认识到了通用货币在生产和交换中所扮演的促进角色。它的出现对于复杂社会中劳动分工的充分发展来说必不可少。就这点而论，古代近东地区出现货币，必定应视为社会文化演变的一块里程碑。然而，演变的进展，甚至于像货币的出现和劳动分工的细化等基本进展，在解决了旧问题的同时又设下了新问题。这些新问题可能会在几个世纪，甚至于上千年之后才会充分显露出来。

当金钱逻辑为获利而生产时，不仅生态意识被遮蔽，生态系统退化的可能性也会增大。这种可能性在工业社会中会进一步加大。在这种社会里，人们扩大生产以满足机械对于诸如煤炭和石油等这一类物质的贪婪胃口。考虑到工业在这种社会中的经济中心地位，人类和他们所发明的工具之间的关系因此出现了倒置。

在早期工业化社会中,机械被当作人类的扩展(Catton,1978),而在成熟的工业社会里,人类成了机械的延伸。生产手段成了生产方式。生产的过程——最后机器的运转——本身成了目的。产品事实上成了一种副产品,或者甚至于成了工业新陈代谢的废品。在这种情况下,不是那些拥有产业的权势者狭窄定义下的短期利益获得了胜利,而是工业新陈代谢的要求——机器本身的利益,人类所服务的更加强劲的机器——大获全胜。毋庸置疑,机器和生物有机体的利益并不一致。依照被工业利益所统领的经济体制的逻辑,人们撕开了如西弗吉尼亚那种复杂生态系统聚集体的表层,仅为了得到某种简单的物质——煤炭。它还进一步与该逻辑契合,削弱了在这些地方被露天开采之后人们要求平复土地的合法性。

330　　　因此,工业化社会的情况并没有增强人们的生态意识,或在一般社会事务的管理中亦或更为特殊的环境关系治理中给予生态构想一种权威地位。或许此种社会里盛行的那种情况下发展出的一种自知的生态学,让我们不仅难以明确表达我们自己与我们所居环境之间的生态关系,还使我们无法想象镶嵌于部落人口占据社会统领地位的认知模式中的理解力如何能够与生态原则一致。

在现代社会中,环境关系的生态构想发育完整并具有实证基础,尽管如此,它依然没有多大力量。相比之下,马林人和新几内亚其他一些部落的人们则用超自然术语来理解环境关系,而这种理解同时又是支配性的。我在其他作品中(1971b,1979b)曾经指出,在编码于人们对这个世界的一般理解中的可验证的经验知识数量,与那些理解所引出的行为之生态适宜性之间,不存在简单的、直接的关系。我们无法确定,与被我们必须尊重的各类精灵所栖居的世界形象相比,实证科学所呈现给我们的自然,是否更能引导出人们更好的行为以提高人类的生存能力。

在《献给祖先的猪》这本著作或其他作品中,我并没有做出以下断言,即社会形式与文化形式以及它们之间的关系总是并到处吸收生态系统的命令,并展开生态合理的实践。就此而言,这种情况并非出现在工业化社会或所有部落民族中。我在一些作品(尤其是 1970a,1971d,1972,1976a,1978b,1979a)中提出,社会文化形态和生态系统考量往往,并很可能,确实是不可避免地会不一致。我进一步提出,当社会文化的进化继续进行时,困难会变得更大。这并非卢梭信条的阐述,也不是贝内特(Bennett,1976:181)所称的"生态主义"幼稚术语下对人类行为的呼吁。它仅承认,每一步进化的进程在改善老问题时都有可能造成新问题,有些问题是日益增加的社会和技术复杂性与规模所固有的。

第四节 生态拜物主义、生态学解释与生态学问题

在此我将讨论与萨林斯所谓"生态拜物主义"有关的一个批评。萨林斯认为，这种生态拜物主义

> 与某种唯物论有关。这种唯物论允许自身忽略人类行动是由意义组织起来的这一与众不同的品质——它可能被当作自然理性神秘化的工具，继续使意义系统化。它的"经验论"因而包含在对某一理念的根本实践中。这个理念就是，从文化角度来看，事实上没有什么东西看起来像它所呈现的那样，相反，它们被转换为自然的坐标或后果。该结果就是一种"生态拜物主义"，藉此谷物、豆类与南瓜属植物成为失衡饮食，仪式上的屠杀生猪以及将猪肉分配给亲属成为一种在"承载力范围"内维持"生物有机体种群"社会秩序的模式。[1976a:298]

萨林斯曾严厉警告过我们要提防简单化地将意义等同于"自然理性神秘化的工具"。《献给祖先的猪》这本书中所提供的一些解释——尤其是有关食品消耗方面的——可能不止于此。最炫目的一个例子可能是我对人们在战争期间消耗食盐的讨论（135 页及以下诸页），但我们肯定还能在《献给祖先的猪》中或其他作者写

的生态学取向的著作中找到其他例子。尽管如此，我认为，不管是在我所引用的文章中，还是在《文化与实践理性》里，萨林斯的讨论都还不够清晰，在某些方面甚至具有误导性。在第十节里，我们将再次讨论社会秩序被宣称还原为生物有机体种群的问题。 332

有意义的、客观的以及"自然理性"

对于生态拜物主义与"自然理性"即文化的科学神秘性只不过是"自然"的伪装这些议题，我们还有许多话可说。萨林斯宣称，人们观测到谷物、豆类和南瓜属植物提供了一种失衡饮食，就是一个例子。对此我不敢苟同。新大陆这三种植物所提供的营养不足，假设此命题正确，也只不过是报道了一个"客观事实"，即一个属于经验性观察领域、包括了适量技术的事实。单就这种说法而言，它肯定确实"忽略了人类生活是由意义组织起来的这一与众不同的品质"，就好比它肯定没有提供"作为自然理性神秘化工具的意义"的例子一样。这仅仅是因为它根本就没有提及意义，甚至也没有隐含任何有关意义是如何被阐释的说明。若没有任何有关谷类、豆类、南瓜属植物这三种食物对于那些"思考它"与享用它的人的意义之报道、描述亦或诠释，那么这种陈述不足以构建出充裕的民族志解释。不过，如果充裕的民族志解释指的是确切的、或多或少概括性地解释某个群体在其历史某一特定阶段的一般情况，那么在不考虑其营养价值的情况下去报告、描述或解读谷类、豆类、南瓜属植物对于那些以此为食并加以思考了的人的意义，也是不够。

我们不应该但显然又有必要提出,民族志并非仅由表述构成。陈述就其本身而言不足以当作,比如说,谷物、豆类与南瓜属植物在人们生活中的解释。但这不可能意味着,该陈述对那些可被看作是充分的解释没有做出重要的或决定性的贡献。我们几乎没有必要在此指出,关注部分地组成了某一群体环境的客观因素,并不是将其当作物体或动物来对待。

333

扫清了这些细枝末节后,我们来讨论一下萨林斯有关生态拜物主义的主要观点。生态唯物主义这个评论,与其说是对《献给祖先的猪》的回应,还不如说是对我稍后所发表论文的回应。从以下摘自《文化与实践理性》(1967b:87)的一段文章中,我们可以看得很清楚:

> 新生态功能主义说明,马凌诺夫斯基用生态功能来解释文化内容——尤其是用功能性来解释象征性——的决心之影响。它已成了解决文化问题的最终方式。很显然,文化并不能保证催生出任何专门的,亦即能与生态学解释有所区别的理解。在这种场合下,文化不复存在。
>
> 在马林诺夫斯基的功能主义中,这个过程取决于文化特质对于有机影响的理论挪用:这一转化不仅消解了文化规范,还使它们以更科学的(也就是可计量的)形态重新出现。拉帕波特解释说:……。

之后,萨林斯从我的文章《自然、文化与生态人类学》(1971b)中援引了一段纲领性的陈述:

当我们对文化现象提问时,我们总根据赋予了文化意义的行为和生物系统即生物有机体、种群与生态系统之效果来给出答案。生态人类学的显著特征不只是在试图阐明文化现象时将环境因素考虑在内,它还赋予其程式中的关键术语——适应、自动平衡、适当功能、生存——以生物学意义。[243页,重点符号为原文所标]

我们必须认可该评论的优点。在萨林斯所称的、包括在《献给祖先的猪》中发展起来的"新生态学"早期程式中,人们解释文化现象时总是过分强调了有机的、生态的功能。照此,在充分解释时,有种剥去文化现象特殊性,给予一些文化形态可能充当的适应角色以深远意义的趋势。简言之,普通生态程式的解释力被夸大了。然而,社会和文化对自身的形塑与再塑并不是在真空中完成的,也并非世界或自身形态的唯一源泉。在文化与社会自我组织的方式中,它们对环境的适应确实占有一席之地。在后面的章节中我们会讨论这个问题。在此我们还将答复该批评的另一个限制。生态学取向的人类学家一般直接聚焦于人类群体的环境关系。没有几个人会否认,许多问题的解答已经超出了生态学或适应程式的把握。在完成了《献给祖先的猪》中所给出的分析后,我意识到它并没有告诉我多少仪式本身的事情,或者说,就此而言,为什么我特别归之于马林人仪式周期的那种调节功能会深嵌于仪式中。从马林人的环境与政治关系的仪式出发,我首先思考了有关圣洁与神圣化的一些问题,从这里又关注仪式的内部结构。过去几年的大部分时间里,我一直在研究仪式的这个方面。对于阐明这一方面的问题,生态原则不会有任何贡献,哪怕有,也不会有太多。然而,我并没有想到,因为它们没有阐明仪式的黑暗内部,生态学原则或适应原则因此被看作毫无用处。反之,我也没有想到,我试图用来解释仪式内部逻辑的原则因其没有阐明仪式的外部关系而会被废弃。我们可用对比鲜明的程式来解读现实的不同方面,适当补充而非舍此即彼。

作为一种解释或作为一种问题的生态学

　　由韦达和我所提出的(1967)、我曾试图在《献给祖先的猪》中加以应用并在其他文章中(1969,1971b)详加阐述的普通生态程式,其本质是模糊不清的。我不清楚,它旨在成为一种解释范式——解释一个种群的社会秩序或者文化,或者其某些方面——还是旨在成为能对问题加以定义的一种视角。尽管此中差别不明显——作为过程的适应这一概念将它们拉得很近——但它们远非同一。实际上在某种程度上它们是对立的。《自然、文化与生态人类学》一文表述了或意图表述两者的要素(萨林斯十分反对此篇文章所提的观点),但不仅程式模糊不清,构想的结构也自相矛盾。

　　我已然承认,程式的解释力比我和其他人所设想的更具局限性,因而无需在此赘言。就以上我们重温的、萨林斯所引用的《自然、文化与生态人类学》这篇文章里的段落来看,作为"悬而未决"的程式所提出的问题在很大程度上是含蓄的。用更为概括的术语来说,它们是在当人类被视为生态系统中的有机体时才变得明显的实质性问题。鉴于对生态程式的"纯解释性"运用可能会试图根

335

据其适应力去解释文化形态，运用作为"问题"的程式则指出，这些形态的适应力总会受到质疑。

我应强调的是，与萨林斯相对，作为问题的生态程式并不将"风俗"仅理解为"拜物的公共设施"。问题恰好是并非如此。它也不否认"人的独特性不在于他必须生活在一个物质世界中，一个他与一切有机体共享的环境，而在于他是根据自己发明出来的意义图式才这样做的。在这种能力上，人类独一无二。"（Sahlins，1976b：viii）它坚持认为就是如此，但却对萨林斯连续宣言中所提出的重要原理提出异议：

> 所以，将它视为此文化的决定性特质——赋予每种生活模式成其特点的属性——并不是说这种文化必须遵循物质约束，而是说它根据具有不止一种可能性的某个确切象征图式来如此行事。因此，是文化制定了效用。

在其规则中受到管制的文化和社会当然会依据确切且独有的象征图式继续前行。然而，按照这些图式来看，它并没有跟随"必须遵循物质约束"这条原则。这些模式或许能引导其追随者去违背系统被设置的物质极限。文化所组成的、有时能长时段得以维持的公共设施可能会与有机生态系统的要求发生冲突。毫无疑问，"人的独特性"在于他按照自我构思的意义图式生活于物质世界中。同样毋庸置疑的是，这种独特性为人类设下了若不将其看作是环境中的有机体就无法完全理解把握的一些独特问题。在我看来，人性的独特性在于，它以意义为生，自身必须构造意义，却并非完全由这些意义所组成。它所在的世界也是如此。与任何其他物种一样,人性也是有机进化的产物。意义的创造者是生活于生态进程中并完全依赖于此的生物有机体。该进程由意义、同时也由自然法则组成。我们是在一个缺乏内在意义却遵守因果律的物质世界中按照意义而生活的物种。人类所构建的意义(包括我们对因果律的理解)不仅没有确立那些法则,同时在很大程度上还忽视它们。此外,在构建与法则,或甚至与有机体需求不一致的意义时,我们仅受到环境的宽松约束。这也就是说,没有什么阻止我们去犯下毁灭自我甚或毁灭世界的罪恶之事。我们满足于"文化制定了效用"这份声明并让此成为事情的终点,就是将基本问题之一——若不是我们所称的"人类境况"(the human condition)独有的那一个基本问题的话——放逐至无关宏旨的位置。

如果我们关注一个似乎夹在法则和意义之间,两者又不能彼此还原的物种,那么,将文化视为人类生活的完全要素的人类学,正如那种将非文化的自然看作是人类生活的完全要素的人类学一样,都是不恰当的。从人类学发端时期就已开始的两种事业——一种是客观性的,由生物科学所激发,意在寻求法则与原因;而另一种则是主观性的,由语言学和人文科学所启迪,意在寻找意义——之间的彻底分离,是一个意义深远的错误,因为法则和意义之间的所有争议、含混与紧张反映了我们所研究物种的本性。

第五节 关于认知模型的进一步讨论

为了更好地处理在人类群体事务中相互作用的自然规律和文化意义之间的关系，我曾撰文（1963，1968，1971），认为民族志学者有必要为其研究主题准备两个模型，之后对其进行整合。模型之一通过以测量步骤为基础的实证操作诸如称重、计算、勘测土壤成分元素、降雨量、产量、牲畜头数、个人消耗、耕地数、人口规模等来描述生态系统。我已将这种模型标志为"操作模型"（Operational models）。在后面的章节中我们将返回讨论操作模型的问题。

我将其称作"认知模型"（Cognizdd model）的第二类模型试图描述人们有关其环境的信仰和知识。康克林（Conklin，1957）、弗雷克（Frake，1962）、伯林、布里德洛夫和雷文（1974）以及其他一些民族志科学家为这种不同认知模型的民族志之形成做出了重要贡献。但是，构成其大部分活动的分类构想本身，不能代表人们对环境因素之间以及他们自身与那些因素之间系统互动的本土理解。

《献给祖先的猪》中所给出的马林人对环境之理解的解释，尽管包含了分类因素，但本质上并不是分类学的。这一解释试图阐明环境要素（包括精灵）之间的关系，但缺乏有条理的描述。认知模型这一术语直到结论部分（237页）才出现。更为正式的有关马林人理解的解释呈现于《自然、文化与生态人类学》这篇论文中

(1971b)。此文中所附的一张详尽图表在经过些许修改后转载于此。之后在《认知模型》(1979b)中，我更加充分地讨论了一般意义上认知模型的结构与性质，引用了这篇文章(见第三节)，尤其是为了讨论按照马林人的以及普遍意义上的仪礼秩序所组织起来的认知模型的层次结构。此外，我还讨论了部落社会与现代社会对于环境理解的不同，理解的形式和权利的形式与金钱的语义后果之间的关联。我于1979年发表的那篇论文对这些问题讨论得更充分。意义的秩序、认知模型的"施为性"或"施为功能"、知识的社会场所、相对的信息冗余、习俗的移入以及其他若干问题也在讨论之列。

早期程式的不足

不过，我们在此应该讨论一下大家所认为的"认知模型"早期程式中的一些不足之处。

若有的话，也只有极少数社会，会按照西方范畴所作的区分，将世界划分为或多或少的独特体系。我们已经看到(Wagner，1977)，并不是所有的巴布亚人都将环境与社会关系区分开来。马林人并不分开地构想生态、政治和社会关系，其管治不仅遵循共同的原则，同时还被仪式周期所整合。不仅如此，解释世界的结构与状态，赋予这个世界以及人们在其中所采取的行动之原则和理解，并不局限于它们所调节的特殊物质与社会关系。它们也包括具有极大普遍性的超自然抽象。如果分析师们对于人们循此而在环境中采取行动的认知模型的表述局限于生态系统要素的民间解释，那么其中所包含的无非是民间分类学以及园艺或狩猎知识。我们应将行动者所理解的环境构成元素，以及他们对这些要素在程序上如何关联的理解置于更大的超自然、道德的和认知的语境。就这些行动者而言，正是这种语境给予了它们价值和意义。换句话说，它们不应与其他过程——社会的、政治的或精神的——隔绝，在行动者的思维中它们并不是分开的。

　　正如弗里肖夫·伯格曼（Frithjof Bergmann，1975）所注意到的那样，尽管可能是马林人的仪礼秩序在调节着社会、政治和生态关系，但马林人的仪礼秩序，也许一般意义上的仪礼秩序，在理解力和意义方面远比这种调节所要求的丰富得多。这表明，仪式周期的调节运行不能解释仪式周期的所有方面，这是迄今为止与讨论最为契合的一个看法。更有趣的是，它还隐含着一种比《献给祖先的猪》中明确识别出的、处于支配地位的仪礼秩序与它所支配的过程及关系之间的更为互惠的关系。随着仪式周期引领、调节那些过程，它们也使得引导其行动的理解实体化，支持那些使得理解有其所在的体系。正如仪礼秩序有助于延续它所支配的物质关系，那些物质关系同样能助成仪礼中表现出来的秩序延续下去。换句话说，因为编码于仪礼秩序——或一个社会所拥有的任何调节结构——中的价值和意义处于支配地位，调整或管理很明确地专心于其持久性。它既不是客观定义了的有机体福祉，也不是生态系统的完整性，而是人类社会系统的控制论首先试图保存的、从文化角度建构的价值与意义。这些从文化角度建构的意义和价值与有机体福祉以及生态体系完整性之间的关系，就是生态人类学的中心议题。

340

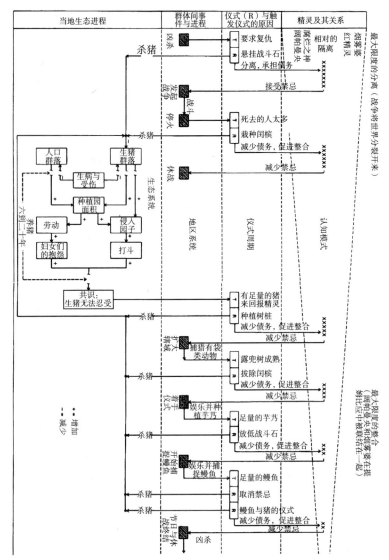

认知模式和操作模式的关系

在《献给祖先的猪》接近于结论的地方，我事实上已经默认了 341
社会文化系统的控制论以及认知模式和操作模式的关系，并给出
了方法论表述：……"认知模式中的参考值或数值范围与操作模式
中的目标范围有何关系？"（operational models，241 页）尽管我已
经在该书的末尾对此加以强调，并用斜体字来加强语气，但还是被
广泛地忽略了。这值得我们加以关注。

第一，让我们回溯到第四节。如果意义领域的参考值和自然
法则领域的目标范围，和在自然法则领域的参考价值能够不同的
话——这段文章明确了这种可能性——，那么《献给祖先的猪》中
所提出的理解途径很显然不仅仅是"自然理性的工具性神秘化"。
若我看起来像在过度说明已经充分阐述过的一个观点，那么我之
所以这么做，是因为并非萨林斯一个人持此种误解。生态人类学
自身貌似也有这种看法。在最近一篇综述中，奥洛夫（Orlove，
1980:242）认为，在"新功能主义"生态人类学中——这是他分派给
我的一个类别——"通过将其还原为它们所服务的生态功能，价值
和偏好得到了解释"。

第二，这篇文章也对从文化角度构成的参考值中的经济考量
和构成了目标范围的生态因素进行了明确的而非含蓄的区分。

第三点紧随第二点之后。我已经规定，我们应参考相关变量
（例如，生猪数目）事实上与之保持平衡数值的、与其有所区分的考
量来指派目标范围的极限。若想避免另一种常见的功能或系统程

式失败,即陷入同义反复(tautology)中,则这个规定很有必要。如果使得变量事实上保持均衡的某个层次,根据事实本身(ipso facto)被看成是代表了一个均衡或自我平衡的数值,或者目标范围,那么对于这个变量来说,事实使然(ipso facto),就是同义反复。然而,若参照独立的标准来定义,同义反复则可避免。参考值(使平衡或调整产生的数值)和目标范围(定义"内平衡"、"运行良好"、"存活"等的数值范围)必须单独确定。

342　　　第四个普遍观点可能隐含在"操作模式"的标签中,但是需要进一步明确。我将这种分析者(独立于行动者的理解)所建构的各重要物质变量之间的关系模式称作"操作模式",因为它应该依照恰当的方法论准则所规定的、明确的实验操作来构建。此举的意图在于描述自然进程。分析者因此隐晦地宣称自身拥有行动者不知道的、有关自然的知识,但操作模式这一标记默认,模式并不是大自然本身。它是操作的功能,这些操作与它们所表现的进程之间的关系总是让人们有讨论的余地。世界同一部分的其他操作模式总是能通过与"自然"有关的不同运作来建构。而这种自然又是通过不同的参照规则才得以呈现的。当然,这一过程招致了文化相对论的批评:科学方法所规定的、按照科学理论来进行的操作,只不过是追随了西方社会的民间理解,并不比任何部落对其环境的理解更能准确地表征自然。我认为这种极端的相对主义纯属刚愎自用,但不打算在此辩驳。我仅想指出,操作模式尝试着按照西方科学来表征自然。

　　　第五个普遍观点隐含于第三个和第四个之间。如果参考值和目标范围是单独确定的话,那么我们有可能会发现参考值落在目

标范围之外的例子。这种情况，我认为（1979a）可能可以用来说明
稳定条件下的功能障碍。在《献给祖先的猪》的最后几页中讨论认
知模式与运作模式之间的关系时，我提到了参考值会违反目标范
围的可能性。在那个讨论中，我进一步认为（241 页）："如果认知
模式是控制机制的重要组成部分，那么在进化论研究与功能论研
究中，它们就能保证被考虑在内"，认知模式修正自身的不同能力
问题也被提及。

　　在此我还应该指出最后一个普遍观点。这是一个错误的观
点，即认为从文化角度构建的价值与理解以及表现它们、再生产它
们的社会制度如仪礼秩序、首领、故乡等，因为它们要求其接受者
奉献财宝、汗水，有时候甚至于鲜血，因此是适应不良的、功能失调
的或难以忍受的。没有什么意义能免于指控，在意义的成本与其
权力之间甚至于存在着直接的关联。尽管如此，有些意义的成本
可能太过高昂。维持它们可能会使痛苦长存，甚至于危及那些接
受了它们的社会或它们所倚靠的生态系统。与文化相对主义的学
说相矛盾的是，可能会有人声称，一些社会为了自身而建构的一些
理解是错误的，因为它们引导那些认为其有意义的人按照与世界
的自然章程如此不一致的方式去行动，以至于会不可避免地破坏
这个自然章程，以及他们自身。自然的合法秩序——通过它，潜在
于理解与习俗之下的有机体进程得以逐步形成——继续提供可资
评估理解和习俗适当性的标准。这样的标准告诉我们，打个比方
来说，必须靠扩张来保持稳定的工业化资本主义传统秩序是适应
不良的，因为它们迟早会降低其支配又依赖的有限的生态进程。

　　虽然如此，我必须承认（正如我在"认识模型"（1979b）和其他

论文中所作的那样），从其生态和生物影响来看，我们很难评估认知模式以及它们所体现的参考值。

首先是生物标准本身的运用问题。一则包含在内的法定候选人不可胜数。二则，尽管表面上内容充实，其价值的意义却往往不甚明确（例如，某个年龄段与身体大小的孩子到底需要多少蛋白质？）；斯洛博丁（Slobodkin）和拉帕波特（1974）甚至于认为，我们不可能详细说明生物结构或运作的任何特点。这些生物结构或运作，总是且无处不在地支持着其所发生的体系。此外，至少在某些情况下，选择压力（selection pressure）可以解释生理学变量的目标范围所面临的压力：当选择压力很大时，某些个体的目标范围就会溢出。其次，生活系统的秩序如此复杂，以至于它们对扰动的反应可能会违反直觉或具有违反直觉的后果。因此很难预测许多行为的有机或生态系统的影响。最后，测量诸如饮食之类事情已然确立的数值所面临的困难非常大，我们将在后记以及附录 11 中对此再度加以讨论。

这些问题并不质疑人们关注认知模式所引发的行动造成的有机的和生态系统之后果是否有效。正是针对援引特殊的量化生物标准作为认知模式是否恰当的标准之步骤，他们提出了质疑。

摒弃这样一种标准，似乎会使得认知模式的适应力这一概念含糊不清乃至毫无意义，但在《认知模式》（尤见 116—126 页，128—131 页，137—143 页）中得以推进的有关意义与理解之结构的讨论，使我们免于用虔诚的贫乏来交换似是而非的精确。这些讨论中的隐含之意有：认为人们有可能规定那些保存了理解、意义和意义性的各种理解之正式次序，在保存这些事物的过程中，也保留了其他的生活进程。与它初次出现时相比，这种建议并不那么神秘。简言之，这一主张即神圣程度、权威大小、易变性、瞬时性、偶然性、特殊性、具体性和逻辑类型方面有所不同的各种理解中，等级关系的失序不仅会破坏理解、颠覆意义，还会通过有序地瓦解调节进程，进而破坏社会与生态进程。反过来说，如果各种理解间的等级关系保持有序状态，人们的行为遵从理解的这种有序结构，那么生物和生态系统进程就可能得以保持。

＊此主张以贝特森那意义深远却通常不被赏识的论文"进化中身体变化所扮演的角色"(The Role of Somatic Change in Evolution)(1963)的重要前沿研究为基础。我在几篇论文(1976b，1978b，1979a)里详细阐述了该主张。在后记的第十三节我对其特点进行了勾勒刻画。

第六节　功能和描述

　　我在《献给祖先的猪》的第一段第一句话中声明，这是一项功能研究。许多对此的批评集中在其功能主义特征上（例如，参见Ellen，1982；Friedman，1974；Jorgensen，1972：328 页及以下诸页；Orlove，1980）。韦达与我（1967）在《献给祖先的猪》出版前一年发表的论文中所支持并用例证加以说明的方法，不久就被人们贴上了"新生态主义"标签，以和之前朱利安·斯图尔德（Julian Steward，1955）所提出的"文化生态学"相区分。因此，弗里德曼认为"新生态主义"等同于"新功能主义"。与其说使用该术语是为了将其与"旧功能主义"相区别，不若说更多地想去阐明两者的联系，因两者的不同仅在于"应用领域转变，以此来表现相对于其环境而非社会中的其他因素来说，人类体系的合理性"。

　　这个问题既困难且复杂。一方面我不想为功能主义这一术语那定义不清晰的各类学说辩护，我本人在出版的著作中赞同人们对它所展开的批评（1969，1971b；Vayda and Rappaport，1967）。不仅如此，《献给祖先的猪》的批评家们普遍忽略了这一事实：这项研究得以完成的基础，由我对功能主义进行批判而非功能主义自身（per se）所引导。我认为，整本书中都隐含了这一点，尽管我不止一次在文本中（230 页）明确表达过。（韦达在前言中也探讨过该问题。）

秉承墨菲(Murphy，1970)的理念，弗里德曼注意到与功能概念有联系的两个相关困难，认为它们依然在困扰着"新生态学"。　346

a. 其更加温和的形式流于纯粹的描述。胃的功能是消化食物；仪式上宰杀生猪是为了控制生猪数量——也就是说，x 的功能就是去做它所做的事情。这个词在这里完全是多余的，没有增加任何信息，除非我们为了隐于其后的目标而假定一些超自然的概念。

b. 通过延展至目的论意义，"功能"变成了"适应功能"。在此我们仍在应对我们的第一个定义，"x 的功能就是去做它所做的事情"，但是现在"它所做的事情"不是一个观测数据，因而我们能做的只能基本上是一种虚构关系的描述。其中"功能"被假定而非被证明。[1974:457]

对于仅仅描述一些体系、结构或进程运行的产出或直接结果的叙述来讲，功能主义这一术语并没有对它们有任何添加，这点我很认同。对任何特定实例的分析，"功能"这一术语都应该用来指示确定系统各因素为了那些系统的统一个性或维护那些系统所做出的贡献。在《献给祖先的猪》中，我或含蓄或明确地如此使用"功能"这个术语。

尽管我同意不可混淆功能判断与简单描述，但描述本身却值得去做。民族志学者的第一职责就是尽其所能彻底、精确地报道。如果民族志学者也不能提供"解释"的话，别人可能这么去做。然而，不止于我们最终提供了解释的报道过的事物，我们还有更多支持描述的理由。某个器官或某个协会"正在做什么"并不总是像弗里德曼那拙劣例子所显示的那样显而易见。虽然人们对于胃、心脏和眼睛"做"什么总有某种常识性的知晓，但对其他诸如胰腺、甲状腺和阑尾的功用,或这些功用对自身成为其中一部分的生物体的维护起了何种作用,却并不总能有这种意识。有关于这些问题的论述,不管是否为狭义的解释[亨佩尔 Hempel(1959)和纳格尔 347 Nagel(1961)认为它可能是],都不是多余的,而事关它们的发现当然也是高度信息性的。我们应当心,不可将解释与信息或理解混为一谈(参见 Bergmann,1975)。

然而,情形却并非如此。那些被命名为"功能的"或"系统的"分析并不总是实际上与"x 做了什么"有关。它们至少会关注系统如何运作以及系统做了什么,甚至于可能将后者视为理所当然。人们在知道胃如何工作之前很久就已经"知道"胃能消化食物,但阐明各种有机结构和物质在合成代谢和分解代谢的复杂过程中连接的方式,很显然信息量极大且十分重要。类似地,且不说弗里德曼所举的那个有机体例子,我们就拿一个文化事项来做例子吧。例如,我们可以说,人类学自涂尔干时代就已经知道仪式建立或加强参与仪式展演的人群内部之间的整合性。的确,这一意识无疑自古以来已成为人们的一般常识。但就仪式如何创立了这种团结而言,我们还需要去研究很多东西。

总而言之,无论它们是否是"解释性的"(是否它们被恰当地明确表达和被如此正确运用),有关某一机构、制度或习俗"做什么"和"怎样做"的表述很可能是信息量最大、最重要和最有趣的表述。换句话说,在不管其为机构、社会、文化亦或生态的结构或体系之叙述中,信息量最大的,是那些关于它们如何保持、排序、再生产与自我转变的叙述。当然,若想做出有关结构或系统的这种陈述,我们需阐明其各要素所扮演的角色。在《献给祖先的猪》中,我不仅关心猪祭的直接后果，还关注猪祭作为其中一部分的、持久的仪式周期的运作，以及这个周期在包括了生态系统、经济和政治关系的复杂系统中的位置。

弗里德曼似乎鄙视纯粹的描述，但没有表明此术语何意。例如，如果我们用此短语——宰猪仪式调节了猪群规模——来解释事件中那些直接可观察到的方面，这一陈述则不能当成是"纯粹的描述"。仅仅指出祭祀仪式减少了生猪数目，这样的句子则是单纯的描述。而"调节"这个词语，不仅断言了弗里德曼所提供的那个句子，也不可避免地指涉外在于所描述事件的那个现象。而且，因为调整不是一个可直接观察到的数据，它还暗示着甚至于蕴含了某种分析运算。在有关胃的那个例子中，相似的观察也可用于消化这个词。当谓词被拼写出来时，这些句子就已经表明了其宾语与更大的结构或系统之间存在关系。此外，"控制"和"消化"术语表示了一种支持性或帮助性的关系，在其最严格的意义上恰当地标出了"功能"。毕竟，对于维护有机体生命来说，消化是必需的；对于所有类别生命系统的维护来说，调节也是必需的。因此，哪怕是弗里德曼引证的作为纯粹描述的那些句子，就事实上的仿拟而言，我们最好把它们看作是他所区分的第二类功能性句子。此类句子被他概略地认为只是对"想象中的关系"——其中适应功能被假定而非被证明——进行描述而不予考虑。弗里德曼没有定义"适应"或"适应功能"，我们所考虑的这种关系之想象性被他断言是损害性而非证明性的，甚或可资被讨论（1974：457）。

当然，"想象性"与"真实性"的关系问题十分棘手。我仅能指出，在某种意义上所有的分析构想都是"想象性的"。无视这一点就会犯误置具体性的错误。分析模式应让"事实"变得可理解,但这种模式本身不是"事实",或者,就此而言完全不是事实,只不过是人类学家形而上学与认识论的建构物而已。(注意:我这里说的是分析模式的要素,不是行动者模式的组构成分。)

　　如果分析模式是想象性的,那么其组构成分之间的关系也只能是想象性的而非其他。这并不是说世界上不存在"真实"的关系。人类学家、生态学家以及就此而言所有的科学家都很关注的这个或多或少统一的实体,是由各个部分构成的。这些部分之间的关系,以及这些部分所构成的单元之间的关系,无论被构想为过程亦或形势,都不是想象性的。分析者是否能彻底了解这些关系——也就是说,不管这些关系是否能被他想象出来的模式所解释——这是另一个问题。弗里德曼关于"适应功能"的想象性特点之断言,不会导致我放弃对诸如"适应"和"适应功能"这类分析性术语符合物质世界进程的信念。在我看来,《献给祖先的猪》中迄今所用的系统与生态模式(依照调整活动的进行,它将马林人宗教逻辑与其调停之间的对立归入一个结构性解释中,这点不应被忘记)为马林人的材料提供了一个合理解释。其他人或许会不同意我的观点,他们大可自由地提供替代性的解释。事实上,我很高兴这本书上给出的描述足以充当人们去理解那些与我搜集到的材料有所不同的马林人材料的基础(例如,参见 Friedmar,1974 和 Peoples,1982)。

第七节　生态学和系统理性

功能主义程式通常认同弗里德曼所称的"各要素的理性"而忽略了它们成其部分的系统之"理性"或"非理性"。我同意这一批评并将它延伸至系统解释中。正如韦达所评论的那样，"关注现存系统如何运作，绝不会使分析家认为，没有其他系统，它能够运行得更好"（Vayda，1968：x）；哈里斯（Harris，1966）对此的看法也十分明确。不过，我相信当弗里德曼断言，这是"功能主义的一个致命弱点"时，若他所指的是（1）它是功能（或系统）分析的逻辑所固有的，或（2）它是这种分析所独有的，那么，我认为他做出如此判断是走上了歧途。

弗里德曼所提到的缺点并不是功能主义本身所独有的。毋宁说，它内在于与功能主义程式有关的文化相对主义学说中。为了避免这个问题的出现，我们需要超文化标准来评估特定系统的运行与其运行的结果。生态学理论和一般系统理论（除了其他方面，后者关注自我调节和自我组织的结构，也就是适应过程）就提供了这样一种标准。弗里德曼所指的系统"理性"，和至少我所说的系统以及要素的适应能力，可以按照其有机体的和生态体系的后果，以及结构自我调节与自我组织的程度，也就是它们通过状态上可逆的改变或结构上不可逆的改变来持续响应压力的程度来评判。

尽管生态学理论和适应结构理论确实为我们提供了评判系统

运作的标准,我并不认为它们独自提供了这种标准。例如,半个多世纪以前,萨丕尔(Sapir)提出,可依据其内部一致性以及提供给个体个人实现的机会,将文化区分为"真实的"或"伪造的"文化(1924)。这套标准的应用并不排除其他标准的同时应用。如果其他标准源出某个明确的理论,如果其关键术语能有客观的含义,我原则上也不反对将它们——比如萨丕尔所提出的那些标准——应用到普遍的社会文化系统中去。若具有实证的可测性,此类标准则应被进一步巩固;但哪怕其术语没有确实的客观意义,它们也还是具有不可摒弃的主观的或直观的有效性,尽管当我们用主观性与直觉来评价时,需要特别谨慎。

然后,就会有各种各样的超文化标准可能被应用于社会文化体系评估。其中,生态的、生物的以及适应标准出于几个原因不可或缺。因为这确实牵涉到生存问题,在至关重要的意义上,它们是基础。

此外,生态标准和生物标准通常享有高度的客观性。生态标准是物质性的,往往易于量化,生态变量与生物变量的可行范围至少可以在理论上可以确定(不过,请参见本文第九节中对其难度的讨论)。适应标准是结构性的、准逻辑的。以适应过程为特点,或被适应过程明确下来的系统——包括了所有生命系统(有机体、种群和生态系统)的这一类系统,似乎是——并且可能必须是——分等级的、依照控制论来组织起来的。尽管适应过程的概念化以及复杂的适应组织方面还有许多工作尚未完成,但若想要有序的适应过程继续在其中延续的话,我们确实已经有可能去指定某些结构特征,将它们当作系统的必需品(参见之后第十三节;贝特森,

1963；帕蒂，1973；皮亚杰，1971；拉帕波特，1978b，1979a；西蒙， 352
1969；斯洛博丁和拉波波特，1974）。如果这些结构特征可以被识别，
那么人们就能识别其无序化，初步（prima facie）判断其适应不良。

最后也是最难处理的是，生态理论、生物理论和适应理论，包
括其在程式中的这些单元诸如有机体和有机体群落中的作为，不
仅可与适用于所有生命的理论通约，也可提供一个框架，使得从其
他大量理论中抽取出来的一些标准，能在其中被有序地组织起来，
与他者相联系。哪怕是心理学的和人道主义的标准也能被容纳进
来。例如，适应结构本质上是自我调控的。充分的调控，要求调整
器包含的多样化信息与被调控现象所显示出的多样化信息等量。
人类在社会文化与生态系统中发挥着调控作用这一事实反驳了它
们狭隘的特殊化，这一观点很久以前就曾困扰过萨丕尔。不管怎
样，我在此重申，我并不认为唯有生态的、生物的和适应标准才能
评判社会体系或者它们能够要求或统领其他别的标准。它们肯定
不能把所有适当居留于人类心中、不能因其无形而被忽视的所有
人文主义关怀都包括在内。

总而言之，这一节论证的含义在于，"新生态主义"并不同于旧
功能主义，因为"应用领域已经转至展现与环境有关的制度理性"，
而且，我将补充说明，既出于有机体的考虑，也出于适应的考虑，一
个根本的变化业已发生。这些因素的涵括为我们评定弗里德曼所
说的"系统理性"以及其组成要素的理性提供了一个背景。

第八节　谬误、目的因与形式因

　　在包含了我那篇"农业社会中的能量流动"（Flow of Energy in an Agricultural Society）（1971a）的一组论文的前言中，乔根森（Jorgensen，1972：328 页）抓住这一良机应用了另一针对功能主义的传统批评来反对这项马林人研究。继布朗（Brown，1963）和亨佩尔（Hempel，1959）之后，他指出功能程式犯了"把作为前提之后果出现的现象加以肯定"（1972：328）的错误。这一实际上符合永恒真实性状态的批评，要求我们不仅就它是否适用于马林人展开讨论，而且，更重要的是，讨论它的普遍有效性。

　　某些功能分析认为，因为有且只有在满足了一定的条件，某"事项"符合条件，该系统运转正常的情况下，一个"事项"或特点才能存在于系统中。这一观点肯定是不能成立的。这种观点认为，仅在该事项出现且满足一定条件的情况下，功能叙述才可能解释得了该事项的存在。这种功能的不可或缺性至少从经验来看十分困难，或许在逻辑上也不可能加以证明。涂尔干（1938：90）早在世纪之交前就提出了这一批评，尽管有些强烈却又不那么强烈。人们争论说，即使能表明某一事项在特定时间和地点具有功能上的不可或缺性，其起源问题却尚未解决。

　　在我看来，这些批评对于《献给祖先的猪》来说，并没有触到要点。确实，正如我已经注意到的那样，在一个简短段落中（231

页），我提出马林人的仪式周期可能是高地普遍形式的一种当地变 354
异，这种当地变异的专门特点可用当地环境条件来解释。这并非
简单的功能论而是适应论，暗含了趋异的适应辐射（adaptive radi-
ation）。情形或许如此，但本书的目的不在于解释仪式周期的出
现或起源，也并不认为归之于仪式周期的调节功能不能由其他机
制完成。仪式周期被看作是给定的，这本书的目的仅在于阐明
它在某一特定历史阶段存在在某一运行中的特定系统里所占的
位置。

功能、起源和习俗的存留

不过，最近詹姆斯·皮普尔斯把《献给祖先的猪》作为案例，对
这种有限进取心的正确性提出了质疑。考虑到他的论证将为我们
最重要的关注点，即对普遍信条的批评，铺平道路，我在此特意引
用皮普尔斯的陈述如下：

> 大多数以行为由于其优势而存在这一命题为出发点的社
> 会科学理论，都假设行为如何产生以及如何进化到现存状态
> 这一问题……"已消失在历史中"……。然而，无论何时，当我
> 们知晓一种复杂行为如马林人的仪式周期，了解到它们之所
> 以存在是因为它们具有调节功能从而维护了系统时，我们很
> 自然就会思考这种复杂机制最初是如何产生的……[以及]在
> 与大量很容易被发明出来的功能对等物的竞争中，它们如何
> 得以持续存在。那些采用功能主义视角的人经常回避起源这

一困难问题,试图通过将他们的……分析……局限在行为如何"起作用",因而宣称为什么[那些]行为存在……是一个不同的问题(Vayda and Rappaport,1968)……。当然,由于仪式周期现在已经在马林人中广为传播,表明人们如何从仪式中获益是一回事;由于有些群体在其根源上缺乏仪式周期,那些拥有它的群体获得了优势,因而仪式周期能广为传播……。然而,除非在根源上它能给实践者带来益处,否则我们很难设想它如何发展至现有的可见形式并得以传播……。对于马林人来说,拥有仪式周期(或其功能对等物)或许是有利的……。但是,除非有一些进化过程能使它们进化为这样一种机制,否则这种适应优势就无法实现。重要的结论就是,只有在我们构筑出某个与功能主义假设一致的、貌似合理的起源和进化模型的情况下,我们将功能分析与起源问题分开才具有合法性。因此,功能学派的弟子不能合理地逃避起源问题。[1982:294—295]

皮普尔斯在此提出了如马林人仪式周期这样的习俗的起源和传播这一重要问题。但我并不认为,要想阐明某一习俗在已身成为其中一部分的系统中如何运行,必须先解释它的起源。若将他的主张提升至普遍原则,则将使生理学家所给出的各器官运作的描述毫无价值,除非这些描述能解释其进化过程。许多民族志的境遇也非常接近。当然,在解释皮普尔斯的主张(只有在我们构筑出某个与功能主义假设一致的、貌似合理的起源和进化模型的情况下,我们将功能分析与起源问题分开才具有合法性)时,我可能比他所期望的更加严格一些。在历史证据缺失的情况下，某类抽象的解释或普遍原则的陈述就能满足"起源和进化模式"的似真性条件。若确实如此，那么我那几句关于适应辐射的话就已足够。我把马林人仪式周期以及与其相连的宇宙观看作是广泛流传于新几内亚高地的认知形式家族中的一员。这一家族可能最后还包括恩珈的特人（Te）、梅尔帕的摩卡人（Moka）以及钦布卜格拉更德人（Chimbu Bugla Gende）。很有可能，为了适应不同的环境条件、人口变迁以及历史境况，这些仪式周期的结构、功能与内容发生了变异。马林人为了应对澳大利亚和平（Pax Australiensis）的强入、基督教的传入以及成为一个国家系统的合并运动（我在1981—1982年对僧巴珈作最后一次访问时就已经注意到，在后来出版的著作中多有报道），对其仪式周期进行了近期修正，此举表明了该习俗具有何种适应性。 356

　　皮普尔斯不仅好奇如马林人仪式周期那样的复杂机制是如何起源的，还想知道"在与大量很容易被发明出来的功能对等物的竞争中，它们如何得以持续存在"。我很想知道，就马林人仪式周期这个案例来看，什么会是那"很容易被发明出来的功能对等物"。酋长？当地群体中抽选出来的长者委员会？两院制的立法机构？祭祀制度？只需瞬间的思考，我们就可明白所有这些功能对等物都是难以置信或者难以实行的。对于特定案例独有的对等物的出现而言，我们为其构思出逻辑范畴内的功能对等物，远比找出经验主义的或可信的对等物来要来得容易。进化，不管是生物进化还是文化进化，都是利用手头现成的物事所进行的拼接。生物体种群与文化用其手头所拥有的物事应对扰乱，进行适应。面对某一特定历史时期中彼时现有的情势施加给任一进化系统的经验主义限制，而来争辩大量对等物的逻辑可能性，这完全是徒劳无功的。

我在第十三节，以及已被引用的几篇论文里，以更长的篇幅罗列出了我所认为的适应系统的性能——能根据源于自身环境中或自身的扰乱来变更或重新组构自身的系统。在另一篇文章里（1979e），我对此篇前面部分就已涉及的主题即仪式的适应性展开了讨论。在此我们只需注意，与皮普尔斯相反，我并不认为马林人的仪式周期是一种非常复杂的机制。它不需要专门人员，其信息处理能力非常有限，运行也只是偶尔为之，还无须人们顺从生者的指令（参见 220—223 页）。与大多数其他调节机制形成对照的是，仪式周期可在权力甚或独立权威阙如的情况下控制大量人员的互动。它们因此可能是在独立的权威不被支持的情况下确立的。因此我认为（1971d，1979d，1979e），仪式可能是人类最原始的管理机制。

我的用语"仪式周期的确立"可能会令人误解。尽管个人仪式可能有时候是被发明出来的，它们通常都包括了之前仪式的一些元素，鲜有整个仪礼秩序（如马林人的仪式周期）——若有的话，也是极少——是无中生有（ex nihilo）创造出来的。它们是既存仪礼秩序的修正。若要寻找任一仪礼秩序的"绝对起源"，我们或许有必要去追溯宗教的起源——我想它会与语言的出现同时发生（Rappaport，1971d，1976b，1979e）。庆祝新的仪礼秩序开创的时刻，可能不过是它与之前秩序的联系被刻意隔断的时刻而已。总而言之，仪礼秩序生成的方式，与刻意创造的社会调节机制如美国宪法的生成不同。它们不仅自远古时期就已持续，还如此这般被世人所理解。其中就有为其提供了权威基础的神圣性之功。

终极因、形式因与交叉说明的谬误

我们对"很容易被发现的"功能对等物的讨论表明，本节开篇之初对于功能程式所提出的普遍批评（即它们肯定了其结果）本身是值得质疑的。因为这个声明几乎被当作不言自明的真实，因而它的某些难点值得我们加以讨论。

首先，功能陈述确实不能独自解释起源或存在，但它们构成了能完成此任的详尽程式中不可或缺的成分。尽管"事项"而非那些在场之物能令人信服地完成那些必不可少的功能，但虑及在任一特定时间与地点通常所能获致的有限的文化材质（结构的、意识形态的、技术的、社会的、政治的或诸如此类之物），仅有那些当时在场的事项或形式，或其中有限的一部分，能应运而生。例如，我们可以假设国王或者两院制议会可以完成马林人仪式周期所能做到的任何事情，但考虑到可用的文化材质，事实上只有仪式周期而非国王或议会得以浮现。

使用亚里士多德学派的术语来表述的话，不管是目的因、动力因还是质料因都无法单独解释起源和存在，若结合起来则有可能。环境的变化属于进程一类，足可当作动力因。此外还有内部的扰动，在之前已存的构成（质料因）限制中为了保持自身（目的因，或"功能"的平常之意）而进行应答的诱导系统（改变它们的状态或结构）。

358

　　亚里士多德提出了第四种类型的原因,即形式因。我用该词来指涉结构的形式特点进行某些独特类型操作的需要。将形式因与目的因归并于"功能"标签之下,导致人们产生了许多困惑。雷蒙德·凯利(Raymond Kelly)与我(1975)曾尝试着厘清某些议题;趁此机会我将详细阐述一下我们之前的讨论。

　　功能这个词语最通常的用法中暗含着目的因,即我们通过具体说明系统中的某一事项对于此系统的存留、维护或"充分运行"的贡献,来对该事项进行解释或阐述的功能程式。虽然功能程式经常被误造,它们本身的范围经常受到了侵犯,但功能这个概念,尤其当我们运用在严格意义上以经验为基础的系统分析来表达且通过实体论来获知时,我认为它确实在社会科学中具有一种正当性。我们或许不可能证明某一独特事项不可或缺的功能,但这一点无法削弱功能目的因概念的价值。不过,我们必须理解,仅在某个特定系统中,目的因的解释才是正确的。例如,调节了马林人的社会、政治与生态的关系,使得战争频率、土地利用强度、当地群体成员内部间争吵的分裂后果都被控制在可行范围内的仪式周期,并不意味着我们承认其为仪式的那些形式或结构在世界任何别的地方都在履行着类似功能。对某种特殊形式和事项(举例来说,仪式)展开详述,并不必然能说明它在其他系统出现时所起到的特定作用。反之,对某一特定系统中特定功能进行说明,并不会使说明实现它的机制形式成为必要。形式与功能的这种自主性,有时候被人们看作是功能这一术语作为一个解释概念所具有的致命缺陷。事实上,它只不过是提出了目的因陈述的局限性而已。

　　我们或可转向与目的因程式有重大不同,但有时也被标为"功能"论证的其他形式。事实上，这就是形式因（formal causal）。就其本身而论，几乎是目的因样式的倒转。它的任务不在于阐明某些"事项"或"成分"或"形式"对己身成为其一部分的系统所做出的贡献，而在于阐明一种特殊形式或结构所遵循或蕴含的内容，或其本质。

形式因解释当然不受控制论机制控制，而是能被它们漂亮地阐述清楚。控制论这一术语表示某种特殊类型的、具有闭合因果环的结构或形式。蕴含或内在于某一简单的控制论结构运作中的是"负反馈"。如此，循环构成分子那偏离了参考值的状态发起了意在回归至其参考值状态的过程。（我们在此无需深入研究"正反馈"和"偏差扩增"的问题。）

大量的评论秩序井然。首先，因为控制论结构蕴含了调节，只要结构依然被遵守，一些变量的状态就在，或绕着，某个参考值保持平衡。与那些只适用于特殊系统的简单目的因解释形成对照的是，形式因解释是普遍主义者。

第二，形式因解释仅能恰当地应用于结构，即能用结构里各成分间持久的内部关系来正式描述的现象。控制论结构是这种程式的合适对象，但这类对象不可胜数，当然包括婚姻体系和仪式。例如，我已在别处将仪式定义为按照或多或少不变的序列来进行的且不由展演者来编码的正式行为与表达之展演。该定义详细说明了它们的许多特征与关系，标出了结构；我认为这个结构蕴含着社会契约、道德、创新范式、神圣化概念与神圣观念。

第三，如果特殊含义内在于某一特殊结构且只属于那种结构（例如，属于控制论结构或者仪式结构），我们则可辩称，那些结构

360

没有等同物。我认为，仪式如此，控制论结构也是如此（参见 Piaget，1971：15）。一般而言，若某一特殊结构独一无二的意义对于该系统的持续或留存至关重要，那么我们可以说，这种结构不仅没有等同物，同时还是不可或缺的。这也许可以解释如仪式形式那样的结构为何会无处不在。

第四，此论点似乎反驳了以下声明即功能不能解释存在，因为我们不可能证明那些甚至于正在运行着必不可少功能的事项的不可或缺性。此种声明可能认为，存在着一种或一类现象即结构或各种结构，实际上是为了它们，功能的独特性和不可或缺性要求才被创造出来。尽管如此，因为在目的因意义上结构的需求并没有被正确地看作是功能，因而这种矛盾十分表层化且并不那么真实。结构中所蕴含的东西，对维持它出现于其中的任何特定系统而言，本身并没有什么特定的贡献。控制论机制使得变量围绕着参考值保持平衡这一命题听起来像是一则目的因陈述。然而，因为它无法独自虑及参考值与特定系统的持续或留存之间的关系，因此这并不是一则目的因陈述。打个比方来说，我们可以设置一个能够保持足够杀死我们自己的高温的恒温器。同样地，认为仪式的结构能够赋予仪式的内容道德性，本身并没有考虑到被授予了道德性的特定实践或概念与自身成为其中一部分的任何特定系统之持续或良好运行之间的关系。因此，仪式使得其内容具有道德这一主张并不足以当作目的因陈述。

第五，承认内在于结构的东西根据事实本身（ipso facto）来看不是目的因，并没有否定它们对于结构的意义。宣称道德和社会契约内在于仪式结构并非毫无意义。有关于需要的叙述在目的因意义上并不是简单的功能陈述，而属于另一种秩序的陈述。我认为，我们可以说形式因程式是元功能性的，或者最好说它是有关元功能的陈述。换言之，它们并没有试图去适度保证形式或结构对于任一它出现于其中的系统之延续所做的贡献，而是去识别内在于那一形式或结构的、使其适于在它们所出现的多样化系统中去完成一定范围内的特定功能。

概括言之，我提出了形成鲜明对比的两种解释类型，一种是目的因和系统特殊性，另一种是形式因和普遍主义。人类学思想还没有对这两种类型充分进行区分（两种都被称作"功能性"），凯利杜撰出的"交叉说明的谬误"标签就来自于这种混淆。在形式因陈述合适的情况下给出目的因陈述，或反之，就会发生这种可被看作是逻辑分型错误（Bateson，1972）的谬误。打个比方来说，在我试图论证仪式对马林人的用处时，去表明调节生态和政治关系是仪式的本质时，就是在做一个形式因声明，而目的因陈述在此才是恰当的。这种论断将会趋向于使仪式琐碎化，在经验主义基础上也是错误的。我们可以引证出无数例证，说明仪式与生态和政治关系无关。

反之，比如说，援引涂尔干的判断即有机团结内在于劳动分工中，作为目的因陈述（"十九世纪法国的劳动分工增强了法国社会的有机团结"），去试图解释法国十九世纪的劳动分工。换言之，在合适给出形式因的地方做一个目的因判断，将不会那么陈腐、无意义以及不适当。

第九节　系统分析

　　我们还清楚地记得，当布朗（Brown，1963）、柯林斯（Collins，1965）、亨佩尔（Hempel，1959）、纳格尔（Nagel，1961）揭露困扰了功能主义的那些问题时，他们并不赞同摒弃功能主义概念，认为该概念在社会科学中仍是有效的。他们只不过想详细说明功能表述的适当范围，清理偶尔甚或经常损害功能分析的一些错误。

　　这些哲学家们认为，有几个相互关联的原因导致功能分析频繁失效。其中就包括以下原因：

　　1.因其关键术语缺乏实证性含义，因而功能表述常常不可检测（如常常无法为"运作充分"等术语提供客观标准）。

　　2.被认为是承担了某种功能的实体往往不是很准确，经不起严格分析（包括关键术语的经验性定义）。

　　3.功能表述所指的实体并不总是这些表述的恰当主语。

　　4.功能程式中隐含的自我调节假设总是没能明确表述出来，或准确地区别出自我调节机制。

　　这些在我看来都很有道理的批评，加强了人们用更严格的系
统构造去替换那些含混不清的功能程式之诉求。亨佩尔（在此我主要跟随他的观点）没有严格区分这两者，从他的角度来看，可能是默认后者可被看作是前者的改良。尽管如此，我在脑海中带着人们对功能分析的一般批评而写就的《献给祖先的猪》这本书，则

是对系统分析的一种尝试。在这种分析中,单位被明确标出,关键变量的目标范围和参考值被赋予了客观意义,调节机制得以确认。

1.这本书功能①判断所指涉的单位是明确且具体的:生物有机体、自定义有机体群组(如当地种群)以及生态系统。在有必要识别这些单元时,其过程都十分清楚。选择这些而非那些单元来进行分析,主要是基于(a)它们对应于广义的生物理论包括生态理论的单元;(b)它们是马林人自身所认可的单元:个体、部族、亚族、部族群、当地部落、当地辖域和马林社会;(c)它们对应于社会理论所认可的单元。这些单元是否能成为功能程式或适应程式的合适对象,则是另一码事了。马林人认可其独立性,认为它们与社会理论和生态理论里的单元之间可相互通约,这表明它们确实如此,而我也持相同看法。不过,大家没有就这些问题达成共识,在第十节中我们将回至此议题展开讨论。

2.引言部分对自我调节的假设(用公认的不够精确的术语)表述得十分清楚。著作文本中还指认出了影响自我调节的机制,我认为它们主要体现在仪式周期中。

364

3.我试图通过将其翻译为更具体的术语(环境对猪的承载力、环境对人的承载力、营养需求的满足程度、休耕期的长短、战争频率等)来给予一些关键概念如"运作充分"(adequate functioning)注入经验性含义。此外,我还试图通过一系列量化程序如普

---

①　我现在宁愿使用适应而非功能这一术语。简单的功能程式只不过是目的因,但适应程式还包括质料因,当然也包括动力因。我将生态和系统程式至少含蓄地看作是适应性的,而非仅具有功能性,尽管我也责备自己将《献给祖先的猪》贴上了功能研究的标签。

查、加权、计算、测量来确定相关变量的现状。

我必须直率地承认,《献给祖先的猪》并没有在所有方面都符合系统分析的严格要求。我们将很快返回讨论这些不足之处。重要的是,我们得首先指出系统分析有它自身的问题。(有关这些问题的有趣讨论,详见 Bennett,1976,尤其是第三章和第四章)

系统分析的问题

系统分析对于应包含在分析系统中的变量并没有做出规定。变量的选择通常依照对所研究的各种现象之间相互关系作出的假设来进行。虽然对系统进行严格说明,能够改善对松散的功能程式常有所损害的含糊性,但却增加了自然或文化系统中表现出来的关键成分或面貌被遗漏的风险。由于系统分析,如松散的功能程式一样,只关注阐明秩序在天性倾向于混乱或熵的系统中得以保持的方式,因而有可能——尽管逻辑上并不注定必然如此——倾向于忽略无序的状态而只关注有序的状态,尽管几乎是作为系统这一观念本质的自我调节概念,本身就蕴含着对扰动作出反应。不仅如此,通过"将自身给付给系统"(giving himself the system),可以这么说吧,将阐明系统的持续作为其任务,分析者可能会肯定任何有关他在一开始就抱有的和谐与有序的假设而不担心该假设被推翻。困境无非在于,将分析上易于驾驭的系统从自然和文化的复杂性中抽离出来所必需的抽象性,会使系统程式陷于不真实或证伪的危险中。当然,与所有科学都遭受的困扰相比,这些困难并没有多大的不同。此处要指明的要点在于,通过提高精确性,更具体地说,通过制定越来越严格的规范标准,这一困难被加剧了。当然,难题的解决并非毫无指望。系统分析通常不会在缺乏实质性理论的背景中使用。这些理论通常包括了可被看作是等同于成为研究对象之系统的单元之出处,还可能包括确立那些被指定对系统延续来说十分关键的变量之目标范围的标准。生态学提供了这样一种理论体系,区别对待了包罗万象的几个不同层次上的独立单元,其中有很多可直接观察到(如生物有机体),而有些单元则相当于自然成形、自我约束的实体(如马林当地群落)。对于分析者而言,将这些单元当作调查对象,对避免犯下"将自身给付给系统"中隐含的问题大有帮助,但这一风险依然存在。

《献给祖先的猪》作为一项系统分析的不足

《献给祖先的猪》怎样才能符合,以及为什么没能符合系统分析的严格要求,这一问题已经有很多论文提及。有人认为,一方面在于我选择的分析单元不恰当,另一方面,我所宣称的自我调节也很令人怀疑。我将在后面诸小节中处理这些事宜。在此我必须首先处理一些更根本的问题,有关重要变量及其关系的经验价值的问题。我本人在文中曾呼吁大家来关注度量及概念所面临的困难。不过我认为,这方面的有些批评不仅仅是错误的,还会使我们从有意义的问题处分心。例如,贝内特写道:

> 拉帕波特的研究是其出版时代文化人类学中佐证记录最为丰富的研究:十个附录聚集了社区和环境的气候、农业产

366 量、植物和能量消耗等方面无与伦比的数据。然而,这些数据并没有在解释分析仪式和其他行为如何充当了自动调节机制这一问题中被系统地整合起来,也就是说,这项研究不是一项严格的、以定量材料为基础的、关于人类行为的生理生态原因如何回应需要的研究。尽管数据丰富,但它基本上只是一个类推演算,其中貌似合理的提出了生态的复杂性和广义的生态因果关系印记,但却没有详细地推算出来。也就是说,拉帕波特遵从了记录却没有遵从自然生态方法的分析操作。(1976:181)

在第十节中,我将处理他所批评的、认为我的分析"基本上只是一个类推演算"这一指控。在此我关注贝内特的判断:"这些数据并没有在解释分析中被系统地整合起来"。贝内特的批评中没有证实这一断言或阐述得足够具体,让我们理解怎样才是他所认为的将资料充分整合到解释中去。从解释的角度来讲,确实还有些剩余的资料。毕竟,数据收集先于分析。在收集大部分数据时,我还丝毫没有察觉到后来分析中所描绘出的系统。那些分析中用不到的数据是否应该在出版之前弃置一旁呢?我不认为该这样做。这些数据被编入附录不仅是因为——正如贝内特所指出的——它们为分析提供了背景,而且因为这些数据或许会对其他希望利用它们来达到不同目的的研究者有益:或用来丰富我所提供的分析,或用来构建另一种分析框架,或用于完全与我自身无关的目的。

我承认,附录中的许多数据没能应用进解释中。但在此我想声明,大部分定量数据确实进入了分析。园艺生产、耕作面积、能源消耗、生猪的消耗数量以及其他变量值都被用于分析。哪怕是诸如原始森林物种名录也被间接地应用。它们继耕地弃荒之后在此出现,表明生态演替还没有从走向顶级群丛的运动中转向。 367

我在此还要提及,如果相关的量化数据没有整合进此系统,我们很难想象尚茨和贝伦斯(Shantzis and Behrens,1973)以及最近塞缪尔(Samuel,1983)在独立于我之外的情况下,建构出书中所描述之系统的电脑模型。(我得赶快声明,塞缪尔的阐释与我的意见并不一致。)在此我还想提请大家注意 339 页的图表,它展示了书中所分析的各种关系。

我不清楚贝内特基于何种基础下此断言。或许他对我在书中提供的解释有一定误解。我注意到,在仪式周期自动调节的程度以及生猪种群调节在整个分析中的位置方面,他有所误读。就我所认为的凯阔仪式自身中猪肉分配及猪肉消耗的意义(参见第十节),他追随了麦克阿瑟(McArtur,1974、1977)的观点,对此也有误解。不过,他的批评或许表示,人们要求我能更为精确严格。至于他所说的,我没有对"什么构成了充足论证"作出说明,对此我无话可说。不过,此处提出了一个重要问题:我们应要求何种层次的精确性?在人类学中怎样才算是论证充足?就所有实用目标而言,标准被设置得如此严厉,以至于人们无法达到。当然,此问题并不为社会科学所独有。

让我们现在转向更为实质的困难与缺陷吧。首先,我们面临着为诸如"运行良好"、"存留"、"内稳态"等这些关键概念注入经验意义的难题。尽管在《献给祖先的猪》中,我做了认真的尝试。但我必须强调,这种努力只取得了部分成功。不过,这种尝试的不足之处本身十分有教育意义,因为它们暴露了概念以及测量所面临的困难。

在确定了需加以考虑的单元之后,我试图在特定的变量术语中给"内稳态"或"运行良好"添入实证意义。之前我已经提到过,根据亨佩尔(1959)和纳格尔(1961)的苛评,它被设想成一套变量的"目标范围"(也就是"生存力范围")。并非出于我们所考虑系统的运行模式的原因,这些变量被认为对系统的持续存在非常关键。因此,出于生态原因,承载力和营养变量就在那些被选择的变量之内。在观察和测量的基础上,我试图为其赋值。

不过,缺漏依然存在。例如,我为该地可承受的生猪头数和人口数赋予了上限,但却没有给出下限,也没有为人们可以承受的战争频率赋值。

此外,为某些变量确定目标范围极其困难。比如说,我们很难确定怎样才算营养充足,在将目标范围代入以计算更广泛的承载力时,我们也被相似的问题所困扰。例如,休耕期是否恰当,将由土地变量达到某一数值来指示,但斯特里特(Street,1969)指出,测量错误的大小经常超过数值显著变化的大小。哪怕测量精确,或其至于这种测量免于使用那种粗糙的指标如耕地弃荒之后演替顶级树种的接连出现,但时光流逝,上次耕作的时间也可能很难确定。更为根本的是:在一个变动的世界中,目标范围也会且确实会变化。例如,引入一种新作物能使同样多的土地养活更多的人。本研究运用的方法,使多于现实情况的常数得以保留。

与前一项相关的另一个缺点在于,我们在测量时面临极大困难,这体现在一系列细节中。例如,我收集了有关园艺产量的大量详细数据。根据产出的不同园地以及不同作物种类(27 种芋头,38 种薯蓣属等),我每天为四个家庭带回消费的所有作物称重。我还基于观察,估算了园艺中被消耗的农作物。持续十个月为二十多个园艺点的产出称重。因为这些园艺点耕作年限不同,我们或许可以通过构建一个复合体系来估算园艺地两年多的整体收获。所有的园艺地用测链和罗盘来测量,产量收益被转换为面积等效物。我认为这些原始数据极好。这些数据都是长时段中搜集到的,非常详细,反映了当地人的种植与收割实践。然而,在我将这些数据转化为能与其他形式农业可比的术语及能用于营养评估的术语时,碰到了令人困扰的问题。我不可能有自己的分析样本,因而被迫依赖已发表的卡路里值和蛋白质含量,而已公布的数据却差别巨大。此外,尽管我们容易获得家庭摄入量数值,但计算家庭中每个成员的摄入量则极为困难。这些问题我在第三章和附录4 与附录 9 中都进行了讨论。(针对营养数据及其解读的批评的专业性,我在附录 11 中将对此加以讨论。)

估算人们在种植园的能量耗费所面临的问题,一般说来也与估算消费所碰到的困难相似。我对人们完成园艺任务的观测很详细,但次数很少。不过,主要的困难还在于我不得不借助于其他人在其他群体中运用气体交换设备得来的数据,将这些观察转化为能量术语。

关于收获数据转化为营养数值并转变为能量术语,我还有些话需要交代。就收成数据而言,仅在同一种类的作物间,我们才能对毛重加以比较。打个比方说,若有人想对新几内亚的和菲律宾摆迪人（padi）的烧垦效率或结果加以比较的话，那么，在我看来，就很有必要换算成一套共同的度量权值，当然，仅转换为卡路里还不够。如果我们希望估算日常饮食的营养价值，也有必要做类似的转换。

仅因为最近的讨论试图贬低这种计算，轻蔑地给它们贴上卡路里与蛋白质"强迫症"和"营养还原论"标签（参见 Brookfield，370 1972；Cook，1973；Ellen，1982；Little and Morren，1977：35；Morren，1977；Vayda and McCay，1975，1977），这一切因而在我看来，显然都需要作出一些评论来回应。当然，任何数据都可能被误释或过度诠释。此处的问题在于，"数据转化为卡路里和蛋白质有何意义？"我认为《献给祖先的猪》并非被各种作者所描绘的、埃伦（Ellen，1982：47，117 及以下诸页）所总结的那样，是卡路里或蛋白质"强迫症"或"营养还原论"的例子。它并不(1)试图将社会生活还原为"卡路里和能效计算。"(2)它也没有否认斯科特·库克那老生常谈的断言（1973：44）即"如果人类产出卡路里不够的话，就必须生产出比卡路里更多的东西"，也不认为经济产出能还原成卡路里的开支额。(3)它没有声称"能量平衡反映了文化适应"。(4)它并不声称能量获取可作为文化进化的标准。对于这一命题，我持强烈反对态度（参见 Rappaport，1979a：166）。(5)它也没有声称马林人群体受限于卡路里。我在文中对蛋白质的实效性，尤其是它对儿童和应激状态下人们的有效性提出了实验性的看法，但这些看法并没有将蛋白质当作一个限制因子。那种认为这种转换代表着我试图将民族志装扮成自然科学的看法（埃伦并不持此种观点，也没有人直接点明），则完全不值得去理会。

　　承认我在收集和处理收成数据与营养数据时会遇到问题这一事实,并不能解决这些问题。然而如埃伦(1982:116)所说的那样,如果我们为了知道它们是什么而去进行测量,明智而谨慎地使用这些数据,它们也并非没有价值。意识到这些困难,也可能使我们使用绕过或最小化这些数据的方法。在此,我们得警惕犯下被称为"方法论者的谬误"的错误。我们很难确定营养需求、测量实际摄入量以及评估营养状况,但这并不意味着我们可不予理会营养不良这一真实问题。承载力可能会使严格的技术参数落空,而且它会改变,但这并不意味着环境退化不会发生或过度开发从来就不是一个问题。我们不能因为它们超越了我们所使用的方法,而忽略真实世界的真实问题。

第十节　单元及其隐含之意

　　我已着重指出，《献给祖先的猪》中所提供的、在分析中起重要作用的那些单元都经过了挑选，因为它们是马林人自己认可并为之命名的，因而可认为它们具有一种"自然合法性"即不同于分析的合法性；同时也因为它们在自身特性不被忽略的前提下，被看作是生态理论单元（生物有机体、群落和生态系统），以及社会理论（个体行动者、继嗣群、当地群体、辖域、社会）单元的例子。

　　当然，为任何特定分析选择单元，都只是赋予其特征之理论的部分功能。它同时也是我们手头要解决的问题——既从细节方面，也从重要性层面来看——的功能。尽管古典形式的生态学假定群落参与了生态系统，但群落和生态系统并不必然是有用的、甚或可行的分析单元。打个比方来说，我们可能假设中国的辖域及其国民组成了生态系统中的一个群落，但若将其当作分析单位，则只会让我们得出最荒唐的分析形式。我在《献给祖先的猪》中运用了某些分析单位，并不意味着我认为它们应用于任何地方都是恰当的。在马林人案例中，较之于那些出现于理论里的单元，其他那些不那么直接与理论相关的单元可能经常更适合或有用。

　　我主张将群落和生态系统看作是理论实体的生态学，但这并不意味着我否认尚有别的有效路径。与其他人一样，韦达和麦凯（1975）也认为，聚焦于个体或群体对于其生存环境中所出现的扰乱现象之反应会更富有成效,并强调此种聚焦不用区分群落或生 ³⁷²态系统。我不仅不反对这种适应性的而非严格意义上生态学的方法,还曾亲自就此详叙过(1971d,1978b,1979a),稍后在这篇后记中我还将继续进行探讨。不过,在我看来,这种方法并不必然与《献给祖先的猪》中所表现的生态系统程式竞争,这两种方法可相互补充。然而,人们最近猛烈抨击出现于《献给祖先的猪》中的分析单元之适当性的理论基础。有些人类学家质疑生态系统是否确实存在,而麦凯和其他学者则质疑聚焦于群体进行分析的效度,认为个体处理问题的行为才应该是我们的中心关注点。

现在我们转向《献给祖先的猪》所区别的分析单元。首先,我们要指出布朗(1963:110)有关功能表述的一般规定,这一规定同样适用于更有活力的系统分析。他宣称,功能表述仅支持某一类型的系统,即那种能"自我延续"的系统。纳格尔(1961)同意这一说法,认为功能表述仅在与合并了"自我调节机制"的系统相联系时才是正确的。布朗指出,当一个系统包含了自我调节设置或机制时才可被看作是自我延续的。因此,自我调节问题与分析单位是否恰当紧密相关。

生态系统

在本书的结论部分,我将生态系统定义为"从生物圈中划分出来的一部分,其中包含了相互作用,从而使有生命的组成部分之间以及有生命的组成部分与无生命的物质之间,产生系统性物质交换的生命有机体与无生命物质"(第225页)。我们可能会问,这样一种分析单元是否能落入布朗所定义的那一类自我延续系统。有些人类学家认为并非如此。例如，弗里德曼就曾写过，"生态系统并不是这样组织起来的。它是群落间相互的、通常是部分地适应之结果。这些群落各有其内部决定的运作之规"（1974：466）。韦达和麦凯（1975：229及下页）持几乎相似的观点。在引用科林瓦克西（Colinvaux，1973：549）的评论即"我们无法找到独立的生态系统，更别提找到那顶点（climax）概念所暗指的具有自我组织性能的生态系统了"之后，他们声称"生态系统是分析性的而非生物性的实体。"他们提出，"没有必要把复杂生态系统中所观察到的相互作用，看作是系统自身在展示其自组织特点；相反，它们可理解成在受限地域内共同居住的生物有机体个体所采取的多样易变的适应策略之结果。"（弗里德曼更愿意将"社会构造"（social formation）作为分析单元，而韦达和麦凯则因为自然选择作用于个体，而优先考虑生物有机体个体。）

我认为所有这些评论都相当混乱。在我看来，韦达和麦凯对于分析实体和生物实体的区分就是错误的。自然存在着以下这种情况，但这种情况，若有的话，也为数极少，即没有几个包容性不如太阳系的生态系统能完全阻止封闭穿越其边界的物质、能量以及信息流动。因此我们必须指定分析的边界，就如必须说明社会形态或、就此而言，任何类型的分析单位的边界一样。当然，把生态系统从连续的自然现象中区分出来的标准是策略性的，我在其他文章中也讨论过这一点（1969，1971a），认为在有些例子中将一个群落放入几个生态系统中进行探讨，而在另一些情况下把两个或多个人类群落放在一个生态系统中进行探讨，都是很有用的。在此我有必要着重指出,在《献给祖先的猪》一书中,在连续的生态联合体中确立当地生态系统边界的标准是人们的领土权。马林人是园艺师,就这点而论,他们同时也是生态的主宰者。他们设定了各种促进或抑制其他物种存在的条件,并且试图在参与物种间交换的人类行为受到习俗调节的地区,建立以人类为中心的生态系统。当地马林人群体一直调节着自身参与其中的生态系统,或者,反过来说,在这一实例中当地群体的调节域使生态系统得以明确。由于当地马林人群体是它所调节的生态系统的一个组成部分(其自身的存在视系统的永续而定),因此,按照定义来看,生态系统能自我调节。 374

或许有人会争辩说,自我调节特性为人类中心的生态系统所独有。我相信情形并非如此。我认为,自我调节机制是生态系统之所以是生态系统的固有属性,也内在于其组成群落。某一层面的组织具有自我调节机制,并不意味着其他层面的组织就没有该特性。每个生态系统中的每个群落都必然具备自身"内部决定的运作规律",但这并不意味着群落中或群落间的关系中——比如捕食群落和猎物群落之间的相互调节——就不会产生自我调节机制。生态系统的自我调节有可能是许多物种动态互动的产物,其中没有哪个物种占据中心操控地位或甚至于以不那么积极的方式起主导作用。这种弥散调节我们并不陌生。至少在概念上,它推动了经济神话的"完美市场"。

那么,生态系统的确看起来能自我调节,还有其他标志显示它们是被"如此组织"的。一方面,它们具备广为人知的结构特质。不管该系统的组成物种为何,生态系统就物质流而言大致是循环

的,而在种群的生产率、能量流和调节方面则呈金字塔状。它们也
具有"自我组织"之特点,根据外在条件的变化来改变自己,有时用
其他物种群落替换掉所有的组成物种,有时则通过其组成物种的
相互适应完成。(我不确定,当弗里德曼宣称这些适应仅为"部分
的"时,到底为何意。生物适应不会无中生有(ex nihilo)。它所能
做的只不过改变现存样态而已。同样地,适应也从不可能在某种
意义上来说就是部分的。尽管如此,某些令人惊骇的关系——举
例来说,白蚁与居住在其肠道内的奇异黏液毛状藻丝(myxotricha
paradoxa)的关系——已经逐步形成。这些关系如此复杂而亲密,
以至于我们可以用互动进化(coevolution)这个词来指涉它们得以
出现的这种互为因果的进程。)

375　　　尽管生态系统包括伊始时仅形成粗糙铰接关系的偶然集合起
来的物种,但这种系统的构成会随着时光的流逝而变得日益精致
而富于强制性。许多生态学家还相信,生态系统的演替,除非被抑
制或转向,会显示出整体性趋势,而这些倾向,在构成物种截然不
同的系统里,都是类似的(参见 Odum,1969;Margalef,1968)。在
大致稳定的条件下,组成生态系统的物种数或许会增至某一最大
值;现有的物种日益专门化,其中寿命较长、繁殖更缓慢的大型生
物有机体所占的比例会逐渐增多。作为一个整体的系统为了维持
自身,要求标准生物量所耗费的能量流越来越少,而每单位面积的
生产率则越来越高。物质和能量的获取途径激增,调节机制亦如
此。系统冗余因而消除了如若不然则有可能伴随着现存物种的日
渐专门化而出现的系统稳定性损失。科林瓦克斯(Colinvaux,
1973,尤其是第 6 章和第 40 章)认为,连续性特性被过于简化而其

共性又被夸大，但哪怕是他，也没有对它们不予考虑。这一论点正确与否，其最终裁定权须交给生物生态学家。然而，不管辩论结果如何，我们都有足够的理由把生态系统看作是被如此组织起来的，"自我持续的"那一类成员之一，尽管它们在一些重要方面——包括相对一致性、亚系统的相对自主性以及边界的清晰度——与这一系统的其他类型有所不同。

生态系统以及层间矛盾

不过，罗伯特·墨菲（Robert Murphy）的陈述可看作反对将生态系统当作功能或系统表述对象的观点，即使我们认可这种系统的有序状态。

> 较高层次的现象依照其目的排列较低层次的现象，尽管没有改变其性质。相应地，人类社会系统伸手拥抱生态系统，而非相反。文化为自然重新排序，为与人类状况相关的部分添加附属品。[1970:169]

对于这一论断，我有资格充满敬意地指出，它不适用于捕猎采集型群落。一旦人们能生产食物——或最低限度在懂得作物栽培时——人类就成为生态优势种群，为其他物种群落的繁盛或灭落设定条件。在生态系统中处于支配地位的人类，承担了调节以人类为中心的生态系统的重任。人类确实尝试着将自然为己所用（也就是，根据自忖的私利来调节生态系统），但这远不是问题的终

结。我们想知道这是如何达成的；行动者的目的和理解如何；在多
大程度上这些目的本身由环境特点构成、被其裹挟或限制；它们在
多大程度上符合或甚至于明确关注或获知生态系统存续的要求；
以及理所当然的，还包括这些目的所引导的行动是否与生态系统
的必要条件相容，或造成生态退化或破坏。我业已指出，僧巴珈人
的实践至少适合其生态系统的续存。在这篇后记的先前部分，我
还指出，这种相容性在小规模的、充满高度自足的前工业食物耕作
者且所有社会成员都从事园艺耕作的社会中并非不同寻常，但我
并不认为这种相容性就一定能总是占上风——哪怕是在这种人群
中——这点我表达得非常清楚。

　　人类的耕作，要求那些由动、植物组成的复杂顶级群落，被人
类根据外在有用性标准挑选出来的少量物种所组成的相对简单群
落所取代。这些少量物种被安排进数量有限的简短食物链中，而
人类自身力求成为食物链的终点。这种群落可能没有被它们所取
代的顶级群落那么稳定。人类中心生态系统中相对退化的自然，
部分由于其简单性（欲知最近人们对多样性——稳定性假设的质
疑，参见 Beckerman，1983；Hames，1983），部分由于其组成物种的
性质：对当地条件经常适应不良、时常无用、无援助条件下常难于
再生。而人类则是可怜的主宰者。饶有趣味的是，我们应强调指
出，主宰者——为鼓励或抑制其他物种存在设定条件的物种——
在非人类中心的生态系统中几乎总由植物来扮演，比如温带森林
中的橡树，或者类似植物的动物，如礁泻湖群落中的珊瑚。它们能
很好地扮演其角色，因为它们纯粹无意向的存在满足了与之有关
联的物种的需要。另一方面，人类必须通过行动来保持其主宰地

377

位。由于其行动相比于橡树的简单存在而言不那么值得信赖，由于人类能自私且恶意地行动，由于他们常在无知中采取行动，由于他们会犯错，由于他们的目标可能不符合他们占主宰地位的环境之需求，人类设定的各项条件趋向于不稳定（Rappaport，1970a，1970b）。

我坚持认为生态系统具有自我调节和自我组织这一特点，并非是在声称只有生态系统才是有序的。界限明确的社会单位，以及个体生物有机体，也是具有"内定运作规律"的构成系统。我们注意到生态系统是构筑而来的，但并不否定身处其中的生物有机体和生物有机体群落（包括人类群体）的相对自治性。相反，我们承认社会单位的相对自治性，也并不否定其作为一部分的生态系统之组织，至多认为个体的相对自治性否定了个体总是其成员的社会单位之组织。拒绝承认存在更为包容的——在一个或另一个层面的包容——系统这类组织，相当于赞成运行于更大领域内非系统性的或仅在派生的意义上是系统性的系统之绝对自治。（比方说，自由放任政策的资本主义宣称，个体或公司是完全自发地在一个具有系统特征的更广阔经济领域中运行。这些系统特征，如"看不见的手"，只是各自主的组成部分互动所生发的副产品。）但世界的复杂性无法证明哪怕出于分析探索目的而提出的这种观点。我们必须意识到，更为包容的实体确实是有组织的系统，由自身相对自治的各部分组成。比如说，生态系统包括了由个体依次组成的各种群落。情形或许正如系统理论所言，当系统在不同的包容性层面上由大体相似的原则组织而成时，我们应当知晓其特有的"运行法则"中所存在的重要区别。

　　其中有一个区别，即不同类型的系统所要求的、且能容忍的一致性有所不同，尚未引起大家多少关注。我用"相对一致"来指涉系统中某个组成部分的变化对系统其他部分产生变化的影响程度。一个系统若完全一致，则意味着系统内任一部分的变化都会导致其他所有组成部分立即发生相应的变化。我们知道，没有完全不一致的生命系统，也没有完全一致的生命系统，因为任一地方的分裂都会立刻扩散到所有地方。或许由于生物有机体有赖于各部分良好的、迅捷的、持续的协调才能运行，生物有机体相比于社会系统而言，会更加一致且必须更加一致。反之，生物有机体持续不断地对一致性程度的要求，可能对于社会系统（仅在特别情境条件下如举行仪式的短暂时期里，社会系统才可能达到堪比有机体的一致程度）来说，也是无法忍受的。生态系统的一致性可能比社会系统更低，至少比人类社会系统要低（可能是因为生态系统中有秩序的关系更多依赖于日益增长的冗余而非协调）。它们的一致性程度很低，很大程度上解释了我们为何总是无法找出其系统特征。

　　很显然，维持系统并不总是与其相对自主的各组成部分的目标一致。人类自然会强暴对待其主宰的生态系统之结构与功能，就如社会的某些亚系统，比如说产业，会强暴对待其主宰的社会实体一样。尽管这些侵害在部落社会中并非没有先例可循，但我已指出，随着社会日益分化，个体经济理性与直接的生态要求日渐疏远或分离，为盈利而非使用进行生产，以及工业化，这些侵害发生的可能性会增加，其影响会延伸且被强化。

　　个体存在的命令经常将个体置于与己身为其中之一员的社会

系统的冲突中；而社会系统的文化命令会导致人们采取一些不符合生态原则的行动。不同包容性层次上组构起来的系统之间——个体与社会之间，社会与生态系统之间——的冲突在所难免。在我看来，萨林斯（1969）和弗里德曼（1974）认为生态程式或适应程式"不关心冲突"并不正确。在其他论文中（1970b，1978b，1979a），我已从结构上讨论了适应不良，提出除了其他理解以外，适应不良应被理解成层级间的冲突或结果。确实，在我看来，是弗里德曼的论断而非适应程式和生态程式在分析上不关注层级间的冲突。他坚持认为某些社会实体具有自主性，这是正确的。然而他否认那些包含了他所认可的系统在内的系统是有组织的，甚至于是真实的。然而，如果生态系统是不真实的或者无组织的，我们怎么可能发现它们与参与其中的实体之间的冲突？我们不仅会错过许多诠释，还会漏失人类境况中许多可算作悬而未决的或甚至于痛彻的或悲惨的东西。若还否认组成社会实体的个体相对自主性与弗里德曼所关注之物之间的关联，则这一视角会愈加缺乏。我们不应忘记，人类思想中有关人类境况的永恒关注之一，就与个体与己身成为其中一员的社会之间的关系所聚集而来的问题有关，与在概念上被总结成此种表述诸如"自由问题"——或快乐、责任、荣誉、原真性、雄心、责任、义务或伦理问题——的问题有关。不过，哪怕我们承认生态系统的系统特性，问题仍然在于，将生态系统当作分析单位是否合适。我们难于确定其边界，而更普遍的问题则是，它们的极端复杂性使得我们难以理解其组成部分之间的互动。我认为，任何自然的生态系统都不会是完全模式化的。生态人类学家所描绘或叙述的生态系统，哪怕是与专家们进行合作，也只不过是一幅素描而已。我们能做的，无非是勾勒出这种系统的一般结构，试图对少数重要的互动进行测量，尝试着将我们所关注的物种置于网络中而已。实际上，我们并没有远离斯图尔德（Steward，1955）所说的"有深远意义的环境"。

生态系统比综合模式所能呈现的现实可能性要复杂，这一点并没有将它们完全与我们所处理的、当作分析单元的其他实体：生物有机体、社会群体、社会构造、群落、文化区分开来。莫兰（1983）认为，尽管生态系统作为一个分析单位面临许多困难（他在边界限定与复杂性困难的基础上又加上了变量刻度这一难题），但它在概念层面上十分重要。我赞同他的观点。若我们摒弃生态系统这一概念，我们则面临着一个抉择：要不我们找到其他方式来表现周边自然的系统特点，要不将我们自己的研究局限于脱离了具体情境的、作为个体或群体的人类与其环境中一个或几个非人类因素之间的互动研究。由于生态学明确致力于对大自然持整体观念，因而后一选择并不符合生态学而是反生态学的。

生态群落

我把作为环绕单元（environed unit）的群落当成分析工具使用，将其他人所称的"新生态学"与朱利安·斯图尔德的"文化生态学"（1955）最清晰地区分开来，而后者把文化当作环绕单元，我的这一选择招来了数不清的批评。比如说，萨林斯认为"在将'社会秩序'翻译成'有机体群落'时……研究对象中一切有特色文化的事项都可免于探究"（1976b：298）。在我看来，这是一种误解。因为这种误解持续存在,我们有必要弄清楚二十年前为何选择将群落作为分析单元的一些考虑。

首先,将文化或其部件(例如,斯图尔德的"文化核")作为生态分析的环绕单元带来了困难。当我们把文化与环境中的生态系统概念结合时,这些困难被加大了。这一选择源自一种相当微妙的方法论混淆甚或于逻辑混乱,一方面是待解释的术语或陈述,另一方面则是分析的基本单位、分析或描述模式的主要组成部分、所研究系统中彼此关联的要素。

我们很容易陷入这种混淆,也易于理解对环境之于文化的形构影响感兴趣的人类学家们会将文化,或文化的组件当作分析的基本单位。区别于生理学、生物学和无机现象秩序的文化概念,已经成了人类学对西方思想的重要贡献之一。由于文化现象与其他现象不同,也因为文化——不管我们对其作何理解——是大多数文化人类学家希望阐明的对象,文化或其组成部分似乎是生态学程式以及其他人类学程式中参照单元显而易见的选择。事实上,虑及文化被许多人类学家不仅在本体论上看作是与生物的、心理的和无机的现象有所区别,同时也在过程上独立于它们的一种现象,这种选择几乎不可避免。据说,文化"遵循自己的法则",该法则与主宰生物有机体和无机物进程的那些法则都有所不同。

同时,文化生态学认为文化与承载了它们的生物有机体不同,是与环境相互影响的。它从普通生态学中借用了生态系统这一概念。在由此而来的程式里,文化仅与生态系统相互作用。然而,文化和生态系统并不可直接通约。生态系统是不相似的群落或有机体之间以及它们与环绕在其周围的非生命物质之间交换物质和能

量的一个系统,而文化则是依赖于象征符号而区别于其他现象的一类现象。当我们考虑与生态系统其他部分相互作用的文化概念
382 (独立于,或至少在概念上与承载了文化的生物有机体相分离)所隐含的类比即文化：生态系统：动物种群：生态系统时,生态系统与文化的不可通约性显而易见。

颇具讽刺意味的是,在文化-生态程式中将文化作为基本分析单位,是为了保护文化的独特性,抵制生态原则的退化力量,但此举却起到了反面作用,因为逻辑上它造成了研究过程中文化和动物种群对等。这一类比不仅意味着必须用类似的方式来满足其类似需求,由于环境条件的类似限制,还意味着文化远非遵从自身法则而屈从于规范动物种群的那些规则。当然,没有任何(严格意义上的)文化生态学家持此种立场,我确定他们也从未试图如此行事。虽然如此,它却内在于文化-生态概念所独具的不可通约且不协调之术语的折中组合当中。折中程式仅能通过违背部分或所有术语而将它们归于一起的迥然相异的各术语连接在一起。我们手头现有的违背例子就是文化,因其或其某些方面诸如社会秩序,可能已与生物现象合并。

萨林斯在《波利尼西亚的社会分层》(Social Stratification in Polynesia)中所遇到的困难,就很好地阐明了这一问题。萨林斯的观点是,生产率差异能够解释波利尼西亚社会中社会秩序尤其是社会分层方面的某些差异。在那些如尚未与外界接触的、波利尼西亚这样的社会中,生产率这一术语肯定指涉园艺与捕鱼产量。由于缺乏直接的生产数据,萨林斯比较了种植、果园及捕鱼产出所分配的最大范围网络规模,并假设网络越大、运作越频繁,盈余量

就越大,因而生产率越高,从而试图估计所讨论社会相对的生产率。然而,盈余和生产力之间的关系尚悬而未决,而且,乍看之下(prima facie),我们没有理由相信,组织成单个分配网络的一定规模的社会,人均产出会大于较小的一个社会,或大于组织了多个较小网络的同等规模社会。此外,若归于首领特权名下的分配之范围是社会分层的一个方面,而分层又能被生产率所解释,那么,从再分配网络的规模来解释生产率,就可能将该论证带入循环险境。

不过,我们可以避免推理长链条上的可疑性以及循环论证的危险。从生态意义的角度来看,生产率可理解为单位时间里单位面积所生产的生物量或能量大小。因此不同社会的园艺生产率可用"吨/年/英亩"等术语来进行比较。在收获和耕作数据阙如的情况下,我们可以或必须使用指数,但分配网络的规模不是一个合适的选择。然而,在像波利尼西亚这样的生产目的为使用而非营利、人口基因相近且拥有相似生产工具的相对无差异非工业社会中,我们有理由比较生产率所能养活的人口密度数来推断其相对的生产力或生产率。这种比较表明,社会分层和生产率之间在原始的波利尼西亚社会中可能并没有什么联系。但此处我想说的是,我相信萨林斯的困难来自于从他未能区分人群的生物特征,即密度与社会秩序的一个方面——再分配网络的规模。

在此我们可能会回想到之前其他小节中贝内特所提出的批评,即《献给祖先的猪》中所展开的分析,就其广义生态学范式而言,"仅仅是个类似的操作"。贝内特的判断并不正确。我的分析表现了一种刻意为之的自觉尝试,用同源关系来替代潜隐于"文化生态学(将人类文化和动物族群看成对等的一种类比)"之中的不合适且变形的类比。如此,它代表了用一种合适的综合分析方法代替仅有折中方法之分析模式的尝试。与仅有折中方法的那些程式相比,综合程式将之前独立话语领域的主题归结于具有充足普适性的术语中,使它们能够彼此相容而不被曲解。它们并不忽略或者否认差别,而是运用逻辑类型很高的术语,这些术语足以将貌似不可并论的现象当作一个普遍类别下亚类别中多少有所区分的成员包容其中。

384

找到术语来表达普遍性是走向任何综合的第一步。以生态系统进程中的人类位置为例,与仅仅致力于区分人类与其他物种差异之处的做法不一样的是,综合法首先探讨其共通点,然后探讨其差别。因此,我们首先简单地观察到,人类毕竟只是所有物种中的一种,因而,与其他物种一样,人类与其所处的物质和生物环境之间的关系,也是持续不断、牢固持久且不可避免的。接下来,我们不仅有可能,而且能恰当地将人类种群看作是生态程式中的一个环绕单元。

在本书中以及其他文章里,我都将生态群体定义为与共同参与其中的生态系统中其他组成部分保持共同一套物质关系的生物有机体的集合。我们也已经着重指出,生态系统是生物圈中给定界限内绑定一处进行物质交换的所有生态群体与非生命物质之总体。"生态系统"和"人类种群"这两个术语,就生态学意义(而非从,譬如说,包括某种手段在内的简单统计的意义上)而言,是完全可资比较且和谐的。

但文化在其中的情形如何呢?它的独特性被生态人类学普遍形式的综合方法所忽略、侵犯、退化或降低了么?我认为并没有。

为了得出生态学的解释，（可能还包括其他事项）关注人类与其环境，文化或其组成部分关系的有关解释能够涵括在群体特性中。

从这种观点来看，文化与动物种群并不类似，它是人类种群为维护与自身参与其中的生态系统里其他组成成分的一套普遍物质关系之最独特的主要手段。文化，换句话说，对于物种适应极其重要；依次的，文化对于许多物种适应由其组成的或多或少与众不同的种群来说也很重要。

如果文化的适应性这一概念是真相的话，那么这个真相并不完整。正如我们很难不把在前文化基底（precultural substrate）基础上产生的文化，想象成适应过程本身具有很强选择性的一个创新一样，我们同样也难于认为，文化自产生后就一直只能充当某一特定种类生物过程中的一套适应机制而已。文化一俟出现，自身就发展了其需求，同时也确立了人类的目标、价值与目的。因为人们为保存其文化、服务于文化的努力等同于——甚至于超越了——其文化为保留他们、服务于他们所付出的努力，文化到底是实现生物目的的象征手段，还是实现文化目的的生物有机体生存手段，这点已经变得不再那么清晰。

就如我所界定的那样，生态群体是与其他在生态上有所不同的群体和其生存环境中非生命物质进行物质交换的单元。我已着重指出，文化在产生之后，发展出了与其群体的生物需求有别的不同需求。在人类历史进程中，文化组成要素的需求，应该对人类群体加之于环境的所有要求中日益增长的部分负责，直接受到影响的环境组成部分也有了变化。能量消耗就是一项指标。僧巴珈人大概每人每天消耗 2 000—3 000 卡路里，外加木材作为燃料所能

385

提供的一切能量。最近的一项评估显示,美国人每天消耗230 000卡路里(E. Cook,1971)的能量。不用说,美国人超出马林人所使用的能量绝大多数都是被机器消耗掉的。与这一趋势相关联的是,以往人们的活动直接影响到的其他物种主要是植物,而现在人们的活动诸如农业产业化以及煤、石油和矿物的挖掘提炼则直接影响了其文化基底。不过,对生命物种的相对小规模开发,其影响可能是暂时的,因为生命体通常能自我更新,而对非生物基底的大规模改造,则有可能造成永久性损害。

386　　　　这一解释认为,文化自身的需求及其规定的价值、目的与目标可能会与孜孜以求按照文化生活、履行文化之人类的生物需求相冲突,同样还可能与文化在其中得以实现的生态系统相违背。正如认为对文化承载者而言,文化的各个方面对于其适应来说处于中心地位这一认识一样,人类种群的文化属性与其生物特征相抵触,内在于此处所表达的这一观点。在我看来,文化性与生物性之间或许不可避免的这种冲突,是具有生态意识的人类学所要探讨的一个最基本问题。

　　　　我已经提及人类种群的文化属性。若不作进一步说明,那么这一用法的含糊性只会使问题得以隐藏。就最简单的意义而言,属性是所拥有的某种东西。这一术语还可用来表示实体或阶层的特征或特性;在逻辑上,属性是阶层所特有的、普遍的、可预知的特点,必然断言了其本质但并不成其本质的一部分(美国传统词典,1979)。在与基本人性的关系中,文化符合所有这些定义。没有哪一个人类群体不拥有一种文化,也没有哪种文化能脱离于某一人类群体或某些人类群体而独立存在。另一方面,不把生物特点看作是属性而把它当作本质,似乎已成为人们的基本常识。不管怎样,认为人类种群既有生物属性又有文化属性也是合理的。无论如何,人类生物体被文化所控制,这一点有其真实意义。而这些文化在作为文化成员的人类群体中十分盛行。

人类的文化属性与生物属性相互依赖,这点我们无须讨论。然而,值得强调的是,它们的关系并不是对称的。尽管没有哪个人类生物群体或聚合体能在文化缺失的情况下延续其身体存在,但这并非是说,任何特定的某个风俗习惯或某套风俗习惯对于人类生存来说必不可少。与此相反,所有文化属性的存系有赖于生者对其的实现。文化并不像我们有时候所说的那样"发育出自身生命"。它们只能"活"在那些文化所塑造的人的思想与行动中。在人类生命及其进化中,生物过程与文化秩序是绑定在一起的。

文化的实现有赖于生物有机体的存活,并不意味着文化的一切都需要用生态的或适应的术语来解释。这些理论本身不能构成文化的一般理论或解释,尽管包括我在内的一些人类学家(Rappaport,1971b;Voyda and Rappaport,1967)不时地接近于使它们担此重任。不过,生态学、适应以及进化视角,确实有助于人们对文化有个大致理解,以及理解某种特殊文化。

总之,在我看来,当文化被看作是群体属性时,并不必然妨碍其独特性,贬低其重要性。社会秩序因此不会还原为如萨林斯所指责的那种有机体状态(1967a:298)。事实上,相比于斯图尔德和早期萨林斯的文化生态学,我们更容易区分人类种群的生物属性与为这些种群制定秩序的文化约定。当然,区分它们并不表示要将其隔离开来。该观点认为,种群的文化属性和生物属性既没有不恰当地合并于一处,也非彻底分离。我们应尝试找出能与自然的一切可以同单位度量的术语,同时充分考虑到人类生活的独特性。

尽管人类学家认为自己完全没有种族中心主义倾向,但传统上却关注人类独有存在之方方面面。简言之,人类学是以人类为中心的,若非如此,定令人惊奇。但当我们聚焦于人类特有的存在之方方面面时,会倾向于忽视其他一些并非人类生活独有,却也属于人类生活一部分的其他方面。这种立场会把我们将自己与日常生活与公共事务中自然的其他方面分离开来,甚至于与它们对立,导致我们所观察到的周边环境出现那令人不愉快的后果。

在此需要我们加以评论的,还有概念之效果。在我们理解己身与己身之外的世界之关系的例行尝试中,我们去寻找一些建立在独特性假设之上的、仅能涵括某种案例或至多某一狭窄范围内案例的特殊解释,用那些也能应用于其他物种的原则来理解文化现象的尝试则被劝阻。这种普遍原则对于我们理解文化或人类状况是否有任何助益,我们将在此后记的最后一节展开探讨。我在此只提出,在我们的认识论中,阐明相似性而非强调异质性的程式占据着更恰当的位置,它们并不总是更独特解释的替代选择,而是其补充。我们甚至可以提出,揭示诸如生物有机体、种群、甚至于生命系统现象中的相似性,通常都要先于人们对其不同方面的充分了解。如果相似性没有被人们认识和理解,差异性的大小与意义就无从被领悟。从更普遍的视角来看似乎是某一普遍主题之变体的事物,用更为狭窄的视角来看,或许就有极大的类别差异。

总而言之,在我看来,在生态分析中使用人类种群,维持了将人类看成自然的一部分这种观点，同时又认可了文化赋予该物种的独特性。照此，它保存了在法则内在于其中而意义却非其固有之物的世界中，定义那仅就意义——而这种意义大部分是文化组构的——而活的生物之状况的一个术语。

当地群落和地区群落

此刻我将笔触转向罗伊·埃伦(Roy Ellen)所提出的、一种对《献给祖先的猪》这本书多少有些普遍的批评，在此表述如下：

> 拉帕波特的分析筑基于一个假设，即至少就他所讨论的相关变量而言，僧巴珈代表着一个封闭的时空系统。他不得不假设僧巴珈人和马林人是相对孤立的，构成了一个与各自环境保持着动态平衡中的种群。然而资料很清楚地表明，他的假设是没有根据的。[1982：185—186]

我认为这一批评使人困惑。尽管我认为，把当地群体看作生态种群，对于分析马林人中小范围内异种间的营养交换来说适合，但我并不认为这种处理已经穷尽了任一马林人当地群体之间的交换关系。部落民族的所有当地群体，除了少数可能存在的、居住于偏僻岛屿上或北极圈深处与世隔绝的几个特例外，都参与了与其他当地人群的交换。交换的物质可能包括食物，但贸易品、珍宝、人员，以及仪式支持、军事援助等服务项目，以及紧急情况下的殷勤款待往往更重要。此外，占据某一地区的各个本地群体，其辖域也时常通过战争、迁移和联盟这些进程被重新分配。这些超出本地范围的交往并没有被本书所忽略。实际上，它们在本书所呈现的叙述中非常重要，其本身就占据了一章，显著地出现在有关仪式周期的一章中，并在最后一章受到相当大的关注。

虽然我援引佐证表明仅有僧巴珈人能从其辖域内获取生计，而且几乎仅能从其辖域中摄取；尽管我声称马林人中普遍存在着类似程度的本地营养自足状况，但我的描述并不认为，当然也并没有假设马林人当地群体彼此"相对隔离"，马林人作为一个整体在更普遍地域内与其他种群隔绝。〔在此我顺便补充一句，我并没有假定僧巴珈人或马林人与其环境保持着动态平衡。我确实给出了一些大部分为植物区系的佐证，使我（正确亦或错误地）推断得出，僧巴珈人并没有使其生存环境退化。我没有提及其他当地马林群体这方面的情况。读者可参见曼纳（Manner，1981）对卡瓦西辖域的叙述。〕总之，在我看来，"拉帕波特的分析筑基于一个假设，即僧巴珈代表着一个封闭的时空系统"这一指控完全错误。批评者归之于我，之后又宣告其无效的那些假设，事实上非我所设定。

在《献给祖先的猪》这本书的结论部分或其他论文中（1969，1971b），我确实认为，"为分析居住在单个地域中生态相异（即处于不同的小生境中）种群间的营养交换提供便利框架或模式的生态系统（或生态种群）这一概念，仅能通过引入居住在隔离地域中生态相似种群间类似的非营养物质交换才能被容纳。"（见本书225页）我以为，为处理后一类型的交易，我们应该认识到当地群体（其含意为分立的亚群体及作为其成员的个体）不仅作为生态种群参与了当地的生态系统，而且还是地区系统的组成要素或者成分。在部落民族中,生态系统可能或多或少是各物种间交换的当地系统,营养交换是其中最重要的一类事务。地区系统是更加分散的种内交换系统,其中最重要的事务可能是人员、信息、各类服务以及贸易物品和珍宝的交换。

我们通常可以根据受空间限制的不同程度来区分部落民族中的生态系统和地区系统。在当地占据了辖域的群体以及他们所占有的土地经常被看作生态系统的组成部分。聚集于某个地区相互作用的各个当地群体组成地区系统。不过,这种清晰的区分并不普遍,因为部落民族领土权发展并不充分,在狩猎和采集部落中往往十分微弱,甚或不存在。即使在特定群体与特定地域彼此关联的一些例子中,例如布须曼人群体里(Lee,1976;Yellen,1976),个体也能很轻易地从一个群体迁向另一个群体。在这种情况下,我认为(1971b:250)生态种群应包括生活在该地区内的所有群体,地区作为一个整体组成一个生态系统。对一个或多个当地群体的观察和测量可看作是整个种群之环境关系的统计样本。也就是说,在这种情况下,当地群体能独立地成为一个样本,而非分析对象(见 Arensberg,1961)。

我们事实上有区分生态系统和地域系统的依据。这些依据比简单的本地集中与地区散布更为根本。首先,在于各构成单元之间的关系。生态系统由生态上相异的种群,即归属于不同物种且在营养交换网络中占据不同位置的种群之间多少有些连续的互动构成。地区系统则由生态上相似的种群,即属于同一物种且占据相似或等同的小生境的种群间的互动组成。马林人当地群体既是(当地)生态系统的构成单元,也是更广阔的地区系统的构成单元。

生态系统和地区系统"关注"不同事宜。生态系统关注不同物种间物质和能量的交换。这些交换大体上是营养方面的,此系统"涉及"生计。与之相对,地区系统中的典型交易主要是非营养性的。当然,食物也是地区系统交换中的重要部分(往往是象征性的),但人员、珍宝、贸易物资、服务和信息的交换通常具有更重要的意义。此系统"涉及"种群的分布、防守、进攻、非食物的必需品、奢侈品与珍宝、生殖、社会关系以及仪式。本质上它关乎经济、社会、政治以及宗教。

第三,两种系统中的交换形式具有不同特点。生态系统中的营养交换是两方之间的交换,其中交换的是其中一方——一方以另一方为食。地区系统中的交换也存在于两方之间,但交换的物品独立于交换双方,无论交换的是物质产品、信息、服务、亦或婚姻给付中的男女。地区系统中的交换本质上是社会性的——交换双方属于同类,一般来说都会在交易过后幸存下来,并往往以这种或那种方式从中获利。(但战争是一个例外。)相比之下,生态系统中的交换本质上不具有社会性。交换双方不属同类物种,在交换之后通常另一方不能存活。然而,丝毫不让人奇怪的是,尽管生态系统的交换本质上反社会这一点被大家所熟知,人们却常用社会术语来看待它。例如,马林人将有袋类哺乳动物当作"红精灵所豢养的猪",会让我们想起瓦格纳(1977)关于美拉尼西亚人观的探讨。

虽然上述对于生态系统和地区系统的识别,对于我在1962到1964年间观察到的、盛行于辛拜山谷那相对简单的情境来说业已足够,但我意识到(见227页的注释),更为复杂的情境可能要求我们做更加精细的区分。

我们还有一点需要在此加以说明。即便生态系统和地区系统在地理与人口上同延的情况下,区分这两者也大有裨益,这种区分重点关注所区分系统的接合方式。我们不可想当然地看待不同进程中的接合。与此相关的问题包括一个系统中的事件对另一个系统中事件的影响程度(比如,生态系统进程是否减缓了经济进程,或某一系统是否会持续、偶然或者周期性地回应另一系统中所发生的事件等等)。地区关系和生态系统关系通过当地组织和当地仪式周期接合。在《献给祖先的猪》中,这种接合可看作是一方面参与生态系统进程,另一方面参与了地区关系的共同结果。

不仅在《献给祖先的猪》中(229页),同时也在其他论文里(1971c),我提出,重点关注我们所区分的系统之不同接合方式,有助于加深我们对于特定制度的理解。例如,我认为马林人的仪式就像二元传感器那般运作,可以说是把一个系统的状态变化"翻译"成另一个系统话语中有意义的信息。最近,我进一步认为,比之生态系统和地区系统的接合,仪式的这种能力具有更广泛的用途,最普遍地体现于个体心理进程与公共社会系统的接合中(1979d:187及下页)。

我将组成了地区系统的当地群体之聚合命名为"地区种群"。正如我在《献给祖先的猪》这本书的结论部分所强调的那样,地区种群可能会与人类学家与其他科学家所识别的其他群体类似甚至一致——人口学家的人口群落、遗传学家的繁殖种群,社会学家和人类学家的社会(我将其定义为有机体组织,其互动受共同的一套习俗所归制)。就像这些单元一样,地区系统的边界具有典型的模糊性或渐变性而非锐利分明。我还认为,尽管地区种群持续模糊难辨,作为其组成部分的当地群体或多或少却也只是转瞬即逝而已(参见 Lowman-Vayda,1980)。

社会因素

认为我假定僧巴珈人与外界的隔离远胜于实际情况这一指责,与人们对《献给祖先的猪》的一个普遍批评,即我对社会因素没有给予足够重视,有一定关联。这一批评确有可取之处。生物性与生态性考量被强调,主要是因为它们相对新奇,而社会性考量则并非如此。然而,过分强调某些因素,并不意味着不给予其他因素足够的重视。强调是修辞性的,而"重视"则是分析性的。修辞上的强调可能会使读者从分析中实际上起了重要作用的社会因素那里分心。可能还有些社会考量的价值被低估,但批评家似乎错失了我认为对论证而言不可或缺的某些社会因素。

人们的普遍批评都聚焦于生猪数量的动力学,尤其是认为我没有充分考虑人们养猪的动机或处理生猪的策略。我确实强调说,"足以报答祖先"的生猪数量不由社会责任来决定,而是当地过程的结果。更准确地说,这是一个让足够多的当地人觉得生猪成了一个负担或者说麻烦,从而能使人们达成一致意见的数值。没有哪个批评就我试图对凯阔期间的生猪数量进行解释这一点提出了有效挑战。我进一步认为,生猪献祭时的数目可能低于辖域承载力,这一观点更具争议性,事实上也受到了人们的有效批评(参见后记的第十一节)。

尽管我强调生猪总量以及它与承载力的关系,但我相信,我已

经解释得很清楚,祭献大量生猪的凯阔仪式本质上是社会性的、政 394
治性的以及宗教性的。也就是说,人们在这一过程中被杀掉的生
猪满足了其社会的、政治的与宗教的目标。对此人们有误解之词,
尤其是麦克阿瑟(McArthur,1974,1977),而贝内特则尾随其后
(见第九节)。麦克阿瑟在理解了总论点之后提出(1)人们的猪肉
消费局限于高质量蛋白质摄入尤为珍贵的应激时期;(2)凯阔期间
人们消耗大量猪肉,它就是这种应激时期。这不是我的观点。我
认为(1)将人们在节日和战争之外的猪肉消耗限制于可能发生心
理应激的情境,能使僧巴珈人可获得的那些有限猪肉之营养得到
最好的运用;(2)猪崽以及成熟生猪的数目超过与应激事件相关的
祭祀所需要的数量,生猪数目才可能增长;(3)或迟或早这些"多
余"的猪会成为人们的负担;(4)这些负担因凯阔期间这些积攒下
来的生猪被祭献给社会的、政治的和宗教的目标而减轻。附录 11
中记载了这一观点有关营养方面的内容。

　　我有两个观点本应在书中表述得更为清楚,但却只含蓄地表
达过。第一,举办凯阔的能力展示了某个地方群体能成功地捍卫
自我,生态上能兴旺繁盛(生猪的数量增长能对此加以佐证),能通
过祭奉猪肉履行对盟友和祖先的责任。这种展示是当地群体不受
阻碍地全面参与地区系统事务的前提。因此,我们可以说,在闰槟
还栽种在地里以及凯阔之后战争达到高潮这两个阶段之间存在着
一种轮换,前一阶段期间当地群体的关注点与努力都聚焦于当地
事务的进程上,而后一阶段人们的关注点与劳作更多地聚焦于地
区关系。需要加以强调的第二点是,尽管保留至应激期间所消耗
的猪肉具有营养价值,但很显然生猪的处置不能从营养方面来解

释。我并没有宣称人们在凯阔期间所消耗的猪肉提供的营养对人
们极其重要。麦克阿瑟(1977:124)认为我没有意识到马林人的这
种实践有多浪费,从而提出"生猪既是声望,也是蛋白质的源泉"。

与其责备这些实践奢靡挥霍,我更愿意把政治关系管理中的
这种牲畜运用与宰杀看成是就营养而言代价高昂的行为。若生猪
数目的增长被看作是当地群体作为一个整体参与某种政治行动
(特别是发动战争)之前所必需的生态和经济能力指数的话,那么
生猪的处置权不再经由个体之手,其营养目标也被地区关系的管
理所缓和甚至于被其挟制。当然,理顺群体间关系与获取威望这
两者并不相互排斥,但麦克阿瑟认为(1974:119),竞取威望或"决
定政治事务的权力"是马林人生活中极其显著的一个特点,则是完
全错误的。

埃伦(1982:184)也注意到诺曼-韦达(1971)曾报道过卡瓦西
马林人为姻亲给付所杀的生猪头数多于非节庆年月里他们用于不
幸或战争所戮杀的生猪条数,暗示这与我对僧巴珈人实践的理解
相矛盾。我必须提请大家注意,在《献给祖先的猪》这本书中(第
82页)我也发表了同一信息(以与诺曼-韦达私人通信的方式),还
就僧巴珈人和卡瓦西人园艺上的主要差异解释了这一不同(第82
页注释4)。

另一个常见的批评认为,对于大人物在管理事务中,尤其是发
动战争与举办凯阔中所扮演的角色,我没有给予足够重视。我确
实在第二章中讨论了大人物,同时还讨论了群体作出决定的方式,
但可能我没有表达清楚。因此,我将重述经由我最近一次访问而
强化了的观察结果,即在我1962—1963年访问期间,僧巴珈并没

有古典意义上所说的大人物。没有哪个个体借助于其经济优势命令或强制下属的行为，或就分发礼物或举办宴席展开竞争；也不存在吸引或失去潜在的支持者之说法。正如我在第二章中所表述的那样，这里曾经有，现在仍然有被称为"大人物"（语云斗 *yu yun-doi*，语麦外 *yu maiwai*）的人。一般来说，大人物比其他男人拥有更多生猪、珍珠贝壳和妻子，但并不非常富有。他们的影响力并非基于财富，而倚重勇气、智力与口才。通常他们那些表达清晰有力且有趣的观点均受人们尊重。据说大人物"有话语权（have talk）"。由于群体通过"使说法归一（talk become one）"而达成一致意见，大人物肯定会影响当地群体的决定。我想表明的是，群体所取得的一致决定，不管是否受到某个特殊人物的强有力影响（如它们通常所经历的那样），都在仪式周期之习俗范围中（见 220 页以下诸页）。

个体——其决定与行动

自从《献给祖先的猪》出版之后，生态学程式对个体及其决定及行动的强调日益增加（Ellen，1982；McCay，1978；Orlove，1980；Vayda and McCay，1975）。该趋势不限于生态人类学，而或多或少是该领域广泛进行的一项运动之特殊表现形式。奥特纳（Ort-ner，1984）特别强调："近几年来，人们在分析中运用互相联系的一套术语中的此或彼术语如实践、习惯、行动、互动、行为、经历、展演的兴趣日益增加。第二组与此紧密相关的术语集中于关注这些行为的施动者：代理人、行动者、人类、自我、个体、主体。"她进一步指出，这种趋势是 20 世纪 80 年代人类学最显著的特征。对这种发展，我们应持有保留的欢迎态度。生态人类学的早期分析反映了社会人类学与文化人类学的一个普遍缺陷，即对激发个人行动的动机没有给予足够重视。而这些行动，在聚集起来时，就构成了群体事件；这种早期分析对于各个体的行为变异、对于个体所持的对世界理解之差异、对于作为适应单元的个体，或者个人行动者之间的冲突，亦或个体与其所属群体之间的冲突也没有给予足够的重视。

　　《献给祖先的猪》在这些方面存在缺陷，而且与当时大多数的 397 分析一样，饱受此种批评。不过，值得关注的是，这本书首先关注仪式，其次关注战争这两类具有高度整合形式的人类社会行动。与其他人类行为相比，仪式和战争更复杂地集聚了个人目的，其中利害关系得到更为严密地遵从，行动合作得更紧密。在别的任何情况下，群体都不会像在仪式表演中那样作为群体，而非自主个体之集合体来采取行动，而战争则具有明确阐明的共同目的，它是高度协作的、个人利益常被自我牺牲等特征所取代。在我与僧巴珈人一起生活的那十四个月当中，大多数人花费了很多心思，在大多数时间里都在为战争纪念仪式做准备。与其他事项相比，仪式是更接近于遵从"理想结构"的一种行为模式。以上就是我所观察到的情况。的确，在《献给祖先的猪》及之后出版的作品（尤其是1971b，1979b 以及之前的第三小节和第五小节）中，我十分关注"认知模式"——隐藏于个人理解、选择和行动中的共同理解，而没有关注个人理解、选择与行动本身。倘若我关注了它们，那么我的分析会更加丰富。

尽管那被称作"实践理论"的发展，可能会对先前人类学叙述中现在已经表露得十分明显的不足具有改进作用，在此我们必须提出一些相关问题。奥特纳已经在其论文中提出了其中一些问题，并展开了更为充分的讨论。

首先，有人可能会问，个人选择与行动在人类学分析的解读中具有何种意义。毋需赘言，人类的选择及其行动，是经由文化构成的理解而习得的。大多数这种理解，都有一个假想的或明确的公共核心。人们以此核心为基础或围绕此核心达成一致协定。个体差异体现于细节或者说，更重要的是，体现于不同个体会从同一套事实或区别中得出不同结论，或体现于与同一事实处于不同关系位置中的个体会采用不同的策略。当然，对事件的解释应将牵涉到促成其产生的个体差异考虑在内。比如说，对于凯阔事件的充分解释就注意了共识达成的诸种细节。将此等事情考虑在内，能表明不同类型事件间重要的进程差异。例如，地方群体决定何时开始举办凯阔，会经过多少被延长了的、人们就此达成一致，最终取得大多数成员支持的过程。相比之下，那些能主动担当起杀死另一群体中某个成员，从而为死去的族人报仇的任一个体或一小撮个体能优先占据将全部群体成员紧紧团结起来参与战争的决定权。（团体被个体所挟制的情况并不限于部落社会。在北爱尔兰，任何一个持有手枪或能费力获得一颗完整炸弹的天主教徒或清教徒，很轻易地就能够破坏人们最精心设下的和平协定。）

比起个人的行动及决定在多大程度上能解释事件这一问题来，让人更感兴趣同时也更重要的问题是，它们在多大程度上能够解释习俗与制度及其中的变化。换句话说，人们的实践到底能在多大程度上解释结构及其中的变化？先前将行动看成在很大程度上是由文化限定的规则所设定的那种人类学会认为是"微乎其微"。不过，最近人们对实践如何修正或改变社会与文化形式的兴趣日增。我曾就这一议题提出过一些看法，涉及认知模式如何根据变化着的历史情境而转换（1979b），以及个体参与或不参与仪式的决策如何影响了社会结构的持续或嬗变（1971c，1971d，1978a，1979e）。

　　这种在当代人类学中普遍盛行的、对于实践日益增长的关注，社会文化结构、系统或者程式。虽然如此，其新颖之处则在于，社会过程与个人行动之间的关系，就其本身而言，现在被看作是"悬而未决的"。较之过去，人们现在用更互惠或相互形塑的方式看待它，但在生态人类学和社会学之外，没有任何学者试图将社会现象简化为集聚在一起的个体行动。这里存在社会生物学的发展，以及被社会生物学所影响的生态人类学的趋势这些特殊问题。尽管人类学"实践运动"的根基通常正好落脚于将群体现象作为研究中心的传统之内（参见 Ortner，1984），生态人类学新关注点的理论基础，在很大程度上是进化生物学和形式经济学。奥洛夫（1980：248）认为，普遍承认存在具有与将其付诸实现的个体不同属性的生态人类学最近对于决策模式的强调"与生物生态学中的近期发展相对应，强调单个有机体层面上的自然选择是种群与社区系统化的一个原则。"更具体地说，它试图使人类学程式与生态学对于群体选择是在生物进化中起着重要作用的一个过程这一观点的普遍摒弃不矛盾。

　　先前的人类学低估了行动与个人，或者说，倾向于将其仅当作人们行为的文化编码模式假设——只不过是实践中的文化形式和社会形式之实现——而不予理会。与此相对,奥洛夫含蓄指称的"过程生态学"则倾向于将社会形式与文化形式仅看作个体根据自身利益而做出的决定之和而已。换句话说,在解释习俗——公众所接受的理解、规则及实践——时,应优先考虑解释那些接受该习俗的、赋予了其优势的各个个体。处于优势的、盘根错节的系统在"与决策经济模型类似的微观经济模型中"被规范化(Orlove,1980:247),尽管在有些情况下,"补偿"、"极小化极大"、"优化"以及"策略层次"代替了简单的最大化。那些被最大化的、优化的物事或其他任何有机体——生理学有机体亦或基因有机体,认其包罗广泛的适宜性成为后者的度量,或直接就是经济有机体或政治有机体,被财富或权力标准衡量。

尽管特殊而言对于个体,一般而言对于实践的这种忽视需要加以改正,但在我看来,这种方案所引起的校正面临过度化的危险,不仅是用一个错误来替换另一个错误,而且用更为严重的谬误比如说消解社会之类,来取代对个体的忽视。在这一方面,我还有几个更为具体的观点。

第一,至少从表面上看,在个体之间或个体与环境之间的竞争中,习俗并不必然帮助或支持个体。事实上,更常见的情况是,在人们处理与他者的关系时,习俗限制了个体的行动。当然,我们可以认为,总有某些个体或群体能比另外一些人从盛行的惯例中受益更多,而这种不平等现象是无法避免的。人们为控制再生产和转变这些习俗的机构而展开的竞争,推动了许多社会的发展。尽管如此,用此种术语来解读普遍的习俗(或若你乐意,也可以说是文化),会导致解释这一概念仅成为一种阐述(exposé),文化这一概念仅成为特定物种的一套社会统治模式。

第二个观点与第一个观点有关联。情况可能会是,在任何给定的习俗中,人们都会照其自身利益行事。但个体的这一行为癖好假设并不能解释任何社会中的特定文化形式或习俗。它提出了倘若任何此种形式存在的情况下人们的行为。假设人类会最大化地追逐个人利益或最大限度地追求最广泛的适应,是没有任何特定文化内容的一种假设,并不能对这一内容作出解释。

第三个相关的观点是,假设人们会遵照他们所认为的自身利益行事,并不能解释人们所理解的利益为何。哪怕个体对于自身利益的看法或多或少遵循普世的、泛化的、自然的"最大化"或"优化"倾向这一特质程式,我们也很难质疑自身利益的特定文化定义能干预其内容。

第四,如果自身利益这一概念是由文化来确定的话,那么我们可以根据与活体的直接物质利益或他(她)基因类型的长远利益相冲突,甚至于对立的方面来定义自身利益。语言的运用甚至于能将个体利益与其生存分开:英勇战死沙场的赏赐是祀奉于英烈祠,而苟死于床上的人则去冥界。个体会很轻易地被引导为"他们自身的最佳利益"而牺牲自己。这样的例子在历史上数不胜数。就英雄的兄弟或姐妹不断成功产出而言,我认为试图解释所有这些例子令人悲悯。我以为可以得出以下结论,不管其他物种运用语言的情形如何,能使诸如荣誉、德性、利他主义、诚实、勇猛、正义、神灵、天堂和地狱这些概念成为可能的语言运用,使人类的群体选择变得至关重要。群体选择指涉的是选择以及保存那些能加强群体延续的习俗,尽管这些习俗可能不利于那些严格遵守它们的个体之利益。

第五,在适应程式中,群体特性与个体利益的从属关系在实践中并不被保证。如果适应是对一个扰乱作出反应的过程,那么适应单位(adaptive units)就可定义为对这种扰动的统一反应。对引发不安的事物作出反应这一特点并非个体有机体所独有,而是内在于几乎所有不同包容层次的群体中:家庭、亚氏族、氏族、地方人群,甚至于国家。若我们不考虑内在于任何特殊层次的适应性,就不仅可能将适应过程的结构误解为整体,还会漏掉适应过程中该结构的变形形式以及层次间的冲突。

第六,奥洛夫自己业已指出(1980:248):"以行动者为基础的模式倾向于将环境变量看作是一套相对静止的外在限制中的一部分,个体对此作出反应并与之适应……由此它们遗漏了生态人类学的某些关切。"对此我将进一步加以拓展。尤其是在生态系统的假设被摒弃时,环境变量可能一方面被解释成一系列自然资源或自然灾害、原材料商品或货物,另一方面又被解释成危险、潜在的债务或"公害"。生态人类学就有被环境经济学取代的危险。经济活动蕴含着评估:作出决定,大体上将稀缺的资源应用于不同层级的目标。在拥有市场和货币的社会中发展起来的、"与决策经济模型类似"的微观经济模型(Orlove,1980:247)并不适于表达此种价值观念。在我看来,对所有事物使用共同的尺度从而将不同事物的差别转换为纯粹数量上的多寡差异的那种成本-收益分析法,尤其不适合用来理解无货币社会的选择。

仅倚靠以行动者为基础的模式,不光遗漏了生态人类学的某些关切。它还忽略了我所认为的生态人类学的最基本问题。我们关注的是生活在这忽略意义但遵从法则的宇宙中,然而又依照意义来生存的物种。依我看,遵从意义的指引所制定的行动,与行动在其中发生的、依照自然法则而组构的系统之间的关系,是生态人类学的基本问题所在。关注行动者、却忽视或否定包罗万象的自然所具有的系统特征的这一研究路径漏掉了此点。

之前我曾提到,这个基本问题不仅描述了人类的状况,而且为评估人类行动提供了一套超文化的准则。可能会有人争议说,社会科学无权作评估,其基本研究路径是意识形态化的。若我们打算从事当代问题的研究,我们当然就得作评估,并有明确的理由。我猜测,评判在一定程度上是意识形态化的,哪怕我们试图尽可能客观地评价理解、习俗和行动的适应能力。

我们在此要特别强调的是,人类学的理论——或者更普遍来说,社会科学的理论——似乎很受较大型社会中各种事件的影响。正如 20 世纪 70 年代早期生态系统取向的生态人类学是对生态学运动的回应一样,最近人类学中行动者取向的理论视角,或许也是 20 世纪 70 年代晚期“新个人主义”的一种表达。这种个人主义被政治上衰落的自由主义与兴起的新保守主义所鼓舞,在克里斯托弗·拉希(Christopher Lasch, 1978)所指称的“新自我陶醉”中得到了更概括的表达。生态人类学最近的趋势仍然像先前一样,受到了整个社会所流行的意识形态的支配。

我已着重谈到了在人类学中发展起来并成为生态学概念与方法重要部分的一系列单元,这些单元就包容性而言小至个体,大至生态系统。追随普通生态学中盛行的思路,莫兰(Moran, 1983)提醒我们，生态系统自身可被划分为由仅占当地群体辖域一部分的小系统到生物圈的多种层次。若情形如此，那么具有不同包容性、在各个层级的人类集聚体，直至作为一个整体的人类物种，在一定情况下，都可看作是生态种群。不过，此处重要的观点在于，注重某个层次的单位并不排除其他层面各单位的存在或重要性。若不是有些分析模式忽视了个体选择和行为，还有些分析模式将社会消解成个体行为的集合，还有些分析模式否认生态系统的存在或意义，我无须提出此主张。从我们的分析中摒弃这些层级中的任何一层——个人层面、社会层面、生态层面——都会使我们犯下严重错误，于我们无益且将使我们损失深重。

第十一节　负反馈

　　我们不断触及调节问题，现在我们来讨论亨佩尔就功能主义所提出的另一个重要批评，即功能程式中暗含的自我调节机制并没有被阐明。我认为《献给祖先的猪》充分满足了这个标准。我用叙述的形式详细描绘了僧巴珈仪式周期所固有的自我调节过程，从而使我们无须向模型师索要额外数据而成功完成了电脑模拟（Shantzis and Behrens，1973；Samuels，1982）。在后来发表的作品中（Roppaport，1971c），我用图表呈现了包括其调节机制在内的僧巴珈系统。在对此图表做了略微修改后，我将其复制在本书的339 页。不过，弗里德曼（1974）不同意我对仪式调节的分析，认为我误用了负反馈这个概念。尽管他对我使用概念的评价是错误的，却也揭露了我论证中的一个严重逻辑错误。此问题虽然复杂，但却值得我们详细加以讨论。

　　弗里德曼的第一个观点十分普通。他将负反馈系统定义为"其中某些变量通过其他倚靠这些极限之功能的变量的运作，而保持在某关键极限的系统"（1974：459；强调为原文所加），并认为他"［在僧巴珈案例中］全然没有看到环境限制的涉入，因为……（仪式）周期是在承载力之下引发的，其他群体可能接近那条界线"
（1974：460）。之后他用以下类比来阐明他的论点："如果自动调温器的温度设置是 75 度，但它调节的炉子每次在 65 度时就发生了故障,那么我们就不能说这是负反馈"(1974:460)。

我们在负反馈的性质这一问题上持不同观点。负反馈仅是某一变量偏离参考值时,系统会启动旨在将偏离了的变量返回至其参考范围来运作的一个过程。正如我在马林人那本书的结尾页所强调的那样(参见以上第 241 页),参考值与目标范围(可能就是弗里德曼用"极限"一词所要表达的意思,即变量的可能范围或自我平衡状态)之间的关系是一个不同的问题,一个非常重要的问题。在讨论认知模式与操作模式的关系时,我曾提请大家注意控制论操作本身可能出现的问题。

　　首先,用于预示的信号与过程有何关系? 譬如,诸如环境
　　恶化这一进程是在早期被探测到(由信号所表明)时,还是仅
　　在已充分发展之后才是事实? 其次,在何种程度上,参考
　　值──它可能反映了人们的欲望而非人们的需求──是与当
　　地群落、生态系统或地区群落的实际物质需求相符合的?换句
　　话说,认知模式中的参考值或数值范围与操作模式中的目标
　　范围有何关系? (1978:240—241;重点符号为原文所加)

我没有明确说明这段文章中所指的"需求"是由文化决定的,是意识形态、野心、社会关系或者社会结构的产物。我只不过把它看作是理所当然的,并且假定任何读到这本书的人也会理所当然地持同样观点。或许我应该更充分地讨论可能进入猪群规模参考值的诸种社会文化因素。我认为,尽管被杀戮的生猪服务于由文化所决定的目标,但参考值本身反映了当地人群为饲养生猪而付

出的劳动强度或应对生猪所造成的破坏之容忍度。我在此重申的、更为重要的一点是,在其之上负反馈运作得以平衡进行的参考值可能落在单独指定的目标范围之外。我们可以改述弗里德曼的自动调温器类比,我们可将自动调温器设置在 40 度,在其周边坐着瑟瑟发抖,也可将其设定在 110 度,然后因为热虚脱而衰竭。说得更确切些,我们自己的社会提供了大量从经济角度设想出来的、维持在环境与生理学目标范围之外的参考值例子,当然,这些参考值的确定也受制于文化。我想,哪怕眼下经济系统运行良好(自然,情形并非如此),我们仍可说这是"功能失调"或"适应不良"。这也就是说,负反馈并不必然是自动平衡的。(更全面的讨论见于 Rappaport,1979c)

这将我们引向弗里德曼已经指出了的那个逻辑错误。他着重指出"虽然对仪式周期运行以保持生猪种群保持在一定水平之下进行了有效的描述(重点符号为原文所加),但却在没有阐明极限与周期的启动之间的关系时,错误地认为它是一个同态调节器(之后添加的重点符号)"(1974:460)。他的观点是正确的,并且公正地点出了《献给祖先的猪》的不足之处。我没有说明妇女的劳动与承载力之间的内在关系,或许,它们之间不存在任何关系。然而,我确实认为,在人口更稠密的地区,猪的破坏性而非养猪所需要的劳动需求,会促使人们举办凯阔仪式(160 页及以下诸页;同时参见 70 页及以下诸页和 116 页)。我进一步认为,生猪入侵园子的频率是密度制约性的,这样就大致与环境极限相关了。用我当时还没有意识到的术语来表达的话,其中隐含的是多阶段调节(Vayda,1974),其中当人口密度低时,妇女的劳动产生影响,而在高密度下,环境考量占主导地位。

　　弗里德曼把他对猪群入侵园子的讨论放入一个脚注中,似乎没有考虑到密度制约与环境极限之间的关系(在此他也犯了一个民族志错误——有关猪群的冲突并非产生于"有规则定居模式的核相阶段"[1974:467页注释18]但在扩散居住的整个过程中,它们部分地激发了该冲突)。然而,不可否认的是,我自己并没有充分的数据来支持有关猪群所引起的冲突之密度制约性质,以及这种密度制约性与环境极限之间的关系。此外,依照亨佩尔的非难来看,我也没有详细说明仪式周期调节机制将猪群数目保持在环境承载力之内的条件范围(例如,具有统计学特征的人口范围数)。最起码,就宣称仪式周期的调节运作是自我平衡的这一点而言,我的案例是不完备的。

　　值得注意的是,正如我在这本书的第一版中所提到的(163页)那样,我们在此所讨论的问题并不必然就是一种分析。僧巴珈人那里的情形自然是猪群的最大规模在环境极限下保持着均衡,但这并非不寻常。不过,这并不表示我们接受了韦恩-爱德华兹(Wynne-Eduards,1962)为了证明群体选择的普遍存在而去强调他与其他人所提出的观点,即许多物种的总数由于内因性因素如拥挤胁迫(crowding stress)而保持在承载力水平(也就是环境极限)之下;但对于它们如何与环境极限相关、或甚至于这些因素是否与环境极限相关、或使其产生的过程是否与环境极限相关,他们却并非总是了然于胸。

第十二节　仪式:被调控亦或调控?

弗里德曼提出了另一个值得我们加以探讨的、与马林人的调控有关的问题。

> 就拉帕波特所描述的情况来看,该系统的主要界线是妇女们开始积累身体劳损的那个节点。由于是这些妇女承担着喂养和管理这些生猪的重任,她们能最早感受到劳动量增加而回报却在衰减。他所提供的所有证据都表明,正是系统中的这种过劳触发了这个周期。但他自己的"解释"似乎把整件事情给完全颠倒了,因为他假定,是仪式周期调节了劳动而非相反。[1974:459—460]

当弗里德曼着重指出,过多的生猪所引发的"过劳"触发了凯阔时,他对民族志学的解读是准确无误的。我非常努力地想去证明的,正是这么一个节点。以此来批评我的分析这一尝试,让我想到人们对控制论运行尚持有某种误解。恒温控制器上设置着同样的这种节点,我确信,弗里德曼会承认它可归于控制调节器那一类物事。由于炉子的工作,房内温度升高,这触发了恒温控制器的调控反应,也就是将炉子关闭。与此类似,由于生猪种群增加到了令人无法容忍的极限——这可从劳作的抱怨声以及生猪的劫掠所造

成的冲突中看出来——触发了仪式周期的调控反应，也就是举办
将生猪"关掉"的凯阔仪式。若仪式周期不算是调节机制的话，那 409
么恒温控制器也不能算是调节机制。

我在这些例子中强调，控制论或负反馈调节采取了闭合环路
的形式：它具有循环的因果结构。一个变量本身的数值变化会启
动一个过程，限制该变量进一步变化或将之调回到先前水平。弗
里德曼论证中的基本困难，似乎是试图把一个线性因果概念加之
于一个本质为循环因果的系统。线性假设隐含在要么是凯阔，要
么是劳动为因与果的观点中。

即便承认控制论系统的循环结构，可能还是有人会问，为什么
我们应该认为是仪式周期在调控着生猪数量、战争频率等等，而不
是相反？就恒温调节器和炉子的调控关系而言，我们也可以提同
样的问题。

当然，所有系统的自我调控运作都取决于这些系统组成部分
之间的动态互动，而我们无法区分有些系统中单个的调节器。尽
管如此，我们将恒温控制器和马林人仪式周期当作调节器肯定是
有道理的。马林人的仪式周期包括了一系列标准的、针对那些外
在于它的各变量——例如，弗里德曼所说的劳动——数值之偏差
的纠正反应。确实是仪式周期在调控着劳动而非相反，这个说法
的根据之一就是"劳动量"并非一种调控对策，而是一个可能偏离
参考值或目标范围的变量（因此才需要被调控）。不过，我们很有
必要弄清楚，仪式周期并不仅是一系列纠正反应，它还是习俗集蔽
之地，那些纠正反应依照习俗才得以进行、实施。仪式周期使公共
纠正程序的一系列指令具体化。类似地，恒温控制器也包含了一

些指令,尽管这些指令相当简单。调节器是循环的因果系统中包含了指令的那个组成成分,依照这些指令,系统得以运行。以僧巴珈人及其与其他物种和群体关系为例的诸种系统中,调节器就是物质和能量交换系统中主导性的信息处理部分。被加工的信息被文化编码,建立在人们对自然进程的文化感知之上。当然,这些感知可能在"客观上"是不准确的,也可能被社会因素所模塑。饲养生猪固然给人们带来许多困难与负担,但影响它的习俗和周期仪式可能并不相同。生猪有可能被代养,人们也有可能指定用生猪祭祀的其他额外情境。

仪式生产模式

尽管可能无非是将之前的论点翻译成另一套术语,我们或许可给那些认为仪式周期是调节器而非被调节的人提供另一个理由,即仪式周期制定,或至少整编了马林社会的生产关系。在此我们不妨使用弗里德曼的定义,

> 生产关系是在给定的技术-生态条件下支配(也就是决定其经济合理性)生产的物质过程的那些社会关系……。更为具体的来说,它们决定……环境的利用……生产劳动的分工……[以及]拨发与分配的形式。[1974:446]

仪式周期是一个神圣的结构,(生态的、生物的以及社会的)生产与再生产活动都在其中进行。根据仪式周期,社会关系、政治关

系和生态关系被明确并被赋予意义。因此我们或许可以认为，仪式调控构成了一种堪比封建主义、资本主义和东方专制主义的生产模式。由于仪式调控的社会并不会产生社会分层甚或等级，仪式本身可能组成了一种非常古老甚或原初的生产模式。

第十三节　转换

　　时间和转换的问题还有待于我们进行讨论。与大多数其他民族志一样,《献给祖先的猪》也是基于相对短暂的田野调查所写成的。我与僧巴珈人共同生活了十四个月——对于观察到许多结构变化或识别是否发生此种变化而言,这点时间很难说已经足够。此外,在调查探访期间,我重点关注僧巴珈人主要的所思所行,也就是仪式展演。当然,仪式是人类保持最悠久的一项活动。因此就本质而言,此分析关注维持机制而非变化机制。很显然,一场划时代的变革即将来临——澳大利亚政府已将和平强加于此——但泛澳大利亚化(Pax Australiensis)尚未造成多少结构变迁(若有的话,也极少)。在我看来,那种认为《献给祖先的猪》忽略了变化的批评并不恰当。不过有人认为,这本书为一个不会、也无法处理好变迁这一问题的研究方法做出了示范。例如,迪纳(Diener)和罗伯金(Robkin)就宣称,韦达和我表达出"仅对'系统如何运行'感兴趣",此举"放弃了进化论"(1978:493)。伯纳姆在简短且错误地描述了我对适应性所展开的讨论(1977;也可参见 1971d,1976b,1978b,1979a)之后,声明说"该分析图式显然无法处理社会变迁的问题"(1979:198),布朗在同一卷中也重复了此观点(1979:236)。

　　我同意,虽然简单的功能程式可能适于考察系统状态中的变

化,但它们不足以处理结构变化,可能会将似是而非的静态假设强 412
加于动态现实。不过,正如埃伦近期所提到的那样,"有关系统理
论的基本原则,或系统及其运作的研究,若不考虑变迁,则毫无意
义"(1982:195)。在几篇论文中,我对适应过程提出了一些试探性
的看法,它们似乎能与该术语在人类学和生物学中的应用相容,也
确实能处理系统意义上的结构变迁。

　适应这一术语通常与环境这一术语联系在一起,因而与生态
程式有关。当然,适应过程只能在特定的社会、文化或物理环境中
呈现或实现。然而,与能使其根据环境波动、变化或机遇进行自我
转化的那些系统结构特点相比,有关适应的一般理论与环境的详
情并不那么相关。适应程式因而具有生态意蕴,但并没有完全归
入生态程式范畴。我们还应当清楚,它们不是简单的功能程式,因
为它们关注结构变迁,也不是简单的变迁模式,因为它们既关注系
统的延续也关注其中的变化。事实上,动态的适应过程消融了维
持与改变,"历时性与共时性"之间的区别。此外,适应程式既是形
式因也是终极因,不仅强调过程的目标与效果,同时还强调那些过
程的结构。实在地说,适应这一概念从根本上来看就是结构性的
(就皮亚杰所表述过却并非他原创的意义而言[1971]),因为适应
运行有一些结构需要,或者换言之,适应的有序进行取决于发生适
应行为的系统中各组成部分之间某种关系的普遍存在。也就是
说,在特殊的、范畴上的区别之下,适应系统是由大致相似的架构
组织起来的,或者拥有大致相似的结构。这一点并不那么直接明
显,而是相当复杂。那些对于更多解释感兴趣的人,可以查阅以上 413
我所引用的详细讨论内容。

适　应

过去我曾经用适应这一术语来指涉生命系统在面对由短期环境波动和长期不可逆的环境变化所引起的扰动时，维持内稳态的过程。适应过程既包括了系统状态中的可逆变化，也包括系统结构中不那么可逆或不可逆的变化。这一定义有几个特征需要加以评注或修正。

首先，我不仅把个体的生物有机体，同时也把各个种类的生物有机体联合归入生命系统范畴。任何能够偶尔作为一个单元对扰乱进行应答的联合体都是生命系统。它还包括任何能够作为一个单元出现以应对扰动的组合。很显然，社会单元就是如此应答的。生态系统可能也是如此，然而正如我之前已经提及的那样，这一说法饱受争议。

将一组共同概念应用于个体以及有机体的有序组合——其中某些有机体组合受文化支配——可能会招致犯下了有机体类推错误这一指控。我认为这种批评放错了地方。确认不同类别系统之间的相似性，并不表示我们否认其不同。我曾指出（1979a：152及下页），系统在其相对自主性、要求及容忍一致性程度以及——在此我对其进行补充——扩展与收缩能力上的不同，是与其应对扰乱的特定不同方式紧密相关的。不同包容层次的系统都具有适应过程，以及其内藏系统具有程度不一的相对自主性，这表明内藏系统与包含系统的反应可能会不一致。在其他文章中，我已经评论过，层次间的矛盾不可避免。

第二,相对自主的适应系统就其本身而言没有特定目标、目的或功能。它们不能够——而作为其部分的特定子系统则能够——由一些特殊产品(如石油或垂体后叶激素)或一些特殊活动(例如,心脏或国际鼻科学会)来定义。适应系统的最终目的或目标所具有的特殊性如此之低,以至于那似乎并非目标。它只求存续下去。正如斯洛博丁(Slobodkin,1968)在讨论将游戏理论应用于进化所面临的困难时所说的那样,适应系统是"生存游戏中的玩家"。而生存游戏的独特之处在于,在游戏中获胜所获的唯一奖赏就是允许其继续参与游戏。在这种游戏中,"兑现你的筹码"这个短语是游戏失败的委婉说法。当然,人类个体与社会可能会在保持其低特殊性(例如,"侍奉上帝是社会的目标")时,将这种目标(或这种非目标)神秘化,但却为自己设下持久目标,像适于其[特定的]子系统的目标那样具体,这种行为可能会通过降低其灵活性而减少他们在生存游戏中的存续机会。适应的核心在于维持系统的灵活性,维持其在自我平衡状态下持续应对那些因世界的复杂性而使人无法预知其大小与性质的扰动的能力。

第三,环境这个术语包含了文化现象、社会现象,也包括物质现象和生命现象。适应其所处环境的单元可能包括个体、社会群体或某种形成物,还可能包括生态系统(它作为一个系统整体应对诸如气候的变化那种规模大、涉及面广的变化)。就人类学是一门社会科学的深浅程度而言,它被期盼主要关注社会群体或其形成物。

此处需加以修正或补遗。我所依赖的定义将适应过程所应对的扰动之根源定位于适应单元所处的环境——也就是说,外在于这些适应单元。然而，这些扰动从本源来看可能是内在的。较之于环境的变化，来自其组成成员一级的具有特殊目标的子系统的行动或者不行动，可能会更持久、更严重地扰乱社会单元。适应性响应是对内在的或外在的扰乱的应答。

　　第四，因为内稳态这个术语似乎会让人产生误解，因而我最好重述其定义；例如："适应指涉系统得以维持自身或存续的过程"而非"得以维持内稳态"。但内稳态并不意味着一成不变（参见 Vay-da and McCay，1975）。在变动不居的世界中，维持内稳态要求状态经常发生变化，对于大多数系统来说，还要求结构偶尔发生变化。

415　　无论我们是否使用内稳态这个术语，在此我们都得提到，社会科学中存在一种故意混合两种通常被区分为不同类别的过程以及两种不同分析模式通常所形成的焦点的情况。一方面，存在着功能分析法所聚焦的自我调节（self-regulation）过程，另一方面是作为进化论阐释主题的"自我组织"过程。在我看来，这两者之间的区别已被夸大，因为在这不断变化着的世界中，系统的维持（"延续"、"充分运转""存续"）下去，要求其结构偶尔发生变化，以及其状态不断变化。连接性的概括正是霍凯特（Hockett）和阿舍尔（Ascher）（1964）以动物学家阿尔弗雷德 S. 罗默（Alfred S. Ro-mer）命名的"罗默法则（Romer's Rule）"。罗默在讨论两栖纲动物的出现时，首次对此加以阐明（1954；最初发表于 1933 年）。他认为，与其说肉鳍鱼没有到干燥的陆地上来利用其先前未曾开发的机会，倒不如说，它们的鳍及其他子系统相对较小的变化，使这些生物在我们所设想的泥盆纪那经常发生的间歇性干旱时期有可能从干涸的溪流或池塘中迁徙到另一个仍然有水的处所。这种结构变化因此使它们可能在显著的环境变化时期保存其基本的水生组织。我们不妨用略有不同的术语来表述，系统要素自我组织的变化或进化变化，是在自身成为其一部分的更为包容与持续的系统在自我调节过程中的"职责"。结构上的变化或进化性的变化——如鱼鳍化为足——虽然可能会在某方面区别于"功能"变化或"系统调节"，但在适应过程那更大更具包容性的计划中，它们没有被分隔。两者一起形成了应对扰动的有序序列。在讨论这些应答序列之前，我们应先做几个评注。

首先，我们应该清楚，按照这种解释来看，进化性的变化仅作用于它在其中发生的那个系统的单纯存留。换句话说，某些部分或某些子系统或它们之间关系的改变，使系统的其余部分保持不变成为可能。罗默的比喻——或许也仅仅只是个比喻——提出，涉及任何结构变化时，最突出的问题是，"这种变化维持了哪些不变？"

第二，虽然适应系统作为斯洛博丁所说的生存游戏的玩家，其目标只是延续下去，但我们的解释认为，延续下来的，并不必然是适应系统的某一特点或要素，而仅仅是一套有序的适应过程，甚至于其结构也会发生变化。由此会出现一个经常被问及的问题："什么时候系统会停止成为其所是，而变成了一个别的东西？"——通常认为不可能被回答，从而压制了系统路径与进化转化的这个问题接近于荒谬。例如，从七国时代至今，尽管结构和文化内容都发生了巨大改变，英国社会仍具有完整的连续性。在其未被阻断的演替中，生态系统可能数次替换掉了所有，或几乎所有的组构物种。我们区分这些演替的阶段并为其命名，正如我们在社会的历史——或就此而言,个体的发展历史——中区分各个时期并为其命名一样,这些阶段和时期在很多方面不尽相同,但以上这些,并不表示它们是不连续的。斯洛博丁和拉帕波特(1974)已指出,与众不同的同种联合体会在两种分立的方式中不再存在,并告诫我们不可将其混淆。一方面,会存在这种联合体不再有存活着的后代的时候。这时我们可以认为它所体现的适应过程已然终结,我们还可以进一步认为此进化过程以失败告终。另一方面,这种联合体可能从表面来看已不再存在,因为其后代已经历了如此变化,以至于被冠以新的物种名称。在此情况下,适应过程在持续,进化过程也仍然是成功的。

　　第三,适应过程是自动进行的。在应对扰动时,某种矫正程序会被启动,使偏离的变量回到其参考值。不过,弄清楚这一点非常417 重要,即自动运行并不全然有助于发生此举的系统的存留。用最一般的信息术语来表述,就是,在面对试图篡改真实值的扰动时,控制系统试图维持自身命题的真值。在人类处于支配地位的系统中,被如此保持的命题(诸如社会"最高价值",终极真理等等)可能与作为系统成员的个体之身体与心理的福祉,甚至于社会整体的存留不相符合,甚至于与之相抵触。价值结构的无序化会导致严峻的进化后果。

响应序列与结构特征

　　适应并不由孤立的响应所构成。毋宁说,有序的适应过程会被组织成响应序列,而且,作为序列的这些序列有一些相当有趣的结构特点（Bateson，1963；Frisancho，1975；Rappaport，1978b，1979a；Slobodkin and Rappaport，1974；Vayda and McCay，1975）。最迅速被调动起来的响应可能在行为和能量上都耗费最大，但随着压力暂时终止，也会很容易快速撤销。然而，若扰动或压力持续存在，那么，较早的响应最终会被行动较慢，不那么耗费能量，不那么容易撤销的变化所解除。序列中后面的响应有可能是结构性的（社会系统中的保健运动和生物有机体及生物有机体种群不可逆转的体壁变化以及最终的基因变化；形式上相似的序列可能在各种心理过程中都能被观察到）。

　　在初期的响应运行时，发出这种响应的系统会失去一些行动上的灵活性，但系统的结构不会发生变化。之后的响应尽管在能量上可能更有效，且确实能使系统立即恢复某些行为灵活性，但不那么容易逆转，甚至于是不可逆的。贝特森、斯洛博丁和拉帕波特已经提出，在应对具体问题时，结构变化的可能后果是长期灵活性的下降。那么，适应性响应的序列中可能存在以长时期的系统灵活性来换取即时效果（或其他优势）的交易。据说，在一个不可预测的变化着的宇宙中，放弃那些不必要的系统灵活性是一种高明的进化策略。如果进化体系所发生的变化不多不少，正好足以应对它所经历的压力，那么它待在生存游戏中的机会就会更多。应对特定压力的结构性变化，可能会提高整个进化系统的专门化。反过来，被增强了的专门化会导致系统能够存留下去的条件范围变窄。（若想看到相当类似的观点，参见 Salins and Sevvice，1960）

　　"进化的智慧"——根据压力的等级与持续时间采取响应程度

的标准——可能内在于有组织的反应序列多少自发的运行及其累进结构中。在人类社会系统中，反应并不经常或甚至于常常自动进行，而是处于有意识的控制之下，其序列可以是、也确实是无序的，之后我们再对此点加以讨论。首先我们得问，若想在整个反应序列中完全保持累进的秩序，我们须怎样确立系统。人类学并没有系统地重视适应过程可能的结构需求。我的看法只是探索性的。

　　首先，我们应指出，适应系统，就帕蒂（Pattee，1973）、皮亚杰（1971）以及西蒙（1969）所赋予该术语的意义而言，具有层级性。这只不过是说，它们是相对自治的整体或综合存在，由各个部分组成（各部分自身可能具有或并不具有高度的相对自主性，它自身又由各部分组成等等）。当然，在两栖动物出现的那个比喻中，部分与整体的关系体现得较为含蓄。一个或数个子系统的转化可能会使那些生物有机体的一般结构在陆地适应的最初阶段保持不变。

　　我们有可能对深刻程度不同的结构性转化进行区分。"低序位"的转化也就是特定子系统内部结构的转化可能会频繁发生，然而，因为复杂的生命系统是——套用西蒙（1969）的表述——"松散联接"的，这些变化所产生的影响可能仅限于该子系统。高序位的转化，即包容性更强的系统所发生的结构转化，较为罕见，当然，其影响也更加深远。因而，仅谈及结构转化还不够，我们还可去区分不同序位的转化，思考这些转化之间存在的时间、因果和形式关系。

　　适应结构具有层级性，这一说法还有另一重并非那么无懈可击的意义。根据定义来看，适应性的系统是自动调节的。为了应对其状态的干扰，它们采取行动来改善那些扰乱。任何复杂系统的运作都结合了好几种自我调节模式（参见 Rappaport，1979a：

147 及下页）。然而，自控模式可能是基础的，具有闭合电路的结构特点。但是适应过程不只是控制论的、有序的以及渐进的。任何生命系统的适应组织不可能仅是或多或少不同的电路集合。特别的或特定的适应必须以各种或多或少有序的方式彼此关联，而人类或其他物种，生物性的或文化性的，一般适应可能会采用大致的、并基本上按照层级来安排的极其复杂、环环相扣的矫正环形式，既包括调节物质变量的机制，也包括控制调节器之间关系的调节器，等等（Kalmus，1966；Miller，1965a，1965b；Pattee，1973；Rappaport，1970b，1971d，1978b，1979a；Simon，1969）。适应性结构是过程的结构化集合，不管调控层级是否体现于特定器官或制度，在所有的生物系统与社会系统中都能被发现。不过，我们很有必要在此提出告诫：我们说控制结构是层级性的，并不是说它是集中的，也不是说它引起了社会分层，更不是说调节者总是单个的权威。例如，在一些平等社会中，调控层级的组成部分内嵌于仪式周期中；在其他社会，则内嵌于裂变式亲属组织中（Brookfield and Brown，1963；Meggitt，1962，1965；Oritz，1969；Rappaport，1968；Sahlins，1961）。

　　尽管所有生命系统的适应性结构必须共享某些基本特征——　420
层级性的组织以及既自我调控又自我转化的特点（参见 Piaget，1971）——但不同类别的适应性结构肯定在许多重要方面有所不同。这些方面最突出的与它们的连贯性特点及其子系统的相对自主性方面的差异有关。各层级中，多大程度上按照分裂性或分割性原则来组织的适应性结构也会有或许相关联的差别（在前一情形中，不同水平层次的子系统相似；后一种情况下，则是可区分且专门化的）。

在进化过程中，生物有机体、社会和生态系统中分立的、有特殊目标的子系统逐渐分化，这被称作"渐进性分异"。伴随该过程的，是生物有机体和社会系统——这里不包括生态系统——的控制运作越来越集中，或"渐进性集中"。在生物有机体中，我们注意到了中央神经系统的精巧，在社会中我们观察到管理机构的发展。至少在非人类中心的生态系统中，调控似乎通常一直是各个种群组成部分动态互动的结果。生态系统以及其他系统在发展上的这种差别，可能取决于其差异较大的秩序维持基础。从"开辟"到"成熟"的发展过程中，生态系统的秩序基础从倚重单个生物有机体的顺应力转移到了种群之间的动态互动，以及由于种群多样性增加而增多了的物质盈余和能量渠道。我在第十节中已经提到过，秩序维持的这种基础差异，可能反映了不同类别系统所要求的以及能容忍的一致性程度不同。尽管人类学家传统上关注社会文化系统各个组成部分连接在一起的方式——行话是"整合"——但他们通常忽视了这些系统中各个部分及过程如何缓冲彼此以及彼此扰乱的方式。生物有机体比社会系统更一致——其本性必然如此，社会系统比生态系统更一致。一般来讲，系统越具包容性，其一致性就越低，同时也必须如此。系统的包容性越低，其内部秩序和活动效率就越依赖于各部分之间的良好协调。生物有机体比社会更需要且更能容忍各个部分之间较严密的协调活动，社会（至少是有时）比生态系统又更胜一层。协调性的强弱取决于集中程度，因此生物有机体和社会系统有渐进性集中，而生态系统则没有。

系统的相对自主性是内在于自身的、其存续所倚靠的调控机制发挥其功能的程度。换句话说，"相对自主性"在某种程度上适用于那些自身就是一个多少有些区别的适应单元的系统。例如，器官没有什么自主性，因为其运作离不开自身成为其一部分的生物有机体。整个生物有机体就有程度高得多的相对自主性；它们是不同的适应单元。不过，我们应该牢记于心的是，没有哪个包容性不如太阳系的系统是绝对独立自主的。

反应序列的特征

尽管还需要做许多概念与实证性的工作，我已经尝试性地指出（Rappaport，1976a，1978b，1979a），在有序的适应性系统中，不同层级水平的子系统和调控者之间的关系必然是顺着许多连续体来排列的。其中最简单也最基础的，正是反应序列的特点所包含的，这包括：（1）目标的明确性（从低层级的特定"功能"，到最高层级的一般的、实际上的"无目标"，比如说，存续）；（2）反应时间（低层级的运行反应迅速且连绵不断，而高层级的反应时间较慢且不连续）；（3）可逆性（低层级能快速轻易地逆转，高层级则不可逆）。人类社会系统所特有的其他连续体包括：（4）神圣性（从最低层级的绝对世俗到最高层级的终极神圣）和（5）调控修辞学（从低层级的具体命令，到中层级本质上的范畴法则，到很高层级的原则，最终达到终极的神圣假设）。遵循（4）和（5）可得出，人类的适应性系统（6）体现了价值的层级性，最低层级的那些价值是"工具性的"，422 而处于最高层级的，则是"基础的"或"根本的"。

总之，我认为，在时间、特殊性和可逆性这些维度上，存在着一种内在于所有类别适应性系统的相关性。在人类社会系统中，这些相关性反映在编码调控信息的不同表述上。低层级的指令——命令——在关切点以及所指令的对象两方面一般来说都很具体。它们很典型地应用于特定情境，而且，因为情境是特定的，往往也会转瞬即逝。指令一旦被执行，它们也就被消解了。中层控管所特有的规则是范畴性的，它不针对特定情境，也不会仅因被执行而终止存在。它们是"固定的"，会无限期存续。作为更高顺序管控特点的原则，可能会被那些接受了它们的人理解为反映了道德或自然中某些持久的、甚至于永恒的方面。最高层级的控制经常与有关上帝或其他类似之物的假设相关联，被认为在时间与人类可及范围之外存在。适应性结构由过程构成，被持续变化的参与者在时间之流变中经历，而成分是不变的，因而不受制于时间的变化无常。在进化与历史的中心，存在着永变与恒静之间的动态联系。罗默有关两栖动物的比喻认为，对于任何转化，我们应该提出的一个基本问题是"在这个变化中，保持不变的是什么？"现在我们也许可以补充说，这不仅仅是一个分析问题。系统内某些方面的存留为行动者转化其他方面提供了逻辑依据。

适应不良

　　我在之前提出，维持以有序适应的方式进行应对的能力，取决于有序的结构——无论这个结构是怎样组织的，都存在时间、特殊性、可逆性、神圣性、价值和可能其他方面（具体性、任意性、偶然性）之间的关联。这些结构的无序部分——即反应时间、特殊性、可逆性、神圣性、价值、延续时间之间缺失相关性——会妨碍系统应对干扰的能力。我已经提出,适应不良不应被混淆为环境中的压力或扰动因素,而应将其理解成阻碍系统应对压力和扰动。也就是说,适应不良可被认为是适应性结构的层级特点和自我调节功能特点中的一种反常或无序化。

在其他论文中(尤见于 1976a,1978b 和 1979a)中,我描述了适应不良的一些特殊形式。我提出,烦扰人类自身和世界的无数根本性问题,有许多就是结构无序性的结果。在此,我仅简短地提及并概括其中几类。

1. 适应不良形式中最简单也最明显的一类,包括以下几种控制失常:

(a)没有检测到重要参数偏离了参考值。

(b)在向能发出矫正反应的行动中介传送此种偏离的信息时,出现失真、阻抗与堵塞。

(c)行动中介不能"听到"或理解传送给它的信息,以及

(d)由于与目标范围有关联的参考值被不适当地设定,导致此种信息被误译(见以上第五节)。

2. 时间偏差与控制失常密切相关。正如承担责任的中介延迟接收到扰动的信息会导致困难一样,这些信息的即时接收也可能引起困难,因为这可能导致过早反应(premature response)。一则许多扰动具有自限性,不需要系统应答。更重要的是,高层级中介的过早反应就其本身而言可被看作是适应失常,因为它可能会通过持续践踏低层级的调控者,对其进行破坏。因为高层级调节器的反应可能没有低层级调节器的反应那么柔和或可逆,高层次中

424 介的过早反应可能产生另一种适应失常即过度反应（overre-
sponse），比矫正所需要的反应更大规模或更复杂。这种反应会降
低系统灵活性，因此会给系统的未来造成无须造成的坏影响。过
度反应可能在严格的生物进程中并不存在。在这种进程中，适应
性反应序列由没有意识的肉体或基因组织而非有意识的目标来组
织。过度反应可能是先见与想象的病态产出。当人们的智慧开始
管理影响其结果的、更为强大的手段时，过度反应的后果也正变得
愈加严重。

3. 我所称的过度隔离（oversegregation）或过度分异（overdif-
ferentiation）这种适应不良形式的发展与社会规模扩大有关。特
定子系统的极度分异可能体现于劳动分工，也许更为严重的是，当
越来越广大的地区成为环球经济体系中一个越来越专门化的组成
部分时，它获得了地理表达。当整个地区变成棉花地，或整个国家
变成香蕉种植园时，其经济自足性降低，环境被退化。随着自足性
的消失，地方自主性也会相应地失去。越来越遥远、越来越集中的
管控者——依照越来越简化和聚合的参数来运行（如经济参数或
权力政治参数）——没有完全顶替当地系统以自己的方式来管理
自己的那种失去了的能力。经济开发、政治压迫和生态退化可能
是这种我们可称之为过度集中（overcentralization）失常现象的可
能结果。

4. 另一种失调可被称作过度一致（hypercoherence），与过度
分异和过度集中密切相关。事实上，它可能是这些失调与先前我
们提到过的控制论困难与暂时困难共同作用的结果。随着当地系
统自足性的消失，更包容更复杂的社会、政治、经济系统各部分之

间的相互依赖变得更加紧密。当任何地方发生的混乱少有延误或不被延误地波及各地时,一致性达到了危险水平。

5.过度分异与过度集中是可被称作组织层际分配不均(hierarchical maldistribution of organization)的一种更为常见的结构异常中互为补充的两个方面。(众所周知,我们极难定义组织这一术语;我在此用它来指复杂事物以及在复杂事物中维持秩序的方式。)在这种失常中,包容性层次更高的组织似乎以当地水平层次的组织付出的代价得以增长。更具体地说,世界级组织筑基于组织性减弱的当地、区域性甚至于全国性的社会系统与生态系统。值得我们怀疑的是,世界范围系统能否以牺牲它的地方基础结构为代价无限期存续扩大。我们认为,让地方亚系统恢复一些业已失去的自主性和自足性,或许可增强全球系统承受扰动的能力。

6.另一类适应不良在别处(Flannery, 1972; Rappaport, 1971d,1976a,1978b,1979a)被称作篡权(usurpation)、升级(escalation)或过度具体化(overspecification)。此处我用它来指涉具有特定目标的亚系统支配自身为其部分的更大、更具普遍性的社会系统的倾向。它们的权力越增大,就越有可能成功。在高度分异的"发达"社会,权力并非均等分配,而是集中于其产业和金融部门。这些部门逐步支配了负责管理它们的中介,其逻辑结果是,产业化公司群体、金融机构以及或许相关的某些军事企业的利益被提升为更广泛社会的最高基本目标、价值观念或管理原则。("美国的商业才是商业";"有益于通用公司,就是有益于美国")不管这些利益如何仁慈或具有公德心,这种利益或许就是适应不良,终极价值的地位被特殊利益所篡夺的情况,总是不利于适应的。任何一个社会,如果只致力于其中某个子系统的特定价值,或维持有利于该子系统的存续条件,那么对于它而言,就过度具体化或缩小了其存续的条件范围。也就是说,它降低了其适应灵活性。更为明显的是,随着私营企业或专门机构高度明确化的目标被拔高至终极价值,古老而复杂的系统尤其是生态系统越有可能被有着更狭窄利益的更小的群体所破坏。

　　7. 另一种适应不良的形式——神圣降格(degradation of the sacred)——是篡权或过度具体化的伴随物。当低层级系统的明确物质目标篡夺了更具包容性社会系统一般道德假设的位置时,它们可能会去获取神圣性。打个粗浅的比方,如果美国是"神佑之国",以及"美国的商业才是商业",那么商业就被高度神圣化了。被高度神圣化的事物拒绝改变,因此过度神圣化有特定用途的东西和物质会降低发展灵活性。有趣的是,神学家保罗·蒂利希(Paul Tillich,1957)用偶像崇拜(idolatry)一词来指涉类似的发展,将其概括为"使相对绝对化"。我们把他认为是邪恶的形式看作是一种适应不良。

　　简而言之,我们可以从结构的角度来分析适应不良。在此我已经提出了一些形式,但适应不良肯定还有另外一些形式。我简短的讨论虽然只是概要性的,但应该已经清楚地阐述了适应不良时常与实质性问题互为因果。经济剥削和生态退化这一类实质性问题是由适应结构的变形所带来或催生的。反之,适应结构的变形——适应不良——会被实质上的发展,尤其是、但绝不是唯有科技的发展,所加重或甚至于催生。无论如何,社会系统可能最终被适应不良束缚,以至于无法应付来自外界或内部的扰乱,然后仅能通过激进的方式如革命来进行矫正。

我还含蓄地指出，自适应障碍可能会进一步发展，其结果的严重性会因社会分化、日益细化的劳动分工以及高能量科技而增加。因此，社会文化进化自身在改善一些老问题，同时，也会设置一些新问题。

弗兰纳里（1972）强烈反对适应不良概念的早期程式，认为结构异常自身事实上可促进社会文化进化的社会变革。我同意这一观点。自适应失常并不必然毁坏其所处的系统，它们有时候也可能促进结构重组。

普遍来说，近期对于该图式的批评更尖锐。伯纳姆（1979：199）引用霍林（Holling，1973）与翁亭（Lewontin，1969）[1]的观点，认为变量之间的关系在没有我所提出的控制层级的情况下，也能保持稳定。霍林文章的最主要关注点在于阐明顺应力与灵活性概念；我的主张则涉及灵活性或顺应性的结构。在我看来，它们与霍林的拓荒之作没有任何重大分歧。霍林在讨论稳定的维持问题时，没有引入层级概念，但却将自己限定在讨论成对的参数关系诸如捕食者与猎物种群的统计学趋势上，而我的阐述则关注那些必须同时处理大量参数之间动态关系的系统组织。翁亭的文章厘清了稳定的多种概念并使之形式化。我认为自己的主张并没有与之

———————————

[1]　我发现伯纳姆使用引述很古怪。比如，他认为，"拉帕波特（1977：142 页，148—149 页，167—168 页）明确指出生态人类学就是研究自存系统的学科。"（1979：197 页）。我记得自己从来没有含蓄或明确地做过这种辨别，在以上他所引述的页面中肯定也没有这么做。事实上，大多数那些页面的讨论都与自存系统这一话题无关，这一术语也未曾出现在其中任何页面上。我无法想象伯纳姆为什么、基于何种理由将这种认定归之于我。对此我只能评论说，这种误解或不实陈述无助于澄清问题。

相左。乔纳森·弗里德曼(Jonathan Friedman,1979)那更加尖刻的批评与伯纳姆的批评出现在同一卷中。除了其他一些方面,弗里德曼还着重指出,普里戈金(Prigogine, Allan and Herman,未注明日期;亦可参见 Prigogine,1961,1980)已经证明,"维持远离热力学平衡状态,是一种普遍现象,并不局限于生命系统",其维持并不是在所有情况下都依赖于内部的自我调节机制。这些"耗散结构"由能量的流动来保持,我们不应该过多从"控制、维持和负反馈"角度来思考,而应从"循环、结构稳定性、长期趋势、约束条件、形态发生、局限、危机,'灾难'等"角度多下功夫(1979:268)。

我当然同意维持远离热力学平衡状态并不局限于生命系统,而是组织的一般特征。所有的生命系统都是开放的,只能通过与其环境交换能量与物质而存在。就其本身而论,它们是"耗散结构"的一种特殊类型。弗里德曼不否认存在着控制结构,但希望"在现实中将其置于正确位置……人类有机体确实是可控的,而单个的社会系统则不是"(1979:266)。

虽然我笼统地强调了自动调节,具体强调了自动控制,但我并不认为社会系统中发生的所有事情都能用控制论术语来进行解释。我强调的扰动就不是可控的。此外,我把独立的控制中介缺乏的情况下,相对自主的参与者之间的互动——贝特森很早以前就把这种互动概括为从对称到互补的分歧转换——也归入到了可控制范畴中。有关控制的这种更具包容性的观点认为,认识到其存在及重要性,并不否认弗里德曼追随普里戈金所倡导的局限、灾难、危机、变革以及其他术语的重要性。事实上,这两套术语中有些术语若非一致的话,也是彼此密切相关的。我指出,控制论或其他形式的自动调节是生命系统结构稳定性与灵活性的理由之一。总而言之，我认为，我的主张与普里戈金的观点之间，其区别并没有弗里德曼所说的那么大。

弗里德曼提出的第二个观点是，我分析中的社会学内容并不充分。虽然它没有充分展开，但我并不认为我的观点与社会学分析相违背。尽管在我的程式中，适应不良被看作是适应结构的变形，但我也提出，它们与社会问题——尤其是不平等问题和开发问题——互为因果。

弗里德曼和我在理解进化的本质上也存在分歧。他宣称，在我看来，"进化……成了一个表面看起来设计完美的，而不是尽管系统化却充满着矛盾和暴力的过程"。这根本就不是我的意思。对于任何受制于气候变迁、捕食者、寄生物和竞争者的相对自主的行动者来说，情形显然并非如此。它们面临持续不断的干扰或挑战，其中许多或大多数被淘汰。进化过程看起来是暴力且自相矛盾的，还是协调而整合的，取决于观察者认知视野所选择的组织层次。如果我们像社会生物学家那样站在个体的立场来看，社会就不是那么有序的一个集合体，因为其中的个体之间经常会发生激烈竞争。如果我们从群体现象的角度来看，当我们领悟到大的历史趋势时，个体之间的竞争似乎就被钝化甚或于不可见了。仍可被我们看到的竞争与暴力，发生于社会中的群体或派系之间，或作为整体的不同社会之间。如果我们站在更加包容的层次——比如说生态系统或者整个生物圈——来看，当我们观察到物种及其环境之间发展起来的显著相洽，以及在某些气候与生态条件下朝向各个构成种类之间更为紧密的互相依赖这种生态演替的有序特征

429

时,作为进化进程一部分的有意暴行(尽管不会耗尽该进程)又会被钝化。同样,当我们从长远的角度来看待一般的生命进化时,会领悟到这里存在着一种朝向更复杂组织的运动。成千上万的生物灭绝让位于日益增长的协调性、日益分异与整合,使得世界这个整体能供养的生命数量、以此为食的生物有机体之复杂性以及致力于理解世界的意识增加成为可能。某一层级上的和谐与秩序并不妨碍另一层级的暴力与失常。事实上,它们隐含或蕴含着彼此,正如赫拉克利特所说的那样,逻各斯作为一种秩序既是"显露于表面的"紧张、矛盾和暴力的基础,又受它们所控制。

　　我以为,应该明了的是,我所建议的研究路径并没有假定并非只有人类社会,尤其是我们自己的这个社会,去扰乱自然界的和谐。弗里德曼宣称,我对适应与进化的看法是"卢梭主义或生态主义的一个公然案例(1979:263)",因为我就部落社会中普遍的生态幸运与现代社会的生态破坏做了一个全面对比。他认为这是一种危险的意识形态立场,因为我们身处大危机时代(p.254)。我必须对此表示异议。我并不认为,特别关注我们这个社会所面临的问题,或者提出社会文化进化的设置以及解决问题的建议,或指出问题正变得日益严重,就是不恰当的意识形态。之前人类历史上何时曾让一小群人类灭绝物种成为可能?之前何时大气层的破坏成了一个问题?世界居民日益增加的相互依赖性难道不正在促成会造成饥荒这种后果的崩溃的新可能性么?这些危险难道不正被当地和地区生态系统的简单化所加重,而这种简单化自身就是由帝国主义而来的经济上日益互相依赖所造成的结果么?指出这些问题是社会文化进化的伴生物,并不能表明我就是一位近代卢梭。

事实上，在我看来，较之社会文化进化是一个从原始状态稳步朝前向上的过程这种观点，我的立场还没有那么意识形态化。

弗里德曼认为，我对这所有一切的治疗方法，本质上都是意识形态的。他声称，我的"政治纲领""与筑基于被规则、原则和神灵主宰的控制层级之上的世界观相一致，而在这种世界观中并没有社会经济结构的容身之所"（1979：264—265）。他尤其还强加给我这么一个我从未信奉过的观点，即"我们需要一个新的宗教"，因为"我们有'坏的'价值标准"。

确实，我曾讨论过神圣和神圣假设的适应性特征，指出它们自身很容易受到适应不良的伤害（Rappaport，1971d，1976a，1978b，1979b）。同费边（1982）一样，弗里德曼完全误读了我的建议，甚至在批评中举出我的程式所承认并包括在内的一些论据。当然，我讨论过价值标准的组织以及这种组织对适应过程的影响。但我同时也在这篇后记和其他文章中提出过，意义与价值的结构会被社会进程、经济进程以及政治进程所排序或扰乱。

在过去二十年中，许多研究都极为关注人类学与构成其最直接和最鲜明议题的人们——少数遗留下来的部落民、农民、少数民族——之间的关系，却很少思考人类学与其发源社会之间的关系，⁴³¹而后者构成了不那么鲜明却是最终的议题。不过，我们可以认为，人类学的存在，就是对那个社会提出批评。批评意味着矫正，我就有关适应不良的结构本质所提出的建议，或许就能为所谓的"矫正理论"做出贡献。将我们问题的本质概念化为适应结构（或其他有启发性的术语）的异常，本身并不能提供一种矫正理论。矫正这一术语指明一类行动，矫正理论必须是某种行动理论——用我的话来说,某种恢复由于适应不良而萎缩了的系统适应性的行动。

　　对于这种行动的特征或我们如何去执行它,我们都知之甚少。我们的社会,尽管关注问题并有过量的"问题解决者"——总统、参议员、市长、社会工作者——却缺少适当的矫正理论。现在所谓的"问题解决",就是将部分现实从已身内嵌于其中的基质中抽离出来,从而使问题具体化而已。

　　我认为,人类学确实能为一个或数个矫正理论的发展提供帮助。若该说法貌似有些自以为是亦或危险,我们只需牢记:目前的社会政策就是由不比我们的学科更完善且远不及我们学科人道的其他学科所提供的对此世界及其弊端的理解,以及治愈其弊端的方式所形塑的。

第十四节　人类学中的
客观原则与主观原则

哲学家弗里肖夫·伯格曼（Frithjof bergmann，1975）几年前
发表了一篇文章，借批判《献给祖先的猪》的机会，对社会与文化现
象研究所使用的科学方法进行了广泛抨击。他追随莫诺（Monod，
1972）的观点，声称"'客观原则'是'科学'所倚靠的、不可或缺的基
础（1975：7）"。这一原则阻止解释的"主观"原则"输出"，也就是
说，应用于自然现象。不过，人类活动恰恰是在主观领域，

　　在对文化或社会或任何人类所特有的事项（与无生命的
和有生命的自然相对）展开调查研究时，运用解释的"主观性"
原则显然不能组构一种（不恰当的）的"输出"。人类具有动
机、目标与目的，而且我们有办法去了解它们的内容。因此我
们面临一个选择：我们可以……甚至在这些调查研究中遵守
"客观性原则"，在实施中仿效其他科学。需要付出的代价就
是我们得确切知道（哪些会被排除在外，因为两者都是主观性
的且只能被主观地知晓）……。作为一种选择，我们认可解释
的"主观性原则"以及……付出不再在真正的"科学"里起作用
的代价。可供替代的选择就是，要么牺牲知识从而得到科学，
要么获得知识却不再构成一门科学。[1975：8—9]

433 　　鉴于这些困难,伯格曼呼吁社会研究的本质能有一个广泛的深刻变化:"实际上存在着这样一种错误假设,即我们需要知晓、理解'科学'。必须要否定的是那种将所有知识(all of knowledge)与科学作类比的认识论。一旦这种认识论被抛弃,我们就能以一种新的方式将社会调查研究概念化(1975:21)。"总而言之,人类学应该停止狂热追求物理学那些奇怪的神灵,公开宣布自身属于一门人文学科。

　　雷蒙德·凯利和我(1975)承认,科学是一回事,所有知识是另一回事。虽然科学可能需要我们遵从'客观原则',但知识体系却不必如此。我们都一致认为,研究人类这一文化物种的一切特有现象时,使用主观原则都是适当的。不过,我们认为,伯格曼要求人类学做的选择——要不成为一种科学,要不成为一门人文科学——不仅没有必要而且是错误的。人类学完全是两者的综合。这并非在为我们容忍每个人类学家所做的任何研究找托辞。一方面,主观的适当领域有哪些组成,另一方面,客观领域又有哪些组成,这是一个具有根本重要性的问题,而在一定程度上却还模糊不清,甚至令人困惑。当然,在我看来,将它们截然分开肯定无法澄清该问题。在阐释的主观原则和客观原则之间做选择,不但会枯竭我们的理解力,也会迫使我们去使用自己喜欢的特定原则去做那些不适于使用这些原则的研究,那些完全属于另一领域的研究。正如将客观性"输入"主观领域是不恰当的一样,"输出"主观性给客观领域也是不恰当的。而且,人类学应该关心的、一系列意义最深远的问题之一就是"主观领域"(包括目标、动机、目的、感受、理解、误解、希望、恐惧)与"客观领域"(岩石、水、树、动物、新陈代谢、内分泌、营养、成长、腐烂、熵）之间的关系。若在客观原则和主观原则之间作选择，从一开始就让我们不可能调查研究每一项所适用的领域之间的关系，那些近似介于意义和法律、传统建构之物与自然形成之物之间的关系。这种关系是人类状态所特有的。

434

《献给祖先的猪》这本书的核心关注点就是这种关系。通过既有区别又有联系的主观认知模式与客观操作模式，它试图说明带有目的的人类在一个无目的却有法则可依的世界中是如何依照文化所构成的意义来行动的。尽管我认为此策略很恰当，却也乐于直率地承认这种尝试有其瑕疵。某些"客观"数据不充分，某些意义被遗漏、误解或有可能被萨林斯（1976a：298）所说的"生态拜物教"所影响。

自然进程与意义的关系并不简单。意义在任何地方都并非完全一致。各地大部分的日常理解都以遵从自然组构的进程为基础，并通过不同的行动将其编码成或隐或显不同层级的"事实"。其中有些事实当然是习俗所确立的，不过，自然进程与我在其他文章中所称的低层级意义——建立在区别之上的意义——（参见1979b：126 及以下诸页）通常具有很高的一致性。较高层级的意义——此种意义不建立于区别而是建立于区别之下的相似上，暗喻、象征和价值观的意义——并不直接以遵从自然为基础，因而相对不受应与其一致这一约束。也就是说，它们能自由地以多种方式来组织行动，因此能自由地尝试让自然进程从属于它们所规定的任何目的——抚慰祖先、补偿姻亲、赢取利润。

我曾提出，在像马林人那样的未分层、相对无差别的园艺社会，按照较高层级意义来组织的行动和生态系统进程之间存在高度一致性的情形可能更加普遍。然而,这种一致性可能并不同等地出现在这种社会的所有领域。比如说,马林生猪饲养及消耗所提供的营养可靠性,可能比仪式周期的一般生态可靠性更可疑,甚至可能比我在《献给祖先的猪》中的谨慎看法还更可疑。不同的习俗——这包括生猪未曾长成时与常规屠宰时按照不同规则来分配猪肉——可能极大地改善了马林人的饮食。但在民族志所描述的那段时期里,支配着饲养和屠宰的习俗则主要关注社会和政治关系的维持与控制,以及生态系统关系和饮食摄入。因而,意义以及社会秩序的必要条件,以可能显著影响依照它们而发起行动的生物有机体的健康为代价,得到了侍应。

　　因为意义包含了价值,因而意义在任何地方都被高度价值化,这种说法接近于赘述。情况或许就是这样,世界各地的人们总是乐意为诸如上帝、救赎、祖国和荣耀这些意义去劳作、献宝、杀戮乃至牺牲生命。高昂的代价可能是深层意义的前提,而深层意义对于维持社会生活来说又不可或缺。若我们仅仅因为那些付出代价的人不一定得到物质回报,而将人们为意义而付出的代价——奉献给寺庙的财产和劳作,为酋长外套而提供的鸟羽,为捍卫上帝而遭受的伤痛——看作是剥削性的,我们将犯下一个很庸俗的错误。然而,群体所维护的意义有时候可能要求个体作出太多牺牲,从而可能导致该种群衰落甚至于消亡。

　　毋庸置疑,有些意义是维护它们的生物有机体为了生存下去而加以利用的工具,完全相同的生物有机体所采取的行动,肯定也是依照某种目的而组织起来的。而这些目标,他们自身没有加以明确,也非出于“自然的”或功利的考虑而自发出现,事实上还可能对那些为其努力奋斗的人有害。但这两种表述中,没有哪一种表述自身能充分解释文化建构意义的进程和自然进程之间的关系,就此而言,就是将这两种陈述合在一起,也无法做到。它们所描述的,只是调查研究的领域,一系列与生活在仅能通过自身希望与目标这一扭曲镜头来模糊感知其运作的大自然中,却仅能依据自身必须构建的意义而存活的物种之特性紧密相关的问题。

第十五节 生态学解释

伯格曼在其针对社会科学研究的综合性批评中,不仅针对《献给祖先的猪》以及其他此类作品所提供的系统解释,也针对列维-斯特劳斯所提出的结构主义,提出了另一个重要异议。他认为,这些作者的失败在于对其描述的许多现象没有作出充分解释,对功能解释的检验标准是:"给定的现象最终对一项假定的功能给出了多少解释"(1975:3,重点符号为原文所加)。他认为,《献给祖先的猪》中繁复精致的民族志细节描写与质朴无华的仪式周期的功能叙述存在"显而易见的比例失调"。功能可以通过一些不那么复杂的手段来实现,而且,也不清楚这些实践诸如禁止共食麦日特和玛或通过将麦日特种子吐进森林以解除禁忌,以及其他类似的无数实践,与这些功能有何关系?

当然,我们可以又一次辩护说,仅为描述本身来进行描述也具有其价值。但对凯利和我来说,仪式周期的描述并没有让读者如伯格曼所批评的那样,对露兜树种子、有袋类动物尾巴、战斗石、鳝鱼、纳瓦麦以及其他这些符号现象一无所知。部分的通过后来发表的作品中(1971b,1979b)更加明确的辅助性结构分析,我试图指出,马林文化一些不相关特点互相交织的至少一部分方式,例如,精灵与抽象品质之间在观念上的对立,是如何通过仪式周期与猪群的规模趋向相关联的。我们更进一步认为,被阐明的关系并不是通过社会成员的平常实践——不管是马林人的经历还是我们自身的经历——被人们"熟知"的现象。我们的尝试不会引导我们通过详尽连续的仪式去期望系统调控，也不能引导我们从仪式本身去料想其物质与社会影响。我在结论中认为，就马林人的常识而言，当地人的理解肯定经常会与社会体系的实际运行存在差异。这表明，我们不能以其他方式获得的一些知识，可以从分析中得到，尽管我们得承认，还有许多问题最终依然无法得到解释。

无疑，概念性方法（conceptual approaches），而非在书中处于支配地位的方法，可以阐明那些还没有被分析到的仪式的某些方面。不过，我们或许会问，是否可以因为这种分析方法，或其他分析方法未能解释清楚所呈现的所有详细的描述性材料，就取消、甚至于贬低它已经完成的工作？对任何分析，我们最应该问的是，它是否告诉了我们一些值得知道的事情，否则的话，我们就无从知道——它是否显著地增进了我们的理解。任何一种形式的分析方法，若宣称自己能解释其所关注的现象中一切"真正重要的"方方面面，都将是错误的、自大的。不管是功能分析法、系统分析法、结构分析法、象征分析法还是其他类型的分析法，只有在它们的分析结果被当作通过其他分析模式或通过普遍的社会实践所获得的知识的替代品，而非其增补物或补充时，才会使人们的理解力变得枯竭。

由此，用另一种描述、分析或阐释模式来分析哪怕是同样一些材料，并不意味着排斥已有的分析结果，而仅是对其局限性的认知。举例来说，由于认识到对仪式周期进行生态分析和系统分析，对于阐释仪式之所以成为仪式，或神圣的本质及基础等方面没有任何贡献,我最近被引向——或推向——关注神圣的本质与仪式的形式特点(见 Rappaport,1979d)。从来没有,也永远不会有某种分析模式能告知我们一切事情值得我们知晓的一切。固执地要求我们去达到一个不可企及的目标并不合理,若它仅给我们带来一种习惯性的失望,这多少还是无害的。但其作用并不如此。它要不会留给我们虚无,因为我们拒绝一切,要不会使我们过分轻易地沉迷于复兴运动的残存影像。这些复兴运动,带有一定规律性的席卷了若不是对帝国,那至少也是对世界而言十分关键的学科——20 世纪 30 年代是"文化与人格",50 年代是"新民族志"和"文化生态学",60 年代是"结构主义"和"新生态学",70 年代是"结构马克思主义"、"生物社会学"以及各种象征流派。那些在这种运动中席卷而过的东西,倾向于要么通过把"值得知道的一切"定义为由其所持的学说而能获知的一切,去枯竭这种理解,要么通过索要超出它们所传递之外的更多理论、方法或视角,去歪曲这种理解。将可靠的、但有其局限性的解释模式沿用到不适宜的领域所导致的失败,可能会被人们错误地解释成概念的崩溃,但实际上,它们应被理解成滥用了那些概念的结果。

有人认为,要达到全面理解——若根本上可以接近的话——必须以同时运用的多种模式为基础,这种观念将会导致一种无形的折中主义,同样没有助益。要想多种解释准则被有效地援用,它们必须以有序的方式互相关联。有关生态学原则的适当位置、功能概念、人类学理解中的系统与适应概念等问题因此全都消隐进了普通生态学解释这个大问题中。我认为,有必要阐明解释模式与解释原则之间的关系。

综合性解释和说明的结构问题十分复杂，最好由哲学家去解决。然而，我得指出，我们在整个后记中自始至终都对它们有所触及。比如，我们在上节中讨论了主观领域和客观领域之间的关系，之前在三、四、五节中我们也对此有所探讨。第八节中我们讨论了形式的、终极论的、效用论的以及物质论的阐释，提出生态解释符合普通生态学解释的一种显著方式。环境的变化可看作是社会活动发生甚至于社会结构变迁的动力因。系统在之前已存秩序（也就是，结构化了的内容）——用术语来说，它们构成了物质因——的掣肘中对它进行回应。认为环境或环境变化的特质不能解释其回应之特性——普遍的抱怨就是如此——只不过表明，首先，动力因非物质因。（认为功能本身不能详细说明功能是如何实现的，这种相关抱怨在以同样的方式批评终极因不是物质因。）或许更重要的是，这种断言，若是被极端解释的话，会被夸大，被引入歧途，甚至于得出不正确的结论。虽然遗传反应可能会有例外，但环境及其变迁的特征却不只是刺激适应系统采取随机行动而已。环境给人们带来的问题有其特定属性，要求人们去适应它、战胜它、压制它、驯服它、改善它或纠正它。尽管环境的特点或环境的变化不能决定对之进行回应的应答的特殊属性，却能多少有些严格地去确立那些应答的大体方向或轨迹，当然，我们正是依据它们，来对那些应对的恰当性、充分性或成功进行最低限度的评估。正如许多人批评的，适应程式很少能提供"唯一的正确答案"，这无疑是正确的。毕竟，有序的多功能性是适应性的本质。然而，适应公式所提供的答案并非"唯一正确的"这一事实，并不意味着它们是不准确的，或无价值的。

我们之前已有触及的、与全面性理解相关的一个问题是，蕴含系统（including system）与蕴含于（included system）系统——生物体，大小不同的群落以及生态系统——运行所需的必要条件、目标与其影响之间的矛盾。考虑这个一般问题——它貌似是我们时代最关键的问题之一——很显然要求我们不仅考虑系统在不同层次上的独特"功能法则"，还得将不同层次间的关系考虑在内。如果蕴含于系统与蕴含系统之间的关系是部分与整体之间关系的话，那么，如我们已经提到的那样，层次等级关系会具有某些逻辑和结构特点使之有序。这意味着伟大的普遍性原则可以提高我们对人类社会系统某些复杂特征的理解。

440

　　最后我认为，对于生态学解释来说，我们将有关组织原则的陈述整理成解释等级是恰当的。这些原则与具有较多或较少普遍性的组织类别有关，例如，马林社会、人类社会、单一物种的社会、生命系统、信息处理系统、自然系统、所有系统。（这些层级不同于上段略微提及的蕴含于系统与蕴含系统。例如，人类社会是把马林社会作为成员之一归入其中的一般类别，前者包含后者使之成为其一部分的方式，不同于生物体包含细胞的方式。）每一个层次都有它特定的现象，每一个层次都盛行特定的法则、规律和秩序。举例来说，所有的自然系统都遵循热力学定律，所有的信息处理系统都遵循类比或数字编码逻辑。所有生命系统的特征以适应性为特点，所有生物体以新陈代谢为特征，所有动物以其感觉能力为特点，所有人类的特征是其文化进程，而所有马林人的特点是马林人的文化进程。很显然，与更为包容的类别相关的法则限制或束缚了它们所包含的子类别。举例来说，新陈代谢的进行符合热力学定律,但这可能会被当作其中一个特例。那些具有或多或少普遍性的系统类别,其进程之间看来也普遍存在制约联系。例如,新陈代谢是感觉能力的前提,反言之,感觉能力视新陈代谢而定。我们还不清楚功能关系在多大程度上与制约关系相一致,它们在进化过程中可能会有变化。比如说,不管一条蚯蚓是否有任何感觉力,它都能圆满地进行新陈代谢和繁衍,但感官和新陈代谢之间的这种简单关系不适于人类,甚至,就此而言,也不适于高等动物。我已经用其他的术语重复说到了这种不明确性是大量问题产生的根源。

我们在此考虑的层级指的是普遍性和特殊性的层级。由此断定,更具普遍性的类别,其目标或必备品的特殊性,由类别中个体成员的特殊原则所赋予。由是观之,某个解释原则的范围越概化或包容,它对于任何现象中的细节之解释力就越弱。例如,万有引力定律无法告诉我们很多关于某一种文化、多种文化或人类状况的事情。然而,我们不能允许过于简单化的格言过度束缚自己。在我看来,不能允许那些使得那些现象成为任一层次之特征,或定义了任一层次的原则来垄断我们的理解力。参照几个层次的原则能使我们说明某个特定现象的方方面面,由此给出的解释也会比我们限于某一层次解释原则所得来的解释"更深"、更丰富,因而更有意义。对于意义的解释是如此,对于适应的解释来说,也是如此。就让我们来讨论一下拔除闰槟仪式所固有的意义吧。

首先,出现在仪式中的特定表征——闰槟、阿玛梅、特殊形式的锅灶、特别的食物、从男人身上抹去瑞恩吉木炭、祭祀猪、吃掉锅中的食物、种植闰槟和阿玛梅等等都被编码,都有其含义。这些具有多重意义的表征简化、象征并"图符化"（iconify）马林文化——某些精灵、特质和社会状态——独有的意义，以及它们之间的关系，马林人与它们之间的关系。当然，这些意义，由于是马林人的文化所特有的，因而得放在马林文化的语境中去理解。尽管如此，马林文化的意义是在仪式场景中展现的，这一事实将我们从特殊文化的层次引向第二种意义以及更为一般的意义。我已在别处（1979d）指出过，在这篇后记中我还是坚持认为，某些意义——社会契约、道德、创造的范式、神圣之概念、有关于神的观念——是仪式所固有的。这些意义由将仪式定义为仪式的结构所继承。然而，仪式并非马林文化所独有。它是一种泛人类现象，若我们把它的泛文化意义看成是马林人的特定意义，则是一大错误。此外，仪式所表现出来的马林人特有意义的"意义性"本质不同于泛人类仪式形式本身的意义性。

442　　　我已在其他地方（1979b）详细讨论过上述观点。在此只需指出：鉴于文化上的特殊表征与文化上的特殊意义是象征性的、图符性的关系，仪式的特殊意义被索引式地以符号表达。更进一步来说，仪式信息发出者（他们也是信息最重要的接收者）参与（仪式）事实上就是参与信息本身。这类参与的意义在于认同、联合或整合，而非参照或指示，意义的形式本身被赋予了文化上的特殊含义。

　　　仪式中还有第三层意义：仪式展演这一单纯事实的内在意义。在本书的结论以及其他文章（1971d）中，我认为，非仪式性的仪式发生就是一个信号。既然任何民族宝库中所包含的仪式，在任一特定时间只能处于两种状态中之一种——正在发生或尚未发生——发生能传递二元信号。尽管仪式的发生只传递"是/否"二元信号，但它是由达到或违反了某一特殊状态，或一个连续的"多/少"变量的值域或甚至于被大量这种变量中的关系所群集的一个复杂状态或状态范围。就这点而论，仪式的发生是复杂量化信息的一种简单的质性表达，或者，换句话来说，仪式之发生概括了复杂的类似信息，将它转化成尽可能简单的数字信号，只有一个备选项的数字信号。非常重要的是，这种简单的二元特性不是马林人的仪式所独有的。事实上，它也不是仪式所独有的。我们在此讨论的是一种广泛得多的现象，是数字信息处理的普遍特征。

由此，我们对仪式的理解，通过求助于三种层次的秩序而逐步深入。我们也可能调用其他层次。此处的关键在于，经由统领了不同秩序层次的原则，我们获得了有关仪式细节方面的有价值的洞察力。当然，仪式的一般特点与它们所含的泛人类意义并不能解释马林人、天主教或其他仪式的全部象征和图标特性。反之，马林人、天主教或其他仪式的特性不能解释它们为何以仪式而非其他形式来呈现。我们在此被引向了一个相关观点。求助于不止一个层次这一方法将不仅提供给我们几个同时发生的意义，还为我们提供了或多或少自发的意义集。意义集是互相联系的。例如，特定文化表征在仪式场景中出现，能圣化它们并赋之以美德。不仅如此，仪式展演还使得仪式执行者必须得遵守该仪式所编码的任何规定。我在"仪式显而易见的方面"和"进化中的圣洁与谎言"（Rappaport，1979d，1979e）两篇文章里讨论了仪式形式对于其所表达内容的更深层意义。在此我们已经充分表明，仪式形式有点像元语句（metastatement），包含了其文化上的特定意义。我说

"有点像元语句",原因在于仪式不仅是表述,还具有施为功能。施为句的意义不只是描述,甚至于也不止于评价。述行的或"施为"的行动或表达使事务进入传统状态,甚至于建立传统本身的常见规程。就这点而论,它们是有创制权的,它们的意义不同于它们所表述的特定文化表征。这种意义是,或很接近是,因果性的(参见Austin,1962;Rappaport,1979d,Searle,1969)。

总而言之,我们对仪式的理解因为多层次普遍性的引入而丰富起来。否则,它将是无创造性的、不完整的、不充分的,除非我们确实援引了多个层次上的意义。对某个层次原则的正确引用,与同时引入其他层次相关的准则并不冲突。事实上,同时援用几个互为补充的层次上的原则,对于表达其密切关系来说,并不充分。在此我尝试性地提出,它们彼此完善,若不如此,我们对如深刻、精细和泛在的仪式之类的事物之理解就永远无法完成:这种现象永远会刺激人们提出新的问题。不仅如此,我们不应该忘记,人类学试图去理解的视野并没有被语言区分所能提供给我们的、不可胜数的文化范畴或现象——诸如仪式或仪式丛——很好地或真实地表现出来。人们甚至于不认为人类学的任务是将文化作为一个系统来阐明清楚。正如罗杰·基辛(Raper Keesing)几年前所提出的那样,我们还"想知道人类群体是如何组织以维持其社会生活的,生物学和经历是怎样互相影响的……经历的性质如何形塑了人格;在不同时间与地点,人们的思维与感知模式如何不同——又具有怎样的相似性;生活方式如何变化,在特定场景下人们采取何种样态与形式"(1974:90)。

我要补充的是,我们想知道,文化是如何与其承载者以及置身于其中的生态系统不一致的，诸如"本性"与"教化"等矛盾以何种特定方式展现自身，跟随这种混乱而来的困境能否被修正。我们还需要更好的理解，当系统复杂到变得完全无法理解时，人类是如何避免破坏他们赖以生存的环境以及他们自身的。

附录 11(1984)
《献给祖先的猪》中的营养

在此附录中，我主要关注《献给祖先的猪》中所呈现的生产与营养数据方面的问题，以及我对它们所进行的诠释。本书的这两个方面都受到了人们的广泛批评。

迈克阿瑟对书中的营养方面展开了最全面、最细致的批评。她的评论最初发表在 1974 年的《大洋洲》杂志上，读者也可在 1977 年伦敦出版的、由贝利斯-史密斯与菲奇姆（Bayliss-Smith and Feachem）编著的著作《生计与幸存：太平洋的农村生态》（*Subsistence and Survival：Rural Ecology in the Pacific*）的第五章中找到几乎形式同一的批评。在提到迈克阿瑟所提出的批评时，我会引用到她原版中的几页论文。

菜园产量与家庭消费

我为了估计人们的摄取量，进行了数据收集，其步骤在正文以及附录 9 中都有详细讨论。每天我都给四户家庭带回家的所有菜蔬称重。由于我对园艺产出和家庭消耗同样感兴趣，因而会给园中产出的所有食物称重（无论何时，所有的家庭都会从几个年成、海拔高度与作物组合不一的菜园中收获一些食物）。每天蔬菜不仅按照种类,同时也按照不同称谓来称重。称重工作(把观察到的在菜园里被消耗的食物作为补充数据)是估算产量和消费的基础。

迈克阿瑟认为我没有陈述是谁每天在称重。我揣测许多读者都会烦扰于这一空漏,我愿趁此机会阐明该问题。除我之外,在1962—1963 年还有两位能读会算的人在僧巴珈居住——我的妻子安·拉帕波特和我的田野助手托马斯·卡瓦利(Thomas Kava-li,之后他在议会工作了很多年,后来成了国家土地部长)。大多数日子里,是我在做称重的工作,我不在场的时候,安·拉帕波特或托马斯·卡瓦利称重。

估算人们不在家中消费的食物进行得并不令人满意,我在前面第 279 页也已经提到过。然而,情况要好于麦克阿瑟所归纳的凭空臆测(1974:93)。我试图估量作物的大小,估算我看到的人们在园中消费的数量(例如,任何种类的一根甘蔗,大致长度为 2 英尺,直径为 1.5 英寸;六条黄瓜,长度为 3—4 英寸),之后在返家后为可比较数量的作物称重。在很多情况下,我能整天观察某些特定的园艺者。

迈克阿瑟发现,对于那些在家庭之外消耗的食物重量,我并没有表明我仅是加上了一个恒定的数据,还是"有人每天都对样本中的所有人或大部分人进行核实"(1974:93)。我确实是把人们在家外消耗的食物算成一个常量。这些常量出现在表格 26 中的第 13栏中。不像迈克阿瑟认为我应该做的那样,我没有坚持每天与样本中的所有人或大多数人核实。我发现,询问调查人白天在菜园吃了些什么,会引起某些人发怒,同时使得其他人发笑;无论如何,这些答案对于消费数据而言毫无意义,所以我很快停止了询问。我知道,四位妇女在 1963 年 3 月 11 日至同年 11 月 8 日期间在家外吃得最多的是甘蔗和黄瓜。在其他一些地方,也有适量的香蕉和麦日特露兜树被人们消耗(人们在男人屋中食用麦日特)。当更多作物成熟时,比我所表明的更大比例份量的食物可能在园中就被消耗掉了。总的来说,我认为我对人们没有带回家中消耗的食物的折让是合理的。若有任何严重问题,最可能是出现在对甘蔗的估计上。这种作物最主要的营养意义是卡路里,而在马林人的饮食中,卡路里不受限制。

迈克阿瑟提到的另一个但却没有纠缠下去的相关缺陷是,我认为托梅盖园艺者在将作物带回家前分发给他人的生食与被人给予他们的生食大致相称。这种假设不可能与事实精确相符,但我没有理由去相信它不接近事实。

如迈克阿瑟所注意到的那样,我没有记录人们食用的野生动物食物。一方面,这类食物通常是一些不带回家的、很小的东西。女人、小男孩与小女孩以及较大的女孩子们会在园子里吃大昆虫与老鼠。大到能离开母亲的男孩们经常会三五成群地在灌木丛中游荡;在漫游过程中,他们有时会吃未离巢的雏鸟、小蜥蜴、螳螂、青蛙和其他用小弓箭射下来的这种猎物,然后烧熟。曾有一次,我试图估计男孩子们吃了多少这种东西,却以失败告终。当那些与我在一起的男孩们看到我对他们捕获的昆虫感兴趣时,情形变化成一种有意识、有组织的昆虫猎捕。我发现年纪小的男孩虽然对昆虫有很多了解,他们平常吃的却没有多少。这也不可能有多少,因为捕获的这些动物都很小。1981 至 1982 年里,人们在家里捕捉到的啮齿动物比小男孩们的猎物要大,却也仅有 50 克重。

当然,有些猎物很大,足以带回家分享。鳗鱼禁忌在我停留的最后几个星期中才解除,同时没有多少人围猎或诱捕有袋类动物,所以很少被人们带回家或消费。我在正文中还提到过野猪。

我并没有试图去称重,或估算这四个家庭所消耗的较大猎物的数量,因为我认为自己不可以向他们调查一个注定不会对其大多数日子里的食物消费有重要贡献的事情去羞辱他们。(问他人这个问题,会让没有送给我猎物的人深感难堪。拒绝别人送给我的猎物也完全行不通,因为他们会坚持,如果我自己不吃的话,可以让助手们吃。)人们大多数日子里吃的肉要么是完全没有,要么是少于一盎司。后来的马林人研究为我的结论提供了有力的支持,即"水果和蔬菜就僧巴珈人通常的日常摄入的重量而言,占到了将近 99％"。(第 73 页;重点符号为作者所加)布赫宾德(Buchbinder,1973:104)量称了几个图古曼人——僧巴珈人的紧邻——在一到两周时间内的摄入,发现动物性食物分别只占他们三月份与七月份饮食的 0.01％和0.03％。她发现,在与大量原始森林零距离的博马盖-安勾英(Bomagai-Angoing)人那里,其比例仅为 0.2％。克拉克(1971:179)估计博马盖-安勾英人的日常肉食消耗要高些,但仍略低于 1％。要强调的是,这些数值,不足以代表总体饮食中的肉类。它们所表明的是普通日常生活消费中肉食的缺乏。宗教仪式、家猪的自然死亡、打猎的运气以及节日都在难得的场合为人们提供了大量肉食。然而,在大多数日子里,人们并没有肉吃。

迈克阿瑟质疑我测量生猪给养所用的方法,其中生猪给养与人们消费的食物被分隔。这种方法本身是明确的,"记录下四个家庭中分配给猪的给养……在三个多月的时段里……然后把猪的消费数据延伸至另外那 5 个月。"(59 页)我们没有必要在另五个月里单独为猪的给养称重,因为数据结果一直非常一致。在周与周的稳定性中,日与日之间的变化消失了,3个月份的样本似乎就已足够。现在仍是如此。我选择不在五个月里分别称重猪与人的给养,仅是为了不那么推迟女人们黄昏时的劳作,同时不让另一户人家在我给一户称重时等候太久。

　　迈克阿瑟进一步抱怨,"不幸的是,拉帕波特没有告诉我们,僧巴珈妇女是否习惯在三个月中按照他所要求的那样,分隔人和猪的生食。"(1974:94)问题的关键不是将生食分隔成两堆,而是拣选。一些妇女倾向于将网袋里的东西全部倒在地上,之后马上把大多数给猪吃的块茎扔到猪圈里。我曾看见过他人,或在不同场合同一个女人刚开始给猪喂食很少,从一堆未分类的准备用于煮食的作物中挑选,挑剩的就留作猪食。通常,许多或大多数妇女可能会拣选两类根茎,但不会将它们分成明显的两堆。我请求她们做的,就是在喂猪之前把给猪的块茎放成单独的一堆。如果她们没有按照我所说的那样将给人吃的食物和给猪吃的东西分开,我又能怎样进行区分呢?我不认为这一步对于人们区分人食与猪食的标准或具体的拣选行为有任何影响。这些猪每日吃掉重量低于三至四盎司的块茎,较重的块茎被剁碎或切成长薄小块,使得其淀粉浆很薄。若某一天次品红薯的数量不够,人们有时候也会把更好一些的红薯来喂给猪吃。哪怕是大的树薯块茎也会被人们用来喂猪:树薯通常被看作是猪食,如我在文本中报道的那样,生猪吃了大量树薯。

　　迈克阿瑟对整个称重过程提出了几个疑问,宣称"对于任何一个家庭主妇来说,在她准备食物时让一个外人来称重都会是乏味冗长的,失去她们的合作这一风险实际上会使这种调查研究至多持续一周或十天,有时候可能只能进行一天"(1974:95)。对此我不敢苟同。我当然并非在妇女们准备饭食时,而是在她们开始作准备之前称重的。因此我对食物称重,并没有像迈克阿瑟所想象的那样深深打扰了这些妇女们。在每个妇女灶台边进行的称重工作,仅占用人们几分钟——几乎不超过十分钟——在妇女们一到家之后就进行,或至多在她们到家后的一刻钟内进行。称重成为黄昏中进行的一项例行公事,妇女们在绝大部分时间里看起来都从中找到了乐子。这是她们在做饭前放松和闲谈的时刻。这可能就是为什么她们在整个称量过程中一直保持合作并且态度和蔼的原因。我应该指出的是,她们的丈夫、她们的成年孩子以及她们本人都因其努力得到了相应的报酬。我每月都给每个园艺者在他们看来属于一笔相当可观收入的 4 先令报酬,而且我还给他们盐、火柴以及足以满足他们需求的脸部涂料作为礼物。(我也用这些东西来与其他当地居民换取食物。我没有接受我所研究的家庭所赠予的生蔬,尽管我有时会在他们的灶台边用餐。这也被例行公事地记录下来了。)

迈克阿瑟认为,我持续研究的时间太长,因而不会起到什么作用。但在同一页反对我所选取的样本时,她又表扬了该项调查持续的时间。"研究持续时间的长短很不错,但样本选择却并非如此。大致说来,16 个成员中有 15 个是托梅盖部落成员或来自那里的妻子。尽管这些成员不能证明他们有共同的祖先,但认为他们有关联并因此形成了一个基因亚族。不仅如此,僧巴珈人中小孩占的人口比重要高于他的样本——大概是每 10 个成年人中有 9 个年龄在 20 岁以下,而他的样本中只有 6 个。在这两点上,他的样本都不能代表当地群体。"(1974:95)

在所有可能的世界中最佳的状况是，我们能选择到一个完全符合当地人口结构的样本，并且——若非随机选择的话，它由至少不完全关联的家庭所组成，正如托梅盖人所想象的自身那样。但这并不是所有可能世界中最佳的状况，我挑选了唯一那个可行的样本，即由我的隔壁邻居所组成的样本。四户人家都在我房子的视野范围之内。事实上，最远的一户人家距离我家也不过五十多英尺。我经常看到妇女们回家，但在黄昏，如果我没有看到她们回家，她们也几乎不用提高嗓门来唤我去称重。如果她们住得更远，看不见也听不见，她们就得派人来叫我、等我，这样就不可避免地会在有些日子忘记了称重。这点不久就变得十分明显。起初，我除了对托梅盖人进行研究外，还和其他人商量好在他们的菜园中划分出 1 000 平方英尺土地。只有我在场的时候，人们才能收获这上面生长的作物，其产量可当作样本来估量整块地的产出。这种努力以惨败告终。首先也是最重要的是，这种程序所包含的收获模式与马林人的实践不一致，并且 1 000 平方英尺小片土地上的产出也不足以代表整个园子的产量。第二，当园艺者想收割时，我不可能总是在场，因此他们有时会在我不在场时收割。所以我很快就放弃了这项努力，只依靠托梅盖人。这样做的好处是当人们收获作物时，我不需要在场，我不可能错过那些日子，我还可以将他们等待我的时间压到最短。这样既节约了我的时间，也节约了园艺者的时间。

就像我在书中指出并阐述得很明白的那样，我对产量和消费都有兴趣。为了得到临时性耕地上适度准确的产量数值（而人们每天都从地里收获），理想上在整个园子有作物生长时，我们有必要让收割者遵从其通常做法,而研究者则每天去称重(与这种理想状况相比,我做得很不够)。

在灶台边称重几天或一周,之后再重复一个月或两个月,此后几个月之后又重复这种称重,可能会让我们得到一些合理的消费数据,但却完全无法说明园子的产量。同时,我采用该数据的步骤是(1)特定园子的产出,已知其大小、位置、海拔及耕作的年数,在此处采集了土壤样本;(2)所种植的多种植物之季节性变化;(3)家户所积累的日常消费……。它也能说明可行性的一个根本优势,对于一个包含了居住得很远的家户的样本来说,这种好处就完全不可能得到。尽管迈克阿瑟对此非难,我仍会毫不犹豫地向他人建议,若按照我行事的概要去做——即把邻近家庭作为样本,尽可能在较长时间段里称量他们带回家的一切东西——他们可能会发现这大有益处。这种方法可以得到很大改进,然而田野不是实验室,我们不可以期望用这种努力的结果来达到实验室研究中最低限度的精确度。这种期盼可能会导致完全没有任何田野研究。当然,我们应该尽我们所能地做好田野研究,改进我们的方法,更好地控制那些可能会扭曲我们研究结果的因子。我从来没有声称过自己收集的数据很完美。但我过去认为,现在仍然认为,这些数据是有价值的。

在讨论迈克阿瑟的批评时,罗伊·埃伦评论道:

> 但即使我们承认拉帕波特和其他人(我肯定也包括在其中)的弱点,人类学家们仍有足够理由去搜集自己的数据,关注一些现有数据。正如在许多其他领域一样,非专业人士在

该领域采集的数据可能不十分准确……就如他们可能做到的那样——但它们经常是仅存的数据……很显然,我们有必要特别仔细地选择样本、挑选方法、搜集数据。但数据的搜集总是取决于接下来我们要用这些数据来做何事……。在许多生物学研究中,对现实与综合模型的关注比关注精确度更重要……。如果生理学研究是如此的话,它肯定也适用于民族志工作……。重要的是,根据相关的社会和经济变量去聚焦于能量路径、控制机制、广泛的社会关系和投入产出的关键比率的大致纲要结构。这并不表示准确以及详尽的描述没有意义。事实上,不断努力提高田野技巧是非常必要的。[1982:116—117]

我不反对人们对此研究更严谨调查方法以及更好数据的期盼,也不否认我的数据质量还可被大大提升。不过,我认为,园子产量与家庭消费的基本数据——人们所收获的以及带回家的各种作物——的质量是相对较高的。在原文、附录4、附录9和附录10中,以及现在这个附录里,我试图解释清楚这些数据的缺陷。我认为,学生在知道这些限制和说明后,可以相当有信心地使用这些数据。

关于个人摄入量的问题

如果基本的消费数据——带回家的作物重量——值得我们对之报有相当大的信心,那么,我为各家庭成员可获得食物部分的分
453

配步骤,在可靠性方面就大打折扣了。我曾试图在某个黄昏为每个人摄入的食物进行测量,但结果让我绝望。尽管在进餐中,每个人都分到了一份盛于叶子"盘"上的晚餐,但每个人也能从锅里直接舀取,孩子们从其父母盘子里吃到部分食物,每个人都独自将块茎丢进火中,之后有时会将烤好的块茎掰下一小部分给其他人,有时候则不分。径直将计量称侵入他们的手和嘴之间,可以说,让我觉得恶心,同时,在我看来,这一尝试注定会导致正常消费的偏差。不仅如此,我没有办法到任何一个妇女家里去睡觉——更不用说其中的四个女人家里了——好去记录她们晚上所吃的零食(我怀疑任何营养学家都没有这么深入做过)。我也不可能跟在 16 个人身后,不断地为他们不在屋子中所吃的食物称重。

为了处理该问题,我按照文卡塔查拉姆(Venkatachalam,1963)在兰利(Langley,1947)——这两位学者都在新几内亚人中工作过——之后发表提出的推荐卡路里供应量,将可获取食物的总量依照不同年龄和性别范畴分配给每个个体。我推论,不管卡路里供应量是否符合实际,供应给每一类别范畴的人的相对数量应该近似于他们所消耗的相对数量。书中 282 页至 283 页所描述的这个步骤,在我看来有些可疑,因而我自己也提醒大家注意这个根本性的困难。纵然情况如此,我还是在此步骤的基础上估算出了样本内所包括的各种年龄—性别范畴成员的摄入量。在表格 9(见第 75 页)中我呈现了这些估测数值。

1966 年 7 月至 1969 年 6 月,乔治达·布赫宾德(Georgeda Buchbinder)曾到马林人那里做过两次田野,对九户人家——其中有七户是紧邻僧巴珈人而居的图古曼族,两户是博马盖-安戈英族

（1973：98 页及下页）——展开了家庭以及个体消费的主题研究。
她将这些家庭所有带回家的生食都按照命名称重记录。给猪吃、
给客人吃的或用作种植材料的食物都加以标注，在最后分析时减
去这些数字。出席的餐数也被记录下来，"从而可以应用拉帕波特
454　所描述的方法来估算个人摄入量"。然而，除此之外，布赫宾德也
在部分范围内称量了"每个家庭成员所吃的每份煮熟的食物"（第
99 页）。她对每个家庭都观察一周或两周，在六个月之后又重新
研究了图古曼中的两户家庭。

　　图古曼人和僧巴珈人是近邻、盟军、彼此之间的通婚率很高；
他们"表现了相似的人体测量特征"（Buchbinder，1973：123）。因
此，把我得到的结果和布赫宾德得到的结果作对比是很重要的，此
对比呈现于表 32 中。

　　布赫宾德认为，"因为实际上的分配研究已经做完……我们可
以很安全地假定，图古曼数值比僧巴珈数值更准确，事实上，可能
是图古曼人和僧巴珈人卡路里摄入的典型特征。"（1973：124）我大
体上同意他的观点。布赫宾德得来的平均数与我分配给每一类别
人口的数值之间的不一致之处，都呈现在表 32 的最后一栏中。这
些不一致，可能反映了我方法上的不精确性，但也有可能是小样本
量所特有的情况。但不管怎么说，我们的分歧并不大得那么吓人。
正如她的数据给了我一些支持一样，我的数据也给了她一些支持，
这些数据都是在可能会歪曲正常消费的方法上得出的。

　　比她的平均值与我的估算之间的分歧更为重要的是，在两个
研究中包含的除一个类别之外的其他所有类别中，我得出的数值
都恰好在她的样本所描绘的范围之内；余下的这一类及 3—5 岁小

孩类别的样本太小,以至于布赫宾德认为这一差异没那么重要(第
124 页)。在 5—10 岁范围内,布赫宾德样本中的分类和我的分类
并不能直接比量,不过我们还是可以说其中不存在严重分歧。我
的 5—10 岁分类中包括年龄大致在 7 岁或 8 岁的一个男孩和一个
女孩,而我赋予这一类别人口的消耗数值落在布赫宾德所计算的
男性与女性消费值范围内。尽管我的方法有其缺点,但我据此得
出的僧巴珈人卡路里摄入量似乎还是符合实际情况的。

蛋白质

我在前文中已经表明,我无法在僧巴珈辖域内安排作物样本
来分析它所含的蛋白质,因此我被迫使用文献中的数值。这些数   456
值可以在第 280 至 281 页表格 26 的第 9 列看到,第 10 列陈列着
这些数值已被授权的来源出处。因为数值变化幅度大,可生食部
分所含的蛋白质含量百分比最大值和最小值陈列在第 9 列,它可
转化为人类消费的蛋白质磅数列在 11—13 列,以及 15—16 列。

表 32　僧巴珈人(拉帕波特)与图古曼人(布赫宾德)的卡路里日摄入量比较　　455

年龄-性别类型	僧巴珈人的平均值	样本量	图古曼人的平均值	样本量	图古曼范围值		僧巴珈与图古曼人的偏差率
					最低值	最高值	
成年男性	2575	6	2528	11	1828	3097	+1.86%
成年女性	2163	4	2344	9	1463	3017	−7.72%
10—18 的男性		0	1698	7	1440	1824	
10—18 的女性	2112	1	1642	5	1011	2291	+28.62%
5—10 岁儿童	1334	2					
5—10 岁男孩			1602	4	1094	2006	−16.72%[a]
5—10 岁女孩			1401	2	1317	1485	−4.78%[a]
3—5 岁儿童	1236	2	994	1			+24.34%
0—3 岁幼儿	875	1		0			

[a]5—10 岁僧巴珈儿童的数值是比较的基础。

　　自《献给祖先的猪》公开出版之后，对于生长在马林辖域的作物蛋白质含量展开的研究有两项。首先是 20 世纪 60 年代后期，布赫宾德在公共健康部劳伦斯·马尔科姆（Lawrence Malcolm）博士的慷慨资助下，得以获得 86 个植物块茎样品用于分析研究。布赫宾德从与马林当地群体毗连而居的六个群体的辖域——由西部的僧巴珈人贯穿图谷曼人（曼多）、卡努曼-卡尔（盖）、坎达蒙邓特-纳米伽（尼姆巴拉）、僧伽姆普-姆里蒙巴珈（僧伽姆普）以及弗恩盖-卡若玛人——中拿到这些样品。样品大致是在相似的海拔高度采集的，这点虽未详细说明，但肯定是在海拔 4 000 英尺低一点的地方。布赫宾德在其表格 4.4（第 110 页）中列出了分析结果，她将样本分为三类：芋艿、薯蓣和番薯。我在表 33 中总结了布赫宾德的分析结果。那些对更多细节感兴趣的人可以查阅她的博士论文（1973：103 页及以下诸页）。

　　显而易见的是，布赫宾德得到的平均值都落在之前新几内亚样本所公布的数值范围之外，她那更特定的僧巴珈结果也是如此。令人惊讶的是，芋艿和番薯的数值在一般范围之下，而薯蓣的数值则高一些。无论如何，芋艿和番薯是马林人饮食中块茎状部分的主要组成成分——按照布赫宾德的计算，两者分别占到 28.8% 和 14.0%（1973：104）；而在我对僧巴珈人的计算中，分别为 25.8% 和 21.0%（参见第 73 页表格 8）。布赫宾德认为，“这个较低的蛋白质数值……可能足以造成饮食充足与蛋白质不足之间的区别”（参见 112 页）。

　　1981 年，在巴布亚新几内亚医学研究所的副所长皮特·海伍德（Peter Heywood）医生的安排下，我从僧巴珈种植园得到了一些用于分析的作物样本。

表 33 不同辛拜马林人定居点块茎作物的蛋白质含量

作物	僧巴珈 之前所公布的 蛋白质含量范围百分比	样本量	蛋白质%	辛拜河河谷的一般结果 样本量	平均% 蛋白质	最高% 蛋白质	地点	最低%蛋白质	地点
芋芳	1.4—1.9	11	0.975	47	0.95	1.05	弗恩盖-阔拉玛（Fungai-Korama）	0.59	莫恩多（Mondo）
薯蓣	1.9—2.0	5	2.040	22	2.32	2.75	僧伽姆普（Tsengamp）	1.90	弗恩盖-阔拉玛（Fungai-Korama）
番薯	0.9—1.7	3	0.750	22	0.80	0.96	尼姆巴拉（Nimbra）	0.705	莫恩多（Mondo）

来源：Georgeda Buchbinder，1973

表 34　僧巴珈作物的蛋白质含量

蛋白质含量（可生食部分的百分比）

作物 通用名或拉丁名	马林名字 "种类"	品名	卡阔排 (Kakopai) 3900 格蕾丝 & 阿奇斯	卡阔排 (Kakopai) 3900 珈乌 & 阿普麦	加瓦凯 (Jawakai) 2400 卡普卡 & 伊奴恩卡	阿韦人普 (Awerup) 3000 格蕾丝 & 阿奇斯	诺纳奴恩珈瓦 (Nonanu ngawa) 2900 珈乌 & 阿普麦	韦麦 (Wimai) 2400 珈乌 & 阿普麦	尹多凯 (Yindokai) 4600 瓦 & 品吉	平均值 品种/属	1962—1963 年应用的估值范围
根茎 芋芳											
香芋	当	安达姆巴尔 (an-dambr)							0.86	0.86	
		卡库普 (k'kup)							0.92	0.92	
		阿罗姆 (alom)	1.18*							1.18	
均值										0.99	1.4—4.9
中国芋 千年芋	孔		0.81		0.84			1.21*		0.95	1.4—1.9
番薯	农盖	五爪薯 亚姆巴 (yamba)	1.55*		0.94	0.86	0.61		0.68	0.92	
		马铃薯 黛阿 (daia)			0.69	0.77			0.68	0.71	
		艾布拉普 (aibrup)							0.51	0.51	
均值										0.81	0.9—1.7
木薯	巴乌 恩迪	甜木薯 伊鲁恩特 (yipunt)	0.65			0.93	0.78			0.79	
均值										0.79	0.7—1.2

蛋白质含量（可生食部分的百分比）

作物 通用名或拉丁名	"种类"	马林名字 品名	格嘞丝 & 阿奇斯	卡阔排(Kakopai) 珈乌 & 阿普麦	卡普卡 & 伊奴恩卡	加瓦凯(Jawakai) 格嘞丝 & 阿奇斯	阿韦人普(Awerup) 格嘞丝 & 阿奇斯	诺纳奴(Nonanu ngawa) 珈乌 & 阿普麦	韦麦(Wimai) 珈乌 & 阿普麦	尹多凯(Yind okai) 瓦 & 品吉	平均值 品种 种/属	1962—1963 年应用的估值范围
地块名 海拔 →			3900	3900	3900	2400	3000	2900	2400	4600		
薯蓣属 香芋和野葛薯	茹卡	卡姆巴恩(Kamban)		2.32*			1.14*				1.73	
	宛	阿婆普(apop)					1.92				1.92	
		拉玛(rama)					1.44				1.44	
		塔玛尔(tamar)	1.43				0.61*				0.61	
均值 (宛)											1.35	
黄独	曼	卡普卡(Ka'pka)		1.58							1.58	
均值(薯蓣)											1.49	1.9—2.0
叶子												
南瓜叶	伊拉木恩珈					2.81*			1.46*		2.13	3.8
甘薯	农盖木恩珈	克罗(kluo)		3.68							3.68	3.6
木槿	森姆	谷恩珈纳珈(gunganaga)	4.54			4.26	4.91	4.47			4.54	5.7
孩儿草	森姆巴	果端(gore)	1.70			1.78	1.77	2.19*			1.86	3.8

耕作者（地块）: 格嘞丝 & 阿奇斯；卡阔排 珈乌 & 阿普麦；卡普卡 & 伊奴恩卡；加瓦凯 格嘞丝 & 阿奇斯；阿韦人普 格嘞丝 & 阿奇斯；诺纳奴 珈乌 & 阿普麦；韦麦 珈乌 & 阿普麦；尹多凯 瓦 & 品吉

作物

蛋白质含量（可生食部分的百分比）

通用名或拉丁名 / 马林名字 品名	卡阔排 (Kakopai)	加瓦凯 (Jawakai)	阿韦人普 (Awerup)	诺纳奴恩珈瓦 (Nonanu ngawa)	韦麦 (Wimai)	尹多凯 (Yindokai)	平均值 品种	种/属	1962—1963年应用的估值范围
海拔	3900	3900 / 2400	3000	2900	2400	4600			
耕作者	格蕾丝&阿奇斯	卡普卡&伊奴恩卡	格蕾丝&阿奇斯	珈乌&阿普麦	珈乌&阿普麦	瓦&品吉			
"种类"									
图丽普（灌状买麻藤）塔阔		2.61					2.61		
安比 安姆盆	6.77[a]						6.77		3.8
姆安 卡恩	3.45[b]						3.45		3.8
卡恩 谷普	3.64						3.31		
均值（叶子）							3.31		
草与花									
佛手瓜 玛恩珈普 茹姆布恩（rumbung）							3.69		
贝瓦（bewa）	4.39*		3.69				4.39		
卡恩夹（kanyang）			3.45	3.55			3.50		
迪增（dicing）	3.64						3.19		
均值						2.73	3.58		4.1
高地佛手瓜									
奎艾 棕叶 库姆普（kump） 狗尾草	0.76						0.76	0.76	1.4

作物　　　　蛋白质含量（可生食部分的百分比）　　　　平均值

通用名或拉丁名 "种类" 品名 / 马林名字 品名	卡阔排 (Kakopai)			加瓦凯 (Jawakai)	阿韦人普 (Awerup)	诺纳叟恩珈瓦 (Nonanu ngawa)	韦麦 (Wimai)	尹多凯 (Yind okai)	品种/属	品种	1962—1963 年应用的估值范围
地块名 海拔	3900	3900	3900	2400	3000	2900	2400	4600			
耕作者	格蕾丝 & 阿奇斯	珈乌 & 阿普麦	卡普卡 & 伊奴恩卡	格蕾丝 & 阿奇斯	格蕾丝 & 阿奇斯	珈乌 & 阿普麦	珈乌 & 阿普麦	瓦 & 品吉			
甘蔗 博 (Bo)											
安比塔姆 (ambit 'am)				0.13				0.13			
帕 (pa)								0.12		0.12	
托梅 (tome)								0.10		0.10	
考乌拉 (kaura)					0.14			0.14			
均值									0.13		0.4
水果											
香蕉 伊沃											
乌农 (unung)				1.50		1.46		1.48			
巴伊 巴卡荼 (bakarai)					1.05*		1.50	1.28			
均值									1.38		1.1
南瓜 伊拉	0.76							0.76			1.5

注释：新几内亚医学研究所的格雷姆·伍德(Graham Wood)进行了此次分析。星号表示该物质没有进行过化学分析，而根据已公布数值得出含量。

a 灌状买麻藤的叶子是从靠近此园的果林，而非在此园摘取的。

b 杪椤叶子是从靠近此园子的树蕨上，而非在此园摘取的。

于是，巴布亚新几内亚医学研究所的营养学家格拉曼·伍德先生于 1982 年 6 月在僧巴珈待了两星期，从我也在那里搜集收获产量数据的园子内搜集重要农作物的样本。这些园子在垂直分布带范围中，既包括僧巴珈辖域的最高点，也包含其最低点。样品中有 19 个采集于 1981 年里种在名叫卡阔排的那个园子里。这块园子也是 19 年前为凯阔的举办最后栽种作物的大种植园。我在《献给祖先的猪》中所记录的收获物，大都来自于该园艺点。在表 34 中，我们可看到伍德先生的分析。

表 34 足以说明问题。关于这些呈现出来的数据，我们仅需强调几点。

首先，在布赫宾德-马尔科姆调查案例中，僧巴珈人种植的芋芳、千年芋和番薯所含的蛋白质含量远低于公布的数值范围，而《献给祖先的猪》中的计算都建立在后者之上。与布赫宾德-马尔科姆的数字形成对照的是，薯蓣以及其他主要块茎物的蛋白质含量在公布的数值范围之下。仅有木薯的蛋白质含量在这个范围之内，尽管它接近于其最小值。

像块茎一样，大多数的叶子、花朵、甘蔗、南瓜也是如此。只有在香蕉、番薯叶子和灌状买麻藤叶子这种情况下，僧巴珈作物所含的蛋白质才超过原始计算所使用的那些已经公布的数值。

我们哪怕只是对表 34 最粗略地瞥上一眼，都会明白蛋白质含量不仅在同一物种之类差异悬殊，不同的园艺种类也会造成巨大差异（例如，番薯类的亚巴品种）。或许这里还存在着各类园子的大量变化，尽管这一点我们并不是很清楚。影响块茎蛋白质含量的一些因子似乎是高度地区性的，同时样本也很小。因此，尽管当地样品的化学分析结果更接近于已经公布的数值,但我们只能谨慎地接受它们作为当地一般作物蛋白质含量的代表。

将所有这些保留意见铭记于心后,我们可以考虑运用医学研究所 1982 年的分析结果来重新计算托梅盖人在 1963 年的 3 月 11 日到 11 月 8 日期间的蛋白质消费总量。新的估算罗列在表 35 中。461 为了便于与之前建立在已公布数值基础上的估算(第 280—281 页表格 26)作比较,某些作物的结果也将以同样的方式综合在一起。

现在我们估算托梅盖人消耗的食物蛋白质总量为 271.87 磅,这远低于之前估算的最低值——事实上,它只是该数量的 83.65%。因此,我们有必要根据年龄和性别按比例减少之前估计的蛋白质摄入量。同时,我们应更正原初研究中采用的、分配给各类别每个成员所消耗的可用食物比例的步骤。文本中的比率遵循文卡塔查拉姆在兰利之后公布的为不同年龄与性别的人所建议的卡路里供应量比率,而现在我们则可以使用图古曼人供给每类成员的实际量的平均值比率,布赫宾德对此称量过,并总结在以上的表 32 中。表 36 则校正了生食的蛋白质含量和每类成员所供给的比例。

简而言之,对僧巴珈作物中的蛋白质含量以及可用食物分配的比例进行修正后,得到的结论是,托梅盖人的蛋白质摄入量明显低于我们原初的估计。

日常饮食的充足性

我们现在开始可以探讨马林人的营养状况问题。我曾在文中提到过自己不能找到合格的人为僧巴珈人做临床检查。因而我基于以下两点作判断:一是通过把我算出来的营养摄入量与公布的标准做一个对比,得出我所认为的饮食质量标准;二是通过我所作的诸如对人们外表之类的观察(明确的印象主义)(参见 77 页及以下诸页)。麦克阿瑟在这两个方面都对我有所责难,并借此机会相当详尽地考虑了不同中介与权威所公布的"建议"、"限额"与"安全水平"。

462、463

表 35　托梅盖部落 1963 年 3 月 11 日至 11 月 8 日的蛋白质总摄入量

作物	每磅可食部分	信息库(IMR)含蛋白质均量(%)	人类摄取的蛋白质(每磅)	额外摄入因子	加上估算值的人类摄取的蛋白质总量(每磅)	总量
根茎						
番薯	3512.23	0.81	28.44	5	29.86	
千年芋	1192.80	0.95	11.33	5	11.90	
香芋	3159.54	0.99	31.27	5	32.83	
木薯	194.29	0.79	1.53	5	1.61	
芋艿	1641.60	1.73	28.39	5	29.80	
根茎总数						106.00
树						
香蕉	1139.32	1.38	15.72	20	15.86	
木菠萝*	52.75	1.0	0.53		0.53	
麦日特*	370.45	3.7	13.71	25	17.14	
树总量						36.53
杂粮						
玉米*	2.47	3.7	0.09	5	0.10	
豆类*	4.51	8.1	0.37		0.37	
南瓜	136.67	0.76	1.04		1.04	
葫芦*	9.35	1.3	0.11		0.11	
杂粮总量						1.62
叶子						
木槿	1305.06	4.54	59.25	2	60.44	
孩儿草	300.91	1.86	5.60	2	5.71	
番薯叶	131.34	3.68	4.83	2	4.93	

续表

作物	每磅可食部分	信息库(IMR)含蛋白质均量(%)	人类摄取的蛋白质（每磅）	额外摄入因子	加上估算值的人类摄取的蛋白质总量(每磅)	总量
其他绿色菜[a]	232.28	4.24	9.85	2	10.05	
叶子总量						81.13
草和花						
迪森佛手瓜	575.31	3.19	18.35	2	18.72	
其他佛手瓜	548.41	3.77	20.67	2	21.08	
狗尾草	176.43	0.76	1.34	2	1.37	
草与花总量						41.17
提神冷饮品						
甘蔗	935.55	0.13	1.22	200	3.66	
黄瓜 *		0.6	1.17	50	1.76	
冷饮品总量						5.42
所有来源总量						271.87

注释:该表的基础是1982年新几内亚医学研究所的格雷姆·伍德所作的化学分析。星号表示该物质没有进行化学分析，而根据已经公布的数值得到该数据。

[a] 所用的数值分别是南瓜叶、梣椤叶、塔阔孩儿草和买麻藤叶。

表36　托梅盖日常饮食中蔬菜部分的蛋白质含量

464

类别	样本量	营养单位[a]	估算的蛋白质日消耗量[b]	之前所估算的蛋白质日摄入量[c]		布赫宾德对图古曼人的估算值[d]
				最小值	最大值	
成年男性	6	25.28	35.64	43.20	58.20	39.20
成年女性	4	23.44	33.05	36.30	48.90	43.40
10—18岁男子	0	—	—	—	—	23.50
10—18岁女子	1	16.42	23.15	35.40	47.30	27.30
5—10岁孩子	2	15.02	21.17	22.70	30.30	27.40
3—5岁孩子	2	9.94	14.01	20.70	28.00	14.40
0—3岁婴幼儿	1	8.75	12.34	14.70	19.60	—

注释:此表为我根据新几内亚医学研究所的格雷姆·伍德所作的化学分析和乔治达·布赫宾德对图古曼人所作的调查，于1984年所出修订的图表。

[a] 根据布赫宾德的调查所作的修订。

[b] 根据伍德和布赫宾德的分析与调查所作的修订。

[c] 参见第75页的表9。

[d] 布赫宾德,1973:120。

最根本的问题在于公布的标准自身。它们通常是基于对那些与我们所要评估其日常饮食的人群有显著差别的、营养充足的人群进行的研究而提出来的。麦克阿瑟也指出,就蛋白质需求量或标准的国际应用而言,"FAO(联合国粮食与农业组织)或者是WHO(世界卫生组织)组织委员会制定标准的基础是生存需要的平均值,即维持氮平衡和正常生长所需的摄取量的估算值。然而,若蛋白质摄取量远远超出可能的需求,结果是于身体有益还是有害却尚未得到论证。因此,委员会可能会倾向于错误地放宽标准。他们不像对待卡路里那样,给出推荐的平均数值,而是在估计的平均值加上两倍标准偏差,实际上足以满足总体中每个个体的需求"(1974:101)。在这一综合方面,她引用了杜博斯(Dubos)的观点;后者的观察结果值得我们在此重述:

> 世界上有很大一部分人在营养学家们认为日常饮食极其缺乏的情况下仍然健康且充满活力……。贫困人口更有效地利用食物可部分解释这种矛盾现象……。此外……还有生物适应如基本成长要素的生物合成……。可能更有趣也更重要的是,人类和动物在面对定性亦或定量上大幅度的营养变化时,能发展出真正的代谢适应。[1965:81—82]

我注意到(第77页)兰利的推荐量衍生自高加索人中的实验性工作,她自己也指出,它们存在"宽泛的安全边际"。因此我认为,在没有更广泛、更显著的蛋白质缺乏症状情况下,它们似乎"不切实际的高",也就是说,太高以至于不能理解成马林人的需求量。

这似乎与麦克阿瑟的讨论是一致的。

对于 1964 年 FAO/WHO 所提出的低得多的儿童需求量,我没有作出说明。麦克阿瑟注意到 FAO/WHO 的标准在 1973 年变成了蛋白质摄入的所谓"安全"水平:"这些数值意图超过除小部分人之外的其他所有人的实际生存需要。拉帕波特似乎把 FAO/WHO 委员会在 1965 年提出的蛋白质'需求'平均值作为他的标准,但对于那些十岁以上的孩子和成年人来说,这些数值现在已经超过了最近提出的'安全'水平"(1974:101—102)。她以惯常的非难语调认为,我不知何故错误地没有考虑到 1968 年公布的数据在 1973 年公布的标准中有了变化。撇开她批评言辞的有效性不说,一般性的警告我们还是该吸取的:不只是标准会改变,关于标准的本质,专家们的观点也会改变。

事实上,在麦克阿瑟引用的一篇文章中,1973 年发表的 FAO/WHO 报告包括了它有关蛋白质标准使用的警告:"蛋白质摄入量的安全水平可以……被用作个体和团体是否摄入足够蛋白质的初步信息,但绝对不能用作营养状况评价的唯一标准。对于后一目的来说,其他标准如临床检测和生物检验也是必需的。"(FAO/WHO,1973:11)

我意识到了这一点,并且承认"相比对标准推荐量与估算摄取量进行比较而言,对孩子的营养状况进行临床诊断,能让我们更清楚地知道他们的饮食中是否含有足够的蛋白质。"(第 77 页)然而,我无法做类似诊断,因而只能如实陈述自己的印象,来加大对于日常饮食的评估。而日常饮食评估,从麦克阿瑟本人所引用的那篇文章来看,FAO/WHO 认为它至少具有初步价值。在此我想着重

466

提出，我的这些印象与海伍德最近对巴布亚新几内亚普遍的"原初饮食（在融入西方因素之前的饮食）"的特性描述相一致。海伍德把从蛋白质中获取的能量百分比（PE%）当作饮食质量的指标，认为高地的 PE 百分比普遍比沿海、沿河地区的低，而且"除了小部分地区外，其他所有地区的原初 PE 百分比都低于我们所估计的需求量"（1981:22）。

在麦克阿瑟的批评中，有两个问题阻止了我充分阐述清楚马林地区孩子们蛋白质摄取量的边际性。一是统计问题。我几乎陷入了统计学家们所说的"生态谬误"（ecological fallacy），也就是，运用从他们那里（例如，兰利和 FAO/WHO 的推荐）聚合起来的数据、标准及均值来评估个体状况。二是实质问题。日常饮食是一回事，而营养状况是另一回事，因为外于日常饮食的因素会进入影响任一个体营养状况的进程中。其中有些因素是环境方面的（比如气温）；活动水平当然也很重要，感染亦如此。（对于该主题的讨论，可参见美国国家科学院的《工作坊进展：感染对感染体营养状况的影响》[*Proceedings of a Workshop: Impact of Infection on the Nutritional Status of the Host*, 1977]至少，若没有检查个体的身体情况，我们无法令人信服地确定其营养状况。不过，这并不是说，我们对日常饮食的营养含量估算，哪怕是在聚合基础上，通过比较由 FAO/WHO 挑选出来的专家委员会等权威所公布的推荐量来对它们进行评估毫无用处。若日常饮食达到或超过不管哪一种标准或者安全水平，但总人口的营养状况——或其中一部分——似乎很糟糕，显然值得我们一探究竟。

众所周知，感染以及受伤会增加人体对蛋白质与卡路里的需求。霍恩斯坦(Hornstein)在国家科学院《进展》的引言中(1977)，提出欠发达国家存在两个"与营养相关的关键健康问题"。其一是"由于大面积感染阻碍了肠道的营养吸收，以及发热增加了身体的新陈代谢并加速了卡路里和蛋白质的消耗，导致食物能量和营养物使用效率低下"。其二是，造成第一种情况出现的"健康传导能力"(health delivery capability)(1977：1204)。尽管杜博斯观察到，许许多多的人在低于 FAO/WHO 推荐值的日常饮食下仍能茁壮成长，但马林人的问题似乎正好相反：在所呈现出来的——至少与其他新几内亚人口的日常饮食相比较而言——相当像样的摄入量下，他们看起来并没有茁壮成长。(重新计算一个家庭的食物分配给不同年龄与性别类别消费者的摄入量，以及分析不同作物的蛋白质含量，都要求我们按照此附录中先前讨论过的那样进行重新评估。按照此前的估算，人们的日常饮食看起来相当不错。但现在算下来，则似乎没有那么充足了。)

当然，第一个问题是，我对僧巴珈人营养状况的判断是否接近实际。我认为就蛋白质而言，尤其是孩子，在某种程度上只能说是勉强过得去，但我没有看到任何显而易见的营养不良迹象——没有我所认为的消瘦或夸休可尔症(恶性营养不良)。

从某种意义上来说，这种看法或许有些冒昧，但布赫宾德于 20 世纪 60 年代末期至 20 世纪 70 年代早期在辛拜山谷的工作大体验证了我的印象；有关于此地人们的营养状况，她的研究要比我的研究详尽、系统、严谨得多。在巴布亚和新几内亚辖域公共卫生部的流行病学家约翰·斯坦诺普(John Stanhope)博士的帮助下，她做了几乎整个辛拜地区马林人群体的临床诊断。布赫宾德收集了大量血样来作血红蛋白、结合珠蛋白分析,还对所有的居民做了人体测量。在其未出版的博士论文(Columbia,1973)和一系列文章中(Buchbinder,1976,1977;Buchbinder and Clark,1971),布赫宾德介绍了自己的工作成果。在此我仅将她几个较为显著的结果略作概括。她发现,这个地区存在某些分布广泛的健康问题,其中包括蛋白质-卡路里失调、疟疾、严重的缺碘乏症以及呼吸道感染。蛋白质缺乏的迹象与症状包括肝肿大和腮腺肿大的相对高发病率(她指出[1973:150],一部分但并非所有工作人员都把它们仅看成是对高淀粉摄入的适应)。她还认为,在某种程度上,成年马林人身材矮小是营养不良阻碍了其正常发展所导致的。儿童蛋白质缺乏的证据有头发迹象、脱色、浮肿和肌肉萎缩等。她还见到五例症状明显的夸休可尔症(恶性营养不良病症),一例在僧巴珈,两例在图古曼,两例出现在紧邻图古曼东部的盖部落(1973:150)。1968年,显现出蛋白质-卡路里失调迹象的0—5岁大小的孩子,在僧巴珈人那里占22%,在图古曼人那里占23.5%(1977:118)。这些数据并不包括所有那些看起来生长迟缓的孩子。她观察到,被杰利夫(Jelliffe,1966)看成是"蛋白质-卡路里失调的第一信号"的生长迟缓现象在此地十分普遍。根据一系列判断标准来看(1973:152页及以下诸页),她认为"辛拜的马林人,尤其是那些生活在其西北部的马林人,是世界上生长最缓慢的人群之一。充分的证据表明,他们身材矮小,很大一部分原因是蛋白质和碘缺乏所造成的营养发育不良。"(1973:214页以下诸页)

她观察到而我没有观察到的碘缺乏问题值得我在此说上几句。碘缺乏的某些症状当然有可能逃过了我这双未经训练的眼睛,但我并不认为症状明显的甲状腺肿大或普遍的克汀病也能逃得过去。不论实际情况怎样,碘缺乏的严重症状在 1960 年代末期十分普遍。布赫宾德(1976)认为这一现象很大程度上是使用无碘商业盐的结果。在我离开田野后不久,无碘商业盐就被引进推行, 469在问题被纠正之前在此地风行了好几年。

1964—1968 年间,辛拜马林人出现了严重的碘缺乏症状,这可能导致了此段时期当地人的健康状况普遍进一步恶化。似乎自我 1962 年到达此地之前业已开始的总人口持续减少,支持了这种可能性。在布赫宾德看来,1963—1968 年间,这种衰减以每年 −0.8 到 −0.9 的速率负增长,在末期时人口减少速度可能还有增加。图古曼人在 1966 年 8 月还有 255 人,但在 1966 年 5 月之前,死去了 43 人,包括 12 个刚出生婴儿中的 9 个(1977:121)。"大部分人死于急性呼吸道感染,极可能是流行性感冒伴随肺炎,且疾病进程极度迅猛。大部分死于感染者会在症状出现后的 24—48 小时内丧命"(1977:121 页及下页)。布赫宾德认为,如果没有她在那里给人们抗生素,并帮助人们去救助站的话,死亡率将会更高。

在回答"为什么和其他高地人口诸如日常饮食中蛋白质含量更低的钦布人和恩珈人相比,马林人更多地经受了蛋白质摄入不足的苦楚"这一问题时,布赫宾德提出,蛋白质缺乏、碘缺乏、疟疾以及呼吸道感染之间存在着一种协同作用(1973:214 页及以下诸页)。换句话来说,对于健康个体来说已够用的蛋白质摄入量,对于正在遭受慢性感染与急性感染的、同时还承受其他营养成分缺乏的人来说却不够。在此种压力下,蛋白质摄取不足的症状就会显露,而在没有此种压力的情况下,它是不可能出现的。一旦症状显露,蛋白质摄取不足又会削弱人体抵抗进一步感染的能力。换言之,感染、发烧和受伤也会增加人体对蛋白质的需求。

在我田野调查期间,如果碘缺乏对于布赫宾德所说的致命的协同作用贡献甚小亦或全无的话,那么当时蛋白质缺乏就不会像之后那样成为如此严重的一个问题。如果源于外国的感染如布赫宾德所发现的致命性呼吸疾病,在接触前时期没有那么盛行的话,日常饮食中的蛋白质含量在那些日子里应该更加充分。我将僧巴珈日常饮食中的蛋白质含量描述为"临界状态(marginal)",可能会使情况变得比看起来更好些。无论如何,我并非说当我在那里时,那里的营养状况相当好;实际情况可能比我所认为的状况更糟。然而,一般说来,我对僧巴珈人营养状况的评定,与布赫宾德对当地人展开严谨的健康检测所得到的结果之间,存在着高度的一致性。

屠杀生猪,猪肉的消费和群体之间的关系

现在我们转而来讨论一下猪肉在马林人的日常饮食和社会关系中的地位问题。我提出(第78页及以下诸页),由于"存在[蛋白质缺乏]病症",僧巴珈人在非节庆年(第84页)消费那可获取的、数量有限的家养猪肉的语境,可能成了一件具有生理学意义的事。麦克阿瑟误解了我论点中至关重要的方面,同时还有其他评论人援引她的批评,这表明他们可能也跟着麦克阿瑟走入了误区。因此,在此我将总结一下自己的提法。

1.虽然厄运有时候会直接降临到生猪头上,人们在非节庆时期为了送礼给姻亲,以及在与厄运无关的仪式场合也会杀掉一些

生猪(155 页及以下诸页),但在非节庆年,为了满足人所遭受的不幸以及应对突发事件而举行仪式的需要,人们还是得祭奉相当数目的生猪。因为我住在僧巴珈的那一年是个节庆年,因而这一陈述来自于资讯人所提供的信息。

2.不幸和突发事件——尤其是疾病和受伤,也包括死亡和战争——是生理应激场合,这一说法颇为可信。应激时,相对于那些没有这种不足的有机体,蛋白质缺乏的生物有机体会面临更大的风险,很大程度上这是由于其蛋白质代谢会加速,同时它的吸收可能会被阻碍,一些蛋白质可能会直接流失掉(如从伤口处)。这一切似乎在《献给祖先的猪》一书出版之前就已立论(见第 85 页及下页援引的参考文献)。我现在没有,以前也没有声称自己具有这个领域的专门知识,但在我看来,近期的研究似乎普遍证实并详细说明了早些时候的发现(见美国国家科学院的《工作坊进展:感染对感染体营养状况的影响》,1977—Keusch、Beisel、Rosenberg 等人、Pawanda、Wannemacher、Masoro、Blackburn 和 Long 等人)。

3.之后我认为,"与意外情况和不幸关联的杀猪、吃猪肉为那些有此需要的人提供了必需的生理性增援"(第 87 页),因而是一种充分利用有限可获致猪肉的一种有效方式。我援引了提倡为术后病人以及受感染患者增加蛋白质摄入量的权威话语(85 页及下页)。同样,更近期的很多研究似乎也普遍强化了早期的饮食建议(见《工作坊进展》,尤其是 Birhrian、Long、Blackburn、Waterlow 等人,Golden 等人,Wilmore 等人,Mueller 等人以及 Feigen 写的论文)并对其进行了详细阐述(例如,建议之后增加需求量来复原"追赶性"增长;尤其参看怀特海德(Whitehead)等人,《工作坊

471

进展》)。

虽然给受伤者、感染者或败血症患者补充优质蛋白质的原则似乎已经确立,但当我提出"猪肉对于僧巴珈人日常饮食的重要意义因此远比实际消耗的数量所表明的意义要大"的观点时,还不是特别有把握。因而我宣称"这一程式必须仅被当作一种猜想",除非进行了"正确的生理测试"(87页)来使这一声明合理化。我还指出(83页脚注),真正宰杀生猪的具体日期,谁吃了这些猪肉,都是有必要记录下来的,但是我没有记载,因为我在那里时,正是他们举行凯阔仪式的时节。

4. 由于人们在遭遇厄运及突发事件时会宰杀生猪,因而为回馈祖先和在上一轮战争中给予了他们援助的盟友而积攒起足量的生猪所需的时间,自然会受到猪主人总体福祉的影响。如果他们常受磨难苦痛,畜群就会增长缓慢或者根本不增长。如果他们普遍怡乐安然,畜群就会增长迅速。马林人对此有所意识,认为若一个地方"好"的话,用不了多长时间人们便能积攒起足量的生猪,但若一个地方"坏",花的时间就会长一些。不过,从长远来看,猪群的自然增长将超过不间断的仪式需求,最终会有足量的猪来偿还祖先与盟友的债务。

5. 尽管奉献给祖先但赠送给盟友(他们大部分是姻亲和母系亲属)的生猪显然服务于社会目标,但我提出,社会并没有规定所需的生猪数量(153页及下页)。我认为,在(a)养猪所需的劳动量已经变成了人们的太重负担时(157页及以下诸页)或(b)生猪造成的破坏已经让人无法容忍(160页及以下诸页)时,人们就已经拥有了足量的生猪来向生者与死者偿还拖欠的债务。这种畜群代表的是超出了不间断的仪式需求之后的盈余，而仪式需求在很大程度上与不幸有关。生猪种群的动态变化，尤其是达到"足量"的速度，被马林人看作是群体的普遍福祉、能力或繁兴的指标。这种状态含有健康的意味：总的来说，人们足够健康，能让猪群的自然增长超过用猪祭祀的仪式需求量。它含有生态农学的经济意味：园艺与畜牧业很成功，能让人们豢养起大量生猪。最后同样重要的是，它含有社会、经济和政治意味：地方群体能承担起它对姻亲、宗亲以及任何其他成为自己盟友的人的责任，因此可以自由地再次发起战争。

6. 我没有也不打算声称，食用凯阔期间用于祭祀的生猪，能改善人们在面临诸如感染、败血症、受伤、近亲的死亡或战争之类的压力时所导致的进一步营养不良。我没有也不会声称凯阔是一个应激时期。来自凯阔期间用于祭祀的猪肉代表着一种盈余，这表示其总额超过了与应激有关的仪式的需求。在我看来，在《献给祖先的猪》中这一点已经很明显了，但或许我在之前发表的一篇文章将其阐明得更透彻，其中我提出，仪式周期"将地区内多余的猪以猪肉的形式分配给整个地区的人口，保证其在最需要时能得到高质量的蛋白质"(1967：29)。

麦克阿瑟显然对我所提出论点的关键方面存在误解，这可以从她把以下这段话当作我的假设时看出来："很明显，在与这个节日有关的、经年之久的活动中，仪式也在指导着人们屠杀生猪。虽然在他描述作为结果的猪肉分配时并没有提到他的假设，但我看不出为什么不能将此假设也应用到猪肉上去的任何理由"(1974：113)。继而她开始论证，凯阔期间僧巴珈人所消耗猪肉中的许多蛋白质都被浪费掉了。也就是说,超过70％的蛋白质被脱去氨基(冗余部分仅被当作能量被消耗掉)。我同意这种说法。就这层意义而言,可能其中有许多是被浪费掉了,对此我从未有不同看法。但我必须强调指出,她援引卢齐贝塔克所观察到的人们仅在一天中就狼吞虎咽掉十磅猪肉是不合适的。马林人从不干这种事。

总而言之,比起麦克阿瑟所认为的观点,我的声明要受到更多限制。我没有声称在人们最需要时,就吃掉所有的猪肉,倒毋宁说,当人们迫切需要猪肉时,宰杀生猪与消费的惯例保证了其可获致性。我并不认为猪祭与猪肉消费的惯例代表了马林人有能力喂养的猪那数量有限的猪肉能在营养上被利用得尽可能地好。虽然我们无法确定更加定期地屠宰低龄生猪能否极大改善人们的日常饮食,但还是有这种可能性。这就引出了一个更加重要的观点。我不认为只能从营养方面来理解生猪屠宰以及由此产生的猪肉分配与消费。在调节群体间关系中,猪群的生长、献祭以及由此产生的猪肉分配处于中心位置,这是本书的部分主要论点。但很显然,有关生猪祭祀和猪肉消费在经济上和(可能)营养上更加"理性"的习俗(比如说只要生猪完全长大就把它们杀了吃掉)将会使猪群的动态变化不可能在群际关系中发挥作用。毋庸置疑,凯阔期间以猪肉形式被消耗掉的蛋白质,其中有些蛋白质含量被浪费掉了(也就是被脱去氨基),我从来没有否认过这一点。不过,这种"浪费"可被视为举行仪式所需付出的部分代价,这些仪式一方面可用猪群统计数来调节群际关系,另一方面,如我所言,可确保人们在需要时能获得高质量的蛋白质。

最终的问题于是变成了猪肉消费在非节庆年岁里是否偶尔发

生,以及当人们迫切需要高质量蛋白质时,它如何被提供。

布赫宾德(1973:225 页及以下诸页)对我的论点普遍持批评态度。她认为,从"严格的生物学或营养学角度来看,马林人没有盈余猪肉"。她指出,僧吉奈人(Tsinginai)和弗盖库姆普夫人(Fogaikumpf)在生猪完全长成时一次宰杀一口,并观察到,"从营养学与生态学观点来看,对马林人来说,在生猪长到成熟时就把它们杀了吃掉,而非等到祭祀场合才这么做,会更有意义"(第 226 页)。

我业已指出,我所说的"盈余",即超出不间断的仪式祭祀需求,而非超过营养需求。的确,我一般认为,良好的日常饮食应包括更多肉食。考虑到猪肉价值高同时又很稀缺,问题就在于,与一旦猪长大马上就将其宰杀吃掉相比,在生理应激场合将猪宰杀吃掉是否会在营养上对人们更加有利。

基本的论据,当然是非节庆年岁里有关人们猪肉消费模式的那些数据,我无法提供,但布赫宾德却可以。她报告说(1973:226 页及以下诸页),所有住在辛拜的马林人在 1967—1968 年间总共消费了 184 头猪。其中,有 47 头(25.6%)因有人患病而被宰杀掉,只有 16 头猪是为生病的女性宰杀的。至于剩下那些被消费掉的生猪,她报告说,有 15 头是因为毁坏或意图毁坏菜园而被宰杀;有 24 头被用来庆祝在种植园劳作的男人回家;18 头被用作姻亲给付;18 头生猪与葬仪礼式以及死亡很久之后的偿付有关;剩下的 62 头"用于各种非应激目的;该数还包括死于疾病或事故的猪。因自然原因而死亡的猪会被人们消费掉,通常由女人和孩子食用"(见 227 页)。布赫宾德认为,她的调查低估了除曼多(Mando)之外的所有其他当地社区宰杀的生猪数目,她在曼多与图古曼人居

住在一起。图古曼人杀了 24 头猪,产出大约 1680 磅猪肉,人均约
475 7.2 磅。这是辛拜群体中的次高数值,仅被住在刚茨的人们所超
越(博马盖-安戈英人和弗恩盖-阔拉玛人)。她提出,图古曼人宰
杀大量生猪,部分原因可能是她在那里,在有猪肉时有时候会去买
一些新鲜猪肉,还有部分原因是疾病。"1968 年,曼多爆发了最严
重的流感疫情,人们宰杀了许多生猪,试图安抚愤怒的精灵"(第
130 页)。

布赫宾德的数据并没有能够解决先前马林人在应激情境下猪
肉消费的价值的一般说法。当布赫宾德在该地做田野时,马林人
宰杀生猪和消费猪肉的模式显然已经发生了根本性变化。1962—
1963 年,没有任何一个马林人从辛巴山谷南边的种植园务工返回
(事实上,仅有两个僧巴珈人外出务工)。而到了 1967—1968 年
间,务工者的返回为人们屠宰生猪提供了一个最重要的场合。与
上一轮战争相关的凯阔到了 1967—1968 年间已经结束;随着和平
以及基督教的传入,凯阔周期作为一种制度前途未卜。这可能会
导致在那一年里给付的聘礼数量增加。不仅如此,布赫宾德并没
有告诉我们,那"用于各种和应激性无关的目的"的 62 头猪中,有
多少条猪死于自然因素。就故意屠宰生猪而言,我认为不应包括
此类死亡,就此而言,也不能包括对侵犯园子或者可能侵犯园子的
生猪执行"死刑"那种情况。如果我们排除那 15 头"被处死"的牲
畜,以及 30 头可能死于自然原因的最保守估计值,那么,与应激状
态有关的被宰生猪占主人们故意宰杀的生猪总量的 34%。如果
(这也更有可能)15 头生猪属于自然死亡,那么,人们在生病期间
用来祭祀的生猪就占了特意宰杀生猪数的 43%。如果我们再除

去在 1962—1963 年间或更早的年代,生猪不派作此用的为庆祝务
工者回家而杀掉的 24 头生猪,那么,与应激相关而被宰杀的生猪
数就占了总数的 55％。如果人们对下一次凯阔的举办满怀信心
的话,那么可能至少有 16 条在 1967—1968 年间被当作姻亲给付
宰杀的猪会存活到下次凯阔举办的时候。总而言之,布赫宾德的
数据表明,1962—1963 年间以及更早的时候,非节庆年岁被宰杀的 476
生猪有 55％—70％是在可解释为与应激相关的情境下被杀掉的。

我于 1981 年 11 月以及 1982 年 6 月和 7 月对僧巴珈的生猪
展开了调查。在那期间有几乎都小于三个月大的 37 头生猪死于
自然因素。其中大多数都被人们吃掉了。41 头猪被宰杀,其中有
14 头被当作姻亲给付送了出去,12 头留在僧巴珈。3 头生猪被当
作与姻亲给付有关的埃塞可孔森(acek konč,禁忌猪)宰杀(杀死
后将其献祭给新郎的祖先,在将聘礼猪交付给新娘亲属之前由新
郎的亚族成员食用)。5 头生猪因侵犯菜园或损坏房屋被宰杀,其
中有头猪的猪肉被公开出售。一个年轻人去海岸线工作时,人们
杀掉了 1 头生猪,另一条猪被用来解除共餐禁忌,因为这一禁忌会
妨碍一个其母来自森文特的孩子在上学时与图古曼人待在一起。
还有一头猪因为变得凶悍而被其主人杀掉。有一头猪是在其主人
被妻子辱骂后赌气杀掉的(她很喜欢那头猪;猪肉是在男人屋吃掉
的,她没有分到一份肉)。法院将另一头原本属于一对年轻夫妇的
猪判给被儿媳辱骂的婆婆作为补偿。

剩下的那 14 头被杀的猪中,有 11 头因为疾病献祭而送命,3
头因为死亡献祭而归西。这个数目可能小得异乎寻常。我居住在
僧巴珈期间时,只有 3 人死亡,人们很少罹患对生命构成威胁的疾

病。吉宁邦（距离僧巴珈有一个多小时的脚程）救护站的建成可能起到了积极作用，并且我也治愈了一些轻微的感染、配发抗疟药等等（这让我能监控到当地的健康状况）。

三位死者分别是一个婴儿、一位 55 岁左右的男人和一位中年妇女。这三人都在三月上旬的两周内死亡，那段时间连下暴雨，很多人患上了轻微的呼吸道感染。2 月 28 日我离开了田野一段时间，因为大雨导致当地的飞机跑道关闭，我直到 3 月 16 日才返回当地。我不在当地的那段时间里，那名婴儿和那位上了年纪的人艾尔相继死去。而那位妇女堆姆巴，在我返回后的那天早上死去。另一个男人当时病得很厉害，后来活了下来。

与死亡相关的那三头用于献祭的生猪，有两头被用于人过世六周左右后举行的吉姆拜（Gimbai）仪式。因此它们不应该算作与死者近亲在逝世时所承受的痛苦有关。第三头猪在堆姆巴过世的第二天被宰杀。整头猪都被送给了死者的弟弟，一个森盖普人。他将所有的猪肉都带回了自己的部落。

堆姆巴是一个特别强壮健康的四十岁左右的妇女，据说在 3 月 14 日黄昏病倒，17 日早上就死去了。她的症状表明并非其呼吸系统出了问题。据说她是发高烧、头疼，大多数时间里都昏昏欲睡或昏迷。她极有可能是患了脑型疟疾。在她死前，家人没有杀猪。她那悲痛欲绝的丈夫说当她死去时，他还以为她正在康复。

艾尔和库姆瓦伊是梅凯部落温迪克亚部落的两兄弟，几天以前生了病。他们的症状反映出其呼吸系统出了问题。艾尔在 3 月 3 日到 5 日期间开始发病。在他去世前，家人分别在 3 月 8 日、10 日和 11 日晚上为他杀了三头猪。最后一头猪他一点都没吃，就在

3月12日早上死去了。而前两头猪，他吃了猪心、肾、板油、肺和一些猪肉。我不知道他吃了多少。3月8日所杀的那头猪的肉，所有的梅凯人和(紧挨梅凯人居住的)奎巴盖人都分到一小块(这样所有的人都会为艾尔送来美好祝愿)。那头猪不是很大，大概在75到100磅左右。之后所杀的猪大部分被梅凯-温迪克亚人消耗掉了，但此时没有将猪肉消费限制在近亲内的规定(与我在《献给祖先的猪》一书83页及下页所阐述的相反)，人们没有把猪肉的消费限制在狭隘的亲属圈子里。艾尔的弟弟库姆瓦伊大概在3月10日左右患病，家人也为他杀了三头猪，有两头是在他病得很重的时候宰杀的。艾尔的死可能促进了人们早些献祭：第一头猪是在艾尔死的那天杀的，第二头是在3月14日或者15日杀的。据说库姆瓦伊吃了内脏(心、肾、肺)。最后一头猪是在4月1日杀的，当时大家都以为库姆瓦伊正在康复。库姆瓦伊和自己其他两个同辈的梅凯-温德盖亲戚以及入赘那家姐妹的儿子(后者和他住在一起)一起吃了猪头肉。他自己吃了猪脑和猪肾。剩下的猪肉都分发掉了，每个梅凯人和奎巴盖人都分到了一块肉，托梅盖人也分得了少量猪肉，当地的传教士和我也分到一点。 478

那么，库姆瓦伊在生病期间每天都通过食用可获致的猪肉摄入蛋白质。他所吃的主要是大部分内脏。当我和他在一起时，他吃得并不多。

因为三个小孩生病，人们宰杀了都还很小的三头猪崽。其中有一桩案例中(发育得不太好的一个18个月左右大的男孩一直咳嗽和发烧)，那个男孩子自己没有吃半点猪肉。另外两桩例子是分别为3岁和4岁的两个男孩，他们吃了三天猪肉，他们的兄弟姐妹们也与他们同食。

还有两头猪要算在内。人们为一位眼睛受了感染的妇女杀了一头中等大小的猪,还为一位腰背部疼得很厉害的男人宰杀了一头很大的猪。在这两种情况下,只有在患者日渐康复时,生猪才被宰杀。

我们有何需要总结的呢?似乎很清楚,布赫宾德的数据和我的数据都不充分,不足以证实或证伪这一提法,即祭祀周期的习俗可以确保人们在迫切需要时取得高品质的蛋白质。布赫宾德和我所报道的被人们宰杀的生猪,有很大一部分是在这种情况下被宰杀的。我认为,她的数据和我的数据都表明,在早期以及疾病更多的时候,此比例会更高。

比获致性更不确定的是消费猪肉的实际模式。在任何情况下我都不可能去实际称量那饱受折磨的人所吃下的猪肉重量,不过其食用量不大,而且不一定总是那么及时。我的观点是,猪肉消费的仪式调节可能会改善受难者的日常饮食,但这种直接的营养成效相当偶然而且可能十分微弱。现在,我认为自己在最初的表述中过分地强调了马林人的实践在营养上的可能益处。正如布赫宾德和其他人所认为的,若从严格的营养学角度来看,在猪长成后就杀掉,比遵从马林人实践更有道理(即便那样,猪肉消费也不见得会显著改变他们常规基础上的饮食)。不过,我必须重申在这本书中阐述得很明确的一个观点,即马林人的献祭习俗是调节群际关系与消费的仪式周期的一部分。猪肉的营养影响必须在这个语境中加以判断。

最后,麦克阿瑟责备我"为让专家受挫的问题提供'解决方

案'"，并试图去做非"独自的个人活动所能顺利开展"的工作
(1974:123)。我没有提供营养学方面的解决方案，只不过提出了
建议和假设。她那"非一个人能成功推进"的非难对于生态研究的
一些方面起到了令人心寒的影响。我相信，我的努力尽管没有取
得完全的成功，也会比她批评中愿意认可的贡献要大。有关僧巴
珈人收成的数据很有用，基于布赫宾德和伍德的工作所作的调整
提升了消费数据的质量。我不主张业余主义，但有时——并且经
常是——人类学家确实不得不单独工作，有时他们必须尝试去做
一些他们受训很少或者从没受过训练的事情。因为如果他们不
做，事情就不会完成。正如俗语所说，我的触及范围确实超出我的
把握——但难道我们不应该去努力触及吗？

1968 年版的参考书目

Albanese, Anthony A., and Louise A. Orto, 1964. The proteins and amino acids, *Modern Nutrition in Health and Disease*, 3d ed. Michael G. Wohl and Robert S. Goodhart, eds. Philadelphia, Lee and Febiger.

Allan, W., 1949. *Studies in African Land Usage in Northern Rhodesia*. Rhodes-Livingstone Papers #15. Livingstone, Northern Rhodesia, The Rhodes-Livingstone Institute.

Allee, W. C., et al., 1949. *Principles of Animal Ecology*. Philadelphia, Saunders.

Andrewartha, H. E., 1961. *Introduction to the Study of Animal Populations*. Chicago, University of Chicago.

Axelrod, A. E., 1964. Nutrition in relation to acquired immunity, *Modern Nutrition in Health and Disease*, 3d ed. Michael G. Wohl and Robert S. Goodhart, eds. Philadelphia, Lee and Febiger.

Bateson, Gregory, 1936. *Naven*. Cambridge, Eng., Cambridge University.

Berg, Clarence, 1948. Protein deficiency and its relationship to nutritional anemia, hypoproteinemia, nutritional edema, and resistance to infection, *Proteins and Amino Acids in Nutrition*. Melville Sahyun, ed. New York, Reinhold.

Bierstadt, Robert, 1950. An analysis of social power, *American Sociological Review*, 15:730–38.

Birdsell, J., 1958. On population structure in generalized hunting and collecting populations, *Evolution*, 12:189–205.

Blest, A. D., 1961. The concept of ritualisation, *Current Problems in Animal Behavior*. W. H. Thorpe and O. L. Zangwill, eds. Cambridge, Eng., Cambridge University.

Brookfield, H. C., 1964. The ecology of highland settlement: some suggestions, *American Anthropologist*, vol. 66, no. 4, part 2, pp. 20–39.

Brookfield, H. C., and Paula Brown, 1958. Chimbu land and society, *Oceania*, 30:1–75.

———— 1963. *Struggle for Land*. Melbourne, Australia, Oxford University.

Bulmer, Ralph, 1960. Political aspects of the Moka ceremonial exchange system among the Kyaka people of the western highlands of New Guinea, *Oceania*, 31:1–13.

———— 1965. The Kyaka of the western highlands, *Gods, Ghosts and Men in Melanesia*. P. Lawrence and M. J. Meggitt, eds. Melbourne, Australia, Oxford University.

Bulmer, Susan and Ralph, 1964. The prehistory of the Australian New Guinea highlands, *American Anthropologist*, vol. 66, no. 4, part 2, pp. 39–76.

Bunzel, Ruth, 1938. The economic organization of primitive peoples, *General Anthropology*. Franz Boas, ed. New York, Heath.

Burkill, Isaac Henry, 1935. *A Dictionary of the Economic Products of the Malay Peninsula*. London, published on behalf of the governments of the Straits Settlements and Federated Malay States by the crown agents for the colonies.

Burton, Benjamin T., ed., 1959. *The Heinz Handbook of Nutrition*. New York, McGraw-Hill.

Carneiro, Robert L., 1956. Slash and burn agriculture: a closer look at its implications for settlement patterns, *Selected Papers of the Fifth International Congress of Anthropological and Ethnological Sciences*. A. F. C. Wallace, ed. Philadelphia.

———— 1964. Shifting cultivation among the Amahuaca of eastern Peru, *Volkerkundliche Abhandlungen*. Band I. Niedersachsisches Landesmuseum Hannover Abteilung fur Volkerkunde.

Chappell, John, 1966. Stone ax factories in the highlands of East New Guinea, *Proceedings of the Prehistoric Society, 32:* 96–121.

Chapple, E. D., and C. S. Coon, 1942, *Principles of Anthropology*. New York, Holt.

Clarke, William, 1966. From extensive to intensive shifting cultivation: A succession from New Guinea, *Ethnology, 5:*347–59.

Clausen, Hjalmar, and Claude Gerwig, 1958. *Pig Breeding, Recording and Progeny Testing in European Countries.* FAO Agricultural Studies #44. Rome, Food and Agriculture Organization of the United Nations.

Collins, Paul, 1965. Functional analyses in the symposium "Man, culture, and animals," *Man, Culture, and Animals*. Anthony Leeds and Andrew P. Vayda, eds. Washington, D. C., American Association for the Advancement of Science 78.

Conklin, H. C., 1957. *Hanunoo Agriculture in the Philippines.* FAO Forestry Development Paper #12. Rome, Food and Agriculture Organization of the United Nations.

———— 1961. The study of shifting cultivation, *Current Anthropology, 2:*27–64.

Cook, S. F., 1946. Human sacrifice and warfare as factors in the demography of pre-colonial Mexico, *Human Biology, 18:*81–100.

Duncan, Otis Dudley, 1961. From social system to ecosystem, *Sociological Inquiry, 31:*140–49.

Durkheim, Emile, 1912. *Les formes élémentaires de la vie religieuse.* Paris, Alcan.

────── 1938. *The Rules of Sociological Method*. 8th ed. Sarah A. Solovay and John H. Mueller, trans. George E. G. Catlin, ed. Glencoe, N.Y., Free Press.

────── 1961. *The Elementary Forms of the Religious Life*. John Ward Swain, trans. New York, Collier.

Elman, Robert, 1951. *Surgical Care. A Practical Physiologic Guide*. New York, Appleton-Century-Crofts.

Etkin, Wm., 1963. Theories of socialization and communication, *Social Behavior and Evolution among the Vertebrates*. Wm. Etkin, ed. Chicago, University of Chicago.

Fei, Hsiao-Kung, 1945. *Earthbound China*. Chicago, University of Chicago.

Firth, Raymond, 1929. *Primitive Economics of the New Zealand Maori*. London, Routledge.

────── 1950. *Primitive Polynesian Economy*. New York, Humanities Press.

Food and Agriculture Organization of the United Nations, 1950. *Calorie Requirements. Report of the Committee on Calorie Requirements*. FAO Nutritional Studies #5. Rome, FAO.

────── 1955. *Protein Requirements*. FAO Nutritional Studies #16 Rome, FAO.

────── 1957. *Calorie Requirements. Report of the Second Committee on Calorie Requirements*. FAO Nutritional Studies #15. Rome, FAO.

────── 1964. *Protein: At the Heart of the World Food Problem*. World Food Problems #5. Rome, FAO.

Frake, Charles O., 1962. Cultural ecology and ethnography, *American Anthropologist*, 64:53–59.

Frank, Lawrence K., 1966. Tactile communication, *Culture and Communication*. Alfred G. Smith, ed. New York, Holt, Rinehart, Winston. Reprinted from *Genetic Psychology Monographs*, 56:209–55.

Freeman, J. D., 1955. *Iban Agriculture. A Report on the Shifting Cultivation of Hill Rice by the Iban of Sarawak*. London, Her Majesty's Stationery Office.

Freud, Sigmund, 1907. Obsessive actions and religious practices, *Z. Religionspsychol.*, vol. I, no. 1, pp. 4–12, trans. in *The Standard Edition of the Complete Psychological Works of Sigmund Freud*. IX. James Strachey, gen. ed. London, Hogarth, 1959.

Glasse, Robert, 1959. Revenge and redress among the Huli: A preliminary account, *Mankind*, 5:273–89.

Gluckman, Max, 1954. *Rituals of Rebellion in Southeast Africa*. The Frazer lecture, 1952. Manchester, Eng., Manchester University.

────── 1962. Les rites de passage. *The Ritual of Social Relations*. Max Gluckman, ed. Manchester, Eng., Manchester University.

Goffman, Erving, 1956. The nature of deference and demeanor, *American Anthropologist*, 58:473–503.

Goldman, Stanford, 1960. Further consideration of cybernetic aspects of homeostasis, *Self-Organizing Systems*. M. C. Yovits and Scott Cameron, eds. New York, Pergamon Press.

Goodenough, Ward, 1955. A problem in Malayo-Polynesian social organization, *American Anthropologist*, 57:71–83.

Hagen, Everett E., 1962. *On the Theory of Social Change*. Homewood, Ill., Dorsey.

Hamilton, L., 1955. Indigenous versus introduced vegetables in the village dietary, *The Papua and New Guinea Agricultural Journal*, 10:54–57.

Harris, Marvin, 1965. The myth of the sacred cow, *Man, Culture, and Animals*. Anthony Leeds and Andrew P. Vayda, eds. Washington, D.C., American Association for the Advancement of Science.

——— n.d. Cultural energy. Unpublished paper.

Haswell, M., *Economics of Agriculture in a Savannah Village*. Colonial Research Studies #8. London, H.M.S.O.

Hatfield, Charlotte, 1954. *Food Composition Tables—Minerals and Vitamins—for International Use*. FAO Nutritional Studies #11. Rome, FAO.

Hawley, Amos, 1944. Ecology and human ecology, *Social Forces*, 22:398–405.

Helm, June, 1962. The ecological approach in anthropology, *The American Journal of Sociology*, 67:630–39.

Hempel, Carl, 1959. The logic of functional analysis, *Symposium on Sociological Theory*. L. Gross, ed. Evanston, Ill., Row, Peterson.

Hendrix, Gertrude, Jacques D. Van Vlack, and William Mitchell, 1966. *Equine-Human Linked Behavior in the Post-natal and Subsequent Care of Highly-Bred Horses*. Paper and film presented to the annual meeting of the American Association for the Advancement of Science, Dec. 26, 1966.

Hinde, R. A., and N. Tinbergen, 1958. The comparative study of species specific behavior, *Behavior and Evolution*. A. Roe and G. G. Simpson, eds. New Haven, Yale University.

Hipsley, E. H., and F. W. Clements, 1947. *Report of the New Guinea Nutrition Survey Expedition*. Canberra, Australia, Department of External Territories.

Hipsley, E. H., and Nancy Kirk, 1965. *Studies of Dietary Intake and the Expenditure of Energy by New Guineans*. South Pacific Commission Technical Paper #147. Noumea, New Caledonia.

Hitchcock, Nancy, 1962. Composition of New Guinea Foodstuffs. Unpublished.

Homans, George C., 1941. Anxiety and ritual: The theories of Malinowski and Radcliffe-Brown, *American Anthropologist*, 43:164–72.

Houssay, Bernardo Alberto, et al., 1955. *Human Physiology*, 2d ed. Juan T. Lewis and Olive T. Lewis, trans. New York, McGraw-Hill.

Izikowitz, Karl Gustav, 1951. *Lamet, Hill Peasants in French Indochina*. Göteborg, Sweden, Etnografiska Museet.

Jay, Phyllis, 1963. The Indian Langur Monkey, *Primate Social Behavior.* Charles H. Southwick, ed. Princeton, Van Nostrand.

Kluckhohn, Clyde, 1944. *Navaho Witchcraft.* Papers of the Peabody Museum of American Archaeology and Ethnology 22, #2. Cambridge, Mass., Harvard University.

Kroeber, A., 1939. *Cultural and Natural Areas of North America.* Berkeley, University of California.

Langley, Doreen, 1947. Part 4, *Report of the New Guinea Nutrition Survey Expedition.* E. H. Hipsley and F. W. Clements, eds. Canberra, Australia, Department of External Territories.

Large, Alfred, and Charles G. Johnson, 1948. Proteins as related to burns, *Proteins and Amino Acids in Nutrition.* Melville Sahyun, ed. New York, Reinhold.

Lawrence, Peter, 1964. *Road Belong Cargo.* Manchester, Eng., Manchester University.

Leach, E. R., 1954. *Political Systems of Highland Burma.* Boston, Beacon.

Linton, Robert, 1955. *The Tree of Culture.* New York, Knopf.

Livingstone, Frank B., 1958. Anthropological implications of sickle cell gene distribution in West Africa, *American Anthropologist,* 60:533–62.

Loffler, Lorenz G., 1960. Bodenbedarf und Ertragsfaktor in Brandrodungsbau, *Tribus,* 9:39–43.

Lund, Charles C., and Stanley M. Levenson, 1948. Protein nutrition in surgical patients, *Proteins and Amino Acids in Nutrition.* Melville Sahyun, ed. New York, Reinhold.

Luzbetak, Louis J., 1954. The socio-religious significance of a New Guinea pig festival, parts I and II, *Anthropological Quarterly,* 2:59–80, 102–28.

Malinowski, Bronislau, 1948. *Magic Science and Religion and Other Essays.* Boston, Beacon.

Massal, E., and Jacques Barrau, 1956. *Food Plants of the South Sea Islands.* South Pacific Commission Technical Paper #94. Noumea, New Caledonia.

Meggitt, M. J., 1958. The Enga of the New Guinea highlands: some preliminary observations, *Oceania,* 28:253–330.

———— 1962. Growth and decline of agnatic descent groups among the Mae Enga of the New Guinea highlands, *Ethnology,* 1:158–67.

———— 1965. *The Lineage System of the Mae Enga of New Guinea.* Edinburgh and London, Oliver and Boyd.

Merton, Robert K., 1949. *Social Theory and Social Structure.* Glencoe, N.Y., Free Press.

Moore, Francis D., 1959. *Metabolic Care of the Surgical Patient.* Philadelphia and London, Saunders.

Moore, Oman Khayyam, 1957. Divination—A new perspective, *American An-*

thropologist, 59:64–74.

Miller, Robert J., 1964. Cultures as religious structures, *Symposium on New Approaches to the Study of Religion.* Proceedings of the 1964 annual spring meeting of The American Ethnological Society. June Helm, ed. Seattle, University of Washington.

National Academy of Sciences, 1963. *Evaluation of Protein Quality.* National Research Council Publication 1100. Washington, D.C., NAS-NRC.

Newman, Philip, 1964. Religious belief and ritual in a New Guinea society, *American Anthropologist,* vol. 66, no. 4, part 2, pp. 257–72.

Newton, Kenneth, 1960. Shifting cultivation and crop rotations in the tropics, *Papua and New Guinea Agricultural Journal,* 13:81–118.

Odum, Eugene P., 1959. *Fundamentals of Ecology,* 2d ed. Philadeilphia, Saunders.

Oliver, Douglas, 1955. *A Solomon Island Society; Kinship and Leadership among the Siuai of Bougainville.* Cambridge, Mass., Harvard University.

Oomen, H. A. P. C., 1961. The nutrition situation in western New Guinea, *Journal of Tropical Geography and Medicine,* 13:321–35.

———— 1961. The Papuan child as a survivor, *The Journal of Tropical Pediatrics and African Child Health,* 6:103–21.

Oosterwal, G., 1961. *People of the Tor: A Cultural-Anthropological Study on the Tribes of the Tor Territory.* Assen, Netherlands, Koninklijke Van Gorcum.

Osmund, A., and W. Wilson, 1961. *Tables of Composition of Australian Foods.* Canberra, Australia, Commonwealth Department of Health.

Peters, F. E., 1958. *The Chemical Composition of South Pacific Foods.* South Pacific Commission Technical Paper #115. Noumea, New Caledonia.

Powers, W. T., R. K. Clark, and R. L. McFarland, 1960. A general feedback theory of human behavior, *Perceptual and Motor Skills,* 11:71–88. Reprinted in *Communication and Culture.* Alfred G. Smith, ed. New York, Holt, Rinehart, Winston, 1966.

Radcliffe-Brown, A. R., 1952. Religion and society, *Structure and Function in Primitive Society.* Glencoe, N.Y., Free Press.

Rappaport, Roy A., 1963. Aspects of man's influence upon island ecosystems: alteration and control, *Man's Place in the Island Ecosystem.* F. R. Fosberg, ed. Honolulu, Bishop Museum.

———— 1966. Ritual in the ecology of a New Guinea people. Columbia University, doctoral dissertation.

———— 1967. Ritual regulation of environmental relations among a New Guinea people, *Ethnology,* 6:17–30.

Read, Kenneth, 1952. Nama cult of the central highlands, New Guinea, *Oceania,* 33:1–25.

Reay, Marie, 1959. *The Kuma: Freedom and Conformity in the New Guinea Highlands*. Melbourne, Australia, Melbourne University Press for the Australian National University.

Reik, Theodor, 1962. *Ritual: Four Psychoanalytic Studies*. Douglas Bryan, trans. New York, Grove Press.

Richards, P. W., 1964. *The Tropical Rain Forest. An Ecological Study*. Cambridge, Eng., The University Press.

Robbins, Ross G., 1961. The vegetation of New Guinea, *Australian Territories*, vol. 1, no. 6, pp. 1–12.

———— 1963. The anthropogenic grasslands of New Guinea, *Proceedings of the UNESCO Symposium on Humid Tropic Vegetation. Goroka, 1960*. Canberra, Australia, Government Printer.

Ryan, D'arcy, 1959. Clan formation in the Mendi Valley, *Oceania, 29*:257–90.

Sahlins, Marshall David, 1958. *Social Stratification in Polynesia*. Seattle, University of Washington.

———— 1963. Poor man, rich man, big-man, chief: Political types in Melanesia and Polynesia, *Comparative Studies in Society and History, 5*:285–303.

———— 1965. Exchange-value and the diplomacy of primitive trade, *Essays in Economic Anthropology*. Proceedings of the American Ethnological Society. June Helm, ed. Seattle, University of Washington.

Salisbury, Richard F., 1962. Ceremonial economics and political equilibrium, *Actes du VIᵉ Congres International des Science Anthropologiques et Ethnologiques*. I. Paris.

Schwartz, Theodore, 1962. Systems of areal integration: some considerations based on the Admiralty Islands of northern Melanesia, *Anthropological Forum, 1*:56–97.

Simpson, George Gaylord, 1962. Comments on cultural evolution, *Evolution and Man's Progress*. H. Hoagland and R. W. Burhoe, eds. New York, Columbia University.

Stott, D. H., 1962. Cultural and natural checks on population growth, *Culture and the Evolution of Man*. M. F. Ashley Montagu, ed. New York, Oxford University.

Street, John, 1965. Evaluation of the concept of carrying capacity. Unpublished paper, delivered at meeting of Association of Pacific Coast Geographers, Portland, Ore., June 18, 1965.

Tinbergen, N., 1952. The evolution of animal communication—a critical examination of methods, *Symposium of the Zoological Society of London, 8*:1–6.

———— 1963. The evolution of signalling devices, *Social Behavior and Organization among the Vertebrates*. Wm. Etkin, ed. Chicago, University of Chicago.

Vayda, Andrew P., and E. A. Cook, 1964. Structural variability in the Bismarck Mountain cultures of New Guinea: a preliminary report, *Transactions of the New York Academy of Sciences.* ser. II, vol. 26, no. 7, pp. 798–803.

Vayda, Andrew P., Anthony Leeds, and David Smith, 1961. The place of pigs in Melanesian subsistance, *Proceedings of The American Ethnological Society.* Viola E. Garfield, ed. Seattle, University of Washington.

Vayda, Andrew P., and Roy A. Rappaport, 1963. Island cultures, *Man's Place in the Island Ecosystem.* F. R. Fosberg, ed. Honolulu, Bishop Museum.

———— in press. Ecology, cultural and non-cultural, *Introduction to Cultural Anthropology: Essays in the Scope and Methods of the Science of Man.* James A. Clifton, ed. Boston, Houghton Mifflin.

Venkatachalam, P. S., 1962. A *Study of the Diet, Nutrition and Health of the People of the Chimbu Area.* Monograph #4. Territory of Papua and New Guinea, Department of Public Health.

Waddington, C. H., 1960. Panel three: Man as an organism, *Evolution after Darwin,* vol. III, *Issues in Evolution.* Sol Tax, ed. Chicago, University of Chicago, pp. 171–73.

Wallace, Anthony F. C., 1966. *Religion: An Anthropological View.* New York, Random House.

White, Leslie, 1949. *The Science of Culture.* New York, Farrar Straus.

Wolf, Eric R., 1955. Types of Latin American peasantry: A preliminary discussion, *American Anthropologist,* 57:452–71.

Wurm, Stephan, 1964. Australian New Guinea Highlands languages and the distribution of their typological features, *American Anthropologist,* vol. 66, no. 4, part 2, pp. 77–97.

Wynne-Edwards, V. C., 1962. *Animal Dispersion in Relation to Social Behavior.* Edinburgh and London, Oliver and Boyd.

———— 1965. Self regulating system in populations of animals, *Science,* 147:1543–47.

Zintel, Harold A., 1964. Nutrition in the care of the surgical patient, *Modern Nutrition in Health and Disease,* 3d ed. Michael G. Wohl and Robert S. Goodhart, eds. Philadelphia, Lee and Febiger.

Zucker, Theodore F., and Lois M. Zucker, 1964. Nutrition and natural resistance to infection, *Modern Nutrition in Health and Disease,* 3d ed. Michael G. Wohl and Robert S. Goodhart, eds. Philadelphia, Lee and Febiger.

1984 年版的补充参考书目

Arensberg, Conrad, 1961. The community as object and sample, *American Anthropologist, 63*:241–64.

Austin, J. L., 1962. *How to Do Things with Words*. Oxford, Oxford University.

Bateson, Gregory, 1963. The role of somatic change in evolution, *Evolution,* 17:529–39. Reprinted in *Steps to an Ecology of Mind*. New York, Ballantine, 1972.

———— 1972. The logical categories of learning and communication, *Steps to an Ecology of Mind*. New York, Ballantine.

Beckerman, Stephan, 1983. Does the swidden ape the jungle? *Human Ecology, 11*:1–12.

Bennett, John, 1976. *The Ecological Transition*. New York, Pergamon Press.

Bergmann, Frithjof, 1975. On the inadequacies of functionalism, *Michigan Discussions in Anthropology, 1*:2–23.

Bergson, Henri, 1935. *The Two Sources of Morality and Religion*. New York, Henry Holt.

Berlin, Brent, D. Breedlove, and P. Raven, 1974. *Principles of Tzeltal Plant Classification: An Introduction to the Botanical Ethnography of a Mayanspeaking People of the Highland Chiapas*. New York, Academic Press.

Boserup, Ester, 1965. *The Conditions of Agricultural Growth; the Economics of Agrarian Change under Population Pressure*. London, Allen and Unwin.

Brookfield, Harold, 1972. Intensification and disintensification in Pacific agriculture: A theoretical approach, *Pacific Viewpoint, 13*:30–48.

Brookfield, H. C., and Paula Brown, 1963. *Struggle for Land*. Melbourne, Australia, Oxford University.

Brown, Paula, 1979. Change and the boundaries of systems in highland New Guinea: The Chimbu, *Social and Ecological Systems*. P. C. Burnham and R. F. Ellen, eds. A.S.A. Monograph #18. London, Academic Press.

Brown, Robert, 1963. *Explanation in Social Science*. Chicago, Aldine.

Buchbinder, Georgeda, 1973. Maring microadaptation: A study of demographic, nutritional, genotypic, and phenotypic variation in a Highland New Guinea population. Ph.D. diss., Columbia University.

———— 1976. Endemic cretinism: A by-product of culture contact, *Nutrition and Anthropology in Action*. T. K. Fitzgerald, ed. Amsterdam, Van Gorcum Press.

———— 1977. Nutritional stress and population decline among the Maring of New Guinea, *Malnutrition, Behavior, and Social Organization*. Lawrence S. Greene, ed. New York, Academic Press.

Buchbinder, G., and P. Clark, 1971. The Maring people of the Bismarck ranges of New Guinea, *Human Biology in Oceania*, 1:121–33.

Bultmann, R., 1967. The Greek and Hellenistic use of *Alethia, Theological Dictionary of the New Testament*, vol. 1. Gerhard Kittel, ed. Grand Rapids, William B. Erdmans.

Burnham, Phillip, 1979. Permissive ecology and structural conservatism in Gbaya society, *Social and Ecological Systems*. P. C. Burnham and R. F. Ellen, eds. A.S.A. Monograph #18. London, Academic Press.

Catton, William R., 1978. Carrying capacity, overshoot and the quality of life, *Major Social Issues*. M. Yinger and S. J. Cutler, eds. New York, The Free Press.

Clarke, William, 1966. From extensive to intensive shifting cultivation: A succession from New Guinea, *Ethnology*, 5:347–59.

———— 1971. *People and Place*. Berkeley, University of California.

———— 1982. Comment on James Peoples' "Individual or Group Advantage? A Reinterpretation of the Maring Ritual Cycle," *Current Anthropology*, 23:301.

Colinvaux, P., 1973. *Introduction to Ecology*. New York, John Wiley.

Collins, Paul, 1965. Functional analyses in the symposium "Man, culture, and animals," *Man, Culture, and Animals*. Anthony Leeds and Andrew P. Vayda, eds. Washington, D.C., American Association for the Advancement of Science 78.

Conklin, Harold C., 1957. *Hanunoo Agriculture; A Report on an Integral System of Shifting Cultivation in the Philippines*. FAO Forestry Development Paper #12. Rome, Food and Agricultural Organization of the United Nations.

Cook, Earl, 1971. The flow of energy in an industrial society, *Scientific American*, 225(Sept.):134–44.

Cook, Scott, 1973. Production, ecology, and economic anthropology: notes toward an integrated frame of reference, *Social Science Information*, 12:25–52.

Diener, Paul, and Eugene E. Robkin, 1978. Ecology, evolution, and the search for cultural origins: the question of Islamic pig prohibition, *Current*

Anthropology, 19:493–540.

Dubos, René, 1965. *Man Adapting.* New Haven, Yale University.

Durkheim, Emile, 1938. *The Rules of Sociological Method.* 6th ed. George E. G. Catlin, ed. Sarah A. Solovay and John H. Mueller, trans. Glencoe, Ill., Free Press.

Ellen, Roy, 1982. *Environment, Subsistence, and System.* Cambridge, Eng., Cambridge University.

Fabian, Johannes, 1982. On Rappaport's *Ecology, Meaning, and Religion. Current Anthropology,* 23:205–09.

Flannery, Kent, 1972. The cultural evolution of civilizations, *Annual Review of Ecology and Systematics,* 3:399–426.

Food and Agriculture Organization/World Health Organization, 1973. *Energy and Protein Requirements.* WHO Nutrition Meetings Report, Series #52.

Frake, Charles O., 1962. Cultural ecology and ethnography, *American Anthropologist,* 64:53–59.

Friedman, Jonathan, 1974. Marxism, structuralism, and vulgar materialism, *Man,* n.s., 9:444–69.

―――― 1979. Hegelian ecology: Between Rousseau and the world spirit, *Social and Ecological System.* P. C. Burnham and Roy Ellen, eds. A.S.A. Monograph #18. London, Academic Press.

Frisancho, Roberto, 1975. Functional adaptation to high altitude hypoxia, *Science,* 187:313–19.

Hames, Raymond, 1983. Monoculture, polyculture, and polyvariety in tropical swidden cultivation, *Human Ecology,* 11:13–34.

Harris, Marvin, 1966. The cultural ecology of India's sacred cattle, *Current Anthropology,* 7:51–60.

Heidegger, Martin, 1959. *An Introduction to Metaphysics.* Ralph Manheim, trans. New Haven, Yale University.

Hempel, Carl, 1959. The logic of functional analysis, *Symposium in Sociological Theory.* Llewelyn Gross, ed. Evanston, Row, Peterson.

Heywood, Peter, 1981. The effect of changing diet on nutritional health in the Pacific. Manuscript prepared for the UNDP/SPC Regional Meeting (Suva) on the effects of urbanization and Western diet on the health of Pacific Island populations.

Hockett, Charles, and Robert Ascher, 1964. The human revolution, *Current Anthropology,* 5:135–68.

Holling, C. S., 1973. Resilience and stability of ecological systems, *Annual Review of Ecology and Systematics,* 4:1–23.

Jelliffe, D. B., 1966. *The Assessment of the Nutritional Status of the Community.* Geneva, WHO Monograph Series #53.

Jorgensen, Joseph, ed., 1972. *Biology and Culture in Modern Perspective*. San Francisco, W. H. Freeman and Co.

Kalmus, Hans, 1966. Control hierarchies, *Regulation and control of living systems*. H. Kalmus, ed. New York, Wiley.

Keesing, Roger, 1974. Theories of culture, *Annual Review of Anthropology*, 3:73–95.

Kelly, Raymond, and Roy A. Rappaport, 1975. Function, generality, and explanatory power: A commentary and response to Bergmann's arguments, *Michigan Discussions in Anthropology*, 1:24–44.

Kirk, G. S., 1954. *Heraclitus, the Cosmic Fragments*. Cambridge, Eng., Cambridge University.

Kleinknecht, H., 1967. The *Logos* in the Greek and Hellenistic world, *Theological Dictionary of the New Testament*, vol. 4. Gerhard Kittel, ed. Grand Rapids, William B. Erdmans.

Lasch, Christopher, 1978. *The Culture of Narcissism: American Life in an Age of Diminishing Expectations*. New York, Norton.

Lee, Richard B., 1976. !Kung spatial organization: An ecological and historical perspective, *Kalahari Hunter-Gatherers, Studies of the !Kung San and Their Neighbors*. R. Lee and I. De Vore, eds. Cambridge, Harvard University.

Lewontin, Richard, 1969. The meaning of stability, *Diversity and Stability in Ecological Systems*. Brookhaven Symposia in Biology, 22:13–24.

Little, M. A. and G. E. B. Morren, 1977. *Ecology, Energetics, and Human Viability*. Dubuque, William Brown.

Lowman-Vayda, Cherry, 1971. Maring big men, *Politics in New Guinea*. R. M. and P. Larence, eds. Nedlands, University of Western Australia.

———— 1980. Environment, society and health: Ecological bases of community growth and decline in the Maring region of Papua New Guinea. Ph.D. diss., Columbia University.

Manner, Harley, 1981. Ecological succession in new and old Swiddens of Montane Papua New Guinea, *Human Ecology*, 9:359–78.

Margalef, Ramon, 1968. *Perspectives in Ecological Theory*. Chicago, University of Chicago.

McArthur, Margaret, 1974. Review of *Pigs for the Ancestors*, *Oceania*, 45:87–123.

———— 1977. Nutritional research in Melanesia: A second look at the Tsembaga, *Subsistence and Survival: Rural Ecology in the Pacific*. T. Bayliss-Smith and R. G. Feachem, eds. London, Academic Press.

McCay, Bonnie, 1978. Systems ecology, people ecology, and the anthropology of fishing communities, *Human Ecology*, 6:397–422.

Meggitt, Mervyn J., 1962. *The Desert People*. Sydney, Angus and Robertson.

——— 1965. *The Lineage System of the Mae/Enga of New Guinea*. Edinburgh and London, Oliver and Boyd.

Miller, James, 1965a. Living systems: Basic concepts, *Behavioral Science*, 10:193–257.

——— 1965b. Living systems: Structure and process, *Behavioral Science*, 10:337–79.

Monod, Jacques, 1972. *Chance and Necessity*. New York, Random House.

Moran, Emilio, 1983. Limitations and advances in ecosystems research, *The Ecosystem Concept in Anthropology*. Emilio Moran, ed. American Association for the Advancement of Science, Selected Symposia Series. In press.

Morren, G. E. B., 1977. From hunting to herding: Pigs and the control of energy in Montane New Guinea, *Subsistence and Survival: Rural Ecology in the Pacific*. T. Bayliss-Smith and R. G. Feachem, eds. London, Academic Press.

Murphy, Robert, 1970. Basin ethnography and ecological theory, *Languages and Cultures of Western North America*. Pocatello, Idaho State University.

Nagel, Ernst, 1961. *The Structure of Science*. New York, Harcourt, Brace and World.

National Academy of Sciences, 1977. *Proceedings of a Workshop: Impact of Infection on Nutritional Status of the Host. American Journal of Clinical Nutrition*, 30:1203–1566.

Odum, Eugene P., 1969. The strategy of ecosystem development, *Science*, 164:262–70.

Orlove, Benjamin, 1980. Ecological anthropology, *Annual Review of Anthropology*, 9:235–73.

Ortiz, Alphonso, 1969. The Tewa World, Space, Time, Being and Becoming in a Pueblo Society. Chicago: Chicago University Press.

Ortner, Sherry, 1984. Theory in anthropology since the sixties, *Comparative Studies in Society and History*, 26 (in press).

Pattee, H. H., ed., 1973. *Hierarchy Theory*. New York, Braziller.

Peoples, James G., 1982. Individual or group advantage? A reinterpretation of the Maring ritual cycle, *Current Anthropology*, 23:291–310.

Piaget, Jean, 1971. *Structuralism*. London, Routledge and Kegan Paul.

Prigogine, I., 1961. *Introduction to the Thermodynamics of Irreversible Processes*. New York, Interscience.

——— 1980. *From Being to Becoming: Time and Complexity in the Physical*

Sciences. San Francisco, H. Freeman.

Prigogine, I., P. Allan, and R. Herman, n.d. The evolution of complexity and the laws of nature. Manuscript.

Rappaport, Roy A., 1963. Aspects of man's influence on island ecosystems: Alteration and control, *Man's Place in the Island Ecosystem*. F. R. Fosberg, ed. Honolulu, Bishop Museum.

———— 1968. *Pigs for the Ancestors: Ritual in the Ecology of a New Guinea People*. New Haven, Yale University.

———— 1969. Some suggestions concerning concept and method in ecological anthropology, *Contributions to Anthropology: Ecological Essay*. D. Damas, ed. Ottowa, National Museums of Canada Bulletin #230.

———— 1970a. Purpose, property, and environmental disaster, *Science Looks at Itself*, National Science Teachers Association, eds. New York, Charles Scribner's Sons.

———— 1970b. Sanctity and adaptation, *Io*, 7:46–71. Paper presented at the Wenner-Gren Conference on the Moral and Aesthetic Structure of Human Adaptation, Burg Wartenstein, 1969. Reprinted in *Coevolution*, 1 (Summer) 1977.

———— 1971a. The flow of energy in an agricultural society, *Scientific American*, 225 (Sept.):116–32.

———— 1971b. Nature, culture, and ecological anthropology, *Man, Culture, and Society*, rev. ed. H. Shapiro, ed. New York, Oxford University.

———— 1971c. Ritual, sanctity, and cybernetics, *American Anthropologist*, 73:59–76.

———— 1971d. The sacred in human evolution, *Annual Review of Ecology and Systematics*, 2:23–44.

———— 1972. Forests and the purposes of men, *"Fire in the Environment" Symposium Proceedings*. Forest Service, USDA publication FS–276.

———— 1976a. Adaptation and maladaptation in social systems, *The Ethical Basis of Economic Freedom*. Ivan Hill, ed. Chapel Hill, American Viewpoint.

———— 1976b. Liturgies and lies, *International Yearbook for the Sociology of Religion and Knowledge*, 10:75–104.

———— 1977. Ecology, adaptation, and the ills of functionalism (being, among other things, a response to Jonathan Friedman), *Michigan Discussions in Anthropology*, 2:138–90.

———— 1978a. Adaptation and the structure of ritual, *Human Behavior and Adaptation*. N. Blurton-Jones and V. Reynolds, eds. Society for the Study of Human Biology Symposium No. 18. London, Taylor and Francis.

———— 1978b. Maladaptation in social systems, *Evolution in Social Systems*.

J. Friedman and M. Rolands, eds. London, Duckworth.

———— 1979a. Adaptive structure and its disorders, *Ecology, Meaning, and Religion*. Richmond, Calif., North Atlantic Books.

———— 1979b. On cognized models, *Ecology, Meaning, and Religion*. Richmond, Calif., North Atlantic Books.

———— 1979c. Ecology, adaptation, and the ills of functionalism, *Ecology, Meaning, and Religion*. Richmond, Calif., North Atlantic Books.

———— 1979d. The obvious aspects of ritual, *Ecology, Meaning, and Religion*. Richmond, Calif., North Atlantic Books.

———— 1979e. Sanctity and lies in evolution, *Ecology, Meaning, and Religion*. Richmond, Calif., North Atlantic Books.

———— 1982. Comment on James Peoples' "Individual or Group Advantage? A Reinterpretation of the Maring Ritual Cycle," *Current Anthropology*, 23:303–05.

Reay, Marie, 1959. *The Kuma: Freedom and Conformity in the New Guinea Highlands*. Melbourne, Melbourne University Press for Australian National University.

Romer, Alfred S., 1954. *Man and the Vertebrates*. London, Penguin.

Sahlins, Marshall, 1958. *Social Stratification in Polynesia*. Seattle, University of Washington.

———— 1961. *Moala*. Ann Arbor, University of Michigan.

———— 1969. Economic anthropology and anthropological economics, *Social Science Information*, 8:13–33.

———— 1972. *Stone Age Economics*. Chicago, Aldine.

———— 1976a. Comment on A. H. Berger, "Structural and Eclectic Revisions of Marxist Strategy: A Cultural Materialist Critique," *Current Anthropology*, 17:298–300.

———— 1976b. *Culture and Practical Reason*. Chicago, University of Chicago.

Sahlins, Marshall, and Elman Service, eds., 1960. *The Evolution of Culture*. Ann Arbor, University of Michigan.

Salisbury, R. F., 1965. The Siane of the eastern highlands, *Gods, Ghosts, and Men in Melanesia*, P. Lawrence and M. J. Meggitt, eds. Melbourne and New York, Oxford University.

Samuels, Michael, 1983. Popreg I: A simulation of population regulation among the Maring of New Guinea, *Human Ecology*, 10:1–45.

Sapir, Edward, 1924. Culture, genuine and spurious, *American Journal of Sociology*, 29:401–29.

Searle, J. R., 1969. *Speech Acts*. Cambridge, Eng., Cambridge University.

Shantzis, S. B., and W. W. Behrens, 1973. Population control mechanisms in a primitive society, *Toward Global Equilibrium*. D. L. Meadows and M. H. Meadows, eds. Cambridge, Mass., Wright-Allen.

Simon, Herbert, 1969. *The Sciences of the Artificial*. Cambridge, Mass., MIT Press.

Slobodkin, Laurence, 1968. Toward a predictive theory of evolution, *Population· Biology and Evolution*. R. C. Lewontin, ed. Syracuse, Syracuse University.

Slobodkin, Laurence, and Anatol Rapoport, 1974. An optimal strategy of evolution, *Quarterly Review of Biology*, 49:181–200.

Steward, Julian, 1955. *The Theory of Culture Change*. Urbana, University of Illinois.

Strathern, Andrew, 1971. *The Rape of Moka: Big Men and Ceremonial Exchange in Mourt Hagen, New Guinea*. Cambridge, Eng., Cambridge University.

Street, John M., 1969. An evaluation of the concept of carrying capacity, *Professional Geographer*, 21, no. 2:104–07.

Tillich, Paul, 1957. *The Dynamics of Faith*. New York, Harper & Row.

Turnbull, Colin, 1962. *The Forest People*. New York, Natural History Press.

Vayda, A. P., 1968. Foreword, *Pigs for the Ancestors*. New Haven, Yale University.

———— 1974. Warfare in ecological perspective, *Annual Review of Ecology and Systematics*, 5:183–93.

Vayda, A. P., A. Leeds, and D. Smith, 1961. The place of pigs in Melanesian subsistence, *Proceedings of the 1961 Annual Spring Meeting of the American Ethnological Society*. Seattle, University of Washington.

Vayda, A. P., and B. McCay, 1975. New directions in ecology and ecological anthropology, *Annual Review of Anthropology*, 4:293–306.

———— 1977. Problems in the identification of environmental problems, *Subsistence and Survival: Rural Ecology in the Pacific*. T. Bayliss-Smith and R. G. Feachem, eds. London, Academic Press.

Vayda, A. P. and R. A. Rappaport, 1967. Ecology, cultural and non-cultural, *Introduction to Cultural Anthropology*. J. Clifton, ed. Boston, Houghton-Mifflin.

Wagner, Roy, 1972. *Habu: The Innovation of Meaning in Daribi Religion*. Chicago, University of Chicago.

———— 1977. Scientific and indigenous Papuan conceptualizations of the innate: a semiotic critique of the ecological perspective, *Subsistence and Survival: Rural Ecology in the Pacific*. T. Bayliss-Smith and R. G. Feachem, eds. London: Academic Press.

Wynne-Edwards, V. C., 1962. *Animal Dispersion in Relation to Social Be-*

haviour. Edinburgh and London, Oliver and Boyd.

Yellen, John E. 1976. Settlement patterns of the !Kung, *Kalahari Hunter-Gatherers, Studies of the !Kung San and Their Neighbors.* R. Lee and I. De Vore, eds. Cambridge, Harvard University.

索　引

（索引页码为原书页码，即本书边码）

本索引包含了 1968 版的所有内容。至于
后记中所讨论的那些主题，请参考（边码）299—300 页的内容大纲。

图书在版编目(CIP)数据

献给祖先的猪:新几内亚人生态中的仪式/(美)罗
伊·A.拉帕波特著;赵玉燕译.—北京:商务印书馆,
2019
(汉译世界学术名著丛书)
ISBN 978-7-100-16880-9

Ⅰ.①献… Ⅱ.①罗… ②赵… Ⅲ.①宗教仪式—
研究—巴布亚新几内亚 Ⅳ.①B929.613

中国版本图书馆 CIP 数据核字(2018)第 281512 号

汉译世界学术名著丛书
献给祖先的猪
——新几内亚人生态中的仪式
〔美〕罗伊·A.拉帕波特 著
赵玉燕 译

商 务 印 书 馆 出 版
(北京王府井大街36号 邮政编码100710)
商 务 印 书 馆 发 行
北 京 冠 中 印 刷 厂 印 刷
ISBN 978-7-100-16880-9

2019 年 3 月第 1 版   开本 850×1168 1/32
2019 年 3 月北京第 1 次印刷   印张 19⅝
定价:62.00 元